U0128436

韦素园韦丛芜研究资料

本书获安徽师范大学文学院科研基金资助出版

谢昭新◎编

安徽师范大学出版社
ANHUI NORMAL UNIVERSITY PRESS

·芜湖·

图书在版编目（CIP）数据

韦素园韦丛芜研究资料/谢昭新编.— 芜湖：安徽师范大学出版社，2023.1
ISBN 978-7-5676-5884-4

Ⅰ.①韦… Ⅱ.①谢… Ⅲ.①韦素园（1902-1932）—人物研究—研究资料—汇编②韦丛芜（1905-1978）—人物研究—研究资料—汇编 Ⅳ.①K825.6②I206.6

中国版本图书馆CIP数据核字（2022）第217385号

韦素园韦丛芜研究资料
WEISUYUAN WEICONGWU YANJIU ZILIAO

谢昭新◎编

责任编辑：吴　琼
责任校对：王　贤　吴山丹
装帧设计：王晴晴　张德宝
责任印制：桑国磊
出版发行：安徽师范大学出版社
　　　　　芜湖市北京东路1号安徽师范大学赭山校区　　邮政编码：241000
网　　址：http://www.ahnupress.com/
发 行 部：0553-3883578　5910327　5910310（传真）
印　　刷：苏州市古得堡数码印刷有限公司
版　　次：2023年1月第1版
印　　次：2023年1月第1次印刷
规　　格：700 mm×1000 mm　1/16
印　　张：30.25
字　　数：475千字
书　　号：ISBN 978-7-5676-5884-4
定　　价：95.00元

凡发现图书有质量问题，请与我社联系（联系电话0553—5910315）

韦素园像　　　　　　　韦丛芜像

未名社部分成员：李霁野（左）、韦素园（中）、台静农（右）20世纪20年代初摄于北京

韋君素園之墓

君以一九又二年六月十八日生
一九三二年八月一日卒於北平
宏才遠志厄于短年文苑
失英明者永悼弟兄叢蕪友
靜農霽野立表 魯迅書

鲁迅手书韦素园墓记　　　　　　韦素园手迹

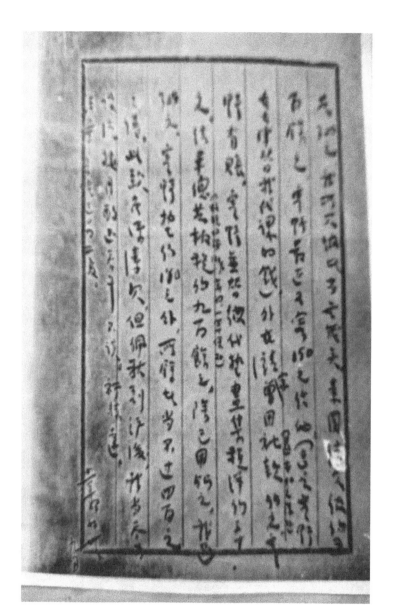

韦丛芜致鲁迅先生信

韦素园、韦丛芜故乡霍邱县叶集镇

韦素园、韦丛芜童年旧居 位于叶集镇北大街

韦素园译著《外套》，未名社出版部1926年9月初版

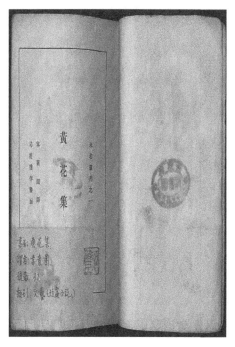

韦素园译著《黄花集》，未名社出版部1929年2月初版

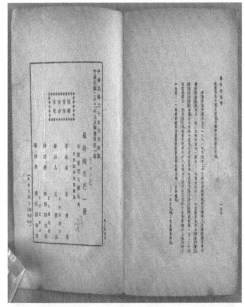

韦素园译著《最后的光芒》，商务印书馆1928年印行　署名韦漱园

韦丛芜诗集《冰块》　　　　　　　长诗《君山》

未名社出版部1929年4月初版　　未名社出版部1927年3月初版

韦丛芜译著《穷人》　　　　　　韦丛芜译著《罪与罚》

未名社出版部1926年6月初版　　未名社出版部1930年6月初版

韦丛芜部分译著封面

写在前面

一九八一年，《中国现代作家作品研究资料丛书》被列为国家第六个五年计划在哲学社会科学方面的重点规划项目之一，由中国社会科学院文学研究所现代文学研究室发起，全国有关科研单位和高等院校等分别承担编选，适时下达至安徽师范大学中文系的是《未名社研究资料》，其中《韦素园韦丛芜研究资料》由我进行编写。我从一九八二年下半年开始编选，至一九八四年九月十五日编选完成，将初稿修订好后，于一九八五年寄给文学研究所现代文学研究室张晓翠，由她负责审稿及出版事宜。一段时间后，我曾问过张晓翠关于书稿出版一事，她说由于经费问题，出版还未落实。这样，就一直拖了下来。后来很长时间，我也无暇过问此事。奇怪的是，2020年12月3日，我看见孔夫子旧书网上正在拍卖我的《韦素园韦丛芜研究资料》，写着"手稿，计727页，标价88888元，作者谢昭新，安徽师范大学文学院原院长，教授，中国老舍研究会会长，中国现代文学研究会理事"。我看到这则消息后实感大惊！纳闷！纠结！我的手稿不是在张晓翠处吗？怎么流落出去的呢？我本想找张晓翠问清此事，但此时张已逝世，一切起因已难寻根源。有好心朋友劝我走法律程序，我也找专业人士咨询了此事，据他们说，那个拍卖的人从别处转来或买来后进行拍卖，也不承担什么法律责任，我要走法律程序，起码要走三五个月，与其如此，还不如直接让网站联系拍卖人，设法把手稿追回来为妥。

我认可此言，就找到了拍卖人，花了一万元钱，讨回了《韦素园韦丛芜研究资料》手稿。我仔细看了手稿，从头至尾，编排、页码一概完好。

我拿到了手稿后，从2021年上半年开始修订原稿，重新搜集、选编了

1985年以来的有关二韦的新史料，至2022年3月下旬，全面完成了《韦素园韦丛芜研究资料》的编著任务，以此告慰二韦在天之灵，并向《中国现代作家作品研究资料丛书》交上一份非个人原因的迟到的答卷。

书中由于同篇文章引用来源不同，有不统一之处，但为保证所选资料的时代性，不影响阅读或理解之处，以该文原作者的提法为准，敬请读者注意甄别。

安徽师范大学文学院、安徽师范大学出版社为本书最终得以面世提供了大力支持，在此致谢！

谢昭新

记于2022年3月31日

目　录

上　编　韦素园研究资料

下　编　韦丛芜研究资料

上　编

韦素园研究资料

第一篇 韦素园生平资料

韦素园传略

谢昭新

1902年6月18日（农历5月13日），韦素园出生于霍邱县叶家集北大街一个小商人家。父兄弟四人，排行二，在叶集作米坊，店号"韦合兴义记"。母孔氏为人贤惠，好客。素园出生的时候，刚过端午节不久，家里人认为他是攥着屈夫子的脚步来的，将来一定是文绉绉的，于是给孩儿起了个大名"崇文"，小名"文魁"。

韦素园出生的时候，上面已有大哥韦崇璧（凤章）、二哥韦崇义（少堂）、姐姐韦崇英（早逝）。素园之后，又来了两个弟弟，一个妹妹。大弟韦崇武（即韦丛芜），小弟韦崇斌，妹妹韦崇贤。

韦素园小时候读了几年私塾，1913年秋，进霍邱县立小学读书，1914年秋，转入叶家集明强小学高级班读书，同班生中有台静农、李霁野、韦丛芜等。少年时代的素园，就具有对封建迷信和不合理事物的反抗精神。在私塾读书时，他提倡剪去头上的长辫子；在小学读书时，他积极参加推倒寺庙中菩萨的活动。这在当时曾经引起人们的惊讶和议论。

因家庭经济窘迫，1915年秋，素园小学毕业后，考进公费的阜阳第三师范学校读书。适时正值第一次世界大战，1918年春，素园怀着强烈的爱国主义热情，毅然离开师范学校，到北京参加段祺瑞所办的参战军。但不久他就识破了段祺瑞的骗局，又决然离开。随后，他到长沙投奔长兄韦凤章。凤章此时任湖南省第一区兼第四区省视学，又兼任省通俗书报编辑所所长。韦素园进入湖南省法政专门学校预科读书。

1919年"五四"运动爆发，湖南发生了驱逐反动军阀张敬尧的"驱张运动"。韦素园积极参加这一斗争，并在给友人的信中阐述"军阀乃国之巨奸、民之大害"的论点，描绘了斗争的情景和胜利的喜悦。这一年的端午节，经人介绍一位女友，二人彼此倾慕，但吐露不多。后来素园离开长沙到安庆，又矜持着很少通讯。1921年，素园赴苏联留学之前，曾在安庆一公园里碰到了她。当女友知道他将冒险远离时，泣涕劝阻。素园却晓以大义，握手相告，毫不动摇地踏上了征途。

1920年夏，素园随长兄韦凤章到安庆，入安徽省立法政专门学校读书。进校不久，安徽发生了驱逐皖系军阀马联甲的"驱马运动"。韦素园担任省学生会的领导工作。在"驱马"斗争中，他表现坚决勇敢，参与编写、印刷、散发传单，积极宣传、鼓动群众。这一年8月，在上海《新青年》编辑部——渔阳里六号，社会主义青年团创建。冬，韦素园离开安庆赴上海，参加社会主义青年团，入外国语学社学习俄语。此间，韦素园曾给家乡寄去《共产党宣言》和《新青年》等共产主义宣传品，扩大马列主义宣传。在其影响下，小学三位同学和一位亲友投身革命洪流。

1921年春，韦素园与刘少奇、肖劲光、任弼时、蒋光慈、曹靖华、吴宝鄂、廖化平等，赴苏联留学。他们从上海乘苏俄海船往海参崴，转乘火车经伯力、赤塔去莫斯科。到莫斯科不久，素园参加了列宁领导的共产国际第三次代表大会。会后，进入莫斯科东方劳动大学学习政治经济学，并结识、师从瞿秋白，坚信共产主义。在苏联学习期间，他目睹了俄国革命的现实，坚信只有走十月革命的道路才能救中国。他节衣缩食，挤出一点钱来购买字典、词典和苏俄文学书籍。他曾对友人说过，要以研究介绍俄罗斯古典文学和苏俄进步文学唤起民众为终身事业。

1922年夏，在苏联学习未毕业之际，因同学吴宝鄂、廖化平生病，韦素园与曹靖华护送他们返国。回国后不久，他到安庆看望父母及兄嫂。同年秋，考入北京俄文法政专门学校。学习刻苦认真，成绩优异。课外喜读柴霍甫、果戈理和勃洛克的著作。受韦素园影响，友人赵赤坪也入北京俄文法政专门学校学习。

1923年春，在素园动员、影响下，李霁野也到了北京读书，入崇实中学读高中。韦丛芜由岳阳亦转入崇实中学。台静农在北京大学旁听。此时，安徽霍邱的"四杰"皆会聚于北京,开始了他们的文学创作与翻译的生涯。韦素园从11月开始翻译俄国梭罗古勃短篇小说《伶俐的姑娘》及其诗歌。到了1924年,他陆续翻译了《俄国的颓废派》、屠格涅夫的散文诗《门槛》以及布洛克的《回忆安特列夫》。还帮助李霁野试译完《往星中》,并用俄文精心加以校对。这些译作分别发表于《晨报副刊》《莽原》周刊上。

1924年夏,在江苏常州的大哥凤章病逝,对素园的精神打击颇大。大哥凤章给他的遗书是,叫他带领当时也在北京读书的弟弟丛芜回安徽老家,以免再颠沛流浪。素园和弟弟丛芜商量决定仍留北京,继续奋斗。当年,韦素园不满俄文法政专门学校那些"沙皇时代大兵出身的教书匠",故宁可放弃学籍、文凭,迁到北京大学红楼一带自学,并到北大俄国文学系,听名诗人马雅可夫斯基的知交——"艺术左翼阵线"的成员、作家铁捷克演讲。

1925年1月,译契诃夫短篇小说《渴睡》,后收入其译著《最后的光芒》,商务印书馆1928年印行。译梭罗古勃的诗《蛇睛集选》,后收入其译著《黄花集》,未名出版部1929年2月出版。创作散文《晚道上——访俄诗人特列捷阔夫以后》,载1925年2月23日《语丝》周刊第15期。

1925年春,韦素园结识鲁迅先生。当时鲁迅先生每周到北大讲一次中国小说史,韦素园就住在北大对面的一个小公寓里,经常旁听鲁迅先生的讲课,接触较多。他把结识鲁迅视为一生中最大的幸福,始终将鲁迅先生作为自己最敬爱的良师。他喜爱鲁迅作品,常向青年们朗诵鲁迅的小说,特别是《阿Q正传》。此间,韦素园抱着参加实际革命工作的决心,到河南开封国民军第二军,担任苏联在该军任职的军事人员的翻译。临行,鲁迅先生借给他40元作川资。后因苏联军事人员在该军开展不了工作,韦素园几月后返回北京。同年7月间,由鲁迅先生推荐,经《猛进》杂志主编徐旭生介绍,他到当时在北京新办的《民报》担任副刊编辑。他一上任,便向着旧世界开炮,使报纸名震一时,由此便激怒了反动军阀张作霖,下令查封了《民报》。本年,他翻译了大量的俄国文学作品——小说、诗歌、散文等。他的诸多译作已成为翻译文学精品,比如高尔基的《海燕》、果戈理的《外套》、安特列夫的《巨人》等。

韦素园更加辉煌的人生和文学生涯是在未名社时期。1925年8月30日，在鲁迅先生的建议和领导下，韦素园与台静农、李霁野、韦丛芜、曹靖华等创立了新文学社团——未名社。未名社成立时，接编原北新书局出版的《未名丛刊》（专收翻译），另出《未名新集》（专收创作）。其社址设在新开路5号，即北大第一院对面一个小公寓里，实际是韦素园一间小小的住屋。9月，未名出版部成立，韦素园担任编辑并负责出版业务。鲁迅翻译的日本作家厨川白村的《出了象牙之塔》由未名社印行，这是未名社出版的第一本书。1926年1月，又创办了《莽原》半月刊，韦素园任编辑。未名社的日常事务、编辑出版业务等全都落在韦素园肩上，他默默苦干，以坚韧的毅力支撑着未名社，发展着未名社的文学事业。鲁迅后来在《忆韦素园君》中充分肯定了韦素园对未名社所作的重要贡献。是的，从1925年到1931年，未名社存在的六七年间，韦素园和同仁们共编辑出版了四十八期《莽原》半月刊，二十四期《未名》半月刊。出版了创作丛书《未名新集》，有鲁迅的《朝花夕拾》，台静农的短篇小说集《地之子》和《建塔者》，韦丛芜的诗集《君山》和《冰块》，李霁野的小说集《影》。出版了鲁迅的杂文集《坟》和台静农编的《关于鲁迅及其著作》等。此外，还编辑出版了二十多种翻译作品，如鲁迅译的《小约翰》《出了象牙之塔》，韦素园译的《黄花集》《外套》，曹靖华译的《白茶》《蠢货》《烟袋》《第四十一》，李霁野译的《不幸的一群》《往星中》《黑假面人》，韦丛芜译的《穷人》《罪与罚》《格里佛游记》《拜伦时代》等。

1926年3月18日，北京群众数千人抗议日本帝国主义侵略中国主权，遭段祺瑞执政府武装镇压，死47人，伤150人，是为"三·一八"惨案，这是民国以来最黑暗的一天。"三·一八"惨案后，段派北京女子师范大学校长林素园，带兵接收女师大，韦素园对此极端不满，憎恶己名与林相同，遂将"素园"改为"漱园"，直至林素园消声匿迹，他才恢复旧名。

1926年10月17日，高长虹在《狂飙》周刊第2期发表《给鲁迅先生》的通讯，以韦素园退还高歌的《剃刀》，又压下向培良的《冬》，而大为恼火，挑衅肇事，以狂妄傲慢态度对鲁迅施以攻击。在同期《狂飙》上，他还发表了一封给韦素园的信，摆出压人气势，讽刺、攻击韦素园。为此，韦素园一面多次写信给鲁迅，说明真相，慰藉鲁迅先生，一面作文在杂志上剖白、回击挑衅者。鲁迅后来回忆起这段事，还无限感慨地说："我不禁长长的叹了一口气，想到他只是一个文人，又生着病，却这么拼命地对付着内忧外患，又怎么能够持久呢。"①

由于生活艰难，未名社工作繁重劳累，素园所患肺病没有得到治疗，在本年底的一天，他深夜未眠，想赶完一篇介绍果戈理的文章，第二天就大量咯血。当时医生诊断，肺部仅有巴掌大的空间，痊愈是无望的了。鲁迅得知素园病重，十分关心，曾多次提醒他要注意病体，素园十分感激鲁迅先生的关心。

1927年初，由韦丛芜、台静农、李霁野等送韦素园到西山福寿岭疗养。从此，他很少起床。尽管重病缠身，他却依然坚持创作翻译不断。这一年，他翻译发表了一些俄苏文学作品，翻译发表了俄国普洛特尼珂夫的《现代俄国文学底共通性》，苏联特洛斯基的《无产阶级的文化与无产阶级的艺术》《未来主义》《〈文学与革命〉引言》等高端论著，这些都是翻译起来具有相当难度的作品。

1928年4月7日，未名社被北洋军阀政府查封，李霁野、台静农、韦丛芜等被捕。丛芜因病保释，李霁野、台静农被关押囚禁50天。韦素园致书鲁迅，报告未名社被查封，几人被捕的消息。5月，他写诗《忆"黑室"中友人——呈青及霁野》，抒发了为未名社同人被捕的焦忧之情。诗人仿佛看到了台静农和李霁野两人被关押在"黑室"里："他们——一个脸色更加暗淡，/一个两眼泪光盈起。/我忍不住伤心地哭了，/热泪把我的梦魂惊去。/醒后方知白日的凝思，/——又织入凄苦的梦里。"6月，他翻译俄国短篇小说集《最后的光芒》（署名韦漱园），由商务印书馆1928年发行初版。全书包括：契诃夫的《渴睡》《恐怖》《无名》；科罗连珂的《最后的光芒》；戈理奇②的《人之诞生》；安特列夫的《小天使》《笑》《马赛曲》（李霁野译）；

---

① 鲁迅：《忆韦素园君》，《鲁迅全集》第6卷第67页，人民文学出版社2005年版。
② 即高尔基，全书同。

梭罗古勃的《往绮玛忤斯去的路》（曾刊于1926年9月25日《莽原》半月刊1卷18期）、《邂逅》（曾刊于1926年2月25日《莽原》半月刊1卷4期）、《伶俐的姑娘》；伊夫的《极乐世界》（曾刊于1926年5月10日《莽原》半月刊1卷9期）。9月，与韦素园相交甚笃的朋友刘愈，惨遭军阀杀害。刘愈是当时中共北京市委负责人之一。关于刘愈被反动派绞死的消息，大家都瞒着不告诉重病的韦素园。当素园在《未名》半月刊上读到了台静农的纪念文章《春夜的幽灵》后，方知刘愈已牺牲。他万分悲愤，写了《悼亡友愈》一诗，表达对革命者的哀悼，声讨国民党法西斯罪行。10月，被安徽通辑的革命者王青士（王冶秋胞弟）、李何林来北京。经李霁野介绍，参加未名社工作。王青士多从事党的地下工作，后于1931年在上海龙华与柔石等同志一起牺牲。同年12月31日，韦素园译卢那察尔斯基论文《托尔斯泰底死与少年欧罗巴》。素园卧病在床，翻译这样费力的论文，可贵精神受到鲁迅的称赞。但从关心他病体的角度出发，鲁迅后来致书劝他不要译这样的硬性文章，倘若技痒，可译点《黄花集》上所载的那样的短文。鲁迅在信中说："关于Gorkir的两条，我想将来信摘登在《奔流》十期上。那纪念册不知道见了没有，我想，看看不妨，译是不可的。即如你所译的卢氏论托尔斯泰那篇，是译起来很费力的硬性文字——这篇我也曾从日文重译，给《春潮》月刊，但至今未印出——我想你要首先使身体好起来，倘若技痒，要写字了，至多也只好译译《黄花集》上所载那样的短文。"①可见鲁迅对素园的关心。

1929年2月，韦素园译《黄花集》，这是他1923年至1926年间翻译的俄国、波兰、丹麦等国作家的散文、小品和诗歌的结集，未名社出版部1929年2月出版。目次如下：

纪念文：《献花的女郎——回忆契诃夫》［俄］（契里诃夫），1926年11月8日译，载1926年11月25日《莽原》半月刊第1卷第22期。《孤寂的海湾——回忆安特列夫》［俄］（勃洛克）。

散文诗：《门槛》［俄］（都介涅夫），1924年7月译，1925年4月又作译后补记，载1925年4月24《莽原》周刊第1期；《玫瑰》［俄］（都介涅夫），

---

①鲁迅：《致韦素园》，《鲁迅全集》第12卷第156页，人民文学出版社2005年版。

1925 年 4 月 22 日译，载 1925 年 5 月 11 日《语丝》第 26 期；《玛莎》［俄］（都介涅夫），1925 年 12 月 18 日译；《小小的火》［俄］（科罗连珂），1925 年 7 月 18 日译，载 1925 年 7 月 24 日《莽原》周刊第 14 期；《海鹰歌》［俄］（戈理奇），1925 年 7 月 5 日译，载 1925 年 7 月 10 日《莽原》周刊第 12 期；《雕的歌》［俄］（戈理奇），1925 年 11 月 29 日译；《埃黛约丝》［俄］（戈理奇），1925 年 7 月 13 日译，载 1925 年 7 月 17 日《莽原》周刊第 13 期；《巨人》［俄］（罗特来夫），载 1925 年 5 月 15 日《莽原》周刊第 4 期；《半神》［俄］（包尔格夫－专司基），1926 年 1 月 4 日译；《塚上一朵小花》［俄］（契里诃夫）载 1925 年 8 月 28 日《莽原》周刊第 19 期；《森林的故事》［俄］（珂陀诺夫斯奇），载 1926 年 2 月 10 日《莽原》半月刊第 3 期；《幸福》［波兰］（解特玛尔），载 1925 年 5 月 11 日《语丝》第 26 期；《鹤》［波兰］（解特玛尔），载 1925 年 8 月 14 日《莽原》周刊第 17 期；《奇谈》［挪威］（哈谟生），1925 年 12 月 30 日译；《一幕》（埃顿白格）；《森》（埃治）1926 年 12 月 6 日译。

诗：《诗人的想象》［俄］（玛伊珂夫）；《不要用雷闪来骇我》［俄］（薄宁）；《小小的白花》［俄］（梭罗古勃），载 1926 年 7 月 25 日《莽原》半月刊第 14 期；《我怕说》［俄］（钦思奇），载 1925 年 5 月 11 日《语丝》第 26 期；《森》［俄］（白斯金）；《厄运》［俄］（米那夫），载 1925 年 8 月 7 日《莽原》周刊第 16 期；《这是很久了》［俄］（撒弗诺夫），1926 年 2 月 21 日译，载 1927 年 2 月 10 日《莽原》半月刊第 2 卷第 3 期。

1929 年 4 月 10 日，韦素园发表诗作《白色的丁香》，以白色的丁香自喻，为自己憔悴枯瘦而感到悲凉，希望有朝一日将病魔除去，为革命文艺事业贡献力量。5 月，鲁迅由上海去北京省母，30 日上午，由韦丛芜、李霁野、台静农等陪同，乘摩托车去西山疗养院探望素园。韦素园知道鲁迅要来，异常兴奋，前一天就把房间打扫得干干净净，还特地嘱咐师傅好好准备招待的饭莱。鲁迅在当天的日记里记下了这次探访的事："三十日，晴。目寒、静农、丛芜、霁野以摩托车来邀至磨石山西山病院访素园，在院午餐，三时归。"①同时还在同一天给许广平的信里作了具体的叙述："今天，我是

---

①鲁迅：《日记》，《鲁迅全集》第 16 卷第 136 页，人民文学出版社 2005 年版。

八点钟上山的，用的是摩托车，并霁野等共五人，素园还不准起坐，也很瘦，但精神却好，他很喜欢，谈了许多闲天。"①鲁迅说他当时感到韦素园病势沉重，终将死去时，不禁觉得心头一缩，暂时说不出话。他并且强调说素园的死去，将是中国的一个损失。

6月6日，韦素园在致侄儿韦德富的信中，将自己的未衰志向，寄托在下一代身上，希望后代真诚无伪，面对人生，为国立业。韦素园曾在给侄子德富的信中说："写给你这首诗。并无深意，而且是旧调子，更不高明，不过你从这里面，可以看出叔叔对你的一番热烈期许之意罢了。"②11月的一天，韦素园忽然收到一份期刊，上面有一首恋情诗："那青春底迷人的眼波，/是在江南的五月的天气，——/这生命中唯一的一日，/我永远忘不了你。啊，啊，不幸我已作了人家孩子的母亲，/我还能有什么希望？/这不可抵抗的逼人的命运。/把我永远沉在黑暗里。"这首诗的末尾出现了一位少女名字，正是素园赴苏联留学之前的恋人。于是，韦素园作散文《端午节的邀请》，回忆了他与这位少女的爱情，留下了依恋伤感之情。11月28日，韦素园写散文《蜘蛛的网》，回忆自己1922年冬在安庆与女友G之间的一段爱情。1926年冬，G曾写信附诗十首，以示定情。此时，素园大量咯血，恐辜负了对方的爱意，影响了她的幸福，便命弟韦丛芜代其复信，愿她早日另选爱人，毅然割断这缕情丝。1932年，韦丛芜为其兄此段爱情感慨万端，赋诗一首："咯血盈盆气若丝，/昏灯昏室漏迟迟。/可怜万里飞书至，/字字痴情句句诗。"③

1931年1月17日，国民党特务秘密逮捕了柔石、殷夫等五名左翼青年作家。社会上盛传鲁迅已被捕。韦素园闻讯后十分焦虑，当即写信给许广平探询详情。鲁迅为之感动。2月2日，鲁迅先生在复信中满怀深情劝慰素园，并希望他好好养病，早日痊愈。鲁迅在致素园的信中说："昨日见由弟转给景宋的信，知道这回的谣言，至于广播北方，致使兄为之忧虑，不胜感荷。

---

①鲁迅：《致许广平》，《鲁迅全集》第12卷第181页，人民文学出版社2005年版。
②韦素园：《1929年9月6日致德富》，《韦素园选集》第109页，安徽文艺出版社1985年版。
③韦丛芜：《悼素园》，《韦素园选集》第297页，安徽文艺出版社1985年版。

上月十七日，上海确似曾拘捕数十人，但我并不详知，此地的大报，也至今未曾登载。后看见小报，才知道有我被拘在内，这时已数日之后了。然而通信社却已通电全国，使我也成了被拘的人。……希兄也好好地保养，早日痊愈，无论如何，将来总归是我们的。"①

6月，韦素园为韦丛芜翻译的陀思妥耶夫斯基《罪与罚》写《前记》。在《前记》的附记中，韦素园说："丛芜译完了这部巨著，我心理很高兴，因为我很爱它。但是在病中不能读书，现仅就以前读过的《最新俄国文学》（黎沃夫·罗迦契夫斯基著）和《文学底影像》（卢那卡尔斯基著），回忆其中写成此文。文中译名从本书译者。"②

韦素园从身患重病后，尤其到1931年、1932年间，他常在散文、书信、日记中谈及他的病中情感和死亡问题，其中带有死之感伤，但又包涵生之乐观，体现他热爱生命、以生为乐的生命观。比如1931年5月18日，韦素园在日记中云："近来常常想到死，并不像以前那样怕；但深思到假若死是生底一去平返，又总免不了觉得可哀。……我之常常想到死，许是久卧体弱的关系，其实我现在还是很乐生的。" 1932年3月30日，在连日发烧情况下，写《生命苦了我》一诗，抒发内心痛苦："生命苦了我，/我忍受地笑着，/五年间床上长眠，/将青春悄悄地度过。希望、幻想、热诚，/都是烟一般轻，/模糊地、暗淡地，/向远方飘散，消沉。 我有时自问：/我此刻还期待什么？——/呵，这谜也似的生活。/我常忍受地笑着，笑着。……"③5月2日，韦素园在致李霁野的信中说："我在病中觉到，人生就是工作，只有在工作中可以求得真实的快乐和意义，恋爱等等不过是附属品而已。我个人生活一向是很达观的。"④5月18日，韦素园在致台静农、李霁野、韦丛芜的信——其实是他的"遗书"——中说："你们是我的最亲爱的朋友和兄弟，在生活的路程上说，也以我们四人相共的艰难、困苦为最多，现在我要先你

①鲁迅：《致韦素园》，《鲁迅全集》第12卷第253—254页，人民文学出版社2005年版。
②韦素园：《〈罪与罚〉序》，《韦素园选集》第104页，安徽文艺出版社1985年版。
③韦素园：《生命苦了我》，《韦素园选集》第82页，安徽文艺出版社1985年版。
④韦素园：《一九三二年五月二日寄霁野》，《韦素园选集》第129页，安徽文艺出版社1985年版。

们而'别去'了，愿你们勿以我而悲哀，这种离别乃是人生之常，早晚免不了的。"①他在信中对自己要离别人生感到悲哀，劝慰亲友们，为争取生活的温暖而努力奋斗，信末表示对鲁迅先生、曹靖华、李何林、王冶秋、赵赤坪等人的感念。1932年7月8日。在致韦丛芜的信中说："现在的我和你是永远离别了，但这是极寻常的一回事，人生迟早要别离。你也许寂寞罢，其实是不必的。我不知为什么，得着德富考升高中的消息，心里异常欢喜，觉得他前途很有希望。并且初级中学打好了根基，将来再往上，那是不坏的。所应注意者，是他的身体健康。他的资质各方面都不错，将来一定会比我强的。因为他这次免考升学，我对人间似乎有点热恋似的，我很热望他的成就。我因喜欢，将集印小文一册，版税作他的升学奖金。崇斌如能专心世界语，将来是颇有意义的。愿你把思念我的心放在他们身上，尤其是聪明的德富，他不久会有成绩出现的。霁野也正可留心昭野，他年青聪慧，前途极有希望。"②这实际意义上的遗书，表达了他的正确的生死观，将人生的希望寄托在下一代身上。

1932年6月15日，韦素园得王冶秋从远方寄来的几朵连翘花，写《压干的连翘花》一诗，寄托他对党对同志的深厚感情，表达了至死不渝坚信革命的志向，愿以生命和鲜血来战取光明。6月25日，为共产党员赵赤坪被捕写下了一首劝勉诗：《怀念我的一位亲友——呈坪》。赵赤坪早年曾在广州农民运动讲习所学习，参加过北伐战争，又先后在北京、天津等地从事党的地下工作。韦素园与赵赤坪是同乡，又是亲友，交往甚厚。素园在诗的结尾写道："不过敌人的'黑铁'的高压，/终敌不过我们'赤血'的奋起，/朋友，等着吧，/未来的光明是属于我们的。 不要悲伤，/不要愁虑，/今日的牢狱生活，/正是未来的甜蜜回忆。"③7月7日，韦素园在致李霁野的信中，谈到他打算收集文稿，内容为：①《西山朝影》（上）十篇小品文。②《西山朝

①韦素园：《一九三二年五月十八日寄静农、霁野、丛芜》，《韦素园选集》第130页，安徽文艺出版社1985年版。

②韦素园：《一九三二年七月八日寄丛芜》，《韦素园选集》第138页，安徽文艺出版社1985年版。

③韦素园：《怀念我的一位亲友——呈坪》，《韦素园选集》第83页，安徽文艺出版社1985年版。

影》（下）诗歌。③杂文：《外套》序，《往星中》序，《罪与罚》书后，《艺术引论》，登在一卷一期《未名》上的一封信，发表在《莽原》上的一类杂感。④附录：翻译作品《现代俄国文学底共通性》《托尔斯泰的死与少年欧罗巴》。信中言，假如他的病不能好，书名就叫《素园遗稿》，文章最好早收集。

1932年8月1日5点38分，韦素园逝世于北京同仁医院，留下了两本日记和几十封信札。8月5日，鲁迅先生得悉素园逝世消息后，立即致函李霁野、台静农、韦丛芜，表示深切哀悼。8月15日，鲁迅致函台静农，述说自己对韦素园逝世深表惋惜与悲痛："素园逝去，实足哀伤，有志者入泉，无为者住世，岂佳事乎。忆前年曾以布面《外套》一本见赠，殆其时已有无常之感。今此书尚在行箧，览之黯然。"①1934年4月3日，鲁迅先生手书了韦素园碑文："君以一九又二年六月十八日生，一九三二年八月一日卒。乌呼，宏才远志，厄于短年，文苑失英，明者永悼。弟丛芜，友静农、霁野立表，鲁迅书。"1934年7月，鲁迅先生写了《忆韦素园君》，亲切记述了他与素园的交往与友情，热情赞颂了素园的高尚品质、人格精神、文学成就以及他对未名社所作的重要贡献。鲁迅说：未名社"自素园经营以来，绍介了果戈理（N.Gogol），陀思妥也夫斯基（F.Do.stoesky），安特列夫（L.Ahrenburg），绍介了望·蔼覃（F.vanEeden），绍介了爱伦堡（I.Ehrenburg）的《烟袋》和拉夫列涅夫（B.Lavrencv）的《四十一》。还印行了《未名新集》，其中有韦丛芜的《君山》，静农的《地之子》和《建塔者》，我的《朝花夕拾》，在那时候，也都还算是相当可看的作品。事实不为轻薄阴险小儿留情，曾几何年，他们就都已烟消火灭，然而未名社的译作，在文苑里却至今没有枯死的"。"是的，但素园却并非天才，也非豪杰，当然更不是高楼的尖顶，或名园的美花，然而他是楼下的一块石材，园中的一撮泥土，在中国第一要他多。他不入于观赏者的眼中，只有建筑者和栽植者，决不会将他置之度外。"②

①鲁迅：《致台静农》，《鲁迅全集》第12卷第348页，人民文学出版社2005年版。
②鲁迅：《忆韦素园君》，《鲁迅全集》第6卷第69—70页，人民文学出版社2005年版。

忆韦素园君

鲁　迅

我也还有记忆的，但是，零落得很。我自己觉得我的记忆好像被刀刮过了的鱼鳞，有些还留在身体上，有些是掉在水里了，将水一搅，有几片还会翻腾，闪烁，然而中间混着血丝，连我自己也怕得因此污了赏鉴家的眼目。

现在有几个朋友要纪念韦素园君，我也须说几句话。是的，我是有这义务的。我只好连身外的水也搅一下，看看泛起怎样的东西来。

怕是十多年之前了罢，我在北京大学做讲师，有一天，在教师预备室里遇见了一个头发和胡子统统长得要命的青年，这就是李霁野。我的认识素园，大约就是霁野绍介的罢，然而我忘记了那时的情景。现在留在记忆里的，是他已经坐在客店的一间小房子里计划出版了。

这一间小房子，就是未名社。

那时我正在编印两种小丛书，一种是《乌合丛书》，专收创作，一种是《未名丛刊》，专收翻译，都由北新书局出版。出版者和读者的不喜欢翻译书，那时和现在也并不两样，所以《未名丛刊》是特别冷落的。恰巧，素园他们愿意绍介外国文学到中国来，便和李小峰①商量，要将《未名丛刊》移出，由几个同人自办。小峰一口答应了，于是这一种丛刊便和北新书局脱离。稿子是我们自己的，另筹了一笔印费，就算开始。因这丛书的名目，连社名也就叫了"未名"——但并非"没有名目"的意思，是"还没有名目"的意思，恰如孩子的"还未成丁"似的。

未名社的同人，实在并没有什么雄心和大志，但是，愿意切切实实的，点点滴滴的做下去的意志，却是大家一致的。而其中的骨干就是素园。

①李小峰，江苏人，北京大学毕业。曾参加新潮社和语丝社，后为北新书局主持人。

于是他坐在一间破小屋子，就是未名社里办事了，不过小半好像也因为他生着病，不能上学校去读书，因此便天然的轮着他守寨。

我最初的记忆是在这破寨里看见了素园，一个瘦小，精明，正经的青年，窗前的几排破旧外国书，在证明他穷着也还是钉住着文学。然而，我同时又有了一种坏印象，觉得和他是很难交往的，因为他笑影少。"笑影少"原是未名社同人的一种特色，不过素园显得最分明，一下子就能够令人感得。但到后来，我知道我的判断是错误了，和他也并不难于交往。他的不很笑，大约是因为年龄的不同，对我的一种特别态度罢，可惜我不能化为青年，使大家忘掉彼我，得到确证了。这真相，我想，霁野他们是知道的。

但待到我明白了我的误解之后，却同时又发见了一个他的致命伤：他太认真；虽然似乎沉静，然而他激烈。认真会是人的致命伤的么？至少，在那时以至现在，可以是的。一认真，便容易趋于激烈，发扬则送掉自己的命，沉静着，又啮碎了自己的心。

这里有一点小例子。——我们是只有小例子的。

那时候，因为段祺瑞①总理和他的帮闲们的迫压，我已经逃到厦门，但北京的狐虎之威还正是无穷无尽。段派的女子师范大学校长林素园②，带兵接收学校去了，演过全副武行之后，还指留着的几个教员为"共产党"。这个名词，一向就给有些人以"办事"上的便利，而且这方法，也是一种老谱，本来并不希罕的。但素园却好像激烈起来了，从此以后，他给我的信上，有好一晌竟憎恶"素园"两字而不用，改称为"漱园"。同时社内也发生了冲突。

---

①段祺瑞,安徽人,北洋皖系军阀。曾任北洋政府国务总理、北京临时执政府执政等。
②林素园,福建人,研究系小官僚。1925年8月,北洋政府教育部为镇压北京女子师范大学学潮,下令停办该校,改为北京女子学院师范部,林被任为师范部学长。同年9月5日,他率领军警赴女师大实行武装接收。

　　高长虹①从上海寄信来，说素园压下了向培良的稿子，叫我讲一句话。我一声也不响。于是在《狂飙》上骂起来了，先骂素园，后是我。素园在北京压下了培良的稿子，却由上海的高长虹来抱不平，要在厦门的我去下判断，我颇觉得是出色的滑稽，而且一个团体，虽是小小的文学团体罢，每当光景艰难时，内部是一定有人起来捣乱的，这也并不希罕。然而素园却很认真，他不但写信给我，叙述着详情，还作文登在杂志上剖白。在"天才"们的法庭上，别人剖白得清楚的么？——我不禁长长的叹了一口气，想到他只是一个文人，又生着病，却这么拼命的对付着内忧外患，又怎么能够持久呢。自然，这仅仅是小忧患，但在认真而激烈的个人，却也相当的大的。

　　不久，未名社就被封②，几个人还被捕。也许素园已经略血，进了病院了罢，他不在内。但后来，被捕的释放，未名社也启封了，忽封忽启，忽捕忽放，我至今还不明白这是怎么的一个玩意。

　　我到广州③，是第二年——一九二七年的秋初，仍旧陆续的接到他几封信，是在西山病院里，伏在枕头上写就的，因为医生不允许他起坐。他措辞更明显，思想也更清楚，更广大了，但也更使我担心他的病。有一天，我忽然接到一本书，是布面装订的素园翻译的《外套》④。我一看明白，就打了一个寒噤，这明明是他送给我的一个纪念品，莫非他已经自觉了生命的期限了么？

　　我不忍再翻阅这一本书，然而我没有法。

────────

　　①高长虹，山西盂县人，狂飙社主要成员之一，是当时一个思想上带有虚无主义和无政府主义色彩的青年作者。1926年10月高长虹等在上海创办《狂飙》周刊，该刊第二期载有高长虹《给鲁迅先生》的通信，其中说："接培良来信，说他同韦素园先生大起冲突，原因是为韦先生退还高歌的《剃刀》，又压下他的《冬天》……现在编辑《莽原》者，且甚至执行编辑之权威者，为韦素园先生也……然权威或可施之于他人，要不应施之于同伴也……今则态度显然，公然以'退还'加诸我等矣！刀搁我上矣！到了这时，我还能不出来一理论吗？"最后他又对鲁迅说："你如愿意说话时，我也想听一听你的意见。"

　　②1928年春，未名社出版的《文学与革命》（托洛茨基著，李霁野、韦素园译）一书在济南山东省立第一师范学校被扣。北京警察厅据山东军阀张宗昌电告，于3月26日查封未名社，捕去李霁野等三人。至10月始启封。

　　③鲁迅到广州应是1927年初（1月18日）。

　　④《外套》，俄国作家果戈理所作中篇小说，韦素园的译本出版于1929年9月，为《未名丛刊》之一。据《鲁迅日记》，他收到韦素园的赠书是在1929年8月3日。

我因此记起，素园的一个好朋友也咯过血，一天竟对着素园咯起来，他慌张失措，用了爱和忧急的声音命令道："你不许再吐了！"我那时却记起了伊孛生①的《勃兰特》。他不是命令过去的人，从新起来，却并无这神力，只将自己埋在崩雪下面的么？……

我在空中看见了勃兰特和素园，但是我没有话。

一九二九年五月末，我最以为侥幸的是自己到西山病院去，和素园谈了天。他为了日光浴，皮肤被晒得很黑了，精神却并不萎顿。我们和几个朋友都很高兴。但我在高兴中，又时时夹着悲哀，忽而想到他的爱人，已由他同意之后，和别人订了婚；忽而想到他竟连绍介外国文学给中国的一点志愿，也怕难于达到；忽而想到他在这里静卧着，不知道他自以为是在等候全愈，还是等候灭亡；忽而想到他为什么要寄给我一本精装的《外套》？……

壁上还有一幅陀思妥也夫斯基②的大画像。对于这先生，我是尊敬，佩服的，但我又恨他残酷到了冷静的文章。他布置了精神上的苦刑，一个个拉了不幸的人来，拷问给我们看。现在他用沉郁的眼光，凝视着素园和他的卧榻，好像在告诉我：这也是可以收在作品里的不幸的人。

自然，这不过是小不幸，但在素园个人，是相当的大的。

一九三二年八月一日晨五时半，素园终于病殁在北平同仁医院里了，一切计划，一切希望，也同归于尽。我所抱憾的是因为避祸，烧去了他的信札③，我只能将一本《外套》当作唯一的纪念，永远放在自己的身边。

自素园病殁之后，转眼已是两年了，这其间，对于他，文坛上并没有人开口。这也不能算是希罕的，他既非天才，也非豪杰，活的时候，既不过在默默中生存，死了之后，当然也只好在默默中泯没。但对于我们，却是值得记念的青年，因为他在默默中支持了未名社。

未名社现在是几乎消灭了，那存在期，也并不长久。然而自素园经营以

①伊孛生（1828—1906），通译易卜生，挪威剧作家。《勃兰特》是他作的诗剧。剧中人勃兰特企图用个人的力量鼓动人们起来反对世俗旧习。他带领一群信徒上山去寻找理想的境界，在途中，人们不堪登山之苦，对他的理想产生了怀疑，于是把他击倒，最后他在雪崩下丧生。
②陀思妥也夫斯基（1821—1881），著有《被侮辱与被损害的》《罪与罚》等。
③1930年鲁迅因参加中国自由运动大同盟，遭到国民党当局通缉，次年又因柔石被捕，曾两次被迫"弃家出走"，出走前烧毁了所存的信札。

来，绍介了果戈理（N.Gogol），陀思妥也夫斯基（F.Dostoevsky），安特列夫（L.Andreev），绍介了望·蔼覃（F.vanEeden），绍介了爱伦堡（I.Ehrenburg）的《烟袋》和拉夫列涅夫（B.Lavrenev）的《四十一》。还印行了《未名新集》，其中有丛芜的《君山》，静农的《地之子》和《建塔者》，①我的《朝华夕拾》，在那时候，也都还算是相当可看的作品。事实不为轻薄阴险小儿留情，曾几何年，他们就都已烟消火灭，然而未名社的译作，在文苑里却至今没有枯死的。

是的，但素园却并非天才，也非豪杰，当然更不是高楼的尖顶，或名园的美花，然而他是楼下的一块石材，园中的一撮泥土，在中国第一要他多。他不入于观赏者的眼中，只有建筑者和栽植者，决不会将他置之度外。

文人的遭殃，不在生前的被攻击和被冷落，一瞑之后，言行两亡，于是无聊之徒，谬托知己，是非蜂起，既以自炫，又以卖钱，连死尸也成了他们的沽名获利之具，这倒是值得悲哀的。现在我以这几千字纪念我所熟识的素园，但愿还没有营私肥己的处所，此外也别无话说了。

我不知道以后是否还有记念的时候，倘止于这一次，那么，素园，从此别了！

一九三四年七月十六日之夜，鲁迅记。

［原载1934年10月《文学》月刊第3卷第4期，收入本书时有改动］

---

①《未名新集》，未名社印行的专收创作的丛刊。《君山》是诗集，《地之子》和《建塔者》都是短篇小说集。

忆素园

李霁野

约在二十年前，我还在高等小学读书的时候，一天下午放过学后，一个同学约我到小河滩上去散步。我们谈些什么，现在是无从记起的了；但是他所说的有一句话，和他说这话时的庄严神气，我直到这时还清清楚楚的记得。他说："我们三个人是朋友——素园，你，我。"

那时候我对"朋友"两个字还没有一点清楚的观念，不过只知道我们几个人在一起时无论是谈笑或作什么，彼此都感觉很愉快，不相见时就觉到有些不足就是了。对于教师和功课，我们有些共同的喜恶；课外私读的小说，我们爱在一块谈论；好玩的去处我们总一共去玩赏；而最重要的是，有好吃的东西我们常常还分开来享受。将这关系给以新名——"朋友"，在我仿佛是学得了一种心爱的新事物的名子一样：我喜爱这事物的实，这事物的名也自有令人喜悦的魔力了。

不过我们友谊的发生，还是远在这以前的事，实在也说不清究竟在那一年开始。我们是生在一个镇上的人，家的相离只有几十步，所以从能玩的时候起，我们就是很亲近的游伴了。在我提笔的这时候，我们共同的童年生活是怎样活现在我的眼前啊！无论在小时或以后，素园的声音和容貌都最难令人忘却，他总引起深的敬爱，留下不灭的印象来。

他虽然只比我大两岁，在我还在认字丁的时候，他却已经在另一处私塾里不但读诗，并且学着作诗了。这个游戏场以外的素园，在我看来确是一个令人有些敬畏的人物。他不像一般孩子似的爱嬉笑，也总是沉默的时候居多，穿着黑色的背心，身体微微的弯曲，在别人谈笑时他总爱咬着指甲，静坐在一角向人凝视。然而在他沉着的开口说话时，大家的注意都集中在他身上，听他用缓慢但却宏亮的声音，发出他考量过的意见来。这常常是热烈争论的终结。

在游戏中他能和人一般欢跃，但却显出小孩子们所不常有的刚毅。在高等小学读书的时候，我们放学后总欢喜用土块"打仗"。同学们因为住家的所在，分为集北头和集南头两派，素园兄弟，我和堂兄，还有另外的两兄弟是"北头"的，"南头"的总是几十人。我记得，素园总是不顾纷纷落下来的土块随打随追，我们因而也毫不畏惧的跟着打，一直到跳过地边的小溪，冲进对方的"阵地"，把"南头人"打得个落花流水。我们这才一面追一面唱，得意的回到各人的家里。他从小起就有一种咬牙干到底的精神，我想我们这每战必胜的光荣，是不能不归功于这种精神的。小时在家里若有人违拗他的意志，他能终日不听任何劝说或威吓，不饮不食的默坐在屋的一角，作为一种抗议。

大约是在小学时期，我们经过第一次的离别。素园随着家庭到县城里读书去了。我心里很不安，因为我那时已经有些明白，距离能生疏了朋友。而且，他的读诗和作诗已经使我微微觉得，我们的友谊恐怕要因此受影响，幸而在游戏和接谈中这种感觉渐渐消灭，我们相处得很和洽了。现在他要到县城去，谁知道回来时变成什么样子？小时所能感到的生活暗影，这时笼罩在我的心上了。

不到一年，素园又回到我们的镇上来了。他不过刚刚到家，就跑来看我。这是何等亲切的喜悦！我记得他这时的身体比以前健壮一些，直起来了。他也不像以前那样沉默，比较爱引起我谈话了。这给予我不少勇气，因为我是一向怯于先行接近人的，何况一上来我心里还含着尚未全消的暗影？我们谈些彼此的情形，生疏的恶梦一变而为亲密的微笑了。我尝味到纯真的友谊所给予的欢欣，这是最早的一次。

童年！童年的友谊！这里含有多少迷人的美，多少令人永远神往的力！像一场甜甜密密的梦一样，童年在我们心里留下愉快的痕迹，我们永远怀念着它的存在，惋惜它的过去。童年的友谊有如我们所吸饮的母乳一样，和我们的生命一同存在，和我们的生命不能分开。现在我是怀着怎样的凄怆，回想我们童年生活的一枝一叶呵！

在高等小学的时期，我们白天总在一起，晚间我们也还常常聚在一处谈天说笑。谈论的范围真是无边的大海，笑和泉水一样从我们的心底自然的涌溢出来。我们常常谈到夜深才散，第二天相见真是云雀一般的欢快。记得有一次在素园家里，我们五六个人围着炉火随谈随笑，直到听着鸡鸣，我们才注意到窗外微白，天已经黎明了。这时我们也惊奇的发觉，我们几乎喝完了一担水。

冬夜围着兽炭的炉火，用陶烧的水罐预备开水，冲出的茶特有一种清香，我们是百饮不厌的。在沉默中看着炉火，听着嘶嘶的水声，在我也是一种很大的喜悦。在炉边素园也是一个可亲的人。他能滔滔的叙着家常琐事，也能倾听别人，维持住不沉闷的空气。多年后在和静农同住时，他们也往往还能谈到深夜。我虽然还向往夜谈，可惜只能偶然再一尝这样的欢欣罢了。随着童年的时光，也一同消失了许多生活的喜悦。

酒和我们童年的生活也是有些缘分的，虽然我自己至今还不能充分享受酒的恩惠。素园是有些酒量的，然而只沉醉过一次，还是醉于他的认真和诚实。我们一群高等小学的同学，有一晚在一起吃起酒来，有人提议能喝的人要较量一下酒量，全体无异议的通过了。我睁着惊异的眼，干了两杯之后便作旁观者看他们左一杯右一杯的豪饮起来。有些伶俐的同学中途便私用手帕承收假喝进嘴里的酒，或者暗自倒入跟前的盘碟。素园却一老一实的干自己应饮的杯。结果，他喝得大醉。散席后，大家走到街上去，适在雨后，街上满是湿泥。一时"打仗"的兴大发，湿泥变成了两方的武器，战后素园活像一座泥菩萨。在对方早已无人影的时候，素园还一边摸抓泥土，一边迷迷糊糊的说："不行，打到底！"几个人好不容易才把他送回家里去。

聪明的成年人许要讥笑这种行为罢。难怪的：他们的生命的火焰已经将近熄灭，对于孩子们的心情已经很是隔膜了。然而，虽是愚蠢的行为中，孩子们也有成年人难以学得的智慧。他们自有他们的世界，没有忘记这个世界中梦似的美的成年人，才能对于他们有着同情和了解。

离开高等小学时，素园便到二百多里外一个师范学校去读书，这时我们的友谊已经很有点基础，我已经没有因离别而生疏的恐惧了。这是我们写长信开始的时期，一直维续了许多年没有大间隔。那时提起笔来连自己也不知道信要写多长才能完：消息，议论，思想，感情，七零八碎，写起来滔滔不绝。寒假暑假相聚时即使一连谈三天五夜，话仿佛也是说不完的。写些什么，谈些什么，现在很难明确的记得了；大概不外是风一般来去的欢乐和悲哀，天一样辽廓的计划和希望罢。我所明确记得的是：这些是促我上进的一种力。

那时候正是"军国民"思想盛行的时代，在高等小学时我们已经听熟了反驳"好铁不打钉，好人不当兵"的议论，走路若不雄赳赳的挺起胸脯是不免被人耻笑的。我虽然向无作英雄的野心，在那样年岁也多少有些英雄崇拜的色彩，所以对于素园的"投军从戎"，至少在送别的文章里很表示了敬佩的意思。这时期虽然很短，对于素园能吃苦耐劳的习惯，我想是很有些影响的。我还记得这时我们集上从戎的青年人很多，不久就流行了一种描写闺思的情曲。这将从戎的苦处和留守深闺的少妇的悲哀形容得很尽致，我觉得较之鼓励从戎的成堆的议论，更为动我的心。

这以后素园到长沙，到安庆，尝了许多生活的甘辛，增加了许多实际的经验，思想渐渐成熟了。我们的通信虽然继续着，可惜现在已经一字不存，无从引证了。也许在这时候，青春的悲哀潜进了素园的心。多年以后我们在北京相聚时，他告诉我这时他怎样热恋一个女子。有一天在公园里遇见一个颇为相似的人，他回去整整睡了一天，怎样也恢复不了心里的宁静。虽然经过了约十年的时光，他的情热并没有稍减；就感情说，素园实在是火山似的人。

然而更有力的思想支配了他的心，他的眼前呈现着他对人类的任务。决然和那女子相约再见，他就到那震撼世界的大革命的策源地去了。

那时正是大破坏以后继以饥荒的年代，去的人连面包也吃不饱。素园爱读书的习惯是还继续着的，吃了分到的不够饱的一点黑面包之后，他总躺在草地上看书，不敢多走动，唯恐早早的就饿了。对这痛苦，我没有听素园抱怨过一声。

　　但是他的体力不支了，一九二二年的夏季回到安庆，转回到北京时发现了痔漏病。他对俄国文学这时已经有了很深的兴趣，所以决定潜心多作几年的研究，于是就留在北京，努力打好俄文的基础。虽然有作事的机会，他宁愿过穷苦的学生生活。夏季回国和冬季他又回到安庆时，我都适逢在那里，这相见给我们无限的欢欣。经过几年的离别和奔波，他又得见了他慈爱的双亲，这更给他不少安慰。以后他常说，这一段短期的生活他觉得最幸福。

　　经他苦劝，一九二三年的春季我和他同阵到北京读书。这几年共同挣扎的生活，充满了多少甘辛，多少悲欢呵！他以自己学俄文作例，教我自力攻修英文的方法。我就拿起一本书来，看一句总翻三五次字典。耐心的读下去。经过几个月之后，觉得较为轻易，兴趣也就渐渐浓起来了。我从英译读俄国文学作品，就因他的鼓励而这样开始。

　　我们学生时代所过的是非常艰辛的日子，然而现在回想起来是何等甜蜜呵！可宝贵的青年精神鼓舞着我们，使我们充满勇气和力量，不顾一切的向前迈进。我们从事的虽然不过是日常生活的战斗，然而这平庸中含有多少传奇，多少诗意！那时候同在北京的还有靖华和静农，记得有一次我们在一块谈天时，靖华说，“我们的希望比喜马拉雅的绝峰还要高！”我们欢笑了——充满了青年精神的笑。

　　然而这样夏日的晴空，不久就为阴云所笼罩了。失去了哥哥的悲伤，和思想与现实的冲突，沉重的压抑着素园的心，从此以后，他诚如鲁迅先生所说，成为“缺乏笑影”的人了。不过他并没有失去他的信心和勇气，他还鼓励我们，指导我们，是我们生活的指南针，也是我们生活的柱石：直到死时，他都还是如此。

　　我的试学译作，也是因为他的鼓励和指导而开始。那时译写了换得三几元稿费的文章，现在我就自己想看一看也都无从找得了。这样解决了一月的膳费固然也可喜，但最大的欢乐还是用这点钱去换一本想看的书。一有这样的可能，我们便到一家外国书店去翻看半天，然后才买回一本价钱不至骇倒我们的书来。这样的机会隔多时才会有一次，在这中间的时期，我们被书店小伙的势利眼看伤的骄傲，也可以恢复过来了。

大概在一九二四年七月，我因了他的提议译出安特来夫的《往星中》，这是他那时所欢喜的书；一九二五年二月我又继续译出他的《黑假面人》，这本书那时正投我的癖好。他用原文一字不苟的来校对这两部译稿，就在夏季挥汗如雨的时候，他也毫不厌倦的继续作。以后有点经验，我才知道这工作是何等的烦苦。我们很知道这是没有"行市"的译稿，然而我们是何等认真的从事！素园对于什么事都愿不声不响的埋头苦干，在他编辑《民报副刊》时，来稿他都一一看，对再不行的投稿人他也不疏忽，给他们退稿，答复。

若是未名社有一种精神的话，素园的这种"不声不响"的态度或者可以代表罢。素园怎样支撑了未名社，鲁迅先生在他的文章中已经谈到了。未名社因为他的病与死而不再存在，我们永远觉得惋惜，仿佛我们失去了一种精神的寄托。时光不停的长逝，变异总不免随着俱来，我真怕想起这些所给予我的悲感。……我只有再想一想未名社的诞生，聊以制止我的哀思。

一九二五年夏季的一天晚上，素园，静农和我在鲁迅先生那里谈天，他说起日本的丸善书店，起始规模很小，全是几个大学生慢慢经营起来的。以后又谈起我们译稿的出版困难，慢慢我们觉得自己来尝试着出版一点期刊和书籍，也不是十分困难的事情，于是就开始计划起来了。我们当晚也就决定了先筹起能出四次半月刊和一本书籍的资本，估计约需六百元。我们三人和丛芜、靖华，决定各筹五十，其余的由他负责任。我们只说定了卖前书，印后稿这样继续下去，既没有什么章程，也没立什么名目，只在以后对外必得有名，这才以已出的丛书来名了社。我说到一年不过只能出书五六本，鲁迅先生笑着说，"十年之后岂不也就很可观了吗？"

走出鲁迅先生的家，我们是怎样高兴的步行着，一路上谈笑回到家里呵。第二天我们就给台林逸先生写信借钱，他是总愿随时帮忙我们的人。我在这里怀着感谢的敬意提到他的名字，没有他，我们的计划不能实现。

钱一凑齐，我们就将《出了象牙之塔》付印，于九月间出了版；一九二六年一月我们出版了《莽原》半月刊。那时候校对，发卖，札包，邮寄，都是我们自己动手，我们感觉样样事都是愉快的工作。除了离开北京的短期之外，看守大本营，埋头作烦苦工作的，多半都是素园一人。有几个时期的账目也是由他管，自然他不是专门的能手，我也不是，因此有些可笑可悲的结果。我们常常要掏并不宽裕的腰包，补足算不齐全的数目。素园有次给我看他所记的账，我不禁笑起来了：他出入对比的结数下加了一大段注脚，说明一枚铜板的差误的来由。这样不归路数的账，供给了我们长期的笑料，笑后素园常庄重的说，"总之，我要使它无错。"

《出了象牙之塔》出版后，鲁迅先生听一位反对白话文的人发议论："那还有什么塔会出了象牙的吗？真是不通之至。"我记得仿佛也有新文学家警戒青年们不要看这样书吃亏。然而我们印刷的成本不久就卖回来了，于是就续印他书，渐渐有了点基础。

从这可以知道我们并没有要掀起什么运动的野心，以后竟莫名其妙的被卷入"狂飙"，我们惊奇得相视而笑。素园最厌倦这种无中生有的招摇，能气愤到夜不成寐；但是他还保持了不声不响的态度。

一九二六年秋，我们开始译《文学与革命》。但是不久他就病了。起始是痰里带血丝，我们劝他去看了大夫，但这个德国"名医"看他是穷学生无利可图，就说并没有什么要紧；我们也就暂时安了心。以后形势渐重，我们怎样劝他也不肯去休息。有一晚他深夜不睡，想写完一篇绍介果戈理的文章，第二天就大吐血不能再起床。静农打电话让我进城，告诉我素园的病已经医生诊断无治的时候，我们的周身颤抖，仿佛看见死亡的巨手就要攫去我们最亲的朋友一样。

然而我们不能不装作沉静，安慰我们觉得已经垂危的人。亲近的人病痛，实在可怕过自身的灭亡。

幸而经法国医生加意诊治，素园居然可以起床，到西山去修养了，这给我们许多快乐的希望。现在看到放在眼前的他到山后第一次所写的信，我不禁想起他病后软弱的手：两三月后从字上可以看出一点力量来了。将近新年的时候，他居然有想进城来过年的意思了。素园是极离不开友谊的慰安的人，他深感到山居的寞寂。在他卧病的几年中，我们常常去长谈终日，这是他所渴求的"人生的温暖"，他不愿因病而稍稍冷却。他对朋友的关切和周到，实在是这种温暖的燃料：他是朋友们最怀念的人。

然而为了忙于世事，我们总难免有稍稍疏忽的地方，这给他不少的不安。在一九二九年九月二十三日的日记中有着这样几句话："今天早黎明前流了第二次眼泪，觉得朋友们对我形式上疏淡了，虽说心上和纸上对我还是一样……我来山后第一次痛哭是在闻朋友出狱无期的时候。"

这里所说的出狱无期，是指着一九二八年四月我们因《文学与革命》而被捕的事。我们当时对于自己的生命实在并不如对于他的病体担心，我们知道他要有怎样的焦思。

从他死前亲自交给我的这两本日记，我看出他病中是怎样继续认真的读书：两本里几乎是细心写下的读书记录。所读的范围也很广，有历史，艺术，文学理论，哲学；他甚至还想攻读自然科学。我们总不肯多送书给他，然而他总想法从别处辗转借得。对于新的出版物他也并不忽略，在他去世后几天还有他购买的书从上海寄到。

一九二八年十月未名社开设门市部，这种表面的发展使他喜悦，然而他常常提醒我们，要记住艰辛的开始并顾念到万一不支。虽然他卧病山里，他还不断写寄些实际的指导。我怀着怎样鲜明的希望开始一九二九年的生活，紧随着漆黑的绝望和悲伤又怎样狠狠的咬着我的心，我又怎样以惨痛的经验完结了这一年呵！不过去罢，无益的忧思！

整个的一九三〇年的一月，我几乎无昼无夜的在他的病榻前度过。为了安慰他，我们将已成驱壳的未名社，勉强吹进些假的生命去，苟延残喘的支撑着。他一九三一年一二月的信还几乎封封提到社务，我现在读着还感到难言的凄楚。但是冰冷的现实终于不是谎言所能掩饰得了的，从我们简单的日记，我知道三月一日和静农去看他时，我提出结束未名社的办法来了。我说谎他也是完全的相信，又因为以前我已经给他一点心理上的准备了，所以他对这也无异议的接受。不过他怀着深的怆惜，在日记中写道："六七年来惨淡经营之未名社一旦失去，心中觉得恍若丧家，怅惘之情，难以言表！"我勉强感到欣慰的是他只算轻尝了一点社的解体的悲哀，没有大影响他的病情和心绪。

卧病多年而还保持欢快的心情，当然是不容易的。人生大谜自然也常常在他的心里出现。他在一九三一年五月十八日的日记中有这样的话："近来常常想到死，并不像以前那样怕；但深思到假若死是生底一去不返，又总免不了觉得可哀。……我之常常想到死，许是久卧体弱的关系，其实我现在还是很乐生的。"从这样简短的记事，我们可以看出他以怎样的勇敢与忍耐，支持着病体，留恋着人生。

这也可以从其他的记事中看出一些来："山桃花开，工人折两枝给×××，另送一份给我。"（一九三一年三月三十日。）"杏花开，午后更盛，盖因晨间小雨。"（同年四月四日。）"上午微雨。据乡人云，此雨下，可耕种矣，对于已出土之麦更好。"（同年四月十六日。）

但是无疑的，他已经感觉到自己的生命渐渐衰弱，死亡的脚步已经轻轻的走近了。有时他于谈话中偶一提及，总劝我们对这终于要来的事实达观，不要太因他而哀伤。我们看他表面上没有什么大变异，总尽力安慰他，他每每只沉默的微笑，或者说他只是开开玩笑罢了。他早在给我们心理上作准备，从这可以看出他是何等体贴朋友。以后看他的遗书，是一九三一年十一月写就的。但他总常尽力保持着欢笑的态度，使我们安慰。

到一九三二年的春天，素园的病有时稍好，有时见坏，给他很多的不安。在四月二十五日给我的信中他写："我的病不进步固由养的不好，但主要原因，病实在根本也太利害了。……关于我的前途，我想你们早就看得清楚；希望静农你们在一起，尤其当着丛芜的时候，提到我总预先多说些宽阔和达观的话，免得万一突临不幸，过受打击。"

这给予我无限的伤感。但我总希望着这只是他一时的心情，可以因我们的劝慰而渐渐改变好。我写信劝他放开胸怀养病，多嚼味生，少思念死。我怕将死和他想在一处。我不敢深思这冷酷的事实。但从他五月二日复信的字里行间，我看出死的暗影是怎样笼罩在他的心头了。"……我个人生活一向是很达观的，和我相处稍久一点的病人，他们都这样说。我是得过且过，只要生活（病）不直接加苦痛于我。……我年来心境从不敢稍告他人，因知我者都系我的好友与亲人，我怎愿再加他们的伤痛呢？……生活之于我，已成负累。至于你说寂寞，我实在好久以来并不感觉，听你言我似乎才又记起这两个字——但仍然没有什么……。

留给静农、丛芜和我的遗书也是早在五月十八日便写就的。这封信我们在死榻前不忍终读。他写时要含着怎样的凄伤，我至今想起还颤抖！"你们是我的最亲爱的朋友和兄弟。在生活的路途上说，也以我们相共的艰难患苦为最多。现在我要先你们而别去了，愿你们勿以我而悲哀。这种离别乃是人生之常，早晚免不了的。"他这样开始，以后勖勉我们努力，并希望我们"更结高深的友谊，以取得生活的温暖。"

接读他二日的信后，我不久就到山里去看他；这相见使我惊觉：在他病弱的身体上，死亡实在已经占了上手。在谈话的开始，他脸上的感伤使我觉得仿佛这是我们最后的话别。以后他渐渐有些欢欣的表情，我走时竟自己有种幻想，相信他是会逃出死亡的巨爪的了。别后他的和别人的信也增强了一点我的希望。但是他六月中和七月初嘱编抄译著的信，又常常使我绝望，凄伤。

然而我总不把死和他想在一处，我的心总愿在梦想中躲避这可怕的事实。我在复他的信中说，文章可以分给他的熟朋友抄，抄齐放在手头，他无事中翻阅消遣，也就可以如晤故人了；如有新作，再行加上去，使它慢慢"长"成一本书。可惜这样抄成的遗著，他未能寓目。我给他的最后的一封信是七月二十七所写，信末有一段道："夜间有萤火虫在林间飞舞，坐在廊下遥望电光闪跃的天空，听着一种不知名的水鸟咕咕的叫，恍如置身在另一个世界中。"这不幸成了一种对他的预言；几天后他就永别了我所处的世界。

二十八日早晨我们得到素园病危的消息，熟朋友全赶到他的住处去。他瘦削得可怕，但他非常镇静；只剩我一人在病榻前时，他告诉我他对死早有准备，并不感觉什么悲痛，所不安者只是活着的朋友们难免哀痛。我握着他的手，全身微微的战栗，我怕他伤感，尽力抑制住自己的感情，听他轻声从容的吩咐身后的事。我劝慰他莫要先想这些，他总微微摇着头说："在我，死并没有什么可怕。我早就有了准备。"然而在这将要永别的时候，他的深的忧伤，从他那笑影全逝的面容，深深的浸入我的心里。我知道我们的至亲

30

的朋友是真的要"先我们而别去了"。夜间大雨，病房里显得特别阴凄。

我们为求医药的万一的救助，第三天把他移送到城内的医院。三十一日素园的病状稍好，我们的心里稍稍宽松一些。医生也以为暂时是没有危险了，所以只留下我一个人在病榻前守夜。我们谈了一些话，夜里十二点以后他还要水喝，说觉得想睡，并嘱咐我也睡下，以便第二天早晨去公园舒散舒散身心的劳顿。我静坐在屋角的地板上，听他似乎入了睡，这才闭起眼来，静听夜的微息中自己的跳动的心。

约在三点钟时，我听他突然喊了我一声，从声调听出他已经是濒危了。我立在他的床前时，只听到他轻微的声音说：

"霁野，霁野——"

他不能再运用他的舌，我们只能默默相望了。我紧握着他的还温暖的手，低声告诉他说，亲近的人立刻就可以到他身前来。我劝他闭眼养养神，劝他安心，他无力的握握我的手，微微点点头，我知道他还很明白。丛芜到时，他还能慢慢转动眼睛听明我们的话，不一会他便只能定睛喘息了。

"五点三十八分"，一个试着脉搏的看护向我们报告。这便是素园的短促的一生的终结。

第二天下午，素园七月二十八日所写寄到汤山的信转到城里来，我全身颤抖着不忍拆读。躲在无人的一角，含着泪读这仿佛从另一世界寄来的信时，我痛切的感觉到死别给予我的悲哀。

一九三六年八月一日素园逝世四周年写完于温泉

［原载1936年9月《文季月刊》第1卷第4期，收入本书时有改动］

离开我们八年了

——素园

冶　秋

"呜呼！宏才远志，厄于短命，文苑失英，明者永悼。"——豫才先生手书墓志。

北平落在无边的风雨里，夜在向光明战斗，——就在这时候，我们的好友素园，将他最后一口气，交给了去的昏暗，来的曙色的东方。

——这个日子，在任何情形之下，我埋葬不了，这个就是一九三二年八月一日我失去了唯一的好友的一天。

强心针的力量，在延长着这一分一秒的岁月，霁野在他的耳边，沉哀的说着：

"朋友们都到你的眼前了！——静农，竹年，冶秋……"

他仿佛勉强的睁了睁眼，头向枕边倒了一下，口唇上的筋在扯动，可是终于他那纯粹乡土的口音没有了，渐渐的失去了脉搏，停止了心跳，哭声掩没了一切，一个几年来血与肉的身躯，几年来向结核菌奋斗的身体，——交给了不可挽回的死灭。

你们要喊"躲钉哪"，"躲钉哪"！大针子像在我们的脑袋上钉了进去。

你们要喊"躲钉哪"，"躲钉哪"！大针子像在我们的脑袋上钉了进去。

街头上走着一个小小的行列。

破旧的庙里，钱纸灰飞扬着。——我们拖着深重的心，脚，脑袋，离开那里。——离开了我怎样也不能再见的好友。

待我由山西再回到北平的时候，在西郊的××公墓里，两棵小的白杨树下，有一座小小的，粗陋的坟墓；在这些高大的花岗石的墓志旁边，在那亮得像镜子似的墓顶旁边，——他静静被遗弃在这里，他的墓顶没有那些银子造成的光彩，不但这样，而且墓的四周，已经有了像要裂碎我们心胸的断裂了。

生在风雨里，死在风雨里，尸骨还要受风雨的侵袭吗？

又何止这样呢？现在更是不可想象了，故人的铁蹄，没有践踏着那磷磷的白骨吗？炮火没有毁坏了整个的墓穴吗？豫才先生手书的墓志，还闪烁着那苍劲的光辉吗？

这真是不幸的一群中的一个。

幼年，似曾有一度的欢乐，然而，不久，在荒凉的西北利亚，红胡子，哥萨克的骑兵，断了的铁路，——这样恐怖，饥饿，暴风雨的国度里，他通过了一切的阻碍，过着连黑面包也难以取得的生活。

可在这里，取得了那黑厚，广阔，荒寒的土地中生长出来的花朵。

这不是什么夜来香，白兰花之类的东西，我想不起什么适当的比喻来，总之像芭蕉那样的叶子，在阴凄凄的看不见边际的园中，风里雨里开出来的花朵。

——然而总是阴森森的。

托尔斯泰，托斯托也夫斯基，珂珞连珂，果戈理，安特列夫，甚至于以坚强著称的码头脚夫高尔基，——都是在阴森的园中，培植了这样花朵的园丁。

这影响了他的一生——也可以说影响了他的寿命。

回到这古老的国度里，又在一所阴凄凄的公寓里生活下去，在一所学校里作着学生，同时又作着先生，这时候他的一个挣钱的哥哥死掉了，弟兄两个滚在地上痛哭一场之后，便从此与贫穷角逐着。

在冬天，北地的寒冷，使他白天有太阳的时候，就在院里烤这不要钱的火，一张茶几上，放着厚厚的书，他便伏在那翻译与阅读；晚上，一个小得像夜壶那么大的煤炉子放在桌底下，两只脚狠狠的踹在上面，眼看得发涩了，炉火也早尽了，才懒懒的上了床，把所脱的衣服盖在身上，我有几次的清晨，在这样臃肿的被包里，只看见一撮头发被留在寒冷的空气里。

这时，有钱的要数到静农了，像似礼拜六，他可燉得起一锅肉，吸引着几个面带叶色的家伙；饱餐一顿，然后谈个通宵，第二天带着失去了睡眠的身体，走回那破烂的屋子。

在这之前，我认识了素园，而且成为这破小的屋中一个小小客人。

两枚或者四枚铜钱的花生，是特为招待我而买的，吃着，谈着，小煤球炉子也被请出来，而且还额外的加了几个煤球。外面的风在打着哨子，偶而响起"硬面饽饽"的叫卖声从风里溜了过去。

——真是无尽的荒凉，同时这小小的屋子也有无尽的温暖。

记不起在什么时候了，他们认识了豫才先生。而且隔几天，总有一次的往访。

从东城根走到西城根，然后又同时的走回来，那时——我还被视为"小小王"的那时，是颇觉得有些累的，可是被这种愉快的往访的心情给埋没了。

灯光下，同豫才先生畅快的谈着，而且总是有个大胖女人端来"盖碗茶"，豫才先生从铁罐里抓出来花生糖之类的东西，我便装着一个小大人的样子也轻轻的拿起茶碗盖荡荡浮起来的茶叶，慢慢的喝它一口，才又咬去糖的一角。

这总是他最愉快的时候了，归来的路上已经有了"轻飘飘"的样子，——也许这冷风吹起来了他薄薄的衣衫罢了。

这时候还曾有一次为着看看哈萝莱特，——阴魂登场，"阴魂登场"登得他有些怕起来了，在蒙头大睡之后，失去了刚接到省里的津贴所购置的衣服，同剩余的钱财。

像是第二年，在北京大学的对面新开路五号里，未名社的第一本书印出来了，我记得这就是封面上画着像猴子的一个家伙搂着一个女人（？）的《出了象牙之塔》。隔壁的一位洋学生在中间的屋子里一付铺板上摆着这书；那一头便是住着被豫才先生称为"默默的支持着未名社"的素园。

或者有人以为这里素园务该要阔些了吧？然而仅仅我所知道的，仍然同穷在请交情。

那时，我便住在后院的一间小屋时，我俩的饭是开在一起，我的屋子对面就是厨房，看见长着红黄胡子的老掌柜的下手炒菜的时候，我们俩心就忽然的开朗起来，仿佛他舍得多搁的油已经浇在我们的心上，一看见那个厨司夫动手，素园就含笑脸，我就出去在门口等着买臭豆腐，两个铜元的臭豆腐吃光了菜还没动，我俩却已经吃得满头大汗了，——因为我总是请求使卖臭豆腐的人多加了两滴——只能说"滴"——辣椒糊。

待到未名社搬到西老胡同一号，打了玻璃柜，装了电灯电话，似乎阔了的；一天，我在西山接到静农的电话，小声可是紧迫的说着："素园吐血了，你快进城！！"

后来才知道，打电话的时候，素园已经吐了几滩血，倒在屋的床上，而且经一个肺病专家认为只有预备后事了。

中国的专家，既然只有嘱咐预备后事的办法，那么只有乞救于洋人了，于是他被送到法国医院里。

竟然的活下去了。

过了年还能从城里移到西郊福寿岭的疗养院去。

渐渐的好起来，渐渐的又要看书写作了。

一年前我带着伤痕，走上山，他带我到疗养院旁的蜂场里借到一间房。北面的山野，总是晴朗的，他每天躺在院里，小小马樱，开着绒球似的花朵，他总是和霭的笑着。三餐饭，我们总是在一起吃的，饭后，愉快的谈一会，他的脸色有时就严肃起来，我怕他疲乏了，我就赶忙离开那里，漫山遍野的跑着，有时在一处能看见他的地方，回头一看，他何尝在休息？拿本原大的俄文书，几乎遮住了他的脸，我总觉得这东西压在那瘦削的胸上是不好的，有时委婉的劝了他，他总也委婉的解说着这样也就等于休息。

后来听说靖华寄了许多书回来，他更兴奋得不得了，写一封又一封信，催着找几本书看；一本新书送来，他便像小孩似的欢喜，常常紧按着那本书怕谁抢了去似的，为我先说一说作者，或者已经知道的内容。

这样过了二三个月，秋天深了，为着衣食，我又走向了"人海"。

茫茫的，这茫茫的人海里，那里可以为这个还是小孩子脾气的人找来衣食呢？不要说别的，就连个完整的衣衫都没有，即或有人愿意介绍事，一看这样子，就觉得拿不出手去。

我还记得一个雪后的夜，月亮出得那样的好，我孤零零的走在这白的路上，一条奇怪的影子，在我前面走着，——是那样的生疏；大的礼帽，宽肥的不像样子的长袍，我真禁不住的苦笑了。——这是从一个可以为我介绍职业的人那里回来。这样的衣帽堂堂，是朋友们几乎强迫的为我装扮起来的。

朋友们总是对我好的，可是职业还是总远离我。素园此时愤激了，写信进城说，看他们不热心替我找事，而且他要担保我可以作些事的。

时间往前走着，我终于撞出来可以生活的门路，每到一个新地方，告诉他，他总是立即回了信，表示出他放了心的欣喜。

在这样的第几个年上罢，暑假前两个月的时候，我在太原农村接到他一封异乎往日的信，他说着病体一天天的坏下去，近来更不好，并且说：这情形连静农、霁野都没有告诉，怕是没有许多岁月了。暑假中若能回来，也许还有见面的日子。（后来见到他的遗书，也是几个月前寄就的，我想也许这就是他给我的遗书吧？）

在这后几天，又接到一张明片，说是不要为他担心，近来又见好，而且能吃几条鱼了。

其实，何尝好起来了呢？暑假中到北平看他的时候已经瘦弱得不像样子了，从山上回来不久，一天傍晚，我进静农的家，便听他说："素园病重了，让你赶快去西山，静已经先走了。"这里，天在落雨，夜已经来到，几十里的路程，怎样去呢，大家都看着，第三天一早去，雨完全下了一夜，我便想着素园，不会不等着我吧；翻来复去的过了一夜，天刚刚亮，大雨正在倾盆的下着，我们跌了又爬起，爬起来又跌倒的走完了这泥泞的路程，浑身上下淋得水鸡似的，我领着其余的两个走着小道，上了山，直到素园的病室，推开门，他看着我们的样子，瞪着怕人的眼，半晌没有说出一句话来，这湿淋淋的几个人，脸上又不是往日的笑容，慌张的跑来作什么呢？

我又问着静农，霁野挤着眼说"没有来呀"！我说："为什么没有来呢？昨天赶晚来的！"霁野还是挤着眼，我还是追问，我怕静农夜晚遇到了什么不幸了。

可在这样情形之下，素园明白了——他知道这是他将要毁灭的样子。

趁着出去小便的时候，霁野赶上告诉我，素园不知道自己的脚已经肿了，院里派人报的信，静农昨夜到了，没敢让见，现在还在牧师房子里。

这事的唐突，我至今还有遗恨，使一个人明白了不可挽救的死亡已经扑到，这造成如何的心情。我真是不敢想象。

第三天被送进城，住在同仁医院的一间专门等候死亡预备的房子，一天我去看他，话已经说不清，他让侄子正在喂菜饭，他只会用神色表示着，要我喂他，我接过了饭碗，调羹，他的嘴角上便泛着自由微笑。

也许就是这天夜里，风凄凄的，我们赶到病院的时候，他连眼也闭倒了。

——就这样的完结了这短短的人生的岁月。

即使怎样健忘，人总忘不了这珍贵的友谊，更不能不挂念着他尸骨的安全。

静静的等待着吧，我们将在你的坟墓前，献上那盛开的花环。——素园，好好的安息着吧！——我只好常常拿着这样的话，慰勉着我自己。

一九四〇年七月二十日 写于釜溪河畔

[原载《新蜀报》1940 年 7 月 25 日，收入本书时有改动]

渴念亡友

——素园

冶　秋

朋友们一个个的逃出那魔窟了，
只有你，还留在故人的践踏里；
我怎能按止住心的酸疼，
怎能不默念那白杨树下
可怜主栖息？

不停的工作，
不停的学习。
而同时贫穷也就不停的来袭击你了
穷病又是一对孪生子
你便供他们细嚼烂嚼
末了，只为你留下
一付穷硬的骨骼。

如今，这穷硬的骨骼，
又被遗弃在铁蹄和坦克的"履带"之下了。
我想，你会不稀罕我这混蛋的想念的。
有山后的歌声
有枪炮的洪曲
有鲜明的旗帜
——纵使骨碎成灰，

你将也引为慰籍。

可什么也不能阻止我对你的想念；
再会忘却，
也难泯对你的记意；
朋友！
——虽然这些在你也许是鄙弃的。

一九四三年 素园忌日前于渝郊

［原载《新蜀报》1943 年 8 月 20 日，收入本书时有改动］

鲁迅和韦素园

冶　秋

　　约在一九二五年，北京东城贡院附近一所破旧民房里，住着一群穷学生；当时有钱的学生，是住着所谓"公寓"的，那里常常"麻将"声不断，门口有带着水电灯的"包月车"，拉那些阔学生到"城南游艺园"看戏，八大胡同吃花酒，……而一些真正用功的穷学生，大多住在学校附近的"民房"里，过着八个铜子到一二十个铜子一天的生活，韦素园就是其中的一个。

　　记得素园住的这所小院子就是南北两排房间，在东面有两间厨房厕所之类的小灰棚。当时住北房还是身高一等的；冬天阳光照在窗纸上，照在屋里，住在南房的人看着好像身上也暖和了。而素园只能住在南房一间阴湿的小屋里，整天埋头翻译着俄国文学。在苏联十月革命后不久，西伯利亚辽远的旅途上，一边是赤卫队，一边是白匪，战争正在进行着；"红胡子"在边境一带杀人抢东西。素园曾经这样历经千辛万苦，几乎丧失了性命，到达了所谓"赤都"，他学会了俄文，又爱上了俄国文学。——这时，他算是在北京安居下来了，苦苦地、认真地在译书。他是附近总布胡同俄文法政学校的学生，仿佛又是这学校的教员，因为他没有当教员的"资历"，也就没有什么报酬。

　　就在这时吧，他认识了鲁迅先生，对他来说，这是一个极大的鼓舞。记得常常在晚饭后，他就带着稿子，徒步向西三条走着——这是一段几乎是东城根到西城根的很远的路程。他从来没有坐过车，总是走到沙滩附近，约上同去的朋友，然后一边走一边谈着：向鲁迅先生请问译书中的困难；或者是想把一篇散文、小说的"腹稿"，向他谈出来，征求他的意见；或者是打算办个"同人"的小刊物，由此发展起来，成为一个认真介绍一些东西给读者的出版社，甚至谈到第一本书的印行，封面的设计，什么纸张，……谈着谈着，仿佛已经在惨淡经营起来的出版社的编辑室中了。也就是这样充满希望的心情中，他们走完了这长长的路程。

当时的西三条胡同晚上几乎是没有灯光的，道路也很不平，他们摸到了二十一号，轻轻地拍着门上的铜片。女工出来开门的时候，鲁迅先生已经从北房拿着油灯站在院里等着了，然后引着他们在南房里或者"老虎尾巴"中坐下。最初还有点拘谨，越谈就越在"师、友"之间了。素园确实如鲁迅先生所说，给人的印象是："笑影少"。但是遇见熟朋友，那种忠厚诚挚的笑容是最让人愉快的；他把鲁迅先生当作师长来尊敬，然而他们也是最好的朋友。

每当素园他们兴尽归来，一路上总是重述着刚才的谈话，说得那样津津有味，以致忘了这样长的路程和深夜。

约在一九二五年的秋季，素园搬到沙滩红楼对面新开路五号去了，同样是破旧的小南房，潮湿的砖地。鲁迅先生在《忆韦素园君》一文里说到：

> 现在留在记忆里的，是他已经坐在客店的一间小房子里计画出版了。
> 这一间小房子，就是未名社。

这一间小房子，也就是新开路五号。有时候，鲁迅先生在北大下了课，夹着一个灰布书包，从红楼出来，走进对面的胡同来找素园。这年十二月，未名社招牌虽然没有挂出来，第一本书却出版了。记得就是鲁迅先生翻译的厨川白村的《出了象牙之塔》。这时已把素园隔壁的一间小房子租下来，房子里空无所有，只有一副铺板，上面铺着几张报纸，放着这新出版的书。

在想象中这部书一出版，会销售一空的；谁知却不是如此，第一，因为这是翻译的东西，当时对于译书，还不大"时行"；第二，书名很怪，大多不了解是怎么回事；第三，素园等几个人都是书生，不懂得生意经，既不会弄广告，又不了解发行的路子。记得头一两天，只卖出去了几本，于是想法子在对面红楼的广告牌上贴了广告，又委托"号房"代售，又在《国民新报》上登了广告，慢慢地才把局面打开。

鲁迅先生常常到这里来，计划着出版，而且筹措着印刷的费用。一个小小的文学出版机构，就在他的扶掖下诞生、发展起来。

记得素园在这以前曾得到鲁迅先生转托徐旭生先生的介绍，到了《国民新报》当副刊编辑，但似乎为时不久（约在一九二五年十一、十二月间）就到开封去了。

这期间，未名社逐渐成长起来，出了书，并把《莽原》改为半月刊在未名社编辑发行（第一期为一九二六年一月十日出版）。素园约在一九二六年的三月也回到北京，这时未名社似乎已搬到马神庙西老胡同一号。居然有了三间北房，而且有了柜架之类的陈设了。

《莽原》在鲁迅先生的主持下成为当时青年最爱读的刊物之一，先生的许多回忆文章像《弟兄》《狗·猫·鼠》《阿长与山海经》《二十四孝图》《五猖会》《无常》《从百草园到三味书屋》《父亲的病》《藤野先生》《范爱农》等都是在这个刊物上发表的。

这年三月十八日在铁狮子胡同门前段祺瑞屠杀了大批青年，报上传说第二批通辑名单上有鲁迅。先生曾暂时出去避难，五月间才回到西三条的家中，八月就又出走厦门了。

记得鲁迅先生避难的地点之一是德国医院——就是现在的北京医院后半部——一间小木板房里。那时候，素园还去看过他，回来述说着鲁迅先生还在写作。

这期间未名社的出书、校稿和《莽原》的编辑，大多是由素园负责的，鲁迅先生所说"其中的骨干就是素园"，也就是指的这一个时期。

大约这年冬季——也正是如鲁迅先生所说："……他只是一个文人，又生着病，却这么拼命地对付着内忧外患，又怎么能够持久呢。"——素园终于在一个夜晚忽然大口吐血了，好容易请来了一个外国医生，但他宣布了他的死刑。许多的医院都拒绝接受这个又穷又是垂死的病人，费了许多交涉，才送到法国医院，居然没有死去，过了年才送到西山福寿岭肺病疗养院。在这里一直躺了六年，才死去。

鲁迅先生非常关心他的病，无论是在厦门、广州和上海，来信总是问他的病情，劝他不要忙于译著，"倘若技痒，要写字了，至多也只好译译《黄花集》上所载那样的短文。"并在一九三一年二月二日给素园的信中说道：

> ……但我若存在一日，终当为文艺尽力，试看新的文艺和在压制者保护之下的狗屁文艺，谁先成为烟埃。并希兄也好好地保养，早日痊愈，无论如何，将来总归是我们的。

素园也正如鲁迅先生所担心的那样，只要身体略好一点，他就在床上，把一本厚厚的俄文书压在胸口，一面看，一面翻译，总是不肯白白地度过时光。这样，身体也就一天一天地坏下去了。

记得素园在病中最愉快的一天，就是鲁迅先生一九二九年由上海回到北京，在五月三十日的早上到西山福寿岭去看他的时候，头一天素园就让人帮忙把一间小房子打扫得很干净，又请厨房的大师傅来，告诉他预备什么菜饭；又把自己喂着的几个小鸡，挑了两三只大的，请大师傅作。

第二天一早，鲁迅先生就来了，一直谈到下午才回去。素园几次让他吸烟，他总是忍着不吸，实在逼急了，他才跑到外面抽一支烟就回来。当天下午五时他写给许广平先生的信中述说着这次愉快的也是最后的一次会见：

> 今天我是早晨八点钟上山的，用的是摩托车，霁野等四人同去。漱园还不准起坐，因日光浴，晒得很黑，也很瘦，但精神却好，他很喜欢，谈了许多闲天。病室壁上挂着一幅陀斯妥也夫斯基的画像，我有时瞥见这用笔墨使读者受精神上的苦刑的名人的苦脸，便仿佛记得有人说过，漱园原有一个爱人，因为他没有痊愈的希望，已与别人结婚；接着又感到他将终于死去，——这是中国的一个损失，——便觉得心脏一缩，暂时说不出话，然而也只得立刻

装出欢笑，除了这几刹那之外，我们这回的聚谈是很愉快的。

素园终于在一九三二年的八月一日的晨五时半，死在当时的哈德门内同仁医院里了。朋友们把他葬在西郊万安公墓，鲁迅先生写了《忆韦素园君》的文章，同时又为他写了墓记：

韦君素园之墓

君以一九又二年六月十八日生，一九三二年八月一日卒。呜呼，宏才远志，厄于短年。文苑失英，明者永悼。

鲁迅书。

正如鲁迅先生的回忆文中所写：

是的，但素园却并非天才，也非豪杰，当然更不是高楼的尖顶，或名园的美花，然而他是楼下的一块石材，园中的一撮泥土，在中国第一要他多。他不入于观赏者的眼中，只有建筑者和栽植者，决不会将他置之度外。

鲁迅先生对于素园生前的帮助和培植，死后的哀思，并不是对他个人有什么偏爱，而正是说明鲁迅先生对于中国青年的热爱。

（一九五六年六月十一日写完。时为鲁迅先生逝世二十周年前八日）

[原载《北京日报》1956年10月18日第3版，收入本书时有改动]

厄于短年的韦素园

李霁野

素园逝世已经四十五年了，已经超出了他短短一生十五年。他很为还生活着的少数老朋友所怀念。近些年来因为鲁迅先生的回忆文和书信，关怀他的新朋友也越来越多了。在素园逝世后，我们原想编辑他的少数诗文和书信，由几个朋友各写一篇回忆文字，出一个纪念册；以后情况有不少变化，这个想法也就没有实现的可能与必要了。但是仍然有不少素园的新朋友希望多知道一些素园的生平事实，大概为进一步了解他的一助吧。我是素园童年的朋友，自然对我瞩望更为殷切。把老友介绍给新知，是很愉快的事；不过鲁迅先生已经将素园的性格、思想、感情、生活和工作作风，甚至容貌都用生动的笔触写到了，可谓画龙已经点睛，我所能增添的只是一鳞半爪罢了。

韦素园一九〇二年六月十八日生于安徽霍邱县叶家集。这个地方离大别山很近，是个小小的平原，在二十年代末和三十年代初，曾是豫皖鄂革命根据地的一部分。在一九一四年秋，叶家集才成立了明强小学，素园在读了几年私塾之后，进了这个小学，约一年多就高小毕业了。他在私塾时，虽然辛亥革命已经发生了几年，大人和小孩绝大多数都还留着辫子。韦素园在私塾倡议大家剪去辫子，引起不少大人的惊异。明强小学的校址是旧的火神庙，里面有泥塑的火神、文昌老君像，每年还有些人去进香火。韦素园积极参加了推倒泥像的活动，引起了一部分迷信市民捣毁学校的大风波。他的反抗精神在少年时代就有所表现了。

韦素园的家庭是经营小商业的，经济情况很艰窘，所以小学毕业后，他只能到阜阳去上公费的第三师范学校。这是一九一五年秋，第一次世界大战早已开始。一九一八年春，素园决然离开第三师范，到北京参加段祺瑞所办的参战军。这时俄国伟大的十月革命已经发生，可是在当时除极少数先进分子外，一般人既不知道这个革命的实际和意义，更不了解第一次世界大战是帝国主义战争的性质。素园在小学和师范学校的时候，常听到"投笔从戎""马革裹尸"一类的宣传教育，因为那时候一般教师对帝国主义对中华民族的侵略与欺压，已经有点初步的认识，已经广泛地向学生灌输爱国主义思想了。韦素园的从军，是他要把爱国思想见之行动的表现和探索；虽然这是他在歧路上走的几步，却引起他思考当时青年面临的许多重大问题。他不久就识破了所谓参战军的骗局，毅然决然离开了。

韦素园的大哥当时在长沙作文教工作，他便到长沙进了法政专门学校预科读书。那时统治湖南的是反动军阀张敬尧，此人极端残暴，在政治上搞专制高压，在经济上是敲骨吸髓，人民恨之入骨。韦素园已从投军的一点教训，知道军阀是国内巨害。张敬尧在湖南的胡作非为，引起他满腔义愤，在写信时形之文字，在谈话时溢于言表。他积极参加学生的"驱张"运动。毛泽东主席是学生"驱张"运动的主要领导人之一，这个运动也终于取得了胜利，可惜素园没有机会同毛泽东同志接触。但是素园还在长沙时，受俄国十月革命感召的伟大的五四运动爆发了，这使他受到很大的影响，很深的激动，他的思想感情起了质的变化：新时代的曙光使他对祖国产生了无限的希望。怀着乐观坚信的心情，他于一九二〇年夏随兄到了安庆，转入安徽省立法政专门学校。他参加了安徽省学生联合会的工作，全力以赴，常常夜以继日。他的认真激烈的性格这时有了充分的表露。他沉默寡言，埋头苦干，从不夸夸其谈，哗众取宠，因此很使人敬重，同时也受人爱戴，因为他很纯朴诚恳，绝无傲人的态度。

中国在那时候是军阀割据的时代，统治安徽的是反动军阀马联甲，和张敬尧是一流货。这些军阀对外勾结帝国主义，对内联络封建地主，闹得国无宁日，民不聊生。哪里有压迫，哪里就有反抗，这是一条历史规律。安徽学生这时的主要政治活动，就是在反帝反封建的总原则指引下，群起驱逐马联甲。韦素园作为学生会领导人之一，积极地投入了这次斗争。这次"驱马"运动终于以胜利结束。

俄国十月革命对中国的影响极大，它使中国革命成为世界无产阶级革命的一部分，进入新民主主义革命时期。一九二一年初，在上海成立了一个革命组织："社会主义青年团"（SY），以后改称为"共产主义青年团"（CY）。这个组织选派了一个代表团去莫斯科，参加第三国际召开的国际会议，韦素园是代表之一。代表团人人藏着共青团团员证，轻装从上海坐船出发，取道海参崴、伯力去莫斯科。在一九二一年春季，虽然国内战争在俄国西部已经结束，帝国主义武装干涉也基本上以可耻的失败告终，但在东部，尤其在海参崴到伯力这一段，白匪仍然猖獗，随时与红军激战，战线犬牙交错，红白难分，弄不好，代表团就会落到白匪手里丧生。日本帝国主义在海参崴还有残余势力，常常还派遣间谍进红区刺探军情，并进行破坏捣乱，这就不能不引起红军的高度警惕，对从海参崴向西去的旅客特别注意：防止混进白匪和日本间谍。斗争是十分复杂严酷的。代表团表面上是新闻记者，秘密证件藏在鞋底，不准轻易示人，因为红军与白军均无标志，难分红白。

代表团在海参崴登火车出发，走了一段之后，列车员觉得他们形迹可疑，严加盘问、搜查，虽然并无所获，却疑心他们是日本间谍，要使他们下车。在这生死一线，一发千钧的瞬间，一个代表的秘密证件无意被发现了，这真是一个晴天霹雳！代表团以为证件落入白匪手里，必死无疑；列车员和红军万分惊异，一时还转不过念头，仿佛有点不知所措了。说时迟，那时快：他们把代表们作为同志热烈拥抱起来，一面跳跃，一面欢呼。这情景给素园留下极深的印象，后来谈起还不禁眉飞色舞。

开过会后，素园进莫斯科东方劳动大学学习。那时候，苏联在革命、内战、帝国主义武装干涉之后，接着又是荒年，生活是十分艰苦的。但是素园还节约了一点零用钱，从旧书摊买到必需的字典、词典、俄罗斯古典文学和苏俄文学书，他居然冒着危险把它们带回国来，所以他十分珍惜。这些书首先引起鲁迅先生的注意，他在《忆韦素园君》中说："窗前的几排破旧外国书，在证明他穷着也还是钉住着文学。"

素园在知道俄国十月革命，接触了马克思列宁主义，并且目睹了俄国革命的现实之后，他一直坚信不疑，只有走十月革命道路才能救中国。他同我们谈过，他想以研究介绍俄罗斯古典文学和苏俄文学为终身事业，一方面是自己的兴趣所在，一方面是很受那时同在莫斯科的一个人的影响。他也说过，张国焘的自吹自擂的作风使他很有反感，他不想作实际政治活动家与此或者不无关系。但是，素园也绝不是一个脱离实际的空想家。他积极参加学生运动，作出过应有的贡献。他在上海准备去苏俄的时候，向家乡给我们寄去《共产党宣言》和其他共产主义宣传品，使不少人畅谈共产主义成为风气。可以断言：他撒下的这些种子生了根，发了芽，开了花，结了果。我们的三个小学同学和一个亲友很早就参加了共产党，他们一个在汉口，一个在芜湖，为中国解放奉献了年青的生命，一个在汉口工作时，被日本飞机炸死，一个在人民解放军和蒋军交战的地区，为反动的地主武装所杀害。这一切又影响了稍稍后起的人：素园的侄女德芳和其他几个女子加入了当时还未公开的共青团，作宣传、鼓动群众的工作。一九三〇年红军占领了叶家集，德芳就到大别山根据地去了。一九三四年德芳随红四方面军长征，在湖北境内因病落队，以后就没有消息了。素园生前知道德芳参加红军，十分高兴。解放以后到一九五七年，才查明了德芳的情况，素园有知，一定会含笑九泉吧。

还在莫斯科东方劳动大学学习的时候，素园已经有了结核病。一九二二年夏季回国，素园到安庆去看望父母兄嫂，经医生检查，肺部有结核病灶，痔漏也可能是结核的影响。治不了，养不起，亲友担心，素园却处之泰然，这是他不能参加实际政治活动的主要原因。

为了继续学习俄文，一九二二年秋他进了北京法政专门学校，因为有点俄文基础，他不辞辛苦，还为低年级的同学作辅导。他读书勤恳认真，在短时间内有了较可观的进步。他课外最欢喜阅读柴霍甫、果戈理的作品，以及勃洛克的《十二个》等苏联文学新著。这年寒假，素园又回安庆省亲，力劝我到北京读书，虽然我两手空空，友情的温暖却鼓励我次年春和他同行，开始写点文稿维持艰苦的生活，并换取入学的费用。这时候我们时有断炊之虞，偶然还要典当点衣服应急，但是我们有一种信念：中国有光明的前途。我们周围有不少青年朋友，他们有确信，不自欺；他们在前仆后继的战斗。

在学习中我们得到不少乐趣和力量。他们和我们互相关怀，互相帮助，互相鼓励，都愿对这个光明的前途有所贡献。素园可以说是这样一些青年的核心。

素园初到北京时，就和地下党员刘愈结识了，彼此有深厚的友谊。一九二八年四月，素园在病中得知刘愈被反动派杀害，他立刻写了一首悼念的诗在《未名》半月刊上发表，对反动派表示强烈的愤慨和抗议。一九三二年六月，地下党员赵亦坪第五次或第六次被捕了，素园还写诗劝勉他：

> "不要悲伤，
> 不要愁虑，
> 今日的牢狱生活，
> 正是未来的甜蜜回忆。"

一九二三年秋，我进崇实中学读高中，第二年开始练习点翻译，素园很鼓励，并赞成我试译《往星中》，他用俄文随时加以校改。那时我们的外文基础都很差，主要是作为学习，但字斟句酌，态度是很认真的。译完后，我们虽然想向鲁迅先生请教，却又不敢冒昧，倒是一位小学同学张目寒在世界语专科学校听鲁迅先生的课，常听到先生谈希望有青年人译作，便把译稿送给先生了。鲁迅先生看完译稿后约我去谈谈，使我们喜出望外。

素园认为一生最大的幸福是结识鲁迅先生，因为先生是他最崇敬的人，最敬爱的良师。记得是在我一九二四年初冬见过鲁迅先生之后，介绍素园去和鲁迅先生见面。先生那时每周去北京大学讲一次中国小说史，素园就住在大学对过的一个公寓里，我们实际上已经"偷听"过先生的课，所以在教师预备室和先生见面是很方便的。一九二五年起，我们同先生见面的时候就很多了。这一年春季，素园去开封国民军第二军担任俄语翻译，因为那时有苏俄军事人员在该军任职，鲁迅先生借给素园四十元作川资。《鲁迅日记》十二月二十八日记载："访李霁野，收素园所还泉册。"所还就是这四十元。苏俄军事人员在第二军开展不了工作，不几个月他们回国，素园也就回到北平了。

在女师大学生驱逐杨荫榆的运动中，在鲁迅先生同胡适和陈西滢之流的斗争中，素园极力赞扬先生不屈不挠的战斗精神，有时还拿陈西滢说鲁迅先生"跳到半天空，骂得你体无完肤——还不肯罢休"的话，引起先生和我们大笑。鲁迅先生在《忆韦素园君》中说到，段派官僚林素园带兵接收女师大之后，素园愤怒之至，把自己的名字改为"漱园"；后来因为一位相识多年的女友说不如旧名习惯，林某已经销声匿迹，素园才恢复了旧名。

《鲁迅日记》一九二五年七月十三日记："夜霁野、静农来，嘱作一信致徐旭生，托其介绍韦素园于《民报》。"《民报》约请素园担任副刊编辑，因为有鲁迅先生的支持，报纸风行一时，不过不到一个月，就被张作霖查封了。鲁迅先生很欣赏素园的认真负责作风，因为他对来稿一一细看，并给作者复信提意见。以后素园不肯在《莽原》半月刊上发表向培良的稿子，高长虹向鲁迅先生告状，先生不加理睬，主要原因是他相信素园对编辑工作严肃负责，不会草率从事。

未名社是鲁迅先生一九二五年八月建议成立的，九月就将《出了象牙之塔》付印了，《鲁迅日记》十月十日记"以校稿寄素园"，就是此书的印稿。那时"坐在一间破小屋子，就是未名社里办事"的是韦素园。这间小屋在北京大学第一院对面一个公寓里，沙滩新开路五号。鲁迅先生从北京大学下课时，常到这里同素园谈谈天，顺便把校稿带来。

素园这几年除了为我用俄文校订《往星中》和《黑假面人》外，还为韦丛芜校订了《穷人》，却把自己的译书工作放在社务等办完之后，夜深抽出点时间来作，所以只于一九二六年译完果戈理的《外套》，送请鲁迅先生审校后，于九月由未名社印行。此外，他译的书有未名社一九二九年出版的《黄花集》，和商务印书馆一九二八年出版的《最后的光芒》。

素园带病回国以后，除在安庆进行一次不认真的治疗外，既未诊治，也未修养，而几年的学习和工作是很繁重的，生活也十分艰苦，以致在一九二六年十二月，他大量咯血，一病不起。据当时的医生诊断，肺部已有巴掌大的洞，痊愈是没有希望的了。我们先后把他送到法国医院、协和医院治疗，略有起色，便于一九二七年春季，把他送到西山福寿岭疗养院。从此他就很少起床，看书写字一般都伏在枕上，但他决心同疾病作斗争，没有悲观失望情绪。鲁迅先生说他伏枕给他写的信"措辞更明显，思想也更清楚，更广大了"。他给我们写的信也是如此。可惜因为我们当时的处境和所遭的事故，使这些信只残留下少数几封。"人生就是工作，只有在工作中求得事实的快乐和意义"，是他在信中给我们留下的宝贵的遗言，我们把它置之座右。

鲁迅先生对于素园的病是十分关怀的。一九二九年五月先生回北京省母，三十日上午，静农和我陪他去西山看望素园，当天下午五时，先生就写信给景宋，详细谈了会晤情形，先生说："他很喜欢，谈了许多闲天"；"他也问些关于我们的事，我说了一个大略"；"……感到他将终于死去，——这是中国的一个损失，——便觉得心脏一缩，暂时说不出话……"当夜一点半，先生又在信上说："上午之纵谈于西山"，"是近来快事"。

鲁迅先生这次来访给素园很大的安慰和鼓舞。在这一二年之前，素园就写信给鲁迅先生，谈马列主义文艺理论问题，所以先生在一九二八年七月二十二日的信中说："以史底唯物论批评文艺的书，我也曾看了一点，以为那是极直捷爽快的，有许多昧暧难解的问题，都可说明。"鲁迅先生也知道素园还伏枕译点马列主义文艺理论文章，所以在一九二九年三月二十二夜给素园的信中劝他："你所译的卢氏《论托尔斯泰》那篇，是译起来很费力的硬性文字……我想你要首先使身体好起来，倘若技痒，要写字了，至多也只好译译《黄花集》上所载那样的短文。"在这次晤谈中，鲁迅先生也委婉提出类似的劝告，素园衷心感谢，此后就只译点较短的文字。他感到体力精神越来越不好，病好是无望的了，便于一九二九年七月，嘱咐我把《外套》精装一本代写几个字赠送给鲁迅先生。（《鲁迅日记》一九二九年八月三日记："收未名社所寄……精装《外套》一本，是韦素园寄赠者。"）先生二年多后在这本《外套》上题字："此素园病重时特装相赠者，岂自己以为将去此世耶，悲夫！越二年余，发箧见此，追记之。三十二年四月三十日，迅。（印）"在二年多之后，先生还忆及当时接到书的心情，这是何等深厚的感情呵！素园在谈话和书信中都从没有流露过悲观失望情绪，鲁迅先生在书信中所表现的乐观精神和坚定信心，显然也是支持他的一大力量。"……我若存在一日，终当为文艺尽力，试看新的文艺和在压制者保护之下的狗屁文艺，谁先成为烟埃。并希兄也好好地保养，早日痊愈，无论如何，将来总归是我们的。"（一九三一年二月二日致韦素园信）先生对青年的爱真是无微不至！

一九三二年八月一日晨五时半，素园在北平同仁医院病殁。虽然我们早有思想感情上的准备，悲痛还是难以制止。我们拆阅他的遗书，这是他几个月之前就写好的，有几句话表现出他一直是恬静的："现在我要先你们而'别去'了，愿你们勿以我为悲哀。这种离别乃人生之常，早晚免不了的。"他同时写就的有一封向鲁迅先生致最后敬意的告别信。先生在接到我们报告素园逝世消息的信后，复信说："这使我非常哀痛"。十天后，先生又在给静农的信中说；"素园逝去，实足哀伤……忆前年曾以布面《外套》一本见赠，殆其时已有无常之感。今此书尚在行箧，览之黯然。"

我们把素园安葬在他生前选定的北京西山碧云寺下的万安公墓，立了鲁迅先生写了墓记的石碑："呜呼，宏才远志，厄于短年。文苑失英，明者永悼。"

鲁迅先生是深知素园的人，对他的评价也最为公允："素园却并非天才，也非豪杰，当然更不是高楼的尖顶，或名园的美花。然而他是楼下的一块石材，园中的一撮泥土，在中国第一要他多。他不入于观赏者的眼中，只有建筑者和栽植者，决不会将他置之度外。"（《忆韦素园君》）

作为石材和泥土的素园和作为建筑者和栽植者的鲁迅先生，先后逝世都已经四十多年了，我写此文时悲感丛生，真切地感到："有志者入泉，无为者住世，岂佳事乎"！前些天我写了几首诗寄给一位老朋友，其中一首就表现了这种心情：

死别固吞声，
难忘怀旧情。
悠忽四十载，

师友两凋零。

李霁野　　　　一九七七年八月，

素园逝世四十五周年。

[原载《天津师范大学学报》(社会科学版) 1977年第6期，

收入本书时有改动]

远志宏才厄短年

——韦素园传略

韦　顺

"君以一九又二年六月十八日生，一九三二年八月一日卒。呜呼，宏才远志，厄于短年。文苑失英，明者永悼。"这是鲁迅先生一九三四年四月代韦丛芜、台静农、李霁野三人为韦素园书写的墓记。言简意赅，评价中肯。

韦素园的一生只有三十年。这短促的人生旅程，他是怎样走过的呢？

素园生于安徽省霍邱县叶家集的小商人家。这个地方古名鸡父城，春秋时代就有了。它南枕大别山，西临史河，与省内金寨县、河南的固始县相毗邻，是两省三县交界之地。它地势平坦，物产丰富，交通便利，人烟稠密。《霍邱县志》上有这样的记载："邑中舟车之集，商贾所凑，以叶家集为最。"许多土特产如木、竹、编织器皿等，均以叶集为集散地。像郊区柳树乡，百分之八十以上的人家有竹园。民主革命时期，叶集是苏维埃革命根据地的一部分。据老人回忆，大约一九二四年，叶集附近就建立了党的组织。

素园原名崇文，兄弟姊妹六人，他排行第三。他开始读书发蒙是进的私塾。在这里他打下了古文的基础。这时候素园就具有对封建迷信和不合理事物的反抗精神。他倡议并带头剪去头上的辫子，引起了乡民的惊讶和议论。

鲁迅先生在纪念韦素园的文章中说："他太认真，虽然似乎沉静，然而他激烈。"这话最切中地说明了素园的性格特征。他才几岁的时候，家里大人中有谁说了他一句他不如意的话，他就往房角一坐，闷声不响，不吃不喝，啃着指甲不理任何人，一直到说他的人走到他面前说几句好话，三劝三拉，他才恢复常态。

素园从小就是个循规蹈矩从不说谎的孩子。有一次，他失手把家里准备为大哥的婚礼办筵席而新买的十只大瓷碗打破了一个。爸爸回来，看到地上的碗片，大发雷霆，喝问是谁打碎的。家里人都不敢作声。他却从屋内走出对爸爸说："是我上午打碎的。"爸爸举手要打，他低着头哭泣，一动不动。爸爸的手又慢慢放下："好吧，以后要当心点。"爸爸说的很和气，说完就走出去了。可素园还是哭个不停，谁也拉不走他。他不吃饭，也不理人，直到疲劳已极，倒在地上睡着了，妈妈才把他抱到床上去。

一九一三年素园十一岁时，离开家乡到一百四十里外的霍邱县城县立小学读书。有一天他在上学途中，在埋蛇沟边看见一条蛇。他花费很大工夫把蛇打死，然后又扒土，把蛇埋好。他赶到学校，迟到了半小时。老师责问他为什么迟到，他叙述了打蛇的经过。老师听后说他贪玩，弄蛇误课不应当。素园不同意地说："老师，你不是在埋蛇沟边给我们讲过，古代楚国宰相孙叔敖幼年时候埋蛇除害的故事吗？你还说，这条埋蛇沟就是因为这件事情起名的，为什么我打蛇埋蛇就不对了呢？"老师说："孙叔敖打死的是毒蛇。我向你们说过，因为人见了这种毒蛇就要死的，所以他觉得自己倒霉，遇见了这种蛇；自己该死算了，可别让别人再遇见它，于是他就把它打死埋掉。你今天在路上看到的小蛇，肯定不是当年那种毒蛇。路边小蛇多呢，你未免太认真啦！"素园认真地说："我怎么知道它不是毒蛇呢？反正我打蛇埋蛇总没有错。至少也可以免得让小同学们见了它，吓得惊叫吧。"老师看看素园那认真的表情，摇头叹息说："你这孩子太认真了，太认真了！"

公元一九一三年，中国在"洋务运动"的影响下，各地风起云涌兴办学堂。当时叶集也出现了革新派，以孟述思、台介人、董琢堂、韦凤章、陈伯咸、朱蕴如、管坦安为代表，在叶集办一所小学，校址选在火神庙。庙内菩萨众多，其中老君、神农、文昌君最上，故火神庙也称三圣宫。既要借庙办学，就得推倒菩萨。哪知风声一传出去，以清朝八贡阎杏荪、秀才尤世生和尤恒谷为代表的守旧派，仗着在霍邱城里的翰林李晓峰、绅士裴伯三为后台，阻挠办学。他们利用一些人愚昧无知，煽动迷信，说推了菩萨，得罪了火神，叶集全镇要失大火。接着他们拉拢了一批铁匠出来反对，这样，推菩萨兴学的事不能立就。于是新派就在庙旁的几间简陋的旧屋里办学。一九一四年初春，韦素园、韦丛芜、台静农、李霁野、安少轩、安仲谋、李仲勋、张目寒、陈世铎、陈东木等都进了学堂。

孟述思虽然是清朝举人，但怀才不遇，感到报国无门，对清政府的腐败深恶痛绝。他回乡办学，意在教育后代，唤起民众，复兴中华。他创办学堂，是想借鉴西学，中西合流。学校当时开设了国文、算术、地理、历史、卫生、体育、美术、音乐等课程。当时的口号是"刚日读文、柔日读史，十年树木，百年树人。"在这种新学的影响下，时间不长，师生们都感到学堂与庙宇并立，颇不相称。于是酝酿"废塑像，立新规"，"大破三圣宫，砸烂火神庙！"学生中数韦素园最积极，以他为首的几个积极分子，向同学解说破废立新的意义，很快团结了一批同学。这时候同学形成了两派。反对的是原来就反对办学的旧派人物的子弟和他们联络的同学。不过相持不久，韦、安、李、台几家的学生就占了上风。这是因为，一来学堂有些教师是他们的后台，二来旧派中的阎八贡与这几家也有点亲戚关系。阎八贡是盘踞叶集的实权派，他看到学堂已经办成，再反无用；新派势力日增，不如因亲戚关系卖个人情算了。所以他睁一只眼，闭一只眼，不出面阻止。反对派失去了这个台柱子，也就甘拜下风了。于是素园一伙带着同学，呼呼啦啦一下子就把三圣宫内的大小菩萨全推倒砸烂了。他们在庙门前挂上明强小学的牌子，在大门上贴出"圣贤立之教；国民兴于斯"的对联，又把门内庙柱上的旧对联取下，换上新对联："旧学商量加邃密；新知涵养转深沉。"门头横联是："开化民智，教育英才。"此举震动了叶集五里长街，一时成为人们的中心议题。

在同学中，韦素园是最用功的一个。他因成绩优异，颇为教师喜爱和器重。教师中董琢堂是秀才，被誉为经纶满腹，教学有方的楷模。他教国文和历史，因见素园学而不厌，课堂所授他已"吃不饱"，于是便常常给他单独讲授。这期间，素园系统学习了中国历史，他对历朝历代，背得滚瓜烂熟。为了丰富自己的知识，他常常彻夜不眠，孜孜以求地博览群书。他最喜欢的诗是岳飞的《满江红》和文天祥的《正气歌》。有时候他俯首沉思，有时候他凝视遐想，而这时候常常从他口中可以听到："三十功名尘与土，八千里路云和月，莫等闲白了少年头，空悲切……"的歌声。他的同班学友陈世铎曾经这样描绘过他：像貌秀伟，体健身强，胸襟开阔，语言直爽，态度谦霭，个性倔犟，去华从简，衣着端庄，爱静亦动，静动有方，喜歌爱画，酷好诗章。

在平常，韦素园也给人一种似乎不苟言笑的印象。当一些朋友聚在一起谈论什么问题的时候，开头，他总是沉默的时候居多，坐在一个角落里低头咬着指甲凝神地听。到了他认为需要发表意见的时候，他就开口了。他那沉着缓慢而宏亮的声音，立即吸引了所有的注意力。他的一席分析、论证和结论讲完以后，这也就常常是热烈争论的终结。

素园也是能和别人一起游戏的，不同的是他常显出一般孩子们所不常有的那种刚毅气。在明强小学的时候，放学后孩子们喜欢玩的一种游戏，是用地头的土块"打仗"。孩子们以住地相近者为一伙而分为集南集北两伙。素园、丛芜兄弟，安氏兄弟、霁野兄弟和另外二三人为"北头一伙"，"南头一伙"常有二三十人。打起仗来，素园总是不顾纷纷落来的"子弹"，一边甩出手中的土块，一边勇猛地前进，于是几个兄弟也就跟着前进，一块田一块田地追过去，跳过地边的小溪，冲进对方的"阵地"，把"南头一伙"打得落花流水，方才"鸣金收兵"。这时候，素园兄弟们得意地唱着哼着回到家里。

素园干什么事都有一种咬牙干到底的精神。在私塾发蒙的几年，塾师对学童写字、读诗要求很严格。不合格者常挨手心。素园总是知难而进，优于别人。他写字时专心体味，一笔不苟。一连几年，他临颜柳，习魏碑，逐渐写出了自己的风格。同学中有人夸他的字是柳体的架子，颜体的面子，已自成一体。他听后总是摇摇头微微一笑。有几年，春节一到，左邻右舍和镇上的亲友，都来托他写春联。在谦辞不了以后，他就将一卷卷红纸收下，然后坐下来磨墨。他写春联，从来不让要春联的人磨墨，一来因为客气，二来他认为外行人性急，墨磨不好。等他慢慢把墨磨得浓度适中时，常常手指酸麻得不能提笔。于是他就温习功课或看看闲书。恢复过来以后，他便悬腕慢书，一写就是通宵，不全部完成，决不搁笔。写完以后，他满抱纸卷一家一家送。当时虽然邻里在交往中有送礼的风气，但素园每次送春联到各家去以后，总是空手而返，决不收受谢礼。

素园不仅字写得好，也会写旧诗词和对联。有一个他用对联反对先生体罚学生的故事很有意思。因为素园读书成绩好，每学期大考后发榜，他总是第一名。所以一些功课较差的学生，都喜欢找他帮助。素园对找他的同学，也总是有求必应。有一回，老师对几个好顽皮而成绩又不好的学生施行惩罚，令他们星期天到校做功课。老先生对学生说："我出个对子你们对，谁对上了谁回家去。"说着就哼出了上联："童子喜地欢天，偶遇星期放假；"这几个调皮蛋怎么也对不上。一个孩子急中生智，报告先生说要解溲，他跑出来赶紧找到素园求助。素园听了情况，认为先生这样难为学生太过了，就帮助他们对了下联："先生咬文嚼字，偏当日曜出题。"先生不相信学生出去解个溲马上就能对上对子，便逼问究竟。孩子们只好如实"招供"。老师虽然很不高兴，但对素园也无可奈何。

素园倔强的性格，不仅表现在对发生在他面前的事物的爱憎上，更表现在与自己有关的事情上。这里也有个有趣的撕榜的故事。这事发生在一九一五年明强小学一次期末发榜的时候。榜贴出来，素园名列第一。同学们正围着看榜，抄榜员王鉴堂开玩笑地对素园说："韦崇文，你这个案首是你兄弟让给你的啊！"同学忙问是怎么回事，老王告诉大家，素园因病缺考一门课，因而总分比弟弟少了，可他们在校任教的大哥认为，弟弟列首，哥哥不好看，反正自家兄弟，名次换一下与别的同学无关。素园听着，二话没说，上去就要撕榜，吓得老王一把拖住他："撕榜！还了得！"可是过了一天，人们发现榜上"韦素园"三个字还是被抠掉了。

素园在少年时代写下了不少诗歌，惜未能保存下来；今天我们见到的只是一鳞半爪罢了。不过，仅从这星星点点的雪上鸿爪中，我们也能察见他的性格和资质。

有封建等级观念的教师，有时在课堂上讲一些上智下愚的故事，宣扬人有高低贵贱之分。素园对此非常反感。有一次上图画课，教师放在讲台上的标本是一棵挺然竞放的兰草。同学们都对着标本比葫芦画瓢，唯独素园画的一株兰草与众不同：花头举得老高，而叶子却很低。同学们不解其意。陈世铎问素园："你怎么画败叶？是不是今天与我斗蟋蟀败了，表示甘拜下风了？"素园笑笑说："扯哪里去了。"然后拿起笔在画纸上添了一句题诗："英雄不论出身低！"

一九一四年秋天的一个下午，课外活动时，素园与几个同学在校园玩耍。一个学生看见墙上冒出一棵鸡冠花，便对素园说："你会作诗，能不能用你的小名文魁来一首，文字起首，魁字落尾？"素园两眼凝视着鸡冠花想了一想，即随口吟道：

> 文冠屹立不乞栽，壁上挺然独自开；
>
> 抛却人间尘俗气，今朝敢与菊争魁。

当时，伙伴们不仅佩服他文思敏捷，也感到他在诗中流露出了自强不息，奋发向上的志气。

还有一次，素园借一张半身照的像片抒发胸怀，写了一首七律：

> 微露形骸未出头，慵从尘世论交游。
>
> 防身无物唯书卷，立志有心乘骅骝。
>
> 愿与雄风扶海立，忍教明月共溪流。
>
> 他年若得男儿志，大地苍茫任我求。

这一年的重阳节，学校组织秋游。素园和同学们结伴而行，一路上唱着素园写词、他兄长韦凤章谱曲的《旅行去》的歌子。大家唱着"进，进，进！抖擞起精神去旅行……市镇乡村，处处关心，土产方言，风俗人情，尽采集……执手携回动植物标本……从今益信校外果然有课程。"不一会，到了距叶集十五里的观山。大家爬上山腰，看见有个九仙洞，洞前香烟缭绕，很多人在给九仙叩头。素园年少气盛，看不惯这景象，便对同学说："我们打了叶集的火神，不料这里还有九仙，岂能容得！"说罢，展纸挥毫，怒斥九仙：

当今海内分裂，世衰道危；

时值军阀混战，乾坤不宁；

有志中华儿女，投笔从戎；

立誓参加革命，不惜牺牲；

九个石丑不闻，戎马倥偬；

辟野石壁伫立，苟且偷生；

香烟缭绕"显灵"，荒谬绝伦；

游客特此警告，勿愚黎民！

素园书毕，意犹未尽，在返回学校后，又写了一首题为《斥九仙》的七律诗。

小学期间，素园对历史也表现了特殊的兴趣。他喜爱卧薪尝胆、专诸刺王僚、荆轲刺秦王、苏武牧羊等历史人物故事，并对一些人物写过评价。

如对荆轲，素园写过如下的话：

於期头，督亢图，英雄伴：

怒发已冲冠。

千金重一诺，岂惧易水寒。

君子死知己，提剑出燕关。

风萧萧，路漫漫，不思还；

只为赴国难。

凌历越万里，逶迤过千山。

回思高堂，苍颜白发，

泪洒透胸衫。

受委任，斩私情，从公义，

于心悲又欢，

从客秦王殿，

昂首锋刃间。

尽忠又尽孝，

此事古难全。

且看古今多少，

壮士侠子情绵绵。

　　我们从素园对荆轲的一席话中看出，素园不仅熟知了荆轲刺秦王的历史故事，而且对历史上歌咏这件事的诗章，也是读了的。像"君子死知己，提剑出燕关"，"凌历越万里，逶迤过千山"等句，显然是从晋朝文学家陶渊明的《咏荆轲》的长诗中套搬来的。一个十二三岁的孩子，能够将自己读到的喜爱的诗篇摘句运用到自己的作品中，这也颇显出了他的聪慧。

　　一九一五年春，清明踏青。素园邀陈世铎、李仲勋、安少轩、安仲谋、张目寒等到毗邻的河南省固始县胜塔寺郊游。当天雨后初霁，风和日丽，素园等一伙玩的很痛快。归来后，国文教师董琢堂命大家以郊游所见，写一篇日记体的作文。素园的日记写的是一篇借题发挥的爱国主义的诗篇。

　　韦素园的这篇日记系当年同班学友陈世铎提供，文如下：

　　　　佳节清明桃李笑。杏雨初霁，和风宜人，邀三五学友，郊外踏青。看户户门插杨柳，概纪念晋臣子推。渡清流史水，过白银沙滩，听鸟鸣啁啾，看绿柳含烟，说说笑笑，指点江山。不多时胜塔寺就在眼前。仰观流云飞绕，松柏蓊天。进得山门，悄悄静静，落叶无人扫，苔藓满阶青。未见老僧在庙，但见小童嬉笑。经曲径，绕回栏，又见大雄宝殿。三尊大佛居中端坐，十八罗汉侧列两边，观音大士，慈眉善眼，能够降福人间？四大金刚，扬眉怒目，敢于执法如山？

　　　　离开大雄殿，来到清游观，大殿三间，回廊两边。一位大汉端坐，看他非神非仙，身披滚龙袍，头戴冲天冠，脚登五彩履，碧带围腰缠，紫面长髯，潇洒威严。一条盘龙棍，斜倚在身边。呵！原来是你，大宋朝的开国始祖，马上皇帝。人道你，东闯西挡，南征北战，打下了一统江山，堪称英主楷范。我道不然！陈桥起义国基奠，就该为国为民。为何即位不久，耽于酒色，听信谗言。开国元勋因直谏被斩，你要权术说酒后失算。欺世盗名，千夫责谴。君位传至徽钦，二帝实在无能，远忠臣，亲奸佞，内政不明，致异族侵汉，外患频仍。金人犯我，国土分割，哀鸿遍野，涂炭生灵，徽、钦二帝被俘，在北国观天坐井。家难国耻，史书鲜见。汴京沦陷，康王南迁，建都临安。本该鉴前辙，思国难，卧薪尝胆；哪知他，不修明，不辨忠奸。岳飞精忠报国，挥三军，扫敌阵，金人胆寒；为什么，十二道金牌召回，终使黄龙未捣身先死，常叫后人泪透衫。北南两宋十八代，三百余年，到头来揖让成吉思汗。朱元璋揭竿起义，国土复，归于汉，大明一统好江山。哪知飞鸟尽，良弓藏，狡兔死，走狗烹。十七世，到崇祯，也因内奸作乱，国运难堪。李自成又举义旗，闯天下胜利进京。又谁知，吴三桂出卖灵魂，引清兵，进关内，异族又专政。满清腐败，列强觊觎，八国联军，攻打北京，割地赔款，忍辱偷生。爱国伟人孙中山，创革命，历险艰。武昌城头炮声响，震动河山。天翻地覆，排满兴汉，凯旋高奏，数千年帝制推翻。国旗迎风飘扬，四亿同胞心欢。哪知恶魔刚驱逐，妖雾又现，袁世凯，握兵权，又搞洪宪，殃民祸国罪滔天，天地震怒，人神共怨。我今天借你盘龙棍，前去锄奸。决不能叫假皇帝执掌河山，决不能叫四亿同胞再受熬煎。待我大功告成，再来归还。

我们知道，一九一五年的神州大地，正处在前进与倒退，民主与专制，光明与黑暗，革命与反革命的殊死搏斗之中。腐朽没落的清政府虽已被推翻，但是卖国求荣的袁世凯，却又要做皇帝梦，与日本签订了不平等条约，举国不宁，民怨沸腾。中国向何处去？已成为人们普遍关心的问题。少年的韦素园，面对如斯国是，时时忧念不已。这篇借题发挥的日记，表露了他时时萌动的爱国之志。

这篇日记受到国文老师的赏识，曾在全班叫学生朗读。课后，陈世铎等几个好友向素园祝贺，说他名扬全校了。国文老师怕素园年幼，经不起表扬，担心他会骄傲，便给他上小课，特选了《颜氏家训》中《勉学第八》中的一段话授他："夫学者所以求益耳。见人读数十卷书，便自高大，凌忽长者，轻慢同列；人疾之如仇敌，恶之如鸱枭。如此以学自损，不如无学也。"在教师的严格要求下，素园从小也就养成了谦虚谨慎，宽人严己，颇能自治的品格。他在学习本上用楷体恭恭敬敬地抄下了《勉学第八》，并且能够背诵。

一九一五年夏，素园以全优的成绩在明强小学毕业了。董琢堂老师在临别赠言中，给同学们讲了学海无涯需勤奋的道理，勉励他们终生不懈。素园听后，感慨颇多。当晚，他又拿起颜之推的家训读起来："夫学者犹种树也，春玩其华，秋登其实；讲论文章，春华也，修身利行，秋实也。""人生幼小，精神专利，长成已后，思虑散逸，因须早教，勿失机也……幼而学者，如日出之光，老而学者，如秉烛夜行，犹贤乎瞑目而无见者也。"读毕，夜已深，然仍无睡意。他拿笔写下了一则读后感。

素园小学毕业后，因家境窘迫，只好到离家二百多里的阜阳县，去上公费的第三师范学校。那时候正值第一次世界大战。老师对帝国主义的侵略与欺压，有了一些认识，常用一些中国遭受列强侵略凌辱的事实，广泛地向学生灌输爱国主义思想。同时，这时候"军国民"的思想很流行。"好铁不打钉，好男不当兵"的歌谣，已变成了"好铁要打钉，好男要当兵"的口号。青少年走起路来都要昂首挺胸显出雄赳赳的气派。年幼的韦素园当然还认识不到这次大战的帝国主义性质。相反，在"班超投笔从戎""大丈夫应马革裹尸而还"等一类思想鼓舞下，常萌报国之志。他一想起鸦片战争以来，反动卖国的政府签订的一系列丧权辱国的不平等条约，常常激愤高歌"靖康耻，犹未雪，臣子恨，何时灭……"在中国对法宣战后，一九一八年春，素园抱着满腔热忱，要把爱国思想雪耻之志见诸行动。他毅然离开师范学校，到北京参加段祺瑞所办的参战军。这时候素园才十六岁。由于他的勤学，显得早熟。他不断思考当时青年面临的许多重大问题。在参战军时间很短，他就识破了那里的骗局，又坚决离开了。这时候，素园的大哥韦凤章已在长沙任湖南省第一区（兼第四区）省视学，又兼任省通俗教育书报编辑所所长。于是他就到了长沙，进了法政专门学校预科读书。

那时候统治湖南的是皖系军阀张敬尧。这家伙是一九一八年三月，直皖联军击败湘桂联军，赶走了他们驻湘司令谭浩明以后率军入湘的。他爬上了湖南督军兼省长的宝座，在政治上搞专制高压，摧残教育，钳制舆论；在经济上敲骨吸髓，搜刮民财，罪行累累，罄竹难书。有篇《湘灾纪略》的文章就说："杀戮之余，继以淫逼"，"拦路以劫客，临田而夺牛。"所以当时湖南流行着一首愤怒和痛恨张敬尧及其兄弟敬舜、敬禹、敬汤的歌谣："堂堂乎张，尧舜禹汤，一二三四，虎豹豺狼！"这是驱张的先声。

一九一九年的五四运动，推动了全国的民主浪潮。进步的知识分子和青年学生，纷纷组织社团，出版刊物，长沙一地就有《救国周刊》《明德周报》《女界钟》等多种，而其中战斗力强的数毛泽东同志主办的《湘江评论》。在一九一九年七月十四日的创刊号上，毛泽东同志就指出："自'世界革命'的呼声大倡，'人类解放'的运动猛进，从前吾人所不置疑的问题，所不遽取的方法，多所畏缩的说话，于今都要一改旧观……时机到了！世界的大潮卷得更急了！"在这个大潮中，长沙爆发了"驱张"运动。学联发表的宣言揭控张敬尧："植党营私，交相为病，如昏如醉，倒行逆施，刮削民膏，牺牲民意，草菅人命，蹂躏民权，置人民于何有之乡，惟一己之骄奢是纵。"一时间，京、津、沪响应，报纸发表了反张时评。毛泽东是"驱张"运动的主要领导人之一，斗争取得了胜利，张敬尧仓皇离湘。韦素园从自己投军中得到的一点教训知道，军阀乃国之巨奸，民之大害。他到长沙后在给友人的信中，常将张敬尧的反动嘴脸和倒行逆施加以揭露。所以"驱张"时，他积极参加了这场斗争，并且在给友人写信时介绍了斗争的景况和胜利。

一九二〇年夏，素园的大哥转安庆任职，素园也就从长沙到安庆，考入了安徽法政专门学校。进校不久，安徽又发生了驱逐皖系军阀马联甲的"驱马"运动。马联甲用血腥的镇压手段枪杀了学生姜高琦。于是群情愤激，更大规模的反抗斗争展开了。韦素园全身心扑了上去。他被推举到省学生联合会担任领导工作。迎着斗争风浪，他参与编写、印刷、散发传单，积极宣传、鼓动群众，那不分昼夜，不怕镇压的革命精神，又充分表露了他认真、激烈的性格。这次斗争以马联甲下台胜利结束。

这时，在俄国十月革命的号召和鼓舞下，在"五四运动"的推动下，上海建立了一个革命组织"社会主义青年团"。为了培养革命的新生力量，选拔优秀分子去苏俄学习，社会主义青年团办了一所外国语补习学校。一九二一年初，一批新文化和学生运动的积极分子被推选到上海进校学习，韦素园便是一个。此外还有刘少奇、任弼时、肖劲光、蒋光慈、曹靖华、吴宝鹗、廖化平、许之祯、澎湃、罗亦农（觉）、马念一（哲民）、李启汉（森）等二十多人。他们怀着满腔热情，如饥似渴地贪读着《共产党宣言》等马列著作。当时，这一伙青年人对十月革命诞生的新苏俄不了解，只知道那里工农当了国家的主人，苏俄政府废除了帝俄时期与中国签订的不平等条约。这些新事物像磁铁一样地吸引着他们的心。到苏俄去，去学习革命道理，回来闹革命，改造旧中国！这是韦素园和他的同学们共同的心愿和理想。

在学习班里，素园他们除了由俄籍华人杨明斋讲授俄文外，还请当时名流开讲座。如复旦大学教授陈望道就不止一次来讲授了他自己翻译的《共产党宣言》。团组织负责人俞秀松也作过多次讲演。他们上午学习，下午参加社会活动，刻钢板印传单，或到工厂做工，一面挣点零用钱，一面做社会调查。遇到纪念日，就参加游行或讲演等更大规模的活动。一九二一年"五一"劳动节，他们参加了党的小组领导的庆祝会，并在会场和大公司的墙上贴标语，散传单，作宣传，一时间震动了行人，忙坏了巡捕。这次行动也振奋了当时沪上的报界。《民国日报》《时事新报》和同情新文化运动的报纸，或发消息，或发社论，表示支持。

在这段时间里，韦素园为了传播马列主义，把自己学过的《共产党宣言》和一些著名文章，寄给家乡的亲友，寄给自家的弟侄。这些红色的精神食粮在家乡营养了一批有志青年走上革命征途。他的几位亲友很早就参加了共产党。他的弟弟丛芜本来打算也去上海，与哥哥一道去苏俄学习的，因哥哥他们的行期提前而未成。他的堂妹崇贞和侄女德芳，在稍后的年代也加入了当时还处于秘密活动状态的家乡的共青团，接着去大别山革命根据地。素园得知此事非常高兴。后来，她们又跟着党北上抗日，进行名震中外的长征。遗憾的是，此时素园已与世长辞。

一九二一年初夏，组织安排素园他们自筹路费赴苏学习。素园的大哥在自己不多的薪俸中，挤出一笔钱寄给弟弟做川资。吴宝鹗靠叔父的接济，还有的求之亲友，总之都积极地为能赴苏学习而尽力设了法。杨明斋给大家写了秘密介绍信，并介绍了路途情况和应注意事项。但在表而上，他们临行时拿的是组织上交给他们的做生意的护照。他们分成几个小组，彼此装着互不认识。

韦素园等从上海吴淞口登上开往日本的大客轮，驶向长崎。船到长崎，因日本国的检查盘问，停留了一些时日。从长崎到海参崴，已是北风呼啸，大雪纷飞了。海参崴这时还在日军占领之下。他们找到第三国际驻海参崴办事处，被安排在中国街上一家旅舍里。刘少奇与海参崴大学教授伊凡诺夫接上了关系，由他安排去伯力的行程。伯力已由苏联红军控制。中国军阀政府驻海参崴的总领事馆对这批青年很注意，听说要去苏俄，便以为是孙中山的人，还抓了刘少奇等几个人去审问了一通。没有问出什么来，只好放了。

当时俄国内战在西部已经结束，十几个帝国主义的武装干涉也以可耻的失败而告终。但在东部海参崴一带，战事仍在进行。隆隆的炮声，时有所闻。据曹靖华在《往事漫忆》中回忆说，韦素园他们从海参崴乘车去伯力时，负责同志交代："环境复杂，斗争严酷，红白难辨，凡事务必细心、沉着，机智而果决。每人所带机密证件，千万妥藏。路上不遇真正红军，既不能暴露，也不能丢失。暴露了丧命，丢失了不能入境，要准备敌人连头发丝都一根根检查。"他们出发的当天，就遇见红军与白匪交战。途中艰险，难以备述。而最使素园他们惊心动魄的一幕，是车上的一次突如其来的大检查。当时，红军和白匪身上都没有标志，好人坏人分不清。日本又常派间谍进入红军区域刺探情报，进行扰乱和破坏。所以红军不得不提高警惕，对西去的旅客严查。韦素园这一行人上车不久，就引起了俄国兵的注意。不一会，几位荷枪实弹的军人检查起他们来。他们一边搜查，一边盘问，严肃认真，声色俱厉。素园他们既不能暴露身份，又要回答所问的一切，不免神情紧张；因为他们不知道站在他们面前的人是"红"是"白"。正在这生死攸关、千钧一发之际，一位同志的秘密证件被搜查出来，这真是晴天霹雳！同志们认为必死无疑。但刹那间，盘查的大兵们一下子把素园他们围起来，热烈拥抱、亲吻，连声称着"达瓦里希，达瓦里希！"哦！原来是红军。这戏剧性的一幕，给所有的人留下了难忘的印象。曹靖华在回忆文章中，这样描绘了当时的情景："这时，列车飞驶的隆隆声，荒原上红骑军的马嘶声，车厢里响彻云霄的国际歌声，震天动地，响成一片……相逢何必曾相识，同是革命阵营人。在这硝烟弥漫的革命战争烈焰中，在这暮色苍茫的奇遇中，多么令人心花怒放啊！"韦素园后来向家人和亲友谈起此事，还能绘声绘色地叙述着详情。曹靖华还据此写过一个剧本，名叫《恐怖之夜》。

到了伯力，韦素园他们受到了红军的热情的接待，住在一个招待所里。虽然吃的是难以下咽的黑面包，但呼吸到了自由的空气，彼此间再也用不着装着互不相识了。他们可以倾心交谈了。

在伯力住了几天，正打算继续前进，忽然前面铁路被炸坏了，只好改乘轮船绕行。经过七八天的航程抵达布拉戈维申斯克。在一位华侨家里小住数日又乘车西去，经赤塔驶向贝加尔湖。这个湖三万一千多平方公里，最深处达一千七百多米，是世界上最深的湖，在每年五月解冻以后，湖水也是冷的。火车绕湖而行，放眼望去，烟波浩渺，诱人遐思。韦素园想起了我国西汉年间的爱国志士苏武，他被匈奴流放在此地，饱尝了十九年的西伯利亚的朔风之苦，但始终保持着高尚的民族气节。想着想着，他哼起了《苏武牧羊》歌来……

穿越几十座山洞，绕过贝加尔湖，翻过乌拉尔山，到达了欧洲。又经过一段艰难的旅行，终于抵达大家日夜向往的目的地莫斯科，这是当时世界国际共产主义运动的中心啊！他们被国际机关妥善地安排了住处。不几天，共产国际第三次代表大会开幕，韦素园他们被安排与代表们一起食宿，凭票旁听会议。在大会上，列宁作了关于俄共的策略的报告，号召全世界无产阶级沿着俄国工人和农民的道路前进，赞扬了殖民地半殖民地国家劳动群众的觉醒和斗争。大会结束后，韦素园他们就进了莫斯科东方劳动者共产主义大学学习。

东方劳动大学是一所培养革命干部的政治大学。学生多半是苏俄东方境内的少数民族中来的，少数是中国、朝鲜、日本、印度、土耳其等东方国家的青年。名誉校长是斯大林。中国学生单设一班，学习的主要科目是《共产党宣言》《政治经济学》、国际共产主义运动史、俄文、军训等。学习生活非常艰苦。因为当时，年轻的苏维埃刚刚经历了革命、内战和帝国主义的武装干涉，混乱、饥饿、贫穷严重地威胁着这个新生政权。韦素园他们白天上课，晚上站哨，星期天还得去工厂做工。每天按红军待遇领得的一小块黑面包和几个土豆，还不够一顿吃的。正如肖劲光在他的回忆文章中说的："那时真是饿得难受。我们的课堂在四层楼上，我们都是十七八岁的小伙子，本来上四层楼算不了什么，可是那个时候上四层楼真困难啊，一步一步慢慢往上挪，中间还得休息几次，一次是走不到顶的。有时肚子饿得实在不是味道，就躺在铺上等饭吃，越等越饿……冬天穿一件很薄的麻布做的黄色衣服……晚上睡觉时，一个挨着一个，大家挤在一起取暖，只盖一件军大衣和毯子。"就是在这样的困境中，大家的报国之志未减，学习的劲头很大，韦素园节衣缩食，挤出一点钱来从旧书摊上购买一些马克思和俄罗斯古典文学、苏俄文学的书籍。这就是鲁迅先生说的"窗前的几排破旧外国书"。这些书"在证明他穷着也还是钉住着文学"。也就在这个时候，罪恶的结核菌偷偷地爬进了他的肺部。

韦素园他们在学习中的一大难关是俄文未通。他们在上海虽学了几个月，但还不能直接听俄语讲课。曹靖华形容说，"那简直像没有牙齿的人啃钢条。"在这个关口，以记者身份先他们而到苏联的瞿秋白，被共产国际请来帮助他们。瞿秋白从百忙中挤出时间，给大家担任翻译和助教．并讲授唯物辩证法。在交往中，秋白同志以自己认真、热情和谦和的助人态度，赢得了大家的信任和尊敬。这期间瞿秋白前后写了许多游记和通讯，真实而又生动地将自己的思想发展过程，将在第一个社会主义国家的最初的所见介绍给中国读者。他歌颂列宁，歌颂苏俄政府，歌颂新生政权的伟大创建者红军和工农大众。

韦素园和蒋光慈、曹靖华因都热爱文学，所以爱读瞿秋白的东西，与秋白同志成了好友。这种友谊给素园以慰藉、启迪和鼓励，使素园在艰苦的生活中勇往直前。他们的友谊一直延续着。他们先后归国以后，二十年代中期有几年他们都住在北京的时候，素园还常去看秋白，并向友人介绍秋白那种活泼、乐观、健谈和勇毅的革命精神。

韦素园在苏联学习期间目睹了十月革命的现实之后，坚信：只有走十月革命的道路才能救中国。他曾对几个朋友说过，打算以研究介绍俄罗斯古典文学和苏俄进步文学唤醒民众为终生事业。一九二二年，学习还没毕业，因同学吴宝鄂、廖化平生病，不能坚持学习，韦素园就与曹靖华冒着艰险护送他们返国，同时意在参加祖国解放斗争的行列。当年秋，他考入北京俄文法政专门学校。他学习认真，勤恳刻苦，成绩优异。课外他喜爱读柴霍甫、果戈里和勃洛克的著作，并在一九二三年选译了梭罗古勃的《蛇睛集》。这期间素园和他的学友们，因为穷，时有断炊之虑，有时不得不写点文稿或典当衣物以维持艰苦的生活。但是他们很愉快，因为他们在学习中吸取了力量。他们有一个信念：中国有光明的前途，要为之实现而贡献力量。他们互相关怀，互相帮助，互相鼓励。素园是这样一些青年的核心。一九二四年夏，在江苏常州弃官为僧的大哥病逝。这对素园是个不小的精神打击。这不仅因为大哥是他的经济泉源，更因为他们手足情深，相依多年。大哥给他的遗书是，叫他带领当时也在北京读书的弟弟丛芜返回安徽老家，以免在外地颠沛流浪。但是，他和弟弟相互抱头痛哭一场以后，商量决定留在北京，继续奋斗。芜弟当时还写下了一首《忆风章大哥》的诗："欲了尘缘为寺僧，白云缥缈忆知音。萧萧落叶心扉叩，阵阵清风送游魂。"

一九二五年结识鲁迅先生，韦素园认为是一生中最大的幸福。他始终把鲁迅当做敬爱的良师。当时鲁迅先生每周到北京大学讲一次中国小说史。韦素园当时就住在北大对面的一个公寓里，经常旁听先生讲课，接触也较多。他经常向青年朋友们朗诵鲁迅先生的小说，特别是《阿Q正传》。这年春天，韦素园抱着参加实际革命工作的决心，去河南开封国民军第二军，担任苏联在该军任职的军事人员的翻译。临行，鲁迅先生借四十元给他作川资。但因为苏联军事人员在该军开展不了工作，几个月后返国了，素园也就又返回北京。接着七月间就由鲁迅先生推荐，经当时《猛进》杂志主编徐旭生介绍，到当时在北京新创办的《民报》担任副刊编辑。他一上阵，就遵循鲁迅先生"有一个阵地很要紧，这个社会太乌烟瘴气，不能沉默"的教导，向旧世界开炮。报纸名震一时。正因为这样，很短时间，便激怒了反动军阀张作霖，下令查封《民报》，扼杀了这个新生事物。不过，韦素园旋即在鲁迅先生建议和领导下，与曹靖华、台静农、李霁野、韦丛芜等，创办了革命文化团体《未名》社。九月，《未名》社出版部成立，刊行了鲁迅先生译的日本厨川白村的《出了象牙之塔》。一九二六年一月又创办了《莽原》半月刊，韦素园是责任编辑。在创刊号上就首先发表了鲁迅的著名战斗檄文——《论"费厄泼赖"应该缓行》，明确提出了狠打落水狗的战斗名言。这个期间，在鲁迅先生对以胡适、陈源（陈西滢）为首的现代评论派和以梁实秋等为首的新月派的批判中，在对北京女师大顽固的当权者杨荫榆、林素园的斗争中，韦素园等未名社成员始终积极拥护鲁迅先生。韦丛芜针锋相对，以"东滢"的笔名批评陈西滢的文章，鲁迅先生高兴地多次提起。一九二六年"三·一八"惨案后，"段派的女子师范大学校长林素园，带兵接收"女师大，并定几位教师为"共产党"。对于这种迫害伎俩，鲁迅认为"也是一种老谱，本来并不稀罕的。但素园好像激烈起来了。"他满腔怒火，憎恶那些道貌岸然的刽子手，一愤之下，将自己的名字改为"漱园"，直到林素园销声匿迹为人们遗忘后，他才恢复旧名。

鲁迅先生"因为段祺瑞总理和他的帮闲们的迫压"，离京"逃到厦门"后，狂飙派的高长虹不断拨弄是非。鲁迅在京的时候，高长虹曾恭维鲁迅是"思想界先驱者"，"是一个深刻的思想家，同时代的人没有及得上他的。"而现在却又大骂起来。他因韦素园退还和压下了高歌和向培良的稿子，便在《狂飙》周刊一九二六年十月十七日的一期上"大兴问罪之师"。在《给鲁迅先生》的通讯中说："……你呢，我们思想上的差异本来很甚……接培良来信，说他同韦素园先生大起冲突，原因是为韦先生退还高歌的《剃刀》，又压下他的《冬天》。《冬天》一剧，培良曾以友谊的关系帮助新女性稿件而被拒，现在又给韦闹，因此而感想及于《冬天》的命运之可笑，言下愤怒而凄苦。但此系私事，无须多说。所欲言者，则以此事证之，现在编辑莽原者，且甚至执行编辑之权威者，为韦素园先生也。素园曾以权威献人；今则用以自献；然权威或可施之于他人，要不应施之于同伴也……党同伐异，我认为是客观的真理……何者为同，何者为异，亦漫无定论。以朋友关系说，钟吾为同，素园为异，以刊物说，莽原为同，其他刊物为异。然则即以党同伐异为是，编辑莽原，也不能于莽原内部而有所党伐也……今者态度显然，公然以'退还'加诸我等矣！刀搁头上矣！到了这时，我还能不出来一理论吗？……我曾以生命赴莽原矣！尔时安徽帮者则如何者！乃一经发行，几欲据为私有。"接着用威胁的口气对鲁迅先生说，"我对于莽原想说的话甚多……究竟有没有说的必要，待几天再看。你如愿意说话时，我也想听一听你的意见。"

在这同一期《狂飚》上，高长虹还有一封给韦素园的信，那口气更显得以势压人了。他说："昨日接培良来信所述关于先生的一事，乃令我大不满意。与君初次通信，乃以这种形式出之，殊非意计所及者！然而公事公言，奈之何者！事为先生所知，且以详给鲁迅先生信中，请参阅。数期以来，我已接不到莽原已深滋疑虑。今欲问先生者，则此事究为先生个人所独断，抑是霁野、丛芜、静农所大家同意的？次请先生或先生等把对于我等的真实态度在莽原上郑重宣布。三请先生或先生等认清这几件事的性质，则：未名丛刊是一事，未名丛刊经售处又是一事，莽原又是一事，莽原编辑又是一事，未名丛刊经售处发行莽原又是一事。四请先生或先生等谅解，我同莽原的关系人所共知，所以我对于莽原有过问的责任。如先生或先生等想迳将莽原据为私有，只须公开地声明理由，或无理由而迳声明偏私的意见，解除我等对于莽原的责任，则至少在我个人，对莽原仍同从前对'民副'的态度，为中国出版界多一种较好的刊物计，其他一切都可牺牲。否则，对外对内，我们不能吃这双料的暗亏！莽原须不是你家的！林冲对王伦说过：'你也无大量大材，做不得山寨之主！'谨先为先生或先生等诵之。"

正如鲁迅先生说的："素园在北京压下了培良的稿子，却由上海的高长虹来抱不平，要在厦门的我去下判断，我颇觉得是出色的滑稽。"对高长虹的这个滑稽表演，鲁迅"一声也不响。"于是高长虹更是攻击诽谤起来，在《狂飙》上又是作文、又是写诗，狂跳一阵。面对这种极端狂妄傲慢的恶劣态度，鲁迅先生说："我已决定不再彷徨了，拳来拳对，刀来刀当刀"，"决定对长虹们给一打击。"这里有一点要揭明的是，高长虹之骂鲁迅，还有个不可告人的私心，那就是他的单相思：追求许广平。而那时许广平却在不时地和鲁迅联系，请教各种问题。"蒙在鼓里"的鲁迅先生，开始以为只是文章发表与否的纠纷。韦素园听到一些诬蔑鲁迅先生的谣言后，又认真激烈起来，给先生写信，忿然痛斥那些无聊之徒的无聊之谈。鲁迅一九二七年一月十一日给许广平的信中说："那流言是直到去年十一月，从韦漱园的信里才知道的。他说，由沉钟社里听来，长虹的拼命攻击我是为了一个女性，《狂飙》上有一首诗，太阳是自比，我是黑夜，月是她。他还问我这可是真的，要知道一点详细。我这才明白长虹原来在害'单相思病'……"韦素园在当时的一段时日里，一面十分认真地写信给鲁迅，"叙述着详情"，慰藉先生；一面作文在杂志上发表，配合鲁迅，回击挑衅者。回忆起这段斗争，鲁迅先生无限感慨地说："在'天才'的法庭上，别人剖白得清楚的么？——我不禁长长的叹了一口气，想到他只是一个文人，又生着病，却这么拼命的对付着内忧外患，又怎么能持久呢。"①

鲁迅在上海定居后，以永不休战的姿态领导左翼文化运动。韦素园虽已病卧北京西山，但是他的思想感情，他的心脏跳动却紧紧连着上海。他常常辗转病榻，夜不能寐，为左翼文化运动的胜利而欢欣鼓舞，为鲁迅所受的"围剿"而深切挂牵。当国民党浙江省党部呈请国民党中央通缉"堕落文人鲁迅"，当柔石等被捕、鲁迅处境危险，当关于鲁迅被拘或已死的谣言传到北京时，韦素园总是极力支撑着，写信给鲁迅，不顾白色恐怖的威胁，热情拥护和声援鲁迅的斗争，同时为不能亲自参加战斗而痛感不安。这就是鲁迅

①鲁迅：《忆韦素园君》，《鲁迅全集》第6卷第63页，人民文学出版社1981年版。

所说的很有发表价值的"那些伏在枕上，一字字写出来的信"①。鲁迅对韦素园这样一位青年战友，是非常喜爱的。他在一九三一年二月二日给素园的信中说："中国的做人虽然很难，我的敌人（鬼鬼祟祟的）也太多，但我若存在一日，终当为文艺尽力，试看新的文艺和在压制者保护之下的狗屁文艺，谁先成为烟埃。并希兄也好好地保养，早日痊愈，无论如何，将来总归是我们的。"在紧张的战斗中，韦素园的心是和鲁迅相通的。鲁迅时常把周围的斗争情况，把阵线的错综变化告诉韦素园，他在致韦素园的信中揭露说："其实我自到上海以来，无时不被攻击，每年也总有几回谣言，不过这一回造的较大，这是有一些人，希望我如此的幻想，……"②对于国民党反动派的反革命文化"围剿"，鲁迅表示了鄙视、蔑视的大无畏精神，这些都深深感动和影响着韦素园，使他与鲁迅一起感受着斗争的脉搏，共享着战斗的欢欣。所以，韦素园虽然长期为病魔缠身，但他的思想发展的轨迹是紧随着鲁迅的足迹前进的。

在长期的现实斗争中，在鲁迅的教导下，韦素园渐渐理解了"旧社会的根底原是非常坚固的③"。因而"对于旧社会和旧势力的斗争，必须坚决，持久不断，而且注重实力。"④他将鲁迅提倡的"韧"劲化作了百折不回的毅力和脚踏实地的工作作风。鲁迅说"未名社的同人，实在并没有什么雄心和大志，但是，愿意切切实实的，点点滴滴的做下去的意志，却是大家一致的，而其中的骨干就是素园。"未名社当时只"一间破小屋子"座落在沙滩新开路五号，也就在北京大学对面。鲁迅先生从北大下课后，常到这里与素园谈天，顺便把校稿带来。鲁迅在北京期间，韦素园是直接在鲁迅领导下工作的。在鲁迅的一些文章里，记载了他这个阶段在鲁迅指导、鼓励和帮助下的辛勤劳动和贡献。如苏联诗人勃洛克的长诗《第十二个》是"先由伊发尔先生校勘过的；后来，我和韦素园君又酌改了几个字。""《文学与革命》的第

---

① 鲁迅：《两地书·序言》，《鲁迅全集》第11卷第3页，人民文学出版社1981年版。
② 鲁迅：《致韦素园》，《鲁迅全集》第11卷第35页，人民文学出版社1981年版。
③ 鲁迅：《对于左翼作家联盟的意见》，《鲁迅全集》第4卷第233页，人民文学出版社1981年版。
④ 鲁迅：《对于左翼作家联盟的意见》，《鲁迅全集》第4卷第233页，人民文学出版社1981年版。

三章，从茂森唯士氏的日本文译本重译；韦素园君又给我校对原文，增改了许多。"韦素园在未名社"守寨"期间，还给弟弟丛芜校订了他译的陀思妥耶夫斯基的《穷人》，给李霁野校订了译文《往星中》和《黑假面人》等。他自己的译书工作，总是在社务办完之后，深夜抽出点时间来做。所以他在一九二六年只译了果戈里的《外套》，送请鲁迅先生审稿，于当年九月由未名社印行。这就是鲁迅说的："他在默默中支持了未名社。"

由于生活艰苦，素园的肺病没有得到治疗，工作又给了他过度的劳累。一九二六年底的一天，他深夜未睡，想赶完一篇介绍果戈里的文章。第二天就大量咯血。当时医生诊断，肺部已有巴掌大的空间，痊愈是无望的了。他被迫离开了心爱的战斗岗位。一九二七年初，由韦丛芜、台静农、李霁野等送往西山福寿岭疗养院。从此，他就很少起床。不过，他的身心却没有离开岗位。他离开未名社时，一再嘱咐接替他"守寨"的未名社同人遵照鲁迅先生的指导，坚守阵地，继续工作。从一九二五年到一九三一年，未名社存在的六七年间，同人们共编辑出版了四十八期《莽原》半月刊，二十四期《未名》半月刊。出版了创作丛书《未名新集》，有鲁迅的文集《朝花夕拾》，台静农的短篇小说集《地之子》和《建塔者》，韦丛芜的诗集《君山》和《冰块》，李霁野的小说集《影》。出版了鲁迅的杂文集《坟》和台静农编的《关于鲁迅及其著作》等。此外，还编辑出版了二十多种翻译作品，如鲁迅译的《小约翰》《出了象牙之塔》，韦素园译的《黄花集》《外套》，曹靖华译的《白茶》《蠢货》《烟袋》《第四十一》，李霁野译的《不幸的一群》《往星中》《黑假面人》，韦丛芜译的《穷人》《罪与罚》《格里佛游记》《拜伦时代》等等。

鲁迅先生对韦素园的病是十分关怀的。他一得知素园咯血的消息，立即从厦门写信来劝慰："兄咯血，应速治，除服药打针之外，最好是吃鱼肝油。"此后又不断提醒："我想你要首先使身体好起来，倘若技痒，要写字了，至多也只好译译《黄花集》上所载的那样短文。"①在给未名社其他成员写信时，鲁迅也常常记挂着素园的病情。随着病情的反复，鲁迅先生也忧喜

①鲁迅：《致韦素园》，《鲁迅全集》第11卷第659页，人民文学出版社1981年版。

交并："漱园病已愈否?"① "漱园已渐愈,甚喜。"② "素园兄又吐些血,实在令我忧念……"③。这是多么深切、细致的关怀和爱护呀!而病中的素园,最为想念的也是鲁迅先生。当他预感自己的病危难起时,特嘱霁野代为题字,赠送一本精装的《外套》给鲁迅,作为永久的纪念。一九二九年五月,鲁迅北上省母,在京二十天,会客、接待、演讲,每天日程排得满满的,但在那么繁忙的社会活动中,他常常挂念韦素园,尤其当他听到韦素园"恐怕总是医不好的了"之后,更是天天计划着去看望:"想往西山看看漱园","大后天拟赴西山看韦素园","明天早晨,须往西山看韦素园去",五月三十日,鲁迅终于由韦丛芜等陪同,坐汽车专程到西山看望了韦素园。回到寓所后,在致许广平信中写下了这次令人难忘的会见:"漱园还不准起坐,因日光浴,晒得很黑,也很瘦,但精神却好,他很喜欢,谈了许多闲天。病室壁上挂着一幅陀思妥也夫斯基的画像,我有时瞥见这用笔墨使读者受精神上的苦刑的名人的苦脸便仿佛,……接着又感到他将终于死去——这是中国的一个损失——便觉得心脏一缩,暂时说不出话,然而也只得立刻装出欢笑,除了这几刹那之外,我们这回的聚谈是很愉快的。"④

在对待疾病的态度上,韦素园不失为战士的本色。他从未流露过消极颓唐的情绪,相反,总是充满着昂扬的激情展望着未来。他在病中给鲁迅先生写了许多信,请教、探讨、评论文艺上的许多问题。在鲁迅日记中时有记载。鲁迅先生说"这些伏在枕上一字字写出来的信,很有发表价值。"素园一九二七年十二月给台静农、李霁野的信中说:"怀疑是对旧时代的破坏,坚信,是对新时代的创造。不能彻底的怀疑,旧时代不能有彻底的动摇;但不能彻底的坚信,新时代却也不能有彻底的建造……我希望在文学中能叫出一些希望,然而希望很难在怀疑中产生,却要在坚信里开始而且巩固。未名担当不了这个伟大的使命,但愿自今日起,我们大家意识着!""现在社会紊乱到这样,目前整理是无希望的了,未来必经大破坏,再谋恢复,但在此过

---

①鲁迅:《致李霁野》,《鲁迅全集·书信》第11卷第518页,人民文学出版社1981年版。
②鲁迅:《致李霁野》,《鲁迅全集·书信》第11卷第523页,人民文学出版社1981年版。
③鲁迅:《致韦丛芜》,《鲁迅全集·书信》第11卷第681页,人民文学出版社1981年版。
④鲁迅:《两地书·序言》,《鲁迅全集》第11卷第309页,人民文学出版社1981年版。

程中，痛苦是难免的。"这些话证明着"他措辞更明显，思想也更清楚，更广大了。"对于韦素园和未名社成员的工作，鲁迅常常是多所鼓励和赞扬的。一九二七年九月二十五日他在致李霁野的信中说："看现在文艺方面用力的，仍只有创造、未名、沉钟三社，别的没有，这三社若沉默，中国全国真成了沙漠了。"一九二九年四月二十日的信中又说："上海的出版界糟极了，许多人大嚷革命文学，而无一好作，大家仍大印吊膀子小说骗钱，这样下去，文艺界只有堕落，所以介绍些别国的好著作，实是最要紧的事。"充分肯定了未名社在当时文化革命运动中的重大进步作用。

未名社的每一成长，无不是鲁迅先生心血浇灌的结果。韦素园他们创作了第一部书或是翻译了第一部作品，都是首先拿给鲁迅。鲁迅先生也总是满腔热情地肯定他们的政治方向和艺术成就，亲自给他们改稿，撰写序言，向读者和出版界介绍，甚至用自己有限的聊以为生的版税和薪金收入，资助他们出版。离京后，鲁迅在信中又时时鼓励他们："深望你们努力"，"均可于文艺界有所贡献"，"一定可以有为"。①对于他们译著中的人名、书名，往往一一亲自审定，对他们提出的疑难问题又亲自查阅资料，予以校正。离开北京后，鲁迅虽在百忙中，仍不忘每期为《莽原》《未名》等刊物审稿。甚至对每期刊物的思想内容、编排插图、装帧以至用纸都提出详尽意见。鲁迅为了回击和批判一些错误思潮，在深入钻研马克思主义文艺理论时，也不忘将其中要点写信介绍给韦素园他们，用以教育和鼓励他们。一九二八年七月二十二日鲁迅先生给韦素园的信中说道："以历史底唯物论批评文艺的书，我也曾看了一点，以为那是极直捷爽快的，有许多暧昧难解的问题，都可说明。"韦素园自从赴苏联学习了俄文以后，不断读些俄文的文艺理论书，直至卧病期间还伏枕翻译马克思主义文艺理论文章，这和鲁迅先生的鼓励是分不开的。韦素园在未名社存在的六七年间没有辜负鲁迅先生殷切希望和苦心培养，他用脚踏实地的默默工作报答了他所敬爱的良师鲁迅。

未名社是一个革命文化团体，和我党的白区工作也有联系。当时北京市委常委中就有人在未名社工作。他们以文化工作的公开身份掩护着党的秘密

①鲁迅：《致韦素园》，《鲁迅全集·书信》第11卷第498页，人民文学出版社1981年版。

活动。在需要营救同志时，也往往由未名社出具铺保。因此，未名社不仅在文化战线上成为反革命文化势力的攻击目标，而且也被反动当局——北洋军阀、国民党党部、警察厅、侦缉队视作眼中钉、肉中刺。一九二八年四月，段琪瑞政府派人查封未名社，几位成员均以"宣传赤化"罪名被捕，出版的一些书刊也被定为"赤化书"。韦素园病在西山，幸免。他得悉后立即写信报告鲁迅先生。经过巧妙的斗争，五十天后，敌人拿不出任何"罪证"只好放人。"真的猛士，敢于直面惨淡的人生，敢于正视淋漓的鲜血。"①查封，逮捕，拷问，不仅没有吓倒未名社，相反的，成员们却更坚定了斗志，考虑发展这个战斗的团体。远在数千里之外的鲁迅先生，得知他的学生和战友们从容地走出了国民党的牢房，并且坚定勇毅地继续战斗，欣慰地同意发展未名社的计划，并且迅速把准备再版的《坟》和韦素园的《黄花集》译稿寄给未名社，一九二八年十月，未名社出版部扩大的门市部开张了。门市部同人中，就有我党的地下党员。这时候在安徽发动暴动而被国民党下令通缉的王青士和李何林，也从安徽逃到了北京。他们立即参加了未名社的工作。王青士主要做党的工作。李何林在不久以后编选了《中国文艺论战》和《鲁迅论》。未名社像磁石一样吸引着进步的读者。一时间确有"门庭若市"之概。一九二九年五月，鲁迅回北京省亲，曾三次到未名社看望，同青年成员一起吃饭、谈天、论工作，有时"谈至晚"。有丰富斗争经验的鲁迅先生在未名社顺利前进中，锐敏地看到了形势的另一方面。离开北京后六月十九日给李霁野的信中，就指出："听说现在又有一些人在组织什么，骨子是拥护五色旗的军阀之流。狂飙社人们之北上，我疑心和此事有关……。希留心他们的暗算。"果然，一九三一年，国民党南京中央党部又电令北京党部会同警察厅再次查抄未名社成员的家，并且抓了人。他们翻箱倒柜寻找我地下党档案。不过，他们只搜得三种"赤化书"三千余册而已。对于这种接二连三的迫害，鲁迅先生在曹靖华一个译文集序言和怀念韦素园的文章中，作了公开的讽刺和揭露："未名社……是个实地劳作，不尚叫嚣的小团体。但还是遭些无妄之灾，而且遭的颇可笑。它被封闭过一次，是由于山东督军张宗昌的

---

① 鲁迅：《记念刘和珍君》，《鲁迅全集》第3卷第273页，人民文学出版社1981年版。

电报，听说发动的倒是同行的文人；后来没有事启封了。"未名社"忽封忽启，忽捕忽放，我至今还不明白这是怎么的一个玩意。"①

同甘苦、共患难的共同战斗，使韦素园与未名社周围的共产党员之间结下了深厚的革命情谊，他们舍生忘死，献身革命的牺牲精神，鼓舞着韦素园和黑暗势力作战，同疾病搏斗。他虽长卧病榻，但坚持依枕执笔。几年里，他选译了高尔基、契诃夫、安特列夫、梭罗古勃等人的短篇小说，集为《最后的光芒》；译了俄国普洛特尼珂夫的《革命与文学》，惜只完成一章；为了纪念托尔斯泰诞辰百周年译了卢那卡尔斯基的《托尔斯泰的死与少年欧罗巴》，写了十篇散文小品，集为《西山朝影》；写了近二十首诗歌，集为《山中之歌》；此外还有谈论文艺问题的几篇杂文和几十封书信。这些东西，每一篇都凝结着他的意志和心血。他的一位相交甚笃的朋友刘愈，当时是党的北京市委负责人之一，一九二八年九月惨遭军阀杀害。大家相约瞒着他。可是当他在《未名》半月刊上读到台静农的纪念文章后，无法抑制极度的悲愤，不顾重病在身，伏枕写了《忆亡友愈》一诗，在《未名》半月刊上公开发表，并写了这样的后记："读友人《春夜的幽灵》，方知道刘愈兄已惨死多日，病人本不能文，这不过是个偶感罢了。"我们知道，在大革命失败的黑暗年头，在法西斯白色恐怖的刀光剑影中，这是多么凛然的气概，多么愤怒的强音。这里，我们看到了素园的"怒向刀丛觅小诗"的大无畏。

一度以未名社作掩护从事党的地下工作的王冶秋同志，离开北京后，从遥远的外地给素园寄了几朵连翘花。珍贵的礼物，引起了他深沉的思念。韦素园看看自己不能参加战斗的病躯，感慨万端，心潮起伏，于是写下了《压干了的连翘花》一诗，寄托着对党对同志的深厚感情。素园写这首诗里，距离逝世只有三十六天了。但他毫无一丝久卧病榻的颓唐气息。他有的只是对党的感情的倾泻，有的只是用生命和鲜血战取黎明曙光的坚定信念，有的只是在最黑暗时刻憧憬未来胜利的宽广胸怀！他乐观地对朋友说："我在病中觉到，人生就是工作，只有在工作中求得真实的快乐和意义。恋爱等等，不过是附属品而已。"

---

① 鲁迅：《忆韦素园君》，《鲁迅全集》第6卷第66页，人民文学出版社1981年版。

韦素园对于爱情的态度，我们在这里也简单地说一说。他早年在长沙，一年端午节时，经人介绍认识了一位很漂亮的少女。他们虽然互相倾慕，但又吐露不多。后来素园离开长沙到安庆，又矜持着很少通讯。一年后，素园在作为社会主义青年团的代表，出国前由安庆去上海前夕，在公园里偶然碰到了她。当素园把即将出国的消息告诉她时，她感到很冒险，便依恋不舍，哭泣劝阻。但素园却晓以大义，并握着她的手说："但愿生还再见吧！"他毫不动摇地踏上了征途。从此，待以燎原的爱情星火，也就在默默中为黑暗的世俗扑灭了。一九二九年，有一天他忽然收到了一份期刊，上面有这样一首诗：

那青春的迷人的眼睛，
是在江南的五月的天气。
这生命中唯一的一日，
我永远忘不了你。

啊，啊，我不幸已作了人家孩子的母亲，
我还能有什么希冀？
这不可抵抗的逼人的命运，
把我永远沉在黑暗里。

诗的末尾现出了少女的名字。哦，昔日的恋情，炙热得他跌入回忆，他偷偷写下了一篇怀念的短文，记下他生命中的第一次爱情。

他还有一次爱情。那是去苏归国后的一九二二年冬。他寒假由北京回到安庆大哥处度假期间，结识了一位同乡女友G。她是安徽第一女子师范学校毕业，升入北京女子高等师范（后来的女师大），毕业后又回校任教务长的，家就在素园大哥家对面。本来他们经常见面谈心的，可后来一听家中人有提亲之议，就再也不去找她了。其后她公费赴美留学，从国外给素园写信。素园非常兴奋，但回书又很庄重。一九二六年底，G又写信来，并附情诗十首以示定情。这时素园吐血发病，他自料病将不起，深恐辜负了对方的爱情，影响了她的幸福；况且她母亲只有这么一个爱女，一直守着她读书十几年，便毅然斩断这缕情丝。他命芜弟给她写信，一方面说明素哥重病无望，一方面婉劝她另选爱人，早日完成寡母多年的宿愿。信去了很久很久，一天素园收到她的一张名信片："我很失望！"看来这段情史也就此结束了。但是实际上爱情之火在他们的心底里却都还在炙热地燃烧着。素园越是爱她，越是为她设想，为她的幸福设想，为她的亲人设想，而自己却偷偷地忍受着痛苦和牺牲。这一点从他一九二九年十一月二十八日的一篇小文中可以清楚的知道。他在文中暗暗的表露："几年的时光过去了，我仍然默默地在想。"他宁愿苦着自己，而尽可能多的给予着别人。从这里我们不也正见着他那最深切、最纯尚的博大的爱吗？远隔重洋身在异国的G，也在失望中还抱着希望。一年，二年，希冀，等待。可终于，她等来的是芜弟告诉她的素园病危的噩耗。她感情奔放，万里飞鸿，倾泄了对素园的一片痴情。信，几经沧桑，未能保存下来，只留下了丛芜当时记下此事的哀诗：

咯血盈盆气若丝 昏灯昏室漏迟迟

可怜万里飞书至 字字痴情句句诗

忧国忧民的沉重心情，鞠躬尽瘁的辛勤劳动，节衣缩食的清贫生活，严重摧残着韦素园的身体健康。正当他的思想和艺术成就日臻灿烂的时候，正当他那铿锵的脚步向更高处攀登的时候，无情的结核菌夺去了他那年轻的生命。在临终前不久，他又在病榻上装挂了鲁迅、托尔斯泰、陀思妥耶夫斯基的像，而在他自己作为遗嘱的一封信中，表露了他渗透人生的乐观情绪和对师友的怀念："鲁迅先生和靖华，是我所极尊重的先生和朋友。竹年（李何林）、野秋（王冶秋）、池萍（赵赤坪），我都怀念着。"对于他所终生从事的文学革命事业也还在深念不忘。他在病危时，曾赠给他很喜欢的一个侄子一首诗，鼓励他继承自己的遗愿。诗是这样的：

几年病里卧京华，往事已非愿已差。

一志未衰犹望尔，百年伟业映支那。

从素园留下来的日记里，人们也可以看到他在病榻的长卧中，仍坚持孜孜以求的学习精神。本来，为了他的健康，亲友们不忍多送书给他。然而，他总是设法从别处辗转借来，甚至从那少得可怜的病中的生活费里抠出一点来购买新的出版物。他的日记几乎都是细心写下的读书笔记。其涉猎范围有哲学、历史、艺术、文学理论以及自然科学。可惜的是他过早地被病魔夺去了生命。他去世几天以后，上海还寄来他邮购的新书。

韦素园的去世，给亲人和朋友们带来极大的悲痛。他们立即把噩耗报告鲁迅先生。鲁迅在得悉消息的当天和十天后致未名社成员的两封信里写道："这使我非常哀痛，我是以为我们还可以见面的，春末曾想一归北平，还想仍坐汽车到西山去，而现在是完了。""素园逝去，实足哀伤，有志者入泉，无为者住世，岂佳事乎。忆前年曾以布面《外套》一本见赠，殆其时已有无常之感。今此书尚在行箧，览之黯然。"鲁迅先生说的这本精装《外套》，是素园病重时怀着特殊感情赠送给他的。书上题字是："鲁迅先生惠存。素园敬赠。嘱霁野代题字。一九二九年七月十二日。"鲁迅在这本珍藏的《外套》上还题了字："此素园病重时特装相赠者，岂自以为将去世耶，悲夫！越二年余，发箧见此，追记之。三十二年四月三十日，迅。"这在鲁迅先生的藏书中，是极少见的。足见鲁迅先生是十分难过和惋惜的。

四个月后，鲁迅将他自己和许广平的通信编辑成《两地书》之后，在序言中写到编辑这本书的心情：

一九三二年八月五日，我得到霁野、静农、丛芜三个人署名的信，说漱园于八月一日晨殁于北京同仁医院了，大家想收集他的遗文，为他出一本纪念册，问我这里可还藏有他的信札没有，这真使我的心突然紧缩起来。

回想六七年来，环绕我的风波也可谓不少了。在不断的挣扎中，相助的也有，下石的也有，笑骂诬蔑的也有，但我们紧咬了牙

关，却也已经挣扎着活了六七年。其间，含沙射影者都逐渐自己没
入更黑暗的处所去了。而好意的朋友也已有两个不在人间，就是漱
园和柔石。我们以这一本书为自己纪念，并以感谢好意的朋友，并
且留赠我们的孩子，给将来知道我们所经历的真相，……

"长歌当哭。"又过了两年，一九三四年七月，鲁迅先生又写了纪念文
章《忆韦素园君》，并亲笔为韦素园题了墓记。素园的遗体由丛芜、静农、
霁野等安葬在他生前选定的北京西山碧云寺下的万安公墓．立了鲁迅先生一
九三四年四月三日亲笔题写的墓记石碑。碑文是友人常维钧物色一位善镂者
精心镂成。

时光流逝，转眼五十个春秋过去了。那百年魔怪舞翩跹的黑暗年代一去
不复返了。每当我们翻开鲁迅著作，关于韦素园的这些深沉话语，总是把我
们带回到那峥嵘的漫长岁月，总是勾起我们对那在艰苦卓绝斗争中作出贡献
的前人们的无限怀念，总是使我们倍加珍惜今天的光明时代，也总是激励着
我们为更加美好的锦绣前程——共产主义而忘我地工作。我在今昔对比怀念
韦素园的时候，曾步其原韵写下过这样一首诗：

> 披肝沥血爱中华，衔石口穿志未差。
> 反动"烟埃"成旧梦，文坛新秀态婀娜。

韦素园的一生是短暂的，但又确是令人怀念的。鲁迅先生说："是的，
但素园却非天才，也非豪杰，当然更不是高楼的尖顶，或名园的美花，然而
他是楼下的一块石材，园中的一撮泥土，在中国第一要他多。他不入观赏者
的眼中，只有建筑者和栽植者，决不会将他置之度外。"这是对素园最公允
的评判。

一九八二年八月，于北京

[原载《韦素园选集》，安徽文艺出版社1985版，收入本书时有改动]

第二篇　韦素园创作自述

俄国的颓废派

我因为发表了梭罗犬儒勃的几首小诗，联想于俄国九十年代（1890—1900）开始的新兴的文学（诗的方面）运动，有简单说明的必要；因为这事与梭氏是有联系的。

俄国十九世纪文学第一时期（1818—1840）普希金和列莽托夫对于诗的方面发展，算是达到了最高的境地。第二时期（1840—1890），诗人的产生，更多起来，大概可分，纯艺术派：鸠特切夫，费特，马伊可夫，白龙斯基。国民忧伤派：涅克拉索夫，尼克金，布列柴夫。由这两派，终结到一位少年夭亡的颓丧诗人那行菘身上。俄国过去的诗歌，至此算告一段落。

第三时期（1890—1915），这中间运动，便是颓废派与象征主义。据俄国近代文论家拉茹穆尼克的意见，说颓废派在俄国文坛上，只占了很短的时间（1890—1990）；最后十五年（1900—1915），完全是象征主义运动的势力。这两派有根本的精神上的实质不同，决不能把颓废派的作家，混为象征主义者，虽说俄国一般人还在那里纷论未决。

颓废派表现的根本的精神，与六十年代的虚无主义所表现的一切否认态度，实在相差不远。所不同的是，只是在一切否认之中，他们却以"自我"为自慰的唯一的无上的奇珍。高出我的"自我"的，可以说完全没有。"自我"如何的活动，我便如何的做法。"自我"的或"刹那"的情绪，也可以说比过去的未来的一切的宇宙都还有价值。除了我以外，紧随着我的——便是荒凉的漠地。格比渥斯说：

我爱自己，好像上帝。

——这是他普遍的信仰的表征。他们觉着同一般人相处，是极大的苦痛。巴尔芒特说：

> 在无数的花窗的楼里，
> 我永远的把自己关起。

梭罗古勃说：

> 我孤独在荒凉的地方，
> 但在旅途上却有甜蜜，——
> 畅笑，欢喜，
> 我自己灵感着，
> 并且也没有痛苦的前去，——

从以上的话，可以看出颓废派的尊重"自我"。但是要想完成这真实的上帝——"自我"，却只有"刹那"。所以他们又把"刹那"认为一切主宰之王。巴尔芒特说：

> 在每个刹那间，我是消灭了。
> 在每个变迁中，我是复活了。
> ——借用周建人先生的译文——

尊重"刹那"中如上帝一般的"自我"，这是俄国颓废派最主要的精神。在这方面的完成，九十年代中有著名的三大诗人：布留所夫，巴尔芒特，梭罗犬儒勃。布留所夫以后的文体，趋向于精神，严正，明晰，很与巴尔斯派接近。（该派的起源，可参看李璜先生的《法国文学史》二卷第十二章）巴尔芒特，始终是一位极忠实的颓废派诗人，梭罗古勃，按着个人精神方面，他是永久的颓废作家；不过从小说新的形式的方面看去，如《小鬼》……等，他又完全在表明普遍的"生活相"，所以他很可称为新写实主义上一块建立最早的基石，多数人却误以为他是象征主义的创始者。这些话，都是关于以后的事。现紧接上文，说明下去。颓废派作家，既然住在"刹那"的"自我"的田园里，但依旧的不能继续拯他们心灵上的饥渴。巴尔芒特的大声哀喊：

> 帮助！帮助！
> 我一个在夜的寂静里。
> 全宇宙我运在心灵的上面，
> 没有一个灵魂伴我，——

又说：

> 我住在幽暗的严穴里，
> 我没看见银白的深夜。
> 在我的希望和信仰里
> 没有光明，没有皎洁……
> 在我的严穴里是窄狭而且阴湿，
> 并且也没有什么可以把他焚去。
> 很远远的我离开了大地的世界，
> 我应该在这里死去。

这种精神上不能自慰的情调，满溢了九十年代末期的颓废派作家的笔下。从前栖息"自我"的"花窗的楼"，到现在已经变成了严穴，墓地，葬棺，陷阱。于是有些颓废作家，便不得不另行寻精神上解救的道路，而趋向于"恶魔主义""玛格主义"……运动。但是依旧不能得解救；于是这才开始倾向于向上的超越的精神的提高。灭列可夫斯基最后的哀祷：

我们是无终止的孤独，

被弃的上帝的司祭者。

来吧，新的先知们，

来吧，预言的歌者，

还没有显现在世界的！

新的先知和歌者来到了，也就是象征主义的来到。但我们要得明白，象征主义的作家，决不是颓废派的人们所能"造作"成功，因为诗人的真实生命，只有本来的成就。

说到这里，俄国的颓废派和象征主义意义上的领域，渐可明了。象征主义，不仅是宇宙的观念，并且连宇宙的感觉，宇宙的摄取，统称之"神秘的领受"，根本的占据在他的重要的生命里面。这种东西，不是强索的，却是自然的赠与。没曾得到这种赠与的人，他只能空自称为象征派作家；因为他仅照形式，没曾得着精神的真实存在。象征主义内容，永久是触着"一些另外的世界。"二十世纪的开始（1900—1915），在这方面有绝大成功的三家：白莱意，布洛克，伊万诺夫。1902年11月8日布洛克完成的"美女歌"，精神上象征"宇宙的灵"，可以说是象征主义胜利的一种很好证明。

这篇短文，我的意见，只在介绍拉氏的意见，指明俄国的颓废派，决不是象征主义，而是象征主义的前驱者；所以关于象征主义的话，说的特别简略。至于颓废派文学有若何的价值，能存在不能存在？盼读者参看周先生著的自己的园地里面"三个文学家的纪念"关于法国波得来耳的一段。或者波得来耳与俄国颓废派并不完全相同，但精神上"厌恶现世"，大概是一致的。

［原载 1924 年 3 月 21 日《晨报副刊·文学旬刊》第 29 号，

收入本书时有改动］

晚道上

——访俄诗人特列捷阔夫以后

的确，当我从俄国兵营出来时候，我的心是凄凉极了：只觉有种说不出的寒战，悲哀，失望紧压了我：东交民巷的狭夹道，当我两眼倦懒欲一合拢的时候，也只不过恰似荒原中的一座坟地罢了。

今天下午四点半钟，是我和特列捷阔夫先生约定会谈的时候。我知道，他所以希望——而且热望我到他那里去，并不是为着别的，是因为他曾向我说过，中国人知道俄文的太少了；就是知道，然而想研究俄文学或者某种科学的，更是不多。

呵，呵，我的心是凄凉极了，因为我的俄文并不好。当我初到他家——俄国兵营——的时候，他不在屋。他的一个十二三岁的小女孩出来招待我。据她说，她的父亲不久从外面便要回来……接着又说中国戏园她没到过，虽说她也曾在哈尔滨住了有三个多月。我说："中国戏园不好，你可以不用去。"她便笑将起来："你是中国人，你觉得不好的，或者我会很喜欢呢。"……之后，她连忙跑到隔壁一间小屋子里，拿出一本杂志给我，说这是从俄国新寄来的，并将她父亲做的诗指给我瞧。"怒号吧，支那！"这是诗的总名。我叫她讲给我听。她忙跪到小书桌旁地板上面，开始解释，只不过其间她也有许多认不得的字罢了。

然而这样，时光却在无意之中轻轻的过去。

不久，她的父亲转回来，于是我俩便谈讲了一会他自己所作的诗。随后我提到《小说月报》十四卷第七号上曾载有耿君译的布留索夫（按此人名，耿译为布利乌莎夫，经特列捷阔夫指正，我才晓得是他。）"俄国诗坛的昨日今日和明日"及关于他的话。他便说该文他已读过，很有意思，不过作文章的人，两月以前已死去了。他问我中国现在怎样，我仅以那特崧诗人的心中的半句话："悲惨的时代，"作了回答。（全诗见于爱罗先珂讲演现代问题。周作人先生译。）他的意思，以为我们要得努力，要得创作，要得迅速的建设一切；然而我却微笑默然无语之后，过了好久，晚色更加浓重了，我便要起身告辞。他送我到门口，几番叮咛，叫我无论如何，要得多上他那去。我知道，我亲切的知道，新俄的诗人，并没有我们之所谓凄凉的心情，这是从他的言语行动种种上面可以看得出来的；然而他却对我——一个不大懂俄文的人——这样亲切诚恳的招待，或者也许是在沙漠似的国度里感到了应有的通常寂寞了吧？

阴黑的道上，一阵清微的小风吹过，我的泪再也忍不住了。

过去，现在，一切只在失望的吞蚀里边。

江南 A 城，几年前曾经留过奋斗足迹过的我，此刻也不过好像久别的辽远的故人似的，模糊隐现到脑海上来。松花江上，欲坠的月遥映江水翻波。那个时候曾被胡匪追逐于荒天战地断桥野站之间的我，此刻想起，仿佛是在梦中似的。呵，呵，年青的力，你竟消逝了么？你竟这般和我决绝的遥别了么……

在这思潮未曾平息之前，新的思潮又涌将上来：伊尔古次克风雪中的焦黄的病友的脸和逃往古庙未久便死去然而直到此刻消息仍未明的哥哥的音容……这些真令我惊栗，真令我觉得全宇宙仿佛在颤动着似的，泪是早没有了。

然而紧接着这，特列捷阔夫先生年青少壮努力热进的精神，和对我——一个不大懂俄文的人——异常诚恳邀请的笑容，又出现到脑海。我这时候真感觉到，所谓数千年文明古老之邦，只不过是一块可怜无际涯的荒凉的辽阔的原野罢了，在这原野上面，所有栖息着的人们，大半哭笑都不成声，而且也并不感到命运就死的悲哀和可怕，——我便是其中一个——这真有些令人奇异了。我想假如以距离死期的远近算起，我确是一位已经衰朽到，快要入墓地的老人，然而他——特列捷阔夫先生，实际虽比我岁数要大，然而却正复年青呢……

暗淡的星，静息在天空上面；沟沿那面的车声，猛击碎了我的思绪；（特氏最近的诗，里面多说到北京的大车。）这时候，只有眼前不远的地方，火在爆发着（烧轿马；）在这火光之下，我看见了许多孩子和大人，也许有老头子在内，忙着鼓掌叫喊。呵，我明白了，他们是为死人在祝福呢。

阴风，一阵阵清寒地吹过，宇宙和一切都消沉在冰冷的，凝结的，失望的陷坑里。

1925年1月16日

这篇短文刚写完之后，我觉得关于俄国现代文学有简单说明的必要。从九十年代起，直到欧战时为止，这其间二十多年，要以颓废和象征两派为最盛。他们从事创作的人，仅只歌咏刹那，赞颂美、死和女性；音韵特别讲究，读时仿佛如悠扬的，音乐的鸣声似的。到了俄国这次大革命以后，未来派的诗人的理论和学说，都已有了相当的实验的根据，创作也丰富起来。他们在形式方面，反对故有的一切束缚，极力主张以土语入诗；在内容方面，他们反对空泛无著的哀歌，却努力于人生真实勇猛前进少壮的力的创造。以此，从一九一七至一九二二这五年中，可以说是未来派代替了象征派的全盛时期了。据新死未久的俄国大诗人、小说家兼批评家布留索夫说，该派有四大将军：玛耶阔夫司基，珀司台尔那克，阿谢也夫，特列捷阔夫。特氏的著作，有《光明的时候》等诗集三册，《莫斯科，听着!》等戏曲两种。

[原载1925年2月《语丝》第15期，收入本书时有改动]

《外套》的序

　　俄国十九世纪的文学，在世界一般读众的面前，博得了"伟大的"尊称。普希金（APushkin）和果戈理（L.N.Gogol），便是这伟大文学的最早建筑人。倘若普希金是命运的骄子，带着葡萄叶编就的花冠，脸上现着光明的微笑，作世界一切呼声的回应，那果戈理带的花冠却是荆棘织成的，他含着酸辛的眼泪，看着世间一切卑污在发笑，他是一个咏着俄罗斯民众辛苦命运的歌人。俄国十九世纪批评家契尔垒舍夫斯基（N.Tchernyshevsky）称他们一个为诗艺之父，一个为散文之父，这话并非虚夸。的确，没有普希金的诗，写不出一个全民族底光明的灵魂；没有果戈理的散文，也写不出一个全民族底悲哀的心，他们并时产生，在实际生活的描写上，好像是互相做着辩正。他们创作的共通点，是在能将那日常一般的生活更和文艺诗歌接近。在他们以前虽然也就有人，和房维莹（Vonwijin），诺维珂夫（Novikov）等向这方面努力，但总没有他们一般的这样登峰造极的完成。

　　果戈理一生受普希金影响最大，然而在文学上，他却走的是自己的独立的道路。到了果戈理，代替俄罗斯感伤派的写实主义才有了真正的基础。他将那民间的无意义的生活，官场的黑暗的情形，一句话，俄罗斯从未显现过的真面目，几乎没遮掩地呈献在俄罗斯全民众之前，使他们，同时代的兄弟们，见到了这些，起所谓精神上意识着的悔悟，纠正，更新。他的每篇著作，都充满了滑稽和讽刺底的意味。《旧地主》的主人公，普黑丽亚和阿凡那息，老夫老妻，从来没有梦想过什么，每日只顾虑着厨房，柴屋等等；普黑丽亚临死还替丈夫担忧，倘若自己死了，这个老头儿将要怎么过活？戏剧《巡按》，也正是一样的可笑，——虽然他所描写的是另一种荒僻小县贪财的县长等听见伪巡按快要到来时骇得慌忙失措的情形。其余各篇，也都同样滑稽动人。

据安迦尔特说："果戈理的滑稽有一己的特性：这是纯俄罗斯的滑稽，坦然静稳的，在这里面作者好像装成傻子似的。他永是一致的，即在他所迷爱而写的事物情况里，从不改变自家态度。无偏是他的偶像。"这是真的。然而果戈理，有如俄罗斯一般伟大的作家一样，或者这是伟大的斯拉夫民族性，他从不曾冷然地将他所描写的人物，单独置在一类难为情的境界里。《外套》的主人公，阿加克阿加克维奇，在说着"莫动我！你为什么欺侮我？"的言语中，却响动着异样的音调："我是你的兄弟。"从这里我们正可以看出作者创造的真正态度来。

还有：小说，喜剧中的滑稽，在文学上是有一种特殊价值的。笑是一种强的力：它能使那在世上不怕一切的人，对它不能不生出畏惧心来。有了它，那种卑污不自觉的人，可以起生活上的怀疑，反顾一顾自己，看见别人的污点可笑，也正能忆到自己的缺憾未必不招人鄙夷。果戈理是先明白了这一层，然后更努力从事于创作的。他是社会缺陷的良医。他说："在冷笑的深里可以寻出永久热爱底火花，在世上常常流出深沈的心泪的人，他大概比一切人更爱发笑。"的确，果戈理是笑尽了同时代的人，然而他同时也愁苦于人们道德的伦亡，——有谁能说他不替同时代的人更尝到了生活的酸辛而希翼着大众走上了更新的路呢？

他一生最大的杰作是《死灵》，前后历有十七年之久，终于尚未完成。他想在三部《死灵》中，划出三个俄罗斯来，有如但丁（Dante）的《神曲》：地狱，净土，天堂。一幅死的王国底阴森可怕的画图，第一部《死灵》完成了；第二部，在他死前不久，为一己的内心懊恼，深夜时候，唤醒小儿，同到书斋，却将那即待付印的誊清稿本烧去了，现在只剩一些残篇；第三部当然更谈不到了。他想出快乐的，健全的，一切纯洁无疵的"活的灵魂"，显现给现时过着愁苦的，病态的，阴森到万分的生活的兄弟们（也就是第一部《死灵》中人物），然而却写不出，——这虽说为他不曾禀赋这种天才，可是数百年来农奴制度形成的十九世纪俄罗斯背景，却至少也是主要原因。

不过果戈理在俄罗斯文学中，也并不如一般人所设想的"包罗一切"的伟大。他的意义，只在完成了文学运动底"旧时代"（指四十年代以前而言）。俄罗斯十九世纪初期前后的文学，是倾向两种目的的：一是想将言语和形式冶炼得灵活，适用；一是想将以前虚空玄妙的描写移到实际，在这两方面，果氏都遗下一个不可磨灭的功绩。俄国的名作者，如著《家庭琐闻》的亚克撒珂夫（S.Aksakov）写《罪与罚》的陀思妥耶夫斯基（F.Dostoyevsky），都受他很深的影响，正是显明的例。"含泪的笑"底这种精神，也只有在这种言语和形式的运用里，才能表现得活跃，动人，彻底。然而在这后面所缺乏的，便是俄罗斯四十年代（1841—1850）以后所特有的那种"社会理想"。有了这种东西，俄罗斯的文学，在烦闷苦恼着的欧罗巴，才放出异样光芒而博得大众的欢迎。他和普希金（A.Pushkin），列尔孟托夫（N.Y.lermontov），曾以独到的笔锋，犀利的天才，使西欧的读众惊奇，叹赏，然而却不能如都介涅夫（L.S.Turgeniev），托尔斯泰（L.N.Tolstoy），陀思妥耶夫斯基，好像时代思想的前驱一般，受得全世界的人倾倒，膜拜。——这原因正由于果氏智识修养之不足。

我现在译出的这篇《外套》，其价值正也如我上文所说。不过在他短篇作品之中，这一篇在心理方面描写得算更复杂，更紧凑，更有力些，其读后给人印象也更深刻。主人公阿加克知识简陋极了，一生除抄写之外，什么都不知道，也惟抄写他才能干得；上司想提升他的官，叫他做一点别的事，他却流了一头汗，终之说道："不行，不如给我誊抄一些什么倒强些。"从此他便永远抄写。制服破烂得裁缝都不能补了，没法，只好将饮食上最低的必需费俭省，忍饥挨饿过了数月，把积下的钱和节赏凑合在一起，制了一件新外套，然而外套穿不到几天，夜间行经广场却被人剥去了，依好心人的劝告，想寻出失去的衣服，便去会一位阔老，可是阔老的一顿骂，加以彼得堡的坏天气，竟将我们可怜的书记送进坟墓中去了。在每个读者，读到此处，当以为可以结束了，然而世人好像报答阿加克从不为人所注意的一生一样，竟哄动了全城：到处争着传说有一个死官吏夜间在外面剥外套。呵，呵，这是如何阴森的一幕空幻的悲剧啊！我们读后虽然也发笑，然而在这笑之后，岂不即时就感到一个人一生的悲苦的命运么？并且这种恶运似乎也正在照临着现世界的人们。

明显地受《外套》影响的，是陀思妥耶夫斯基的《穷人》。倘若将《外套》的主人公阿加克和《穷人》的主人公马加尔在一处比较，他们虽然同是安于一己的生活，然而在精神的关系上，阿加克却显见得低微的多了。他的一生思想，几乎出不了暖外套；马加尔是一个觉出"自我"存在的人，不但如此，他还能在极贫苦的状态里，助和他一样苦的姑娘，牺牲求爱，他具了伟大的精神和人性的本能，这在阿加克是没有的。然而这也许由于两个作者年龄不同而写出各异的人物来罢？果氏写成《外套》，已在生活的晚期，人物自然更显得凄惨，沉重些。陀氏写成《穷人》，是他著作的生涯初开始，而且他也只有二十四岁。不然，那就很难说，因为这两篇东西都是四十年代的作品：《外套》写于一八四〇，《穷人》成于一八四五。前后相差约只五年，我想时代的关系当然是未必很大的。

本书承霁野和Polevoy先生许多帮助，这是应该感谢的。

一九二六，七，十。素园写于北京

[原载果戈理著，韦漱园译《外套》，未名社出版部1926年版，

收入本书时有改动]

序《往星中》

　　十九世纪末与二十世纪开场的俄国文学界有两个代表的人物——戈理奇（高尔基，下同）与安特列夫。这时期有革命的与反革命的两种精神的冲突，在俄国历史中可以算是多事之秋。忽而"希望"使人们高入云霄，对于将来怀着狂热的企求，忽而"失望"又把人们压入黑暗的深渊里去了；忽而狂欢燃烧着人们的胸怀，但不久忧伤又把人心笼罩住了。——这时期社会心情的变迁有如闪电一般迅速。戈理奇与安特列夫的著作是这些变迁的反照，虽然他们的著作中有着完全相反的情调。"倘若戈理奇是海莺，胜利的歌者，那么安特列夫便是乌黑的老鸦，叫着'这样过去，这样将来'的战败的先知。"

　　正如每个作家都要受别人的影响一样，安特列夫初年的著作中显然有着契诃夫与戈理奇的影响在。一八九八年他的第一篇小说出世，引起了戈理奇的注意，一九〇一年他在《知识丛书》中为安特列夫出了第一本小说集。这时期中所作的《谎言》，《色尔格彼特罗维奇的故事》，《墙》这些作品，已经显出这年轻的作者自己的色彩，他的黑的羽翼已经生出了，预备要飞往自己的绝望和死亡的世界。

　　虽然安特列夫是生着黑的羽翼的"战败的先知"，在他的著作中我们还不断地遇到勇猛的，闯入生活的底里的人物，在这些人物中我们还可以看出他们的生命力的飞腾，虽然他们代表的是死与绝望的威吓和恐怖。在《耶拉撒尔》中，作者把死的毁灭和恐怖具体地表现出来了，但是同样热烈的是这底里的对于生的企求。《在暗淡的远方》给与我们的是绝望的重压，主人公是森严冷酷的人物，但是在这里面我们不是可以看出那在生命的烈火中燃烧过了的斑痕吗？《马赛曲》的主人公是一个卑微无用的人，他有"野兔和负重的牲口的躯体"，但是也有"人的伟大的灵魂"。他要死的时候还要求他的同伴们为他唱《马赛曲》——革命的口号。

在另一方面，他是继承着陀思妥耶夫斯基的精神的，他被称为俄国文学上的伊万喀拉玛若夫。安特列夫著作中的许多人物都是爱用脑子去深思一切，爱"生活的意义甚于生活"，心灵失了和谐，永远有"是"与"否"存在心中的惑疑者。《黑假面人》的主人公罗连卓公爵，《安那思玛》的主人公安那思玛，都可以重复《思想》中克尔任茨夫的句子："我永远囚在这脑海里，囚在这牢狱里。"

生在多变幻多事的时代，受戈理奇的乐观革命的作品的影响培植，承继着陀思妥耶夫斯基的深究惑疑的精神，这样便形成了安特列夫著作的基本情调。

安特列夫的著作对于生活发现两种真理："心"对于生活的执着，"理智"对于生活的厌弃；因之有两种不同的人生态度：坚信与怀疑，绝望与革命。两重真理的冲突——大概可以算作安特列夫全部著作的题词吧。这或者是几种影响融和的结果，在这种融和的进程中便渐渐地现出安特列夫的真自我。

《往星中》是安特列夫的第一篇戏剧，是一九〇五年革命后的作品。这剧似乎就是表现这两种相矛盾的真理，和两种不同的人生态度的。塞尔该台尔诺夫斯基是一个著名的天文学家，因为觉得生活之无意义，便把世间的一切看为"无益的忧虑"，而以天文学为避难所，想在星辰中探寻超自然的生命，做着"永生的儿子"的梦；就是在他听到他的儿子尼古拉下狱几于被枪毙了的时候，他也是恬静如常，毫不以为意。他说："在世界上每秒钟都有人死，在全宇宙里每秒钟或者要毁灭一个整世界，我怎么能为一个人的死亡而哭喊失望呢？"他安静地在山间做着他的工作，虽然下面哄动着革命，并且他家庭中有几个人也加入这革命的运动。革命失败了，尼古拉在狱里受虐待，变成白痴了，玛露莎，尼古拉的未婚妻，说出这消息时，塞尔该抑制不住自己的感情，暂时失去了变常的恬静，但是他随即向玛露莎解释说："他在你心里，他在我心里，他在一切人们的心里。……人没有死亡，永生的儿子没有死亡！"

玛露莎诅咒生活，感受到现时生活的罪过和苦楚，他曾骂塞尔该冷酷无情，并且说："星辰于我生疏，我不知道谁住在那里，"所以她是和塞尔该不同调的，和他立于完全相反的地位。她是"在一切前面冲锋"的女子，她虽苦恼人间，却不能忘却人间，她说："我的灵魂，像受伤的鸟一样，一再一再地落到世间。"塞尔该劝她不要再到尼古拉那里去了，但是她说："我要去。我要如保存圣物一样，保存尼古拉所留下的东西——他的思想，他的锐感的爱情，他的温存。"

在剧末——

> 塞尔该（两臂伸向星辰）祝福你，我的不相识的远方的朋友！
> 但是
> 玛露莎（两臂伸向大地）祝福你，我的亲爱的受着苦痛的兄弟！

对于生活之意义，这剧中是有着深刻的追寻的，这结尾似乎暗示出两种态度，如我前文所说，虽然作者并没有什么答语。

以后安特列夫又作了不少戏剧，重要的有：《撒瓦》《人的一生》《饿王》《黑假面人》《安那思玛》等。如果安特列夫是"乌黑的老鸦，叫着'这样过去，这样将来'的战败的先知"，他的乌黑的羽毛也是在《往星中》以后才生齐，虽然在玛露莎说"我要建筑一个城市，在城市里我要安住……一切讨饭的，残废的，疯狂者，和盲人。……我要宣告犹大做这城市的帝王；城市的名子叫着'往星中'。"的时候这种沉黑恐怖的思想已经有了萌芽了。

一九二六年四月二十五日

[原载 1926 年 5 月 10 日《莽原》半月刊第 1 卷第 9 期，收入本书时有改动]

校了稿后

我在校完第二十一期《莽原》上的《无产阶级诗人和农民诗人》——直至蓬子君诗的初稿后，天已不早了，将近夜十二点钟。为着精神的困惫，我燃起了一支烟卷，这是两月前在一种料不到的机遇里所引起的嗜好，它破坏了我的多年生活，虽说这在我也并非绝无惋惜的事。我有时想："无聊，在北京住着。"那些能在自谓无聊中真诚地从事他们文字生涯的人，我以为这已不是无聊了，因为这是一种人生向上的努力或工作；真到无聊极处时，是连对于这些的兴会也早已消失去了。

我的日常生活很杂乱，近些时更甚。就以对于文学上的事来说罢，我很爱那已经装在架柜里的梭罗古勃和那摒弃在现代文坛桌下的卜宁（即蒲宁）。梭氏现年已老，然而他的昔年的"幻美的悲哀"底故事创造，却至今令我读后，还回味着；我想将他的《老屋》译完。卜宁，他是对于往事怀着无尽的"悽伤的回忆"的。日渐颓落下去的旧日的园庄，和时光不再的乡村的童年，都充满了他的早年的散文诗篇。然而我此刻所想起的，只是他的一篇《张的梦》。这是刻描一条中国狗的悲哀。船主张姓，为着生意的破产，将它卖给一位异邦人，异邦人无以名之，因其旧主姓而呼之为张。临到以后随新主旅行到埃及时，它——张，在沙漠的热地里，蒙胧着饱经世变的倦眼，静静地回忆着往年的船上生活。我觉得这种景况，在中国现代亦是不可多得的了，因为我们的心境似乎还没有这样的安闲。不过我同时也很惊奇：我自从到北京后，对于中国旧时代的轻淡而又工愁的诗歌，决不一读的了，我以为"老的支那"在这里得不到新的解救；然而我却还会爱上这寒土的"幻美的悲哀"和"悽伤的回忆"，而且有时还介绍一点。呵，这是如何矛盾的生活？！

至于讲到新俄的文坛，他们作家的努力，也令我异常企慕，然而我所见到的一点作品，怎样也引不起我心中的深的共鸣，我们的精神生活是这样的有距离。不过，无论如何，我对于这一次火山爆发了似的革命，总还怀着泯灭不了的期待，这原因与其说是为邻邦的实际事实，倒不如说是为我在文学理论中，所见到的未来理想。特洛茨基是不承认无产阶级文学因而否认"无产阶级文学"这一名词的，然而他也相信在从资本社会尚未达到共产社会这一过渡期间并不是没有文学。不过他的意思，以为无产阶级这东西，并不能像资本阶级样，长时独立形成一社会；它只是一种临时的，为对待第三阶级而组成的过渡办法，努力将对象——第三阶级的畸形组织——毁灭，那时无产阶级这本身也就不存在了。他并说，我们现时的目的，只在将这过渡时间设法缩短，使经济平等的理想社会从速实现，在这一种全人类的坚固的基石上，再来建设全人类的伟大的真正的"人"的文学，这文学，在这种时期，也才有实现的可能，然及其实现，也便不能称之为无产阶级的文学了。——这以上是特氏的见解。不过在无产阶级的作家看来，竟认我们以过激的特洛茨基作现时温和的妥协派了，因为他否认有无产阶级文学，而且主张文学的基本是离不开结识现实生活。

我新近也爱慕特氏这可爱的理想的将来，然而在这想跨进文学"新生活的第一步"，我和子涓同样地感到无法"入手"的悲哀。

总之，思想近来是这样凌乱，尤其是在校完这次初稿以后。捻灭了灯，躺在床上，为一日实生活所搅扰激刺后的倦乏的脑海里，模糊地又闪现了卜宁的一条张的狗，在埃及沙漠的热地里两眼蒙眬着。

一九二六年十月三十一日

[原载 1926 年 11 月 10 日《莽原》半月刊第 1 卷第 21 期，

收入本书时有改动]

《最后的光芒》小序

这里所集的几篇小说，是我几年来随手试译的，事前并没有预定的计划，只就个人一时的兴趣译出来，所以很觉散乱无头绪。现在要结集印出来，只在了却一点小事，免得在病榻上还时时想起，仿佛有点未完的工作要继续作下去似的。整理译稿时，我还卧床不能起来，怕有疏忽的地方，深盼读者的指教和原谅。集中安特列夫的几篇是霁野所译，得了他的同意，也一并收在这里了。

一九二八年二月译者记于北京西山病室中

［原载契柯夫著，韦漱园译《最后的光芒》，商务印书馆1931年版，收入本书时有改动］

《黄花集》序

我自去岁阳历一月卧病，到此刻已经是将近两年的时光了。在这期间，深觉以前过的生活是如何零乱，空虚，无聊，生命是如何毫无惋惜似地，无益地，静静地向前过去了。病中每一忆及，虽并无深的悔恨，但总不免带着惘然的微笑。现在承霁野的好意，将我病前几年中散在各处的译稿，差不多全搜集起来了。一本是短篇小说集，已在别处印行；另一本便是这些散文和诗，他所命名为《黄花集》的。实在，这些东西在新的北俄，多半是过去的了。将这与其说是献给读者，倒不如说是留作自己纪念的好。倘读者还以为有几篇可读的东西，那就是译者意外的欣喜了。

一九二八年十月二十八日，素园写于西山病院。

[原载韦素园译《黄花集》，1929年2月未名社版，收入本书时有改动]

《托尔斯泰底死与少年欧罗巴》附言

今年（1928）为托尔斯泰（1828—1910）百年诞生纪念，早就想译点关于他的文字，但终因种种关系，迟迟未果。现在当这一年最后几日，能够在病床上勉强把此文译出，总算偿了自家莫大的一种心愿，虽说这事于病是颇不相宜的。托氏前些年，当我在高小读书的前后，在中国颇负盛名，以后，大概是因为中国的革命界发生了非基督教的运动，文学界兴起反艺术为人生的倡言，于是这年逾八十的老翁，便模糊间又多被人们误解而不受敬重了，自然对他含着侮蔑的意思的也很不少。我在病后，将所谓文艺和人生这两件事，曾多次地思索过了，想到拉茹姆尼克所称为文艺复兴后的四大不世的天才：古典主义时代的莎士比亚，罗曼主义时代的歌德，以及写实主义时代的陀思妥耶夫斯基和托尔斯泰。但是我想，假如那描写人类本性的矛盾的莎士比亚，在现今还能被一般人热烈地赞叹，欣赏，那满含着人生的热爱的托尔斯泰在这人群渴慕着社会新生活时期，是更有深的存在的意义的，而且他以实际的艺术思想家而出现，也并非突然的事。

本文系译自卢那卡尔斯基所著之《文学的影像》，原书系一九二五年在列宁堡和莫斯科之国立出版部印行，内容包括讲演和论著，此文约在托氏死后不久写于国外。作者为社会主义兼苏俄人民教育委员长，所著之书颇多，截至一九二五年止，已出版的戏曲集和论文集凡五十种，印刷中尚有十四种。

一九二八年十二月三十一日记于西山病院。

［原载 1929 年 1 月 25 日《未名》半月刊第 2 卷第 2 期，收入本书时有改动］

《罪与罚》前记

新近逝世不久的黎沃夫·罗迦契夫斯基称陀思妥耶夫斯基将"新话"带进俄罗斯文坛，这便是所谓的都市文学。假如"俄土的伟大作家"托尔斯泰结束了旧时代贵族生活文学底最后尾声，"那残酷的天才作者"陀思妥耶夫斯基却开始了资产社会新兴文学底开场白。他们两位是俄国文坛上无比的对峙的双峰，无匹的并立的巨人。

经过童年的穷困潦倒的家庭生活，消磨了愁苦寂寞的无聊时光，陀氏于是成为培林斯奇底社会主义理想之崇拜者，而开始加入彼得拉舍夫斯基为首的结社，悉心研究福利耶学说。在这种思想支配之下，他写了《穷人》《白夜》《两面人》等较短名著，与《被侮辱与被损害的》《死室记》等不朽的长篇小说。在经过彼得堡的刑场上死刑的宣布，牧师赐犯人以十字架，而临终者贪馋地想将嘴唇向十字架一吻，以求最后的赎救的时候，陀氏便由"死亡"中看见了永生，他在意识中已朦胧地皈依了基督。不过此种生活变迁，却很隐晦缓慢。他之后写了他的代表作《罪与罚》，与《未成年的人》《魔鬼》《白痴》《喀拉玛卓夫兄弟》等惊人巨制。

在陀氏前后伟大著作中，其所描写的人物大抵是穷人、罪犯、醉鬼、乞丐、小偷、奸人、恶汉、恶婆、娼妇、魔鬼、白痴等等。他们在社会重重残酷压迫之下，都成了永久的穷苦无告之徒，以致结果几全成为无可赎救的罪人。他早年的短篇作品《两面人》可以作他全部著作的题辞。他所描写的主人公，几乎无一不是心灵分裂者，永久苦闷，长期怀疑，内心不断地冲突斗争，成为他们一生的无限的惩罚。有人说，陀氏写了一部现代都市生活底伟大的《神曲》，的确不错；只是这里面只有"地狱"，而并没有"净土"和

"天堂"。任谁读了他的任何著作之后，都难免要感到一种难言的阴凄的寂寞。它使你的心头发热，发痛，使你流泪，这是举世的不幸者惟一的安慰。

还有一点我们要知道：陀氏暮年虽是赤心皈依基督的人，却并不同于一般庸俗的说教者。你读完他的任何作品之后，永远会对于现社会发生一种愤愤不平之感，因而养成了一种反抗的精神，陀氏著作在这种意义上便成为时代生活革新的动力。他在他最后一部巨著《喀拉玛卓夫兄弟》中，曾借主人公的口，说上帝将世界创造错了，所以大多数的好人吃苦，而恶人却享受人世生活的幸福。因为这样，上帝便惩罚自己，首先将独生子作了极惨的赎罪的牺牲。他相信将来在地球上要实现一个真正的基督王国，那是为穷苦不幸的人们建立的。在这个王国里，没有奸私，没有剥取，没有恶诈欺骗；所有的只是幸福，和平，与永久的相互真诚的友爱。

不过陀氏并不重视西方文化。他期望着他的理想实现，曾发出这般狂吼的声音。西方文化快要日暮途穷了，我们斯拉夫人民要担起革新全世界末日颓运底使命。苏俄人民教育委员长卢那卡尔斯基在陀氏诞生百周年纪念席上（一九二一年）曾说，是的，我们今日的俄罗斯人民，是正应验着伟大思想家陀思妥耶夫斯基的话，而从事于全世界人类革新的运动。在这意义上，陀氏又成为现代的新预言者了。

卢那卡尔斯基也曾表示过这样的意见，以为陀氏全部不绝的心灵创造，有如一条无尽的火河在奔流着。他的每种作品，虽都不做技术上的讲求，然而毫无疑义地，每种都是深刻动人，透彻了人的底里生活的抒情诗作，他常卑污龌龊的灵魂中，发见那永不熄灭的生命底希望之火花。实在，这是真确的，陀氏是曾作为不幸者们的伟大的辩证人了。

"《罪与罚》或是一切写实派作品中的最伟大的。"现代英国文学家德林瓦特（JohnDrinkwater）说。醉心于流行的唯物主义，被迫于悲惨环境竟以至杀人劫财（劫而不用）的大学生拉思科里涅珂夫，曾把自己和拿破仑相比，曾把他的乞丐般的母亲的仅有恤金所抵押借来的几十块卢布，由于怜惜，白白全给了一个新近压死了的酒鬼底寡妇，终因为内心的冲突，恐惧，厌恶，自傲与自贬，以及包探头的缠扰，逼压，在无可奈何中，向一位以卖淫养活其继母的小孩之年轻娼妇索尼亚——一个基督教的灵魂，暗示了他是一个新犯的凶手。索尼亚惊愕之余，劝他要向世界告白，要向官厅自首，要甘心受苦，受苦洗罪。他听从了，西伯利亚的八年牢狱苦工开始了，索尼亚伴着他过着辛苦的生活。在索尼亚的无涯的柔爱中，他终于看出了神的光辉。一个清晨在伊尔提希河岸上，牢狱外面，他匍匐在她的足前，新的生活于是在他的眼前了。

全书中所描写的人物极其复杂，有主人公拉思科里涅珂夫的穷困及其犯罪前后的心理；有都利亚为着母亲和哥哥答应嫁给一个并无爱情的办事人之受辱；有酒鬼玛尔美拉陀夫的堕落及其女儿索尼亚之悲惨的卖淫意态；其他如代表新发户的办事人卢辛之狡猾阴险；酒色之徒的司维特里喀罗夫终于杀妻自杀；包探界的波费利之刁狡诡诈，千方百计诱人招供；言不顾行的热心的稚气的青年社会主义者莱比绥亚利珂夫，先不屑与娼妇索尼亚同寓，后又热心为之作证使她跳出卢辛的奸计；最后意志坚强且思想纯洁的美丽的都丽亚，拒绝了有钱的恶汉卢辛与色鬼司维特里喀罗夫，终于嫁给一个热心憨直有精明能干的穷大学生拉如密亨：凡此种种，均写得沉痛逼真，为本书最精采的地方。

一九三一年六月三十日素园记于西山

附记丛芜译完了这部巨著，我心里很高兴，因为我很爱它。但是在病中不能读书，现仅就以前读过的《最新俄国文学》（黎沃夫·罗迦契夫斯基著）和《文学底影像》（卢那卡尔斯基著），回忆中写成此文。文中译名从本书译者。

[原载陀思妥耶夫斯基著，韦丛芜译《罪与罚》，未名社1931年8月版，写时为"书后"，再版时改为"前记"，收入本书时有改动]

韦素园书信选

（一）致台静农、李霁野

静农，霁野：

这两天来，想起你们上次告诉我一九二八年要将《莽原》改成《未名》的事，我不知怎的，便想写一点东西，不是长文，就是这样短的通信，自然体温是要增高的，但是这也无法，好像不写放不下似的。我真想不到，就为着这体温关系，——自然病是原因——整个的一九二七年快被我身不起床地睡过去了；将来更睡到何时，目前尚不知道；但想起你们前次才告诉我的那第一位医生不治我的病，说他不能变戏法的话，现在我虽睡在床上，究竟还是活着，而且能写这样的信，却也是一件极其欣慰的事。

实在，我的病不是我个人的亏损，却是新生的小团体的全部的损害，没有L先生和你们的努力，团体固然破灭，即我个人二十余年的生命，大概也要作一个短短的终结。现在还好，我们都还依然存在着，不过刊物改了一个名。但改名之后，据说要减少八面，每面再多加两行，实际是和以前字数差不多，不过薄些。但是我想，总算薄了，像人家那样改本加厚，大吹大闹，我们这真冷静得多了。有什么办法呢，丛芜也在病着。

我自得病以来，你们是知道的，精神改变得多了。我初卧病在法国医院的时候，每日话不准说，身不准动，两眼只是闭着，医生教我静静地睡养，但我脑子却停止不了作用，那第一个突然印在我脑海里的，是陀思妥耶夫斯基的苦脸；但这只是苦脸，并不颓丧，而且还满露着坚毅慈爱的神情，我直到此刻，尚未忘却。我那时曾托霁野你转请俄女士里丁尼古拉耶夫娜为我雕塑一个陀氏的铜像，她居然应允了，我真衷心铭谢。但自此时起，我对于旧日怀疑的生活，也怀疑起来了。那病前的怀疑，是从胡适之提倡遇事问为什么起的。现在，是指目前山居这个时候，我算得了些微的解答。概括地说，我看出来是这样：怀疑是对旧时代的破毁，坚信却是对于新时代的创造。不能彻底地怀疑，旧时代不能有彻底的动摇；但是不能彻底地坚信，新时代却也不能有彻底的建造，现在我们是站在新旧时代的交叉口上了，我们是仍旧的怀疑，还是走上新的坚信底路呢？应该判决的时候到了。在我个人，我在病中看见几位前辈先生在过去十年中的努力，他们都现身作了热烈的战士，把旧时代弄得好像一个跄踉的乞丐样，就是这北京城里的乞丐，冬天蓬着头，屁股还露着的。勃洛克在《十二个》中写的夹尾巴的癞皮狗，或亦近似，但是这种东西，我在冬天还没见过，所以未敢借用。至于讲到坚信，在往古我也看见了几位实行的先生。人类最值得纪念的，岂不是自三圣——孔子，耶稣，释迦牟尼——起吗？然而三圣是各有所信，彻底的信，未到世间的；他们荣耀了自身，荣耀了时代，荣耀了永久的人类。我说这话，并不是想教人都还来做三圣，学三圣，只是指出信的重要罢了。但是信是多么难呢，"当局者迷"，是一句人间世的至言。我们要想真信，须先有真的了解，遇事一迷，便失了裁判力了，因此便不能不含糊从事了。我日前读《约翰福音》，见耶稣是和两个强盗钉在一块的，我不觉冷然一笑，觉得这是一个凄美叫绝的故事，应该万世流传的。人类几千年都同样地钉过去了。现在是轮到我们的时候了。同样钉钉子的人当然还有，这是无须顾虑的。中国此刻正是多事之秋，只ism一项，该出来了多少，在文学上，在政治上。我们一不小心，就作了同样钉钉子的人了。现在不谈政治，来说一说文学事罢。文学最主要的条件，不是真心么？的确，没有真心，作什么事也不成。但是我们中国近几年来文学的成绩怎样呢？鲁迅的小说除外，因为据成仿吾说，那是填自然主义坑，好像是过了时的。但是将这撇开，我所见到在流行的，是感伤的罗曼主义，颓废的写实主义，和有一种只好称之为飘飘乎的浪漫派。这里面的作家，也许都是真心从事的罢。但是文字中既没有多大热情，却又缺乏人道精神，所以我在上面两种主义上，加上两个形容词，那至少在俄国文学史上是没有的。但是有什么办法呢？我们的作家的真心，只能接受了人家的一些糟粕，这也许是中国社会的环境关系罢？假如是这样，老支那的将来命运是很暗淡的了。的确我感到，将亡的国度，也许和垂危的病人一样，万一没有转机死灭是在眼前的了。埃及、巴比伦不是均有过灿烂的文化，已经息了声的吗？现在怕要轮到支那，我们的支那。朋友！我还有什么说的呢？我只有希望在文学中能叫出一些新的希望！然而希望很难在怀疑中产生，却在坚信里开始而且巩固了。新的《未名》，担当不了这个伟大的使命，但愿自今日起，我们大家意识着！

真想不到，竟写出意外的这么多了，愿你们不要责备我，病不八分好时，下次再不做这样事了。

韦素园，十二月

对我关心的几位先生和朋友，我谨在此致我的谢意

[原载《未名》半月刊合本第1卷，未名社出版部1930年版，

收入本书时有改动]

（二）致德富[①]

几年病里卧京华，往事已非愿已差。

一志未衰犹望尔，百年伟业映支那！

德富：

写给你这首诗，并无深意，而且是旧调子，更不高明，不过你从这里面，可看出叔叔对你的一番热烈期许之意罢了。

我现在要对你说下文。我听说你在家乡曾经恋爱过。来到北平，这种机会也许还有，不过我的意思以为你此刻尚在中学，正是学问打根基的时期，

①德富，韦素园的侄子，当时在北平读书。

稍一务外，功课就难免不落后。我想你最早也应入了大学后再谈恋爱。而且你须知道，自己的学问不成，在恋爱上也很难有好成就的。这是从消极的一方面说。再从积极的一方面瞧，事实不过是这样。我举出两个古人的例子来以资你的借鉴。这两位一个是圣奥古斯丁，另一个是诗人但丁。他两个可以代表爱的两个方面。先说但丁罢。他在一般人的眼光中，可以算为高尚而且纯洁的恋爱代表，他是属于"灵爱"。他在八、九岁时，每日到教堂做礼拜，偶然发现了旁座远处有一位少女比他稍长，姿容体态雅丽绝伦。于是他就着了迷，时时刻刻想着她。但事与愿违。以后女郎他适，爱没有结果，很使他苦恼。之后从他终身著作中，可以看出他常回忆这事。有名的代表作品，便是他的《神曲》。他在这部长诗中叙述地狱、净土和天堂的旅程的情形。第一部叙罪过的人（即他）游地狱；第二部叙古诗人某带他游净土；第三部叙到游天堂颇困难，因为门在锁着。最后看见他九岁时的爱人碧垂丝，拿着一把钥匙替他开了门，引他玩了各胜地——这把钥匙原来就叫"爱"。你须知道他这部诗经历了数百年，普遍了各国度，唤动了每个民族的少女的心，使他们彻底悟了爱的崇高和向上性，因之对他起了无限的景仰和爱意。

再说奥古斯丁罢。他在四世纪是一个教徒，应该过和尚生活。但事情奇怪，他竟于勤修之中，得了一个孩子。这在一般人看来可以算作违法而且卑污的恋爱的代表。俗人也可称之为"肉爱"。但这事情的结果并未损伤他的悟道。他在世纪的文化史上，可以称为教中的第一人，因之人们在他名字前加一"圣"字。我们因此晓得，人不怕有过（或仅是一般俗人所认为的过），但愿在过中能认出"对"来。当觉悟到有错误时，立刻可以叫自己的理智作法官，自己的感情不妨权且作为犯人。法官审，犯人答，在长期的不能裁夺判决的时候，人身是成了生命的战场了。但是孩子，不用怕，一次审理之后，生命是刻上了创伤，然而灵魂（亦即精神作用）却受了一次更新的洗涤，从这，人也可以更深地了解善恶的实际的真理。

我以上所说的爱的两方面的话，你可以省思。假如从前曾有过爱的经验，无论它是纯洁的或是卑污的，都可以助成高尚的事业，但唯一的条件是要真诚无伪，面对人生！假如你将来还遇到"爱"时，这些话对于你也许还有些帮助。关于此类书，你可以看《爱的成年》。

我以后打算和你谈以下各问题。时间也许得要一学期，题目大概是这样：

（1）什么是科学？

（2）什么是艺术？

（3）什么是文化和文明？

（4）人类文化史中四个重要时期。

在第四个题目中我要讲到三个过渡期，也可以说是迫害与斗争期：一个叫作宗教改革运动，一个叫作文艺复兴运动，一个叫作无产阶级运动。

详情以后再说。

盼你好好地用功，课余也要多玩。你同昭野①等务宜好处，他比你小，我写给你的信也可以给他看看。

祝你生活愉快！

叔素园
【1929年】九月六日

[原载《韦素园选集》第109页，安徽文艺出版社1985年版，收入本书时有改动]

（三）致霁野

霁野：

来信收到。你劝慰我的话，我觉句句都是，你个人所持的生活态度，我也非常赞成。我在病中觉到，人生就是工作，只有在工作中可以求得真实的快乐和意义，恋爱等等不过是附属品而已。我个人生活一向是很达观的，和

①昭野，李霁野的弟弟，当时在北平读书。

我相处稍久一点的病人，他们都这样说。我是得过且过，只要生活（病）不直接加苦痛给我。我年来心境从不敢稍告人，因知我者，都系我的好友和亲人，我怎愿再加他们的伤痛呢？德富觉我写信给他不多，其实他不知原因在病，但我怎能向他说呢？生活之于我，已成负累，至于你说的寂寞，我实在好久以来并不感觉，听你说到，我似乎才又记起这两个字——但仍然没有什么。

你的恋爱的说法也不错，大概玩味生活久了的人，自然自己总会有一种人生哲学。愿你们都好。

素园
【1932年】五月二日

［原载《韦素园选集》第129页，安徽文艺出版社1985年版，
收入本书时有改动］

（四）致静农、霁野、丛芜①

农、霁、芜：

你们是我的最亲爱的朋友和兄弟，在生活的路程上说，也以我们四人相共的艰难、困苦为最多。现在我要先你们而"别去"了，愿你们勿以我而悲哀，这种离别乃是人生之常，早晚免不了的。

我所要向你们说的，乃是我觉得将来你们还存在的人，生活一定是日趋于苦。现在社会紊乱到这样，目前整理是很无希望的了，未来必经过大破坏，再谋恢复。但在此过程中，苦痛和牺牲是难免的，为着这，我觉你们将来生活也多半不幸。在此无望中，老友们，我希望你们努力，同时也希望你们结成更高深的友谊，以取得生活的温暖。我怕你们中间有误会，倘若有这样的事的时候，总以诚恳至情解释之。我觉天下无不可了之事，愿你们

①即前文所提的遗书。

切记！

其次我所要说的，乃是希望你们每人都能从事适当的工作，我在病后觉人生无意义，惟在工作中乃可求之。可惜现社会下，谈何容易。

朋友，我的精力现不大好。不能多写了。鲁迅先生和靖华，是我所极敬重的先生和朋友。竹年、野秋、池萍，我都怀念着。林逸、目寒、一林处代问候。愿小孩们均好！

祝愿你们生活平安！

素园

【1932年】五月十八日

［原载《韦素园选集》第130页，安徽文艺出版社1985年版，

收入本书时有改动］

（五）致霁野

霁野：

我的小文倘不能再写时，我打算把我以前所写的各种文集收起来，独立出一册小书。内容大致如下：

（1）《西山朝影》（上）十篇小品文。

（2）《西山朝影》（下）诗歌。

（3）杂文：《外套》序，《往星中》序，《罪与罚》书后，《艺术引论》，登在一卷一期《未名》上的一封信，发表在《莽原》上的一条杂感。

（4）附录：翻译：《现代俄国文学底共通性》《托尔斯泰的死与少年欧罗巴》。

出版处开明或北新均可。版税将来作为德富读书之用，算是对他的一种升学奖金。他这次能免考升高中，我心中非常喜欢，觉得他将来要有成就的。

我的病假如不能好，书名就叫《素园遗稿》。文章最好早收集。

素园

【1932年】七月七日

［原载《韦素园选集》第137页，安徽文艺出版社1985年版，

收入本书时有改动］

第三篇 韦素园研究论文选编

鲁迅致韦素园书信选

（一）致韦素园

漱园兄：

昨才寄一信，下午即得廿九之信片。我想《莽原》只要稿，款两样不缺，便管自己办下去。对于长虹，印一张夹在里面也好，索性置之不理也好，不成什么问题。他的种种话，也不足与辩，《莽原》收不到，也不能算一种罪状的。

要鸣不平，我比长虹可鸣的要多得多；他说以"生命赴《莽原》了"，我也并没有从《莽原》延年益寿，现在之还在生存，乃是自己寿命未尽之故也。他们不知在玩什么圈套。今年夏天就有一件事，是尚钺的小说稿，原说要印入《乌合丛书》的。一天高歌忽而来取，说尚钺来信，要拿回去整理一番。我便交给他了。后来长虹从上海来信，说"高歌来信说你将尚钺的稿交还了他，不知何故？"我不复。一天，高歌来，抽出这信来看，见了这话，问道，"那么，拿一半来，如何？"我答："不必了。"你想，这奇怪不奇怪？然而我不但不写公开信，并且没有向人说过。

《狂飚》已经看到四期，逐渐单调起来了。较可注意的倒是《幻洲》《莽原》在上海减少百份，也许是受它影响，因为学生的购买力只有这些，但第二期已不及第一期，未卜后来如何。《莽原》如作者多几个，大概是不足虑的，最后的决定究竟是在实质上。

迅

【1926年】十一，九夜

［原载鲁迅著《鲁迅全集》第11卷第497页，人民文学出版社1998年版，

收入本书时有改动］

（二）致韦素园

漱园兄：

十六日来信，今天收到了。我后又续寄《坟》跋一，《旧事重提》一，想已到。《狂飙》第五期已见过，但未细看，其中说诳挑拨之处似颇多，单是记我的谈话之处，就是改头换面的记述，当此文未出之前，我还想不到长虹至于如此下劣。这真是不足道了。关于我在京从五六年前起所遇的事，我或者也要做一篇记述发表，但未一定，因为实在没有工夫。

明年的半月刊，我恐怕一月只能有一篇，深望你们努力。我曾有信给霁野，你大约也当看见罢。我觉得你，丛芜，霁野，均可于文艺界有所贡献，缺点只是疏懒一点，将此点改掉，一定可以有为。但我以为丛芜现在应该静养。

《莽原》改名，我本为息事宁人起见。现在既然破脸，也不必一定改掉了，《莽原》究竟不是长虹的。这一点请与霁野商定。

迅

【1926年】十一月廿八日

《坟》的封面画，陶元庆君已寄来，嘱我看后转寄钦文，托他印时校对颜色，我已寄出，并附一名片，绍介他见你，接洽。这画是三色的，他于印颜色版较有经验，我想此画即可托他与京华接洽，并校对。因为是石印，大约价钱也不贵的。

［原载鲁迅著《鲁迅全集》第11卷第509页，

人民文学出版社1998年版，收入本书时有改动］

（三）致韦素园

漱园兄：

十一月二十八日信已到。《写在〈坟〉后面》登《莽原》，也可以的。《坟》能多校一回，自然较好；封面画我已寄给许钦文了，想必已经接洽过。

《君山》多加插画，很好。我想，凡在《莽原》上登过而印成单行本的书，对于定《莽原》全年的人，似应给以特别权利。倘预定者不满百人，则简直各送一本，倘是几百，就附送特价（对折？）券（或不送而只送券亦可），请由你们在京的几位酌定。我的《旧事重提》（还要改一个名字）出版时，也一样办理。

《黑假面人》费了如许工夫，我想卖掉也不合算，倘自己出版，则以《往星中》为例，半年中想亦可售出六七百本。未名社之立脚点，一在出版多，二在出版的书可靠。倘出版物少，亦觉无聊。所以此书仍不如自己印。霁野寒假后不知需款若干，可通知我，我当于一月十日以前得此款寄出，二十左右便可到北京，作为借给他的，俟《黑假面人》印成，卖去，除掉付印之本钱后，然后再以收来的钱还我就好了。这样，则未名社多了一本书，且亦不至于为别的书店去作苦工，因为我想剧本卖钱是不会多的。

对于《莽原》的意见，已经回答霁野，但我想，如果大家有兴致，就办下去罢。当初我说改名，原为避免纠纷，现长虹既挑战，无须改了，陶君的画，或者可作别用。明年还是叫《莽原》，用旧画。退步须两面退，倘我退一步而他进一步，就只好拔出拳头来。但这仍请你与霁野酌定，我并不固执。至于内容，照来信所说就好。我的译作，现在还说不定什么题目，因为正编讲义，须十日后才有暇，那时再想。我不料这里竟新书旧书都无处买，所以得材料就很难，或者头几期只好随便或做或译一点，待离开此地后，倘环境尚可，再来好好地选择。我到此以后，琐事太多，客也多，工夫都耗去了，一无成绩，真是困苦。将来我想躲起来，每星期只定出日期见一两回客，以便有自己用功的时间，倘这样下去，将要毫无长进。

　　留学自然很好，但既然对于出版事业有兴趣，何妨再办若干时。我以为长虹是泼辣有余，可惜空虚。他除掉我译的《绥惠略夫》和郭译的尼采小半部而外，一无所有。所以偶然作一点格言式的小文，似乎还可观，一到长篇，便不行了，如那一篇《论杂交》，直是笑话。他说那利益，是可以没有家庭之累，竟不想到男人杂交后虽然毫无后患，而女人是要受孕的。

　　在未名社的你们几位，是小心有余，泼辣不足。所以作文，办事，都太小心，遇见一点事，精神上即很受影响，其实是小小是非，成什么问题，不足介意的。但我也并非说小心不好，中国人的眼睛倘此后渐渐亮起来，无论创作翻译，自然只有坚实者站得住，《狂飚》式的恫吓，只能欺骗一时。

　　长虹的骂我，据上海来信，说是除投稿的纠葛之外，还因为他与开明书店商量，要出期刊，遭开明拒绝，疑我说了坏话之故。我以为这是不对的，由我看来，是别有两种原因。一，我曾在上海对人说，长虹不该擅登广告，将《乌合》《未名》都拉入什么"狂飚运动"去，我不能将这些作者都暗暗卖给他。大约后来传到他耳朵里去了。二，我推测得极奇怪，但未能决定，已在调查，将来当面再谈罢，我想，大约暑假时总要回一趟北京。

　　前得静农信，说起《巷箍》，我为之叹息，他所听来的事，和我所经历的是全不对的。这稿子，是品青来说，说愿出在《乌合》中，已由小峰允印，将来托我编定，只四篇。我说四篇太少：他说这是一时期的，正是一段落，够了。我即心知其意，这四篇是都登在《创造》上的，现创造社不与作者商量，即翻印出售，所以要用《乌合》去抵制他们，至于未落创造社之手的以后的几篇，却不欲轻轻送入《乌合》之内。但我虽这样想，却答应了。不料不到半年，却变了此事全由我作主，真是万想不到。我想他们那里会这样信托我呢？你记得公园里饯行那一回的事吗？静农太老实了，所以我无话可答。不过此事也无须对人说，只要几个人（丛，霁，静）心里知道就好了。

迅

【1926年】十二月五日

［原载鲁迅著《鲁迅全集》第11卷第511页，人民文学出版社1998年版，

收入本书时有改动］

（四）致韦素园

漱园兄：

十二月一日的快信，今天收到了。关于《莽原》的事，我于廿九，本月五日所发两信，均经说及，现在不必重说。总之：能办下去，就很好了。我前信主张不必改名，也就因为长虹之骂，商之霁野，以为如何？

《范爱农》一篇，自然还是登在24期上，作一结束。来年第一期，创作大约没有了，拟译一篇《说"幽默"》，是日本鹤见祐辅作的，虽浅，却颇清楚明白，约有十面，十五以前可寄出。此后，则或作译，殊难定，因为此间百事须自己经营，繁琐极了，无暇思索；译呢，买不到一本新书，没有材料。这样下去，是要淹死在死海里了，薪水虽不欠，又有何用？我决计于学期末离开，或者可以较有活气。那时再看。倘万不得已，就用《小约翰》充数。

我对于你们几位，毫无什么意见；只有对于目寒是不满的，因为他有时确是"无中生有"的造谣，但他不在京了，不成问题。至于长虹，则我看了他近出的《狂飙》，才深知道他很卑劣，不但挑拨，而且于我的话也都改头换面，不像一个男子所为。他近来又在称赞周建人了，大约又是在京时来访我那时的故技。

《莽原》印处改换也好。既然销到二千，我想何妨增加点页数，每期五十面，纸张可以略坏一点（如《穷人》那样），而不加价。因为我觉得今年似乎薄一点。

迅
【1926年】十二月八日

［原载鲁迅著《鲁迅全集》第11卷第页，人民文学出版社1998年版，收入本书时有改动］

（五）致韦素园（节选）

漱园兄：

二十日的来信，昨日收到了。《莽原》第二十三期。至今没有到，似已遗失，望补寄515两本。

霁野学费的事，就这样办罢。这是我先说的，何必客气。我并非"从井救人"的仁人，决不会吃了苦来帮他，正不必不安于心。此款大约至迟于明年（阳历）一月十日以前必可寄出，惟邮寄抑汇寄则未定。

《阶级与鲁迅》那一篇，你误解了。这稿是我到厦门不久，从上海先寄给我的；作者姓张，住中国大学，似是一个女生（倘给长虹知道，又要生气），问我可否发表。我答以评论一个人，无须征求本人同意，如登《语丝》，也可以。因给写了一张信给小峰作介绍。其时还在《莽原》投稿发生纠葛之前，但寄来寄去，登出时却在这事之后了。况且你也未曾和我"捣乱"，原文所指，我想也许是《明珠》上的人们罢。但文中所谓HM女校，我至今终于想不出是什么学校。

至于关于《给——》的传说，我先前倒没有料想到。《狂飚》也没有细看，今天才将那诗看了一回。我想原因不外三种：一，是别人神经过敏的推测，因为长虹的痛哭流涕的做《给——》的诗，似乎已很久了；二，是《狂飚》社中人故意附会宣传，作为攻击我的别一法；三，是他真疑心我破坏了他的梦，——其实我并没有注意到他做什么梦，何况破坏——因为景宋在京时，确是常来我寓，并替我校对，抄写过不少稿子（《坟》的一部分，即她抄的），这回又同车离京，到沪后她回故乡，我来厦门，而长虹遂以为我带她到了厦门了。倘这推测是真的，则长虹大约在京时，对她有过各种计划，而不成功，因疑我从中作梗。其实是我虽然也许是"黑夜"，但并没有吞没这"月儿"。

如果真属于末一说，则太可恶，使我愤怒。我竟一向在闷葫芦中，以为骂我只因为《莽原》的事。我从此倒要细心研究他究竟是怎样的梦，或者简直动手撕碎它，给他更其痛哭流涕。只要我敢于捣乱，什么"太阳"之类都不行的。

我还听到一种传说，说《伤逝》是我自己的事，因为没有经验，是写不出这样的小说的。哈哈，做人真愈做愈难了。

厦门有北新之书出售，而无未名的。校内有一人（朴社的书，是他代卖的）很可靠，我想大可以每种各寄五本不够，则由他函索，托他代售，折扣之例等等，可直接函知他，寄书时只要说系我介绍就是了。明年的《莽原》，亦可按期寄五本。

（后略）

迅

【1926年】十二，二九

［原载鲁迅著《鲁迅全集》第11卷第518页，人民文学出版社1998年版，
收入本书时有改动］

（六）致韦素园

素园兄：

七月二日信片收到。

《美术史潮论》系在《北新》半月刊上附印，尚未成书，成后寄上。《思想，山水，人物》未注意，不知销路如何。

以史底唯物论批评文艺的书，我也曾看了一点，以为那是极直捷爽快的，有许多昧暧难解的问题，都可说明。但近来创造社一派，却主张一切都非依这史观来著作不可，自己又不懂，弄得一塌糊涂，但他们近来忽然都又不响了，胆小而要革命。

凡关于苏俄文艺的书，两广两湖，都不卖，退了回来。

我生活经费现在不困难，但琐事太多，几乎每日都费在这些事里，无聊极了。

上海大热，夜又多蚊，不能做事。这苦处，大约西山是没有的。

迅上

【1928年】七月廿二日

[原载鲁迅著《鲁迅全集》第11卷第629页，人民文学出版社1998年版，
收入本书时有改动]

（七）致韦素园

素园兄：

二月十五日给我的信，早收到了。还记得先前有一封信未复。因为信件多了，一时无从措手，一懒，便全部懒下去了。连几个熟朋友的信，也懒在内，这是很对不起的，但一半也因为各种事情曲折太多，一时无从说起。

关于Gorki的两条，我想将来信摘来登在《奔流》十期上。那纪念册不知道见了没有，我想，看看不妨，译是不可的。即如你所译的卢氏论托尔斯泰那篇，是译起来很费力的硬性文字——这篇我也曾从日文重译，给《春潮》月刊，但至今未印出——我想你要首先使身体好起来，倘若技痒，要写字了，至多也只好译译《黄花集》上所载那样的短文。

我所译的T·iM（即《托尔斯泰与马克斯》，卢那察尔斯基的讲演稿），篇幅并不多，日译是单行本，但我想且不出它。L.还有一篇论W·Hausen-stein的（指卢那察尔斯基的《霍善斯坦因论》）觉得很好，也许将来译它出来，并出一本。

上海的市民是在看《开天辟地》（现在已到"尧皇出世"了）和《封神榜》这些旧戏，新戏有《黄慧如产后血崩》（你看怪不怪？），有些文学家是在讲革命文学。对于Gorky，去年似乎有许多人要译他的著作，现在又听不见了，大约又冷下去了。

你说《奔流》绍介外国文学不错，我也是这意思，所以每期总要放一两篇论文。但读者却最讨厌这些东西，要看小说，看下去很畅快的小说，不费心思的。所以这里有些书店，已不收翻译的稿子，创作倒很多。不过不知怎地，我总看不下去，觉得将这些工夫，去看外国作品，所得的要多得多。

我近来总是忙着看来稿，翻译，校对，见客，一天都被零碎事化去了。经济倒还安定的，自从走出北京以来，没有窘急过。至于"新生活"的事，我自己是川岛到厦门以后，才听见的。他见我一个人住在高楼上，很骇异，听他的口气，似乎是京沪都在传说，说我携了密斯许同住于厦门了。那时我很愤怒。但也随他们去罢。其实呢，异性，我是爱的，但我一向不敢，因为我自己明白各种缺点，深恐辱没了对手。然而一到爱起来，气起来，是什么都不管的。后来到广东，将这些事对密斯许说了，便请她住在一所屋子里——但自然也还有别的人。前年来沪，我也劝她同来了，现在住在上海，帮我做点校对之类的事——你看怎样，先前大放流言的人们，也都在上海，却反而哑口无言了，这班孱头，真是没有骨力。

但是，说到这里为止，疑问之处尚多，恐怕大家都还是难于"十分肯定"的，不过我且说到这里为止罢，究竟如何，且听下回分解罢。

不过我的"新生活"，却实在并非忙于和爱人接吻，游公园，而苦于终日伏案写字，晚上是打牌声，往往睡不着，所以又很想变换变换了，不过也无处可走，大约总还是在上海。

迅上

【1929年】三月廿二日夜

现在正翻译Lunacharsky的一本《艺术论》，约二百页，下月底可完。

［原载鲁迅著《鲁迅全集》第11卷第659页，人民文学出版社1998年版，收入本书时有改动］

（八）致韦素园

素园兄：

三月卅日信，昨收到。L的《艺术论》，是一九二六年，那边的艺术家协会编印的，其实不过是从《实证美学的基础》及《艺术与革命》中各取了几篇，并非新作，也不很有统系。我本想，只要译《实证美学之基础》就够了，但因为这书名，已是将读者吓退，所以选现在这一本。

创造社于去年已被封。有人说，这是因为他们好赖债，自己去运动出来的。但我想，这怕未必。但无论如何，总不会还账的，因为他们每月薪水，小人物四十，大人物二百。又常有大小人物卷款逃走，自己又不很出书，自然只好用别家的钱了。

上海去年嚷了一阵革命文学，由我看来，那些作品，其实都是小资产阶级观念的产物，有此则简直是军阀脑子。今年大约要改嚷恋爱文学了，已有《惟爱丛书》和《爱经》预告出现，"美的书店"（张竞生的）也又开张，恐怕要发生若干小Sanin罢，但自然仍挂革命家的招牌。

我以为所谓恋爱，是只有不革命的恋爱的。革命的爱在大众，于性正如对于食物一样，再不会缠绵悱恻，但一时的选择，是有的罢。读众愿看这些，而不肯研究别的理论，很不好。大约仍是聊作消遣罢了。

迅上

【1929年】四月七日

[原载鲁迅著《鲁迅全集》第11卷第663页，人民文学出版社1998年版，收入本书时有改动]

（九）致韦素园

素园兄：

昨看见由舍弟转给景宋的信，知道这回的谣言，至于广播北方，致使兄为之忧虑，不胜感荷。上月十七日，上海确似曾拘捕数十人，但我并不详知，此地的大报，也至今未曾登载。后看见小报，才知道有我被拘在内，这时已在数日之后了。然而通信社却已通电全国，使我也成了被拘的人。

其实我自到上海以来，无时不被攻击，每年也总有几回谣言，不过这一回造得较大，这是有一些人，希望我如此的幻想。这些人大抵便是所谓"文学家"，如长虹一样，以我为"绊脚石"，以为将我除去，他们的文章便光焰万丈了。其实是并不然的。文学史上，我没有见过用阴谋除去了文学上的敌手，便成为文豪的人。

但在中国，却确是谣言也足以谋害人的，所以我近来搬了一处地方。景宋也安好的，但忙于照看小孩。我好像未曾通知过，我们有了一个男孩，已一岁另四个月，他生后不满两月之内，就被"文学家"在报上骂了两三回，但他却不受影响，颇壮健。

我新近印了一本 Gradkov 的 "Zement" 的插画，计十幅，大约不久可由未名社转寄兄看。又已将 Fadejev 的《毁灭》（Razgrom）译完，拟即付印。中国的做人虽然很难，我的敌人（鬼鬼祟祟的）也太多，但我存在一日，终当为文艺尽力，试看新的文艺和在压制者保护之下的狗屁文艺，谁先成为烟埃。并希兄也好好地保养，早日痊愈，无论如何，将来总归是我们的。

迅上

【1931年】二月二日景宋附笔问候

［原载鲁迅著《鲁迅全集》第12卷第35页，人民文学出版社1998年版，

收入本书时有改动］

《两地书》序言(节选)

这一本书,是这样地编起来的——

一九三二年八月五日,我得到霁野、静农、丛芜三个人署名的信,说漱园于八月一日晨五时半,病殁于北平同仁医院了,大家想搜集他的遗文,为他出一本纪念珊,问我这里可还藏有他的信札没有。这真使我的心突然紧缩起来。因为,首先,我是希望他能够痊愈的,虽然明知道他大约未必会好;其次,是我虽然明知道他未必会好,却有时竟没有想到,也许将他的来信统统毁掉了,那些伏在枕上,一字字写出来的信。

(中略)

回想六七年来,环绕我们的风波也可谓不少了,在不断的挣扎中,相劝的也有,下石的也有,笑骂诬蔑的也有,但我们紧咬了牙关,却也已经都逐渐自己没入更黑暗的处所去了,而好意的朋友也已有两个不在人间,就是漱园和柔石。我们以这一本书为自己纪念,并以感谢好意的朋友,并且留赠我们的孩子,给将来知道我们所经历的真相,其实大致是如此的。

一九三二年十二月十六日,鲁迅。

［原载鲁迅著《鲁迅全集》第11卷第3页、第6页,
人民文学出版社1998年版,收入本书时有改动］

韦素园的性格

韦　顺　韦　苇

到今年八月，韦素园已经逝世五十周年了。我们的眼前依稀出现了一块碑碣："君以一九又二年六月十八日生，一九三二年八月一日卒。呜呼，宏才远志，厄于短年。文苑失英，明者永悼。弟丛芜，友静农，霁野立表；鲁迅书。"

依照素园的遗愿，他的亲人和乡友将他安葬在香山脚下，那是一九三三年的忌辰。那一天，适逢李大钊同志的遗体也送到这里安葬。送灵的人很多，国民党政府吓得派出了许多军警沿途盘查。当时，这帮家伙把垫在素园棺下的他生前为之付出心血的《莽原》半月刊和《未名》半月刊，当作是送殡者准备散发的共产党宣传品，便如临大敌，把送殡的人团团围住，吆五喝六。当然，一场风波是以这些草包的无知和丢丑结束的。鲁迅先生手书碑文是安葬后的次年四月三日。碑文写成后，未名社几位成员特请友人常维钧代为物色一位善镂者精刻的。

一九三四年七月，鲁迅又写了《忆韦素园君》一文。文中有这样的话："发现了一个他的致命伤：他太认真；虽然似乎沉静，然而他激烈……发扬则送掉自己的命，沉静着，又啮碎了自己的心。"素园的性格确是这样的，从小就是这样的。一九一五年，他在家乡——安徽霍丘叶集明强高小读书时，与弟弟丛芜同班。第一学期结束，期终考试成绩发榜，第一名是韦素园。同学们正围着看榜，抄写员王鉴堂开玩笑地对素园说："韦崇文（素园学名），你这个案首（第一名）是兄弟让给你的啊！"同学们忙问是怎么回事，老王慢条斯理地叙说："韦崇文因病缺考一门课，因此总平均比弟弟少了，可他们大哥韦凤章（在校任教）说，弟弟列首，一来哥哥面子不好看，二来弟弟年幼会骄傲，他建议把名次换一下，反正是自家兄弟的事，与别的同学无关。"素园听着，气得两眼直瞪，二话不说，搬着凳子跳上去就要撕榜。抄榜员忙把他拉住，厉声说："撕榜？还了得！""不要这个案首！"素园挣扎着，哭喊着。过了一天，人们发见榜上"韦素园"三个字还是被抠掉了。

大家知道，韦素园曾一度改名"韦漱园"。这也是充分反映他认真激烈的性格的一个故事。一九二四年，北京女师大学生反抗反动校长杨荫榆的斗争，得到鲁迅的支持，先生曾邀集了六名教员联名发表了《对于北京女子师范大学风潮宣言》。鲁迅的口诛笔伐，给素园以很大影响，在和先生谈论杨荫榆的反动行径时，素园常露出填膺的义愤。一九二六年，鲁迅因段祺瑞和帮闲们的压迫，八月离京去厦门。大约九月上旬的一天早晨，素园从报上看到有个叫林素园的人带兵接管女师大的消息，顿时拍案大骂："他妈的，他也叫'素园'。这个肮脏的名子我不要了。"旁边有人劝他："天下同名同姓的人多呢，有什么稀奇？"素园仍咬牙切齿怒不可遏地说："我看见这两个字就像给蝎子叮的那样难受。这个可耻的名字，我绝对不要了！"并且马上给鲁迅先生写信述说此情此事。即由此开始，素园将名字改为"漱园"。所以鲁迅在纪念素园的文章中说，这本来是敌人惯用的老谱，不足奇，但素园却激烈起来，"从此以后，他给我的信上，有好一晌竟憎恶'素园'两字而不用，改称为'漱园'。"

素园生前给友人的信中曾说："现在社会紊乱到这样，目前整理是很无希望的了，未来必经过大破坏，再谋恢复。"今天，我们能告慰素园的是，他生前向往并为之终身奋斗的新社会，犹如曈昽之日，正喷薄跃上。

[原载《韦素园选集》，安徽文艺出版社1985年版，收入本书时有改动]

最后一束光亮

——读韦素园病中书简

韦　苇

韦素园短短的一生，给后人带来了什么？读了他的一批遗稿，更使我们感到除了热，还是热；因为他对人生、社会、革命、工作，都有着热烈的爱。他的遗稿中有不少是在病榻上写给亲友的书简。这些书信记录了他流星般短暂一生的最后闪烁。

一

大革命失败，中国大地黑云压城，风雨如晦。韦素园虽身倚病榻，却悲愤难已，他大声疾呼"怀疑是对旧时代的破毁，坚信却是对于新时代的创造。不能彻底地怀疑，旧时代不能有彻底的动摇；但是不能彻底地坚信，新时代却也不能有彻底的建造，现在我们是站在新旧时代的交叉口上了，我们是仍旧的怀疑，还是走上新的坚信底路呢？应该判决的时候到了。"（1927年12月寄静农、霁野）他认为"现在社会紊乱到这样，目前整理是很无希望的了，未来必经过大破坏，再谋恢复。"（1932年5月18日寄静农、霁野、丛芜）他明确地指出："将亡的国度，也许和垂危的病人一样，万一没有转机死灭是在眼前的了。埃及、巴比伦不是均有过灿烂的文化，已经息了声的吗？现在怕要轮到支那。"（1927年12月寄静农、霁野）国家危难使韦素园愤懑不已。可是一个病人又能怎样呢？他在同一封信里说："只有希望在文学中能叫出一些新的希望！"他坚信："二十世纪是科学的世界"。

在动荡不定的社会里，在新旧斗争激烈的年代，一个革命者要唤醒民众，首先自己必须是理论上的坚信者。韦素园1930年6月给霁野信明确说道："信，是多么难呢，'当局者迷'是一句人世间的至言。我们要真信，须先有真的了解，遇事一迷，便失了裁判力了，因此便不能不含糊从事了。"

"如办月刊，老实说，你们至少要读几本重要的社会科学著作，"没有理论便不能明察，便迟早要像耶稣样"与两个强盗钉在一块的"，（1927年12月寄静农、霁野）他在另一封信里写道，"现读着蒲列哈诺夫论车尔尼雪夫斯基的几篇文章，大意是谈赫格尔、费尔巴哈和马克思哲学的转变和基本不同之点，读读颇有趣。"（1930年8月31日寄霁野）"我们将来也许转向社会科学和唯物的美学。"他就是这样在病榻上坚持理论学习，坚持与许多革命家保持密切的联系。他回顾说："我在病中看见了几位前辈先生在过去十年中的努力，他们都现身做了热烈的战士，把旧时代弄得好像一个踉跄的乞丐样，……勃洛克在《十二个》中写的夹尾巴的癞皮狗或亦近似。"（1927年12月寄静农、霁野）他在遗书中说："鲁迅先生和靖华，是我所极敬重的先生和朋友。竹年，野秋、池萍，我都怀念着。林逸、目寒、一林处代问候。"鲁迅是时代的旗手，曹靖华是介绍俄国革命的翻译家，竹年（李何林）、野秋（王冶秋），池萍（赵赤坪），一林（张一林）是地下党员，旧社会的破坏者，林逸（台林逸）、目寒（张目寒），当时也都同情革命。韦素园在生命垂危时刻，仍怀念着鲁迅先生和革命的朋友，这和他的革命的坚定性是分不开的。

二

韦素园在文学上留下的东西虽然不多，不过就在这寥寥的篇章中显露出了他的艺术才华，而才华的显露应归功于他对文学理论的真知灼见，创作态度的严谨认真，一丝不苟。这在他的遗留下来的书信中也有所反映。

他认为："科学是人类的火把，可以照人们前进，艺术是人类的火炉，可以温暖人们现实的生存。"（1931年1月15日寄德富）当时，中国社会是黑暗的，科学是落后的，人心是凄苦的。艺术靠什么来"温暖人们现实的生存"呢？唯有真心，唯有真情。"托尔斯泰是唯理主义者，他却似乎主张，理智有害于艺术，而无意识之感情活动能成极伟大的作品。他的本意是说，对于艺术，感情是重要的，理智则居于次位。"他主张"理智重的人最好习科学，而重纯感情的人则不妨从事艺术"。（1931 年 1 月 15 日寄德富）这"纯感情"必须是真情，"真情的取得又赖于真心。"的确，"没有真心，做什么事也不成"。（1927 年 12 月寄静农、霁野）

"但是我们中国近几年来文学的成绩怎样呢？鲁迅的小说除外……我所见到的在流行的，是伤感的罗漫主义，颓废的写实主义和有一种只好称之为飘飘乎的浪漫派。这里面也许都是真心从事的罢。但是文学中既没有多大热情，却又缺乏人道精神，所以我在上面两种主义上，加上一个形容词，那至少在俄国文学史上是没有的，有什么办法呢？我们的作家的真心，只能接受了人家的一些糟粕，也许是中国社会的环境关系罢？"（1927 年 12 月寄静农、霁野）"五四"以后的文学成绩应该怎样来总结，韦素园的这些见解，应当说，是很值得人们认真思考的。

韦素园在给侄儿德富的信中还给"文化""文明"下了定义，再具体地叙述"文化"发展的各个不同时期以及"艺术"的概论，最后又列了一个明细的表。他告诉侄儿，只有了解过去，才能看清现在，只有看清现在，才能推知将来。

他认为"这种东西——所谓文学——也须有素养才成。至于所谓素养，则一是生活之体验，二是技术之练习等等，想一下成功颇不容易。"（1931 年 1 月 15 日寄德富）韦素园坚持着一个原则——艺术必须来自生活，"没有真实的生活，凭空想来创作，终是隔靴搔痒。"（1930 年 6 月 9 日寄霁野）而他终身履行自己的"诺言"，即便在病中也绝没有"呻吟"，而是凭着实感真情，写了一些凄美叫绝的故事，催人泪下的自传小品，铭心刻骨的抒情诗札。

他十分强调文学的形象性，他在信中说，文学作品"应具体地来描写，不应抽象谈道理。理论和文学作用不同就在此。你看契诃夫的小说，哪篇不是具体事实的描述，他个人发感慨，说理论的时候几乎没有，事情的不平，用材料加重地叙述出来以暗示别人，这就行了。如若理论加批评，那就大可不做小说而去写论文了。""要知道所谓文学作品者，主要是能把具体的东西的一种印象传给别人，使读者自己去感觉它或好或坏，作者不必另外去明显地表示自己的意见，所谓说破也就无味了是也。"（1930年12月7日寄德富）

三

1927年，韦素园积劳成疾，住进了西山病院，"初得病半年，便有肺、肠和痔不好，第二次咯血，肠病略加重，而更添咳嗽，我的身体原来就瘦的不堪，这样也就把我累住了。"（1932年4月25日寄霁野）"整个的1927年快被我身不起床地睡过去了，将来更睡到何时？""第一位医生不治我的病，说他不能变戏法。"（1927年12月寄静农、霁野）但他并没有因此而悲观，他说："我这个人生活一向是达观的，和我相处稍久一点的病人他们都这样说，我是得过且过，只要生活（病）不直接加苦痛给我。"（1932年5月2日寄霁野）在病中，他种花，"昨晚上买了两盆五色梅，共二十枚铜子每棵上面都开一朵花，另有几个花苞，放在屋里倍增诗意。"（1932年6月25日寄霁野）养兔，"目前有一山人来卖小兔，我买了一对，一白一黑，价五角，拟送母亲。这小东西倒颇可爱。"（1931年6月9日寄霁野）品食，"臭豆腐……吃之颇好；其味隽永，说来真不下于当代诸公之散文和小诗也。""这些平凡的生活，我觉得颇有一番风趣，例如这些食物，其值虽贱，其味无穷，这个中的真风味，不是城市佬所能领略到的。"（1935年12月10日寄霁野）他乐观豁达，连大夫见到他都大笑说："我非常高兴又看见你，我说痨病不易死人，不错。"（1932年4月25日寄霁野）他得的是肺病，在二十年代无可求药的，透过黝黑的面孔，他清楚地看到自己已病入膏肓了。但他是这样地认为："现在我要先你们而别去了，愿你们勿以我而悲哀，这种离别乃是人生之常，早晚免不了的。"（1932年5月18日寄静农、霁野、丛芜）

当然，韦素园也有他伤感的时候。一个人要活生生地别亲人别事业而去是难免愁哀、忧伤、心灰意冷的。他长叹过"生活之于我，已成负累"。（1932年5月2日寄霁野）他露出过"近来对于人世几忘怀，自觉心是淡得多了，淡得几乎能忘掉一切亲爱的人。我养病的日子久了，实在感到生活的厌倦了。……痨病如是有限期好的希望，遇天大困苦，我也能打破。不过在此无希望的情况中实在太令人无趣了"的感情。虽然如此，他还是努力和死亡搏斗，他拼命地工作。他说："我在病后觉人生无意义，惟在工作中乃可求之。"（1932年5月18日寄静农、霁野、丛芜）"人生就是工作，只有在工作中可以求得真实的快乐和意义。"他整理了自己的手稿，要人誊抄以备出版。但他说这本书题名"素园遗稿"，这是因为"倘我还活着便暂不出此书，以待续写。"

当病魔步步紧逼的最后时日，韦素园把希望寄托在晚辈身上。他在一封给侄儿的信中说："一志未衰犹望汝，百年伟业映支那"。他在听说侄儿在家乡曾经恋爱，便谆谆教导他说："我的意思以为你此刻尚在中学，正是学问打根基时期，稍一务外，功课就难免不落后。我想你最早也应在入了大学后再谈恋爱。而且你须知道，自己学问不成，在恋爱上也很难有好成就的。这是从消极的一方面说。"他又从积极方面举出了代表"灵爱"的但丁和代表"肉爱"的圣·奥古斯丁。他们在爱情上都遭到了挫折，然而他们在事业上都取得了非凡的成功。但丁的《神曲》"经历了数百年，普遍了各国度，唤动了每个民族少女的心，使他们彻悟了爱的崇高和向上性，因之，对他起了无限的景仰和爱意。"圣·奥古斯丁"他在世纪的文化史上，可以称为教中的第一人，因之人们在他的名子前加一个'圣'字。……人不怕有过（或仅一般俗人所认为的过）但愿在'过'中能认出'对'来。当觉悟到有错误时，立刻可以叫自己的理智作法官，自己的感情不妨权且作为犯人。法官审犯人答，在那长期的不能裁夺判决的时候，人身是成了生命的战场了。……一次审理之后，生命是刻上了创伤，然而灵魂（亦即精神作用）却受了一次更新的洗涤。从这，人也可以更深地了解善恶的实际的真理。"他对侄儿说："假如从前曾有过爱的经验，无论它是纯洁的或是卑污的，都可以助成高尚的事业，但唯一的条件是要真诚无伪，面对人生！"（1929年9月6日寄德富）他还告诫侄儿："你务必留心骄气，这是很不好的恶德。对人要虚心，推诚相与，孔老夫子说'己所不欲，勿施与人'，愿你也有这种态度。"

（1929年10月7日寄德富）

他与德富谈人生、谈道德、谈生活，更主要的是关心他的学识。他准备花一学期时间给德富讲："1．什么是科学？2．什么是艺术？3．什么是文化和文明？4．人类文化史中四个重要时期。"

在病到绝期的时候，他感到力不从心了，便写信给弟弟："愿你把思念我的心放在他们身上，尤其是聪明的德富，他不久会有成绩出现的。"

韦素园在病中得知他的侄儿免考升入高中，心情也很激动，他写道："因为他这次免考升学，我对人间似乎有点热恋似的，我很热望着他的成就。""特集小文一册，版税作他的升学奖金。"（1932年7月8日寄丛芜）

1932年8月1日韦素园病逝。伟大的鲁迅说："这是中国的一个损失。"是的，我们读完他遗留下的书信，深切地感到鲁迅的话的含意。韦素园的信是他对思想和生活的记录，是值得我们认真研究的。

一九八二年三月于南京

［原载《韦素园选集》，安徽文艺出版社1985年版，收入本书时有改动］

未名社几个安徽成员

李霁野

在我的故乡安徽霍邱叶集，原来只有一二家私塾，直到一九一五年，才办了明强小学。韦素园、张目寒、台静农、韦丛芜和我，都是第一班的学生。那时候，阜阳区有八县，共设一个第六中学，一个第三师范，地址都在阜阳。因为中学要收学杂费，家庭经济情况较好的。就上中学，师范是公费，贫苦家庭的孩子还勉强能上学的就上师范。素园首先上了第三师范，未毕业即离开到别处上学。后去苏俄。目寒父亲早去世，寡母带着他寄养在伯父家里，所以既未上中学，也未上师范，凭自学读了点书。静农家境较好，到汉口去上了中学。我在素园后一年考上第三师范，去时他已离开。丛芜又在我后一年上了第三师范。学校因受五四运动影响，我们是拥护白话文和新文化的，受旧派学生排挤，离开了三师，一九二二年转到了安庆，稍后丛芜去岳阳，转进一个教会学校，我辍学闲住了一年。素园那时已从苏俄回来，到北京专修学校继续学俄文，二二年暑假到安庆省亲，我们又见了面。寒假他再回安庆，力劝我到北京读书，我凑借了川资，同他一阵于一九二三年春到了北京，这时静农已在北京大学中文系旁听，随后目寒也上了世界语专科学校学习。

我到北京后，无学校可入，自修英文半年，又没有教师可以请教，只靠查字典硬着头皮看书，往往一页书就要查几十个生字。家里无法供给，只好编译一点文字换取自己的生活费。约半年后，丛芜也从岳阳来到北京，秋季我们一同转入崇实中学高中二年级。这个教会学校英文并不怎么样，教师也差劲，倒是一个教西洋史的美国教师，用两厚册英文写的西洋史，逼着我们先预习，上课时，先向学生们提问，然后才给我们讲，才促使我们阅读能力

137

有较快的提高。假期中，我从静农处得到一本英文译的俄国安特列夫的剧本《往星中》，看起来倒也不觉困难，便有了翻译出来的意思，只是想练练手而已，并没有明确的大企图。译完后，素园用俄文给校了校。我们的外文程度都不高明，但我们却十分认真，一丝不苟。

素园和我都很爱读鲁迅先生的文学作品，其中有安特列夫的短篇小说，特别是《在黯淡的烟霭里》。我们想，若有机会向鲁迅先生请教，该多好啊！可是我们又觉得这是难以实现的妄想。目寒是鲁迅先生的学生，他知道我译了《往星中》之后，很高兴。他说先生平易近人，喜欢青年，下课还常同他们谈心。并常常叹息写文章或译书的青年人太少。他自告奋勇，要将《往星中》译稿送给先生看看。《鲁迅日记》一九二四年记载："二十日晴，张目寒来，并持示《往星中》译本全部。""二十一日晴，……夜……看《往星中》。由此可见，先生多么关心青年人的出现。

认识以后，因为先生和蔼可亲，谈话坦率，态度谦诚，素园、静农、丛芜先后也同先生认识了，我们常常二人三人同去拜访先生，先生健谈，他说这是一种休息。所以往往一谈几小时。可惜对这些谈话，我们未曾记录，现在觉得是很大遗憾。不过他给我们的启发教育，我们永远在心里铭记其精神。简单地说，就是作事要脚踏实地，万不可喧嚣取巧；读书范围要广泛些，不要只限于文艺作品；要多读些好作品作借鉴，但不能受局限，要有所创新；要大胆些，不要过分小心谨慎……

我在《忆素园》一文中，有这样一段话，是叙述怎样办起未名社的：

"一九二五年夏季的一天晚上，素园、静农和我在鲁迅先生那里谈天，他说日本的丸善书店起始规模很小，全是几个大学生慢慢经营起来的。以后又谈起我们译稿的出版困难，慢慢我们觉得自己尝试着出版一点期刊和书籍，也不是十分困难的事情，于是就开始计划起来了。我们当晚也就决定了先筹起能出版四次半月刊和一本书籍的资本，估计约需六百元。我们三人和丛芜、靖华，决定各筹五十，其余由他负责。我们只说定了卖前书，印后稿，这样继续下去。既没有什么章程，也没立什么名目，只在以后对外总得有名，这才以已出的丛书来名了社。"

至于未名社成立的情形，我在《忆鲁迅先生》中是这样叙述的：

"未名社的成立是一九二五年的事。那时《往星中》的译稿已经放在他那里不少时了，他常常想到出版这本书的问题，虽然我们并不敢认为这译稿有什么印行的价值。对于普通以销售为标准的出版家，先生是极端厌恶的，也不不愿和他们有什么交涉。因此，有了自己印书的意思了。这是毫没有什么宏愿的，只是先生对几个青年的一点鼓励，使他们勤勤恳恳的努力，在文学上作出一点贡献罢了。"

"初成立的未名社，是设在北京大学第一院对面一个公寓里的，实际就是素园的一间小小的住屋……"

鲁迅先生那时在北京大学讲授中国小说史，这个公寓在对面新开路五号，相离很近。

先生下课时就到这里来谈谈天，有时顺便送来改好的印稿。我们也常常去听先生讲课。尽管如此，我们晚饭后还常去寓所访问先生，听他课堂之外给我们的教导。谈话的范围十分广泛，我大体上只记得他说当时很受吹捧的吴稚晖的文章只是"小丑的打诨，配不上真正的'幽默'"；章太炎的战斗性文学未被集印是一件憾事。他有时谈到与现代评论派的论争，我特别记得他给我们讲《不是信》时那种谈笑风生的神态。因为一个青年作家的小说，他谈到写小说要严肃认真，万不能持玩世不恭的态度，走向油腔滑调。三·一八惨案使他极为悲愤，我认为这件事对鲁迅先生有很大影响。中国女子的勇毅增加了他对革命终必胜利的信心。"真的猛士，将更奋然而前行。"鲁迅先生就是这样做的。他此后更勇猛地投入实际的革命斗争。这一切都使我们受到很大的教育。

至于在写作与翻译方面，鲁迅先生也给我们许多劝告和指导。他认为素园太受梭罗古勃的影响是不好的，让他校阅勃洛克的《十二个》，显然是有意引导他走出死胡同。以后先生又鼓励素园研究马克思主义文艺理论，但他病中勉译硬性的论文，先生怕损害健康，劝他只译点《黄花集》里那样的短诗文。素园"厄于短年"，先生深为悲痛，在《忆韦素园君》中说："素园却并非天才，也非豪杰，……然而他是楼下的一块石材，园中的一撮泥土，在中国第一要他多。"

鲁迅先生很赞成静农写小说从民间乡土取材，在《中国新文学大系》小说二集序中说："在争写着恋爱的悲欢，都会的明暗的那时候，能将乡间的死生，泥土的气息，移在纸上的，也没有更多、更勤于这作者的了。"

丛芜的《君山》，先生认为可以插图印行，因为在当时还是较好的抒情诗。他译的《穷人》，先生曾用日文本参照，为他解释疑难地方。后来听说国民党反动派在查禁《穷人》，我们虽很气愤，还觉得其愚尚可解，但牵连到《君山》，我们就觉得"其愚不可及也"了。记得先生曾戏言，说《穷人》"赤色"尚可，至于《君山》，则同作者的年岁一样，只能说是"青"色的吧。

鲁迅先生只劝我多读些英国的散文或随笔，也可以试写。我说自己读书不多，人生经验也少，很难写好。先生说，多动动笔才能得到锻炼嘛。我仅在先生逝世后写了几篇，但没有一篇像样的作品。近来有朋友督促我，先生的遗训我也并未忘怀，我想再努力试试笔吧。

关于未名社，鲁迅先生在《忆韦素园君》中有一段话，可以算是比较公允的总结：

> "未名社现在是几乎消灭了，那存在期，也并不长久。然而自素园经营以来，绍介了果戈理，陀思妥也夫斯基，安特列夫，绍介了望·蔼覃，绍介了爱伦堡的《烟袋》和拉夫列涅夫的《四十一》。还印行了《未名新集》，其中有丛芜的《君山》，静农的《地之子》和《建塔者》，我的《朝花夕拾》。在那时候，也都还算相当可看的

作品。事实不为轻薄阴险小儿留情。曾几何时，他们就都已烟消火灭。然而未名社的译作，在文苑里却至今没有枯死的。"

但是在未名社的末期，也颇有引起鲁迅先生误解和不愉快的地方，幸而以后先生明了真相，只对韦丛芜表示了深深的惋惜。我们引为遗憾的，是有负先生所费的大量时间与精力，没有作出应有的贡献。

（一九八一年七月）

［原载《安徽文史资料选集》第3辑，安徽人民出版社1987年版，收入本书时有改动］

热血一腔入小诗

——韦素园遗诗介绍

韦　顺

青年文学家韦素园，安徽霍邱人，今年是他逝世的五十周年。对于他的逝世，鲁迅先生认为"这是中国的一个损失。"鲁迅先生在纪念他的文章中说他是"楼下的一块石材，园中的一撮泥土，在中国第一要他多。他不入观赏者的眼中，只有建筑者和栽植者，决不会将他置之度外。"的确，在鲁迅先生培养和影响下，韦素园在身患重病住进北京西山病院，已是一生最后几年的时日里，也未曾放弃过战斗。一九二七年到一九三二年间，他辗转于病榻之时，还伏在枕上，写下了几组充满生之活力和战斗豪情的诗歌。这些诗歌有的至今都没有发表过。今乘纪念素园忌辰之时，在几组诗中摘录几首介绍给想了解他的人们。

一

大家知道，在"五四"时期，韦素园就爱读李大钊等人的文章。一九二一年春，他曾把《共产党宣言》和李大钊当时的一些名文寄回家乡，以点燃那里的革命之火。

一九二七年，韦素园因病被迫离开未名社，住进京郊西山福寺岭疗养院。蒋介石发动"四·一二"反革命政变后，白色恐怖，遍及国中，古老的北京城，不时传出杀害革命者的枪声。这常常使韦素园激愤难平。虽然医生规定他静卧——不动，不读，不想，不写，可是他却不能。当一批无产阶级先锋战士被反动派杀害的噩耗传到西山时，韦素园无法压抑自己的感情，在极度悲愤中，常于深夜的病榻上写日记和诗。

韦素园离开后，"未名社"由李霁野等人"守寨"经营。一九二八年春，被国民党下令通辑的王青士和李何林，也从其家乡来到北京，参加了"未名社"的工作。这年四月，"未名社"被国民党军阀第一次查封，成员被捕。韦素园得悉，五月一日写了一首《忆"黑室"中友人——呈青及霁野》，抒发内心的愤懑和忧虑：

昨晚深夜的时候，

我仿佛离了山坡，向古老的城垣走去。

风儿已息，星光自晴空中静静地照着，

我恍惚地来到了一所阴暗的黑室里。

这黑室里并没有别的什么，

我看见两个友人在破榻上坐起，

一个脸色凄惨、枯黄，

一个颚下已经生了乌黑的长须。

我低低地发出询问：

你们几时能离开这里？

好久好久的沉默，

接着叹息似的话：

"案情怪重呢！"

我又问："在这经过长久的日子里，

有没有人来探询过你们的消息？"

他们——一个脸色更加暗淡，

一个两眼泪光盈起。

我忍不住伤心地哭了，

热泪把我的梦魂惊去。

醒后方知白日的凝思，

——又织入凄苦的梦里。

这首诗语言朴实，感情真挚，不事雕琢，明白如话；但作者的休、戚、爱、憎却蕴含其中。一九二九年九月二十三日，韦素园在日记中有着这样的记载："我来山后第一次痛哭，是在问朋友出狱无期的时候。"

一九二八年九月，接着又是以党的北京市委负责人刘愈为首的一批党的优秀干部壮烈牺牲。大家瞒着病中的韦素园。可是当他在《未名》半月刊上读到台静农悼念刘愈的散文时，他悲愤极了，与烈士几年交往的多少往事顿时涌上心头：在公寓，在路上，在学校，对形势的分析，人生的探讨，胜利的喜悦，挫折的烦恼，全都历历在目。他挥笔吟就《忆亡友愈》一诗，一开头就大声疾呼：朋友，想不到我们是这样的别了?!

接着他用隐讳的笔法，表述了和刘愈的结识。

记得四五年前，
仿佛在北京某个地方，
我们无意之间，
便成了浅浅的相识者了。

知道当时国内政治形势又了解刘愈和韦素园身份和关系的人，当然知道诗中的真实含义。当时刘愈是北京地下党的市委负责人。韦素园在"五四"时期就开始研读《共产党宣言》，一九二一年受我国马列主义小组派遣，以中国社会主义青年团团员身份，作为我国派往苏联的第一个代表团成员，前去苏联学习并参加了列宁主持召开的共产国际第三次代表会议。会后，他进东方劳动大学学习马列主义和革命文学。归国后，在鲁迅先生领导下，在一九二五年主持"未名社"的工作期间，他与刘愈因共同的革命事业的需要，过从甚密，交谊亦深。但这堪称炽烈的战斗友谊却寓于"仿佛""无意"和"浅浅"等诗的语言中，当有其特殊的原因。

几年来的相交，
我觉得你的为人是太好了：

> 终日埋头读书、工作，
> 穿着朴素的服装，
> 现着一副慈祥的面貌。

这几句朴素无华的诗句，把刘愈这位党的负责人的外表和不知疲倦的战斗精神，都勾画出来了。

> 你来见我时，
> 总觉得我是太悲观了。
> 你虽不向我说什么人生的大事体，
> 却总笑着讲：
> "素园，你的生活太寂寞了。"

怎样理解这几句诗呢？

"我最以为侥幸的是自己到西山病院去，和素园谈了天。""我们和几个朋友都很高兴。但我在高兴中，又时时夹着悲哀：忽而想到他的爱人，已由他同意之后，和别人订了婚；忽而想到他竟连介绍外国文学给中国的一点志愿，也怕难于达到；忽而想到他在这里静卧着，不知道他自以为是在等候痊愈，还是等候灭亡；忽而想到他为什么要寄给我一本精装的《外套》？……壁上还有一幅陀思妥也夫斯基的大画像。对于这先生，我是尊敬、佩服的，但我又恨他残酷到了冷静的文章。他布置了精神上的苦刑，一个个拉了不幸的人来，拷问给我们看。现在他用沉静的眼光，凝视着素园和他的卧榻，好像在告诉我：这也是可以收在作品里不幸的人。"读了鲁迅先生的这些话，就可以理解这几句诗了，勿须再饶舌。

> 而今，你是去了，那最难忘的是
> ——在路上，在学校，或在公寓，
> 你每一见到我时，

远呢，高呼招手；

近呢，现出流自衷心的欢迎的微笑。

朋友，我真想不到，我们能够是这样别了！？

诗成，他冒着杀人如麻的法西斯白色恐怖，在《未名》半月刊上公开发表，并写了这样的后记："读友人《春夜的幽灵》，方知刘愈兄已惨死多日，病人本不能文，这不过是偶感罢了。"这个"偶感"充溢着凛然的豪气和无畏的精神。它是"怒向刀丛觅小诗"的"偶感"，是对反动派和杀害革命者刽子手的庄严声讨，也是对前进中战友们的催征鼙鼓。

共产党员赵赤坪，早年曾在广州农民运动讲习所学习，参加过北伐战争。他与韦素园是同乡又系亲友。他在北京以"未名社"作掩护做党的工作期间，常与素园在一起探讨马列主义理论，议论国内外形势。一九三二年韦素园病笃之际，闻悉赵赤坪又一次（第五次）被捕，真是"垂死病中惊坐起"，于六月二十五日，边咯着血，边写了《怀念我的一位亲友——呈坪》：

你是一个热烈渴慕自由的人，

不想现在又被关在牢狱里。

我无时不向见面的友人，

打听你几时能够出狱的消息。

可是全是些不幸的回答，

我知道你的出狱一时是无望的。

想起你当年那种豪放气概，

大江南北哪里不踏遍你的足迹！

几处牢狱关不住你，

从探奸手里你也曾用谎语脱离。

有一次归家省亲的途中，

又遇着好意的法官把你释去。

呵，多少艰险的遭遇，
我不为你一一述起。
总之，你是一个热烈渴慕自由的人，
不想现在你又久久关在牢里。

不过敌人的"黑铁"的高压，
终敌不过我们"赤血"的奋起！
朋友，等着吧，
未来的光明的时代终究是属于我们的。

不要悲伤，
不要愁虑，
今日的牢狱生活，
正是未来甜蜜的回忆。

这首诗的下笔之时，离他去世之日只有三十六天了。但从诗中可以看出，无一丝久卧病榻颓唐的情调，更没有慑服于法西斯刀光剑影的气味；而有的只是对党的忠诚的感情的倾泻，有的只是用鲜血和生命必能战胜黑暗、代之以光明的坚定信念！他在给当时未名社友人的信中说："现在社会紊乱到这样，目前整理是很无希望的了，未来必经过大破坏，再谋恢复。在此过程中苦痛，是难免的。""我在病中觉到，人生就是工作，只有在工作中可以求得真实的快乐和意义；恋爱等等，不过是附属品而已。"这是多么难能可贵的革命乐观主义精神。

二

　　大革命失败后，革命处于低潮时期。整个中国被拖到了苦难的深渊。人民饥寒交迫，苦痛难堪。韦素园在西山病院，常常观察和询问一些贫民的生活，摄取一个片断，便凝入诗篇。请看他一九二八年"五四"写的《乡人与山雀》这首诗：

> 傍晚，从山后走来一位衣衫褴褛的乡人，
> 盘着辫儿，提着根生锈的土枪。
> 我在近窗的病榻上凝望，
> 偶然听到有人发出了询问的音响：
> "你这是做什么？"
> "哦，春天来了，我要打山雀。"
> "打山雀做什么？"
> "回家做汤喝。"
> "你的手怎么空着？"
> "咳，运气不好，一只山雀也没遇着。"
> 乡人说罢，
> 似乎又失望地慢慢地低语：
> "家中人还等着呢。"
> 他于是便在这侵袭的暮色里消失了去。
> 他佝偻的背影牵起了我的思绪：
> 他中年的妻子，他的爱儿和爱女，
> 也许正引颈在门前站立，
> 盼望他的枪尖挂满山雀归去；
> 假若他此刻已到了家，
> 那失望掺和着悲哀，

将弥漫着他小小的屋里。

清晨醒来，远远的枪声响着，

昨晚乡人的面貌在我脑中闪过。

啊，我此刻正想着山雀、山雀，

山雀的命运定了！

遭难的许是最年轻的一个：

它许是正恋着另一只美丽的山雀，

它许是正对着美丽的山雀唱情的恋歌，

不然，它可以避免了这无情的灾祸。

哦，春天来了，

绿树荫里，正可营起百鸟爱的欢乐；

但是事实却是这样地安排着。

司生命的神啊，我要问你：

这是为什么？

　　这首诗在思想意境上，在艺术手法上都是比较好的。他摄取了在西山观察到的生活现实，用纯朴的白描，写出了社会的低层——乡人，与林间的弱者——山雀的生之矛盾。"司生命的神啊，我要问你，这是为什么？"这一急迫呼问，不正是对当时民不聊生的黑暗社会的血的控诉吗？谁读了这首诗，能认为只是乡间普通的生活素描，而不是对旧世界的无情抨击？

　　在这一组诗里，我们还读到一首《致不识者POVE女士》。也介绍如下：

秋风吹卷着落叶，

你便落叶般的憔悴；

晚雨溅击着枯草，

你便枯草般的低垂。

昨夜我曾入梦，

梦见一朵丽花衰萎；

今朝起来读报，

方知你已地下长睡。

假如生命是一座不幸的筵宴，

那生者却正在筵前举着苦杯。

这样的年华离开筵宴，

许是死神赐给你的恩惠。

我但愿你——逝去的 pove，

能够在异地得到安慰；

我更愿那筵前的生者，

能当着生之筵席微笑不醉！

　　这首诗，乍看来充满了生离死别，哀怨凄婉之情。但细细体味，却不仅
是"江郎赋别，难写此事恨"了。在翻云覆雨，魑魅害人的国民党反动派的
黑暗统治中，"数天涯依然骨肉，几家能够？"诗人用生者是"举着苦杯"，
死者是得到"恩惠"这样含着泪水的语言以嘲讽反动派，同时用"微笑不
醉"来勉励自己和战友。因之可以说，这首诗诗意浓厚，深幽隽永，且充满
了战斗豪情，可谓佳品。

三

　　在王冶秋、李霁野等人纪念韦素园的文章中，都谈到鲁迅和素园，他们
和素园之间的友谊。是的，素园是十分珍惜友谊的人。他在未名社期间，担
任着"守寨"的负责编辑，常常为未名社其他成员校译著，写序言，筹划出
版。"而却把自己的译书工作在社务等办完之后，深夜抽出点时间来作。"他

因病住进西山后，有些朋友被党派往其他地方做地下工作。人虽远隔，但彼此仍不断书信往来。为了安慰他，祝愿他早日痊愈，有时大家还寄些小礼物给他。那些小礼物常使素园触景生情，激动地诉诸于诗了。一九三二年六月二十五日，他的《压干的连翘花——呈冶秋》一诗，就是为答谢王冶秋赠给他的连翘花而喷吐的内心激情：

好几朵连翘花，
都被压得干巴巴的。
这是朋友从远方寄来，
算作一种小小的赠礼。

记得那时我很欢喜，
轻轻地将它夹在书里。
不想日子过得久了，
我竟将它忘记。

今朝无意打开书来，
又见到这小小的美丽的东西。
我爱这干巴巴的连翘花，
我尤爱朋友的甜蜜的厚意。

这首小诗，简洁明快，内涵深沉，分明是对党的地下工作者所表示的战斗的颂歌。

此外还有《题芜弟照片》《梦幻》《在P院七号病床上》等诗，也都含蕴着怜弟爱友之情。

四

　　韦素园一生中穿插过两次爱情。但这爱情啊，都似昙花一样只无情地一现。其原因：一是出国留学而中断，一是得了重病而拒绝。但这些在他的心灵中都刻下了深深的印痕。我们从他病榻上写下的诗歌中也寻得着这种印痕。介绍一二如下：

晨　诗

凝眼望着星空，
我的心魂欲碎。
那不可追回的——
是我昔年的光辉。

一切都美丽，
但只在梦中相会。
鸡声啼到窗前时，
"清醒"却唤动了我的眼泪。

生命苦了我

生命苦了我，
我忍受地笑着。
五年间床上长眠，
将青春悄悄地度过。

希望、幻想、热诚，
都是烟一般轻，

模糊地，暗淡地，

向远方飘散，消沉。

我有时自问：

我此刻还期待什么？

啊，这谜也似的生活。

我常忍受地笑着，笑着……

在介绍韦素园这首爱情诗时，我们深感遗憾的是：他的女友G君所给他的诗信，不复存在了。G君在国外留学时，曾有十首定情诗寄赠素园。素园病笃时，她又万里飞鸿，一倾衷曲。在诗和信里显示了她对素园的爱慕之心和对素园水晶般的品格的赞佩。可惜，这些诗信，由于几十年的沧桑之变，未能保存下来。现在只存有素园的胞弟丛芜在读G君的那封哀惋凄绝的长信时所写的一首诗，记下了当时的情景：

咯热盈盆气若丝，昏灯昏室漏迟迟。

可怜万里飞书至，字字痴情句句诗。

以上关于素园遗诗的介绍，是很简略和粗浅的。最后，在纪念离开我们已经五十周年了的素园，谨志小诗一首：

怀素园（步丛芜诗原韵）

严谨一生不苟丝，挥毫夜夜漏更迟。

尊师怜友斗奸宄，热血满腔入小诗。

一九八二年八月于南京

［原载《韦素园选集》，安徽文艺出版社1985年版，收入本书时有改动］

谈韦素园的散文

谢昭新

被鲁迅称为未名社"骨干"的韦素园，不仅以踏实肯干的精神，坚韧不拔的毅力，在默默中支持了未名社，而且在物质生活条件相当艰难，肺病缠身的情况下，翻译了大量的东欧、苏俄文艺作品，并创作了一定数量的散文、诗歌。已发表的散文有：《晚道上——访俄诗人特列捷阔夫以后》（1925年1月16日）、《春雨》（1925年5月18日）、《校了稿后》（1926年10月31日）、《通信》（1927年12月）、《痕六篇》包括《影的辞行》（1929年11月23日）、《"窄狭"》（1929年11月24日）、《端午节的邀请》（1929年11月25日），《小猫的拜访》（1929年11月27日）、《蜘蛛的网》（1929年11月28日）、《焚化》（1929年11月29日）。在现代散文这座大的百花园里，素园的散文像一朵朵惨白的小花，以其特有香色，使观赏者悦目、留恋。

一

法国文艺理论家布封有句名言："风格却就是本人。"一个作家的风格是他的政治思想、艺术修养和生活经验在创作中的综合体现。具体到现代散文领域，作家个性的表现来得更强。这正像郁达夫所说的："现代的散文之最大特征，是每一个作家的每一篇散文里所表现的个性，比从前的任何散文都来得强。古人说，小说都带些自叙传的色彩的，因为从小说的作风里人物里可以见到作者自己的写照；但现代的散文，却更是带有自叙传的色彩了，我们只消把现代作家的散文集一翻，则这作家的世系，性格，嗜好，思想，信仰，以及生活习惯等等，无不活泼泼地显现在我们的眼前。这一种自叙传的色彩是什么呢，就是文学里所最可宝贵的个性的表现。"①韦素园的散文，也足以表现他的思想性格，人格力量。

韦素园的一生是短暂的战斗的一生。他三十一岁就离开了人间，作为一个革命战士虽没有死的悲哀，然而活着的人，谁不为之感到凄然、惋惜。而且在这三十一个春秋中，韦素园所走的道路并不那么平坦，历经艰难坎坷。他在追求、向往、参加革命的道路上，同恶势力搏斗，同饥饿搏斗，同疾病搏斗，这才留下了一步步深刻的印迹。诚然，韦素园并不是那种慷慨激昂，常喊"冲呀，杀呀"的战士，他也没有给我们留下号角般的篇章，能够看到的更多的是抒写个人的孤独与忧伤，因此，他的散文大都抒写了他个人的性灵。写于一九二五年一月十六日的《晚道上》，记述了他在访问俄国诗人特列捷阔夫以后的特殊感怀，整篇充满着凄凉的情调，这是素园对他的人生遭遇的悲叹。他曾随长兄于长沙、安庆辗转生活，数不尽的酸辛，那"江南 A 城，几年前曾经留过奋斗足迹过的我，此刻也不过好像久别的辽远的故人似的，模糊隐现到脑海上来"。以及一九二一年春赴苏留学，途中历经艰险，那个时候，他们"曾被胡匪追逐于荒天战地断桥野站之间"，如今也不断跃入他的脑际。还有病友的死去，消息未明的哥哥的音容，等等，这些都使他惊栗。"过去，现在，一切只在失望的吞蚀里边"。按理说，素园当时年纪轻轻，应该是精神昂奋，意气勃勃的，但他却感到了像快进入墓地的老人，而被访问的新俄诗人特列捷阔夫却比他岁数大，"然而却正变年轻呢"。什么原因使得年纪轻者那么老气，而年岁长者却那么年轻，作家没作回答，但我们能体味到这主要应归于制度的不同。新俄的制度保证了特氏的幸福，而旧中国的昏天黑地使素园的希望变成了失望，于是他哀叹，他悲伤。素园作《影的辞行》《小猫的拜访》时，正在西山福寿岭养病，他身边没有战友，一个人卧在病榻，疾病缠身不能做事，更使他感到寂寞、孤独，那"白墙上静卧着一个孤独冷静的黑影"，无不是素园自身写照。那异常阴暗的暴风雨的夜晚，因谈"鬼"而害怕，虽然他不相信鬼魅，但感觉到自身快和他们接近，

---

① 赵家璧主编，郁达无编选《中国新文学大系散文二集》第5页，上海良友图书印刷公司1935年版。

因而带来苦恼，"我感觉我的生命在这黑夜里是这样暗暗地消去"。这种以写个人某一段特殊经历，揭示孤独、苦闷心情的散文，读来的确揪动人心，给人留下淡淡的哀伤。

人在患病感到孤寂时，往往会产生怀旧的情绪，素园当然也不例外。旧时的恋人，酸楚的情水，时时掀起他内心感情的波澜，于是便要倾吐，《端午节的邀请》《"窄狭"》即记述了他两次恋爱的情景。一次是一九一九年的端午节，经人介绍一位女友，二人彼此倾慕，但吐露不多，后来素园离开长沙到安庆，又矜持着很少通讯。一九二一年，素园赴苏留学之前，曾在安庆一公园里碰到了她。当女友知道他将冒险远离时，泣涕劝阻，素园却晓以大义，握手相告，毫不动摇地踏上了征途。一九二九年十一月的一天，素园忽然收到一份期刊，上面有一首恋情诗，诗的末尾出现的少女的名字，正是他赴苏留学前的恋人，于是作了《端午节的邀请》，回忆了他与这位少女的爱情，留下这段生活的创伤。另一次是一九二二年冬，素园在安庆与女友G之间有一段爱情。一九二六年冬，G曾写信附诗十首，以示定情。此时素园大量咯血，恐辜负了对方的爱情，影响了她的幸福，便命弟弟丛芜代其复信，愿她早日另选爱人，毅然割断这缕情丝。这爱情的悲哀在《"窄狭"》《蜘蛛的网》中留下了深深的印记。在《蜘蛛的网》里，作家形象地把蛛网比作爱情，蜻蜓被蛛网缚住，挣脱不得，以表达自己过去不幸的爱情生活，情调是哀伤、凄凉的。

素园为什么提起笔来大都抒发这种孤独、苦闷、哀伤的情调呢？他的思想是否消极、颓废呢？我们认为，素园不是一个消极、颓废者，而是一位坚强的战士。那直抒胸臆的《通信》即表达了他卧病不忘战斗，坚信未来，充满乐观的情怀。他说："怀疑是对旧时代的破坏，坚信却是对于新时代的创造。不能彻底地怀疑，旧时代不能有彻底的动摇；但是不能彻底地坚信，新时代却也不能有彻底的建造。"实际上，素园在卧病期间，还翻译了不少文章，尤其像卢那察尔斯基的《托尔斯泰底死与少年欧罗巴》，是译起来很吃力的硬性文章，另外，还写了不少新诗。可见，韦素园是个强者，是个战斗者。这样看来，素园的人格是否有两个呢？不！他的孤寂是战士的孤寂，就像"荷戟独彷徨"期的鲁迅那样，素园的思想虽然没有鲁迅那样深邃，但孤独、苦闷时仍坚持战斗，这一点则是共同的。素园在《校了稿后》这篇散文中，谈到他喜爱俄国作家梭罗古勃和蒲宁，他喜欢梭氏对于"昔年的'幻美的悲哀'底故事创造"，喜欢蒲宁对于"往事怀着无尽的'凄伤的回忆'"。这两位作家作品中的悲哀、凄伤格调，无不影响着他，使他的散文也大都充满着类似的情调。当然，现实生活的日坏一日，社会制度的极端腐败，破毁旧世界，素园做得很有力，建设新世界，他感到还遥远，这就使他有时陷入失望，感到孤独、痛苦，于是用笔把它们抒发出来，也就不足为怪了。

二

法国艺术家罗丹说过："艺术就是感情。"刘勰在《文心雕龙·情采篇》中主张"为情而造文"，反对"为文而造情"。文章是感情的产物，尤其是散文更以情见长，以情取胜。如果一篇散文不能以情动人、以情达意，那就像一朵枯萎的花，是不能给人以美感的。情真意更深，情真方能感人。素园也认为，文学最主要的条件就是要"真心"，没有"真心"，什么事也作不成。所谓"真心""真情"，就是要作家说心里话，不说谎，不虚美，不隐恶，从艺术表现上说，"情真"，即要做到物、情、理的和谐统一，含蓄而不晦涩，畅达而不空洞。韦素园善于把自己的情感熔铸于记事、写景和描写人物之中，使通篇散文闪耀着强烈的感情火花。在"表情""达意"方面其主要手法是：

融情入境，寓情于景。这手法与一般的即景抒情不同，作家一经提笔，那情就开始动了。在素园的散文中，我们很少看到他单纯地在写景。以《春雨》为例，写景之处算比较多的了，但它每一处的景，都融入了作家那特殊的感情在里面，因而那景除了具备自然界的一般特征外，更多的是人格化了的。《春雨》写一位少女的隐情，像春雨滴进她的心灵，滋润了那纯真的爱情。当小弟弟从外边跑回来，姑娘羞得两颊微红，急于知道对方说了些什么？可是弟弟——他是姐姐的传情送信人，却偏偏"摇一摇头"。接着作家描写了"暮霞":"太阳快下山了。少女站在阶前,注视着远方红光灿烂的暮霞;在这暮霞的里面仿佛有一种神秘的,不可言说——尤其对于少女——的东西似的。"与其说"暮霞"里面含有秘密,不如说姑娘心中有一种对男方炽热的而又不能流于表面的爱的追求。当小弟弟将他给的信送给姐姐时,姐姐高兴极了,高兴时又有担心、羞怯。是啊,明天傍晚怎好与他相会呢?与姑娘特殊的心理活动相融合,又出现这样几句写景的文字:"夜色盖笼了大地。青藤下,微风吹来,感受到丝丝地凉意"。夜色之下,微风送来的凉意,与少女初恋的心理活动很合拍。当两位初恋的青年男女相会时,你看,作家笔下的景显得非常美:"前面是无际涯的大海,两旁绕了葱茏的丛山,小道上,夕阳下,隐约着两个人影,缓缓地前进。"写的是美景,其实写的是美人、美情。可是,美景不长,美情非常短暂,少女的家庭阻碍了她的自由恋情,于是,美丽的时光和美丽的心情截然逝去。少女被圈在家里,那"热闷的、恼人的四壁紧包了少女的未消尽的残夏"。景是随情波动的,少女内心充满痛苦、忧伤,所以四壁才是"热闷的,恼人的"。作家叙写这个恋爱故事,意在抒发他的刹时的凄然的情绪。全篇的景是不断变化的,景的变化又是随着情的波动而发生的,因此,我们感到它的景、情是融为一体的。像这样融情入景,寓情于景的手法,前人及同时代的散文大家也常使用,素园运用时非常自如,且有自己的特色。他的景物描写都是那么三言两语,朴素简练,时时将景语扣在感情的基调上,做到了古人所说的景语也即是情语,以情取胜,感人至深。

借物喻人,以形达意。散文创作以情见长,但务求达意。而"达意"最好的方法则是通过具体可感、鲜明生动的形象体现出来,不是诉之于抽象的概念。作家有时本意是抒写个人性灵,可他并不直说,而是借着具体的事物言自己的志趣、情操、思想、性格。《蜘蛛的网》是写个人一段爱情痛苦的。情丝是抽象的,但化为具象的蛛丝便鲜明可感了。蛛丝结成的网,那是爱情的网,蜻蜓碰上蜘蛛的网,非但没有得到幸福,反而被缚住,伤了身,这是痛苦。他悲哀蜻蜓的不幸,实际上悲叹的是个人的爱情的不幸。《小猫的拜访》中的小猫是可爱的,它在"我"躺在病床上感到极端孤独、寂寞时,跑到"我"的床上。这个有生命的东西的到来，给"我"以慰藉，"我"热爱它，也即是热爱生命，可是"我"的病又治不好，终将要死去，这令人感到多么悲哀！《影的辞行》中的"影"是个孤独者的形象。由这篇散文我们自然想起鲁迅的散文诗《影的告别》，鲁迅是通过"影"的形象表现他坚持"与黑暗捣乱"而又感到十分孤单，彷徨于无地而又要前行的复杂思想感情。素园借助影的形象所表现的思想感情没有鲁迅那样复杂深刻，但在写法上以形达意这一点却是相同的。

韦素园的散文不仅在"表情达意"的手法上独具风格，而且在文笔方面具有朴素美的特点。《"窄狭"》是回忆过去的爱情的，以叙述为主，夹以抒情议论，语言朴实简练。当接到女友第一封信时，他将信的内容简单地摘录两段话，重点是"我要请你，为着人生的前途，你也要顾惜到你自己"。作者在此无法议论。紧接着写收到女友第二封信，除了先前那些话，末尾多加添了一句："你太爱你的朋友和兄弟！"这时候，"我"感到很惊奇，因为"我"觉得女友的心似乎有点"窄狭"，"我为朋友兄弟做点事，她好像有点不高兴呢。"女友对"我"的爱是真诚的，但她缺乏远大的胸怀，这恐怕是"我"和她分离的主要原因。第三次接到她寄来的明信片时，上面只有四个字："我很失望！"两个人在思想上是有距离的，一个注重事业，一个专注个人的爱情，通篇行文扣住"窄狭"二字，最后又以"窄狭"点题，既表现作者对这次爱情的留恋，又表达了他的进步的正确的爱情观。情感是朴素的，语言也是朴素的。《春雨》文笔似乎讲究一些，但行文自然，不事雕凿。其他诸篇，也都以朴素洗炼见长。

"五四"以后作为新文学运动一翼的散文，也得到蓬勃发展。鲁迅认为五四以来的"散文小品的成功，几乎在小说戏曲和诗歌之上"。当时，以《新青年》《晨报副刊》《语丝》《莽原》等期刊提倡散文为最力。而作为现代散文的开拓者鲁迅，其散文创作尤其是杂文成就最为突出。文学研究会和创造社的作家，有的专事散文创作，成就显著；有的以写小说或新诗为主，但也时有散文佳作问世。为了配合当时的时代需要和要求，几乎是致力于新文学运动的全部作家，不论是小说家、诗人、戏剧家、散文作家、语言学家、文艺评论家、翻译家、古典文学研究者等等，都或多或少地执笔从事散文的写作，才使得散文在这个时期得到了大的发展。韦素园也用他为数不多的篇章，为这个时期散文的发展贡献了一定的力量。由于素园厄于短年，所以他的创作才能未尽发挥。我们为韦素园未能留下更多的散文佳作而感到痛惜。

[原载《安庆师院学报》（社会科学版）1985年第4期，收入本书时有改动]

韦素园与果戈理的《外套》

彭 龄 章 谊

向年近九旬的教育家靳邦杰先生借阅的《韦素园选集》，放在手边很长时间了，一直未能静下心来读一读，实在愧疚。直到最近才下决心挤出时间，仔细拜读这位前辈存世的文集。

韦素园是鲁迅先生1926年发起并创建的文学社团"未名社"的六名成员之一。其余几人为台静农、李霁野、韦丛芜和家父曹靖华。韦素园生于1902年6月18日，殁于1932年8月1日，仅活到31岁，令人哀惋。正如鲁迅先生为他手书的碑文中说："宏才远志，厄于短年，文苑失英，明者永悼。"他病故时，鲁迅先生在上海，而家父曹靖华远在列宁格勒。1932年5月18日，他自感不久人世，作为遗书写给时在北平的台静农、李霁野、韦丛芜的信中，表露了自己对文学、对师友的真挚感情："鲁迅先生与靖华，是我所极敬重的先生和朋友。竹年（李何林）、野秋（王冶秋）、池萍（赵赤萍），我都怀念着……"我们捧读，心情怎么也难以平静……

韦素园在家父心目中始终占有特殊位置。他们不仅是"未名社"的同事，还是同窗共读、患难与共的至交。1920年他们一同经安徽进步人士推荐，去第三国际和上海共产主义小组领导的上海渔阳里"外国语学社"学习，并于次年与任弼时、刘少奇、蒋光慈等同批被派往莫斯科东方大学学习。在那里得到瞿秋白的帮助与鼓舞，决心学好俄语，把苏联这座"宝山"的宝贝（进步文学作品）介绍到中国来。他们从少得可怜的"津贴"中挤出来的钱，几乎全用在买书上了。1922年他们回国后，又一起在北大俄语系旁听，以求进一步提高俄语水平，并尝试翻译苏俄文学作品，如家父翻译的契诃夫的剧本《蠢货》，韦素园翻译的梭罗古勃的诗集《蛇睛集》等。他们还一同选修了鲁迅先生的课。1923年瞿秋白回国后，他们也常一起去拜访与请教。家父译的《蠢货》就是在瞿秋白主编的《新青年》季刊上发表的。鲁迅与瞿秋白的指导与鼓励，使他们更坚定了人生的理想与信念。1925年大革命前夕，他们又同受李大钊派遣，去开封国民第二军担任苏军顾问团翻译。到开封后，他们分在两地，但彼此仍有联系。家父因协助王希礼（瓦希里耶夫）翻译《阿Q正传》，就翻译中的疑难写信向鲁迅先生请教，并由此开始与鲁迅先生的通信与交往。数月后，韦素园所在部队的顾问团撤销，他先期回到北平。1926年夏天，韦素园、李霁野、台静农一起拜访鲁迅先生，谈及一般书店不肯出版青年译作，鲁迅建议由他牵头成立一个出版社，这便是后来的"未名社"。韦素园将这消息写信给正随军开赴保定的家父，家父立即于战马倥偬中，写信报名参加。"未名社"成立后，社址就设在韦素园的住处：沙滩北大红楼对面新开路五号的一间破旧的小南屋。鲁迅先生在北大上完课，常来这里商谈出版事宜，不时给予指点。在鲁迅大力扶掖下，"未名社"很快发展起来，"切实劳作，不尚叫嚣"，踏踏实实做了不少工作，成为当时鲁迅直接领导下的一个有积极影响的进步文学团体。这与鲁迅先生称之为"其中骨干"的韦素园兢兢业业的刻苦精神分不开。特别是1927年鲁迅在段祺瑞执政府和帮闲文人的迫害下去了厦门、广州，家父在北伐失败后，被迫再赴苏联，"未名社"其他人继续攻读未成学业，韦素园"因为他生着病，不能上学校去读书，因此便天然地轮着他守寨"的情况下，他一心忙于《莽原》《未名》半月刊及丛书《未名新作》的编辑、校订、出版等琐细事务。只在深夜才挤时间从事自己的译著。

鲁迅先生在《忆韦素园君》中，回忆他最初在"破寨里"看见韦素园的情景："一个瘦小，精明，正经的青年，窗前的几排破旧外国书，在证明他穷着也还是钉住着文学。"当年韦素园和家父在莫斯科求学时，家父热衷于契诃夫的戏剧，所以他最初的译著，主要是契诃夫的剧本，而韦素园除钟情俄国诗歌之外，还热衷于果戈理与陀思妥耶夫斯基的作品，那"窗前的几排破旧外国书"中，就有不少是他在莫斯科旧书店里"淘"来的果戈理和陀思妥耶夫斯基的著作。他确如鲁迅先生所说"穷着也还是钉住着文学"，本来他可以有更多译著，然而，他的译著除了梭罗古勃的《蛇睛集》及蒲宁、玛伊珂夫的短诗，契诃夫、屠格涅夫等人的短篇小说及散文之外，最主要的只有果戈理的中篇小说《外套》了。"未名社"经他的手编辑出版的译著就有二十余种，而韦素园的译著只是《外套》和薄薄的短诗集《黄花集》。这《外套》，是1926年他用整整一年的时光，尽心尽力地忙完繁琐的"未名社"社务之后，深夜独坐在"破寨"昏暗的灯光下完成的。

他就是这样任劳任怨地"守寨"，"在默默中支持了未名社"。由于穷困与过度操劳，他的病愈加严重。1926年底的一天，他在灯下赶写一篇介绍果戈理的文章，第二天便吐血盈盆。肺结核当年被视为绝症，医生讲他的病已无法痊愈了。1927年初，韦丛芜、李霁野、台静农等将他送往西山福寿岭疗养。他虽离开心爱的岗位，仍时时惦念着"未名社"，惦念着他钟爱的文学事业。病中还写信向鲁迅请教有关文学方面的问题与看法。鲁迅先生说"这些伏在枕上一字字写出的信，很有发表价值"，"他措辞更明显，思想也更清楚，更广大了，但也更使我担心他的病"。韦素园与家父的通信，可惜未能保存下来。但据家父回忆，自己在列宁格勒为鲁迅先生搜集图书、画册与原版木刻时，也将报刊上的好文章与图书一并寄给瞿秋白与韦素园，因为他俩都懂俄语并关心苏俄文学状况。从《韦素园选集》收入的他写给李霁野的两封信中可以看出他一刻也未遵医嘱"静养"：1930年6月20日信中问："靖华有信没有？他近寄些什么书回来？有没有新玩艺？"同年9月11日信中说："六日信收到，我不明白你怎么寄来一段俄文报而没有说明，我想你忘了吧。这当然是靖华寄来的，不过他怎么没给我信呢？也许你有信，说什么没有？"足见他急切的心情。同日信中还提道："我近来觉得有许多普通书要读，可惜寻借不易。关于俄文的文学方法论或艺术论以及杂志等。靖华有书可看的，望去信便中转告寄我一阅。"那时他已病得下不了床，友人都为他焦虑不安，连"未名社"自他离开后，由于种种原因几近解体都瞒着他，怎忍心由着他不顾病体一味拼命呢？！

为节约成本和为大多数读者着想，"未名社"出版的书都是平装的，

《外套》也是这样。韦素园一拿到带着油墨芳香的样书，像看着自己的新生儿一样，珍爱无比。特意去印厂自费装订了一本布面的《外套》留存。家父后来常说："爱书人这一点点可怜的奢望，可惜很多人并不理解。"他在与友人、特别是出版界的朋友写信时，也常举这个例子，希望他们"以平等待写文章的人"，体谅爱书人的"下意"。1929年7月，病卧在床的韦素园，一直感念着鲁迅先生对自己的帮助与教诲，特意托李霁野把他那本布面的《外套》找来，代他题词赠给鲁迅先生。李霁野遵嘱在那本书的扉页题上："鲁迅先生惠存。素园敬赠。嘱霁野代题字。一九二九年七月十二日。"鲁迅先生在《忆韦素园君》中说："有一天，我忽然接到一本书，是布面装订的韦素园翻译的《外套》。我一看明白，就打了一个寒噤，这明明是他送给我的一个纪念品，莫非他已经自觉了生命的期限了么？"韦素园病故后，鲁迅先生致台静农信也提及此事："素园逝去，实足哀伤，有志者入泉，无为者住世，岂佳事乎。忆前年曾以布面《外套》一本见赠，殆其时已有无常之感。今此书尚在行箧，览之黯然。"睹物怀人，鲁迅先生在这书上题上："此素园病重时特装相赠者，岂自以为将去世耶，悲夫！越二年余，发箧见此，追记之。三十二年四月三十日。"这在鲁迅先生藏书中是少见的，足见他对韦素园友情的珍惜。鲁迅先生说："素园却并非天才，也非豪杰，当然更不是高楼的尖顶，或名园的美花，然而他是楼下的一块石材，园中的一撮泥土，在中国第一要他多。他不入于观赏者的眼中，只有建筑者和栽植者，决不会将他置之度外。"这是对韦素园最中肯的评价。

　　韦素园在《〈外套〉序》中说："俄国十九世纪的文学，在世界一般读众的面前博得了'伟大的'的尊称。普希金和果戈理，便是这伟大文学的最早建筑人。倘若普希金是命运的骄子，戴着葡叶编就的花冠，脸上现着光明的微笑，作世界一切呼声的回应，那果戈理戴的花冠却是荆棘织成的，他含着酸辛的眼泪，看着世界一切卑污在发笑，他是一个吟咏着俄罗斯民众辛苦命运的歌人。"果戈理1809年4月1日出生于乌克兰波尔塔瓦省的一个地主家庭，中学读书时，受到十二月党人和诗人普希金以及法国启蒙主义影响，19岁便带着处女作长诗《汉斯古谢·加顿》去了圣彼得堡，幻想干一番事业。岂料遭遇的却是讥讽、挖苦，无钱无势只能处处碰壁。好不容易先后在两个政府机构中谋到办事员与抄写员的职务，才勉强维持生活，使他亲身体验到专制体制下小职员的清贫与艰辛，也为他以后的创作积累了素材。1931年他结识了年长他10岁的普希金，对他的创作思想有很大影响。他连续出版了两集《狄康卡近乡夜话》，以现实与浪漫相结合的手法，用幽默的笔调，结合乌克兰民间优美传说、习俗，歌颂了乌克兰大自然的美丽与人民的勇敢、善良，同时也无情地嘲讽与鞭挞了现实中的丑恶与自私。普希金高度赞扬了这部作品，它也奠定了果戈理在俄罗斯文学史上的地位。

果戈理把作家分成两类：一类"不曾从高处降临到他的贫穷、卑微的同胞中间，不曾接触过尘世，而始终整个儿沉浸在那些超凡脱俗的高贵形象之中"；另一类则"敢于把每日在我们眼前发生的一切，把可怕的、惊心动魄的、湮没着我们生活的琐事的泥淖，把遍布在我们土地上让人辛酸又乏味的平庸人物，用锐利的刻刀，毫不留情地、鲜明地刻画出来"。果戈理无疑是后一种作家。不论是1835年他在普希金支持下创作的令沙皇尼古拉一世和整个俄国官僚贵族社会都感到强烈震撼的五幕讽刺剧《钦差大臣》（他并因之为沙皇与官僚贵族社会所不容，被迫流亡德国、瑞士、意大利），还是自1836至1842用了整整六年时间完成的《死魂灵》，以及《外套》《婚事》《鼻子》《两个伊凡的故事》等等，几乎没有一篇不是用他手中那把"锐利的刻刀"，将沙皇俄国专制统治下的社会的种种丑恶，以及那些"让人辛酸又乏味的"轻浮虚荣的官吏，爱财如命的吝啬鬼，不顾病人死活的医院院长，为鸡毛蒜皮的事打了十年官司的邻居，一心想往上爬、不惜拿女儿当赌注的市长等等平庸人物，都"毫不留情地、鲜明地刻画出来"。

韦素园译的中篇小说《外套》，是果戈理的代表作之一。小说的主人公阿卡基·阿卡基耶维奇同样是"遍布在我们土地上的让人辛酸又乏味的平庸人物"——果戈理初到圣彼得堡时就曾担任过某机构的抄写员。他勤勤恳恳，却依旧受到同伴与社会嘲弄。他冬天穿的外套已破旧得无法缝补，为了御寒只得倾其所有，添置了一件新外套。不料在参加一个不得不去应酬的上司的晚会后，深夜归途中穿行一处荒僻、昏暗的街道时，被人从他身上强剥了去。当他狼狈不堪地回到住处，疲惫、惊恐与严寒使他一病不起。这期间他也曾在同事、女房东建议下，去找过警察局长和别的"阔人"，但换来的却依旧是嘲弄与讥讽。害得他连日高烧，终于一命呜呼……这可怜人的故事原本到此就结束了。但果戈理却用荒诞的手法，描述自那以后圣彼得堡夜间常有鬼魂，到处去剥别人的外套，而那鬼魂的模样很像被人抢了外套的阿卡基·阿卡基耶维奇。就连那个曾经辱骂、嘲弄过他的"阔人"，在参加一个晚会后，又准备去情妇家鬼混时，一阵狂风卷着雪向他扫来。他觉得有人紧紧抓住他的衣领，他转过身，认出那人正是阿卡基·阿卡基耶维奇。他吓得"脸色苍白"，"几乎骇死了"，赶快脱下外套，催马车夫快跑。这谣传被好事人传得活灵活现，致使圣彼得堡人人自危……

《外套》是果戈理通过阿卡基·阿卡基耶维奇这样一位卑微善良的小人物的悲惨遭遇，向不合理专制社会发出的一份抗议书，是继普希金的《驿站长》之后出现的批判现实主义的又一佳作。它对当时俄罗斯文学界产生过极大影响，陀思妥耶夫斯基甚至说："我们都是从果戈理的《外套》中走出来的。"果戈理的作品对中国文学界同样产生过巨大影响，鲁迅先生在《我怎样做起小说来》一文中，将果戈理列为自己"最爱看的作者"，称赞他的作品"以不可见之泪痕悲色，振其邦人"。并于1934年、1935年分别将果戈理的《鼻子》和《死魂灵》译成中文。在《几乎无事的悲剧》一文中，鲁迅先生说果戈理"创作出来的角色，可真是生动极了，直到现在，纵使时代不同，国度不同，也还使我们像是遇见了有些熟识的人物"。他用"几乎是无事的悲剧"极恰当地概括了果戈理作品的艺术特色。鲁迅先生的《狂人日记》《阿Q正传》《孔乙己》不同样具有果戈理作品的这种艺术特色吗？就是今日捧读，在"含泪的微笑"之后，不依旧会有过目难忘，振聋发聩之感吗……

2009年果戈理诞辰200周年时，俄罗斯与乌克兰都举行了盛大的纪念活动，缅怀这位19世纪伟大的现实主义文学家。有趣的是俄罗斯的果戈理研究权威们坚称果戈理用俄语写作和思考，是伟大的俄国作家。而乌克兰，特别是果戈理的家乡波尔塔瓦则坚持说他是乌克兰作家。由于200年前乌克兰还是沙俄的一部分，这"官司"怎断得清？还是乌克兰作家、国会议员弗拉基米尔亚沃里斯基说得好。他说：果戈理"好比一棵树，树冠在俄国，树根在乌克兰"。他说："要想分割他，就像分割空气、时间和天空一样。他是伟大的俄罗斯作家，也是伟大的乌克兰作家。"果戈理的作品，早已是人类文化宝库的一部分。韦素园译的《外套》，并非中国最早的译本，在他之前已有毕庶敏与叶劲风的译本，但韦素园译本的影响却是最大的。在他之前，国内介绍果戈理和他的著作时，仅果戈理的译名就有郭克里、顾谷尔、鄂歌梨、哥格里等等，五花八门。而经韦素园选定果戈理的译名后，一直沿用至今。鲁迅先生在《忆韦素园君》中说："一九三二年八月一日晨五时半，素园终于病殁在北平同仁医院里了，一切计划，一切希望，也同归于尽。我所抱撼的是因为避祸，烧去了他的信札，我只能将一本《外套》当作唯一的纪念，永远放在自己的身边。"如今，那本见证着韦素园的追求、梦想、业绩，以及他与鲁迅先生崇高情谊的《外套》，已作为馆藏珍品，收藏在北京鲁迅博物馆中。

［本文原载于彭龄，章谊著《书影月痕》，五洲传播出版2017年版。本书收录的为作者初稿，选入时有改动］

韦素园与高晓岚的"两地书"

——《痕六篇》原型探微

柳冬妩

鲁迅一生中，只给一位作家写过碑文，这位作家是比他小21岁的韦素园。韦素园是安徽霍邱县叶集人（今六安市叶集区），译著有俄国果戈理小说《外套》、俄国短篇小说集《最后的光芒》、北欧散文诗歌小品集《黄花集》等，文学作品有散文诗《春雨》《痕六篇》等。韦素园与鲁迅关系甚密，他们在1925年一起发起成立未名社。韦素园逝世后，鲁迅手书碑文："君以一九零二年六月十八日生，一九三二年八月一日卒。呜呼，宏才远志，厄于短年。文苑失英，明者永悼。弟丛芜，友静农，霁野立表；鲁迅书。"从诊断出肺结核（当时是绝症），一直到去世，鲁迅一直十分关心韦素园的病情。在1927年1月10日致韦素园的信中，鲁迅劝慰他："啊咯血，应速治，除服药打针之外，最好是吃鱼肝油。"在1929年3月22日的信中，鲁迅提醒他："我想你要首先使身体好起来，倘若技痒，要写字了，至多也只好译译《黄花集》上所载的那样短文。"在给未名社其他成员写信时，鲁迅也常常记挂着韦素园的病情。

鲁迅与许广平（景宋）在1925年3月至1929年6月间的书信合集《两地书》，于1933年4月出版，而出版的一个直接原因便是因为韦素园。鲁迅在序言中交代编书的缘起："这一本书，是这样地编起来的——一九三二年八月五日，我得到霁野、静农、丛芜三个人署名的信，说漱园于八月一日晨五时半，病殁于北平同仁医院了，大家想搜集他的遗文，为他出一本纪念册，问我这里可还藏有他的信札没有。这真使我的心突然紧缩起来。因为，首先，我是希望着他能够痊愈的，虽然明知道他大约未必会好；其次，是我虽然明知道他未必会好，却有时竟没有想到，也许将他的来信统统毁掉了，那

168

些伏在枕上，一字字写出来的信。……朋友的信一封也没有，我们自己的信倒寻出来了……统名之曰《两地书》。"鲁迅在序言中，还介绍了出版《两地书》的一个目的，是纪念以韦素园为代表的"好意的朋友"："好意的朋友也已有两个人不在人间，就是漱园和柔石。我们以这一本书为自己记念，并以感谢好意的朋友。"

1929年5月30日上午，鲁迅利用北上省母的间隙，在张目寒、台静农、李霁野、韦丛芜的陪同下，去西山病院看望了韦素园，一直持续到下午三时。当天下午五时，鲁迅就写信给许广平，细谈会晤情形，"他也问些关于我们的事，我说了一个大略"。1929年3月22日，鲁迅在给韦素园的信中坦承了自己与许广平的恋爱，并描述二人从厦门到广东再到上海的经历，可见他与韦素园的私交关系非同一般。鲁迅探望韦素园时，韦素园还在关心鲁迅与许广平的关系，鲁迅对韦素园的恋爱也有所了解："今天我是早晨八点钟上山的，用的是摩托车，霁野等四人同去。漱园还不准起坐，因日光浴，晒得很黑，也很瘦，但精神却好，他很喜欢，谈了许多闲天，病室壁上挂着一幅陀斯妥也夫斯基的画像，我有时瞥见这用笔墨使读者受精神上的苦刑的名人的苦脸，便仿佛记得有人说过，漱园原有一个爱人，因为他没有痊愈的希望，已与别人结婚……"（《两地书》）鲁迅详细叙述了探望的情景和自己的感受，并提到了韦素园原有一个爱人。

1934年7月16日夜晚，鲁迅在写作散文《忆韦素园君》时，再次想到了韦素园的爱人："一九二九年五月末，我最以为侥幸的是自己到西山病院去，和素园谈了天。他为了日光浴，皮肤被晒得很黑了，精神却并不萎顿。我们和几个朋友都很高兴。但我在高兴中，又时时夹着悲哀：忽而想到他的爱人，已由他同意之后，和别人订了婚……"韦素园的爱人是谁呢？从语气上看，鲁迅应该是比较清楚的。

韦素园原有的爱人叫高晓岚（1899—1992），又名高筱兰、高晓兰，安徽霍邱县洪集人（今六安市叶集区洪集镇），陈独秀夫人高大众、高贤萃（高君曼）的堂妹（在陈独秀研究中，最大的乌龙是把他原配夫人高大众的姓名错成了高晓岚），1917—1922年就读于北京女子师范学校国文专修科及

其升格后的北京女子高等师范学校国文部。高晓岚之子为日本华侨作家林洲
（笔名夏之炎）。沙琳在《洪门歌者——日本华侨作家夏之炎速写》（《中国
作家》1994年第6期）中写道："夏父林熙杰早年回国就读北京大学英文系，
并参加五四运动。赴美就学芝加哥大学时与五四运动时的伙伴高晓兰重逢，
并结婚。高晓兰，北京女子师范大学毕业，考取官费赴美留学。她曾投身新
文化运动，是鲁迅的学生，与许广平交情甚厚，上海将解放时，许广平携周
海婴躲在其家，解放后她任职上海市长秘书室。"

1925年至1929年间，在鲁迅与许广平鸿雁往来的时候，韦素园与高晓
岚也一直在"万里飞书"，他们的"两地书"却一封也没有保存下来，他们
的爱情悲剧陷入了一种说不清道不明的迷雾之中。目前没有发现直接的实证
材料，但韦素园的《痕六篇》（原载1930年4月30日《未名》2卷9、10、
11、12期合刊）却留下了他与高晓岚的爱情痕迹。《痕六篇》之二《"窄
狭"》、之三《端午节的邀请》分别书写了"我"与黎沙、少年与爱华的爱
情。而实际上，只要把《"窄狭"》《端午节的邀请》与高晓岚的一组诗歌
进行深入研究，就会发现黎沙与爱华的原型均是高晓岚，可以获取密码般的
讯息。

一 地名：字母里的爱情密码

《"窄狭"》中的"异邦O地"和"K地"，《端午节的邀请》中的"A
城"，是韦素园散文诗中非常重要的地名。这三个英文字母所指代的地方，
留下了韦素园与高晓岚"万里飞书"的踪迹，皆有原型基础。

（一）异邦O地与美国欧城

1925年，在安徽第一女子师范学校担任教务长的高晓岚，考取官费生
赴美留学。据现有资料综合分析，可以大致推算高晓岚留学美国的时间为
1925年下半年至1929年上半年。1925年5月10日《国立北京女子师范大学
周刊》刊载了朱学静的《三月三日怀同学晓岚》。她的这首诗歌有一小注：

"前奉吾师手谕，知同级高君将留学欧美中心，艳羡而自愧不如也。"从时间上看，高晓岚在1925年年初就在为留学美国而做准备。

1925年5月31日《国立北京女子师范大学周刊》刊载高晓岚《赴美期近，离国在即，惧学识之肤浅，报国何从；怅师友之睽违，亲教无日。爱书所感，即向壬戌国文部诸师长学姊告别》，以及国文部老师顾震福的《次韵赠别》。从《次韵赠别》看，顾震福对高晓岚颇为欣赏。"五年三见送西征"句有小注："辛酉送苏林二女士赴法，癸亥送刘女士赴美，今又送高君，计已三次。"1921年9月，国文部本科二年级学生林宝权、苏梅（苏雪林）由女高师肄业赴法留学。1925年5月，高晓岚赴美留学，顾震福又为她饯行，高晓岚应该又到了北京。"作客久如秋燕惯"有小注："君连年客居京都皖宁"，指的是高晓岚一直居住在北京和安徽安庆怀宁。"皖水临歧有后生"句有注："君任皖女师校教务长，兼教员，诸女生闻君远行，多送别者。"1922年从女高师毕业后，高晓岚回安庆担任安徽省第一女子师范学校教务长。

1925年6月21日《国立北京女子师范大学周刊》刊载了《本校毕业生高晓岚启事》："晓岚南下匆匆，未获走辞。诸师友至谦。已定八月十七日放洋赴美，后此。"

1928年的《霍邱县志》载："高晓岚，北京女子师范大学毕业，现留学美国。"也就是说，高晓岚在1928年还在美国留学。

1929年7月16日，高晓岚被任命为安徽省立第二女子中学校长，该校由省立第二女师改组而成。高晓岚回国时间，应在1929年上半年。

1927年冬天出版的第十二卷第四号《留美学生季报》，刊载了高晓岚的诗歌《接素兰自纽约来信，感而写此（十月六日夕）》：

一

记得欧城课罢时，与君长话复论诗；

秋风零落经年梦，斗室孤灯更唤谁？

二

心血消磨志欲灰，为君振作几多回；

白头已让莺花笑，锦瑟华年暗里催。

三

霹雳未随残夏去，秋声已共雨声来；

明年何日知能见，海外黄花三度开。

这三首旧体诗后面，还附了两段白话新诗。三首旧体诗与两段白话诗中间，作者有一小注：

来爱城（IowaCity）后人地生疏，交游所在，非异国诸女同学，即客气敷衍交初识者。一身如寄，百感萦怀。读忆旧思家之句，清泪为数行下也。友人宗瑶尝笑晓兰为"善感多愁者"，果阅及此，当又以他号相赠矣。风雨之夕，书成以下两节。九月二十四日

诗歌小注中的"宗瑶"是指王宗瑶，与高晓岚是北京女子高等师范的同学，也是该校文艺研究会首批会员。1925年4月19日《国立北京女子师范大学周刊》刊载《本校毕业生获得美国米西干大学奖学金》和《致王宗瑶女士信》。王宗瑶与女高师同学高晓岚、钱用和都是1925年赴美留学。后来做了宋美龄秘书的钱用和，于1929撰写《奥勃林大学（OberlinCollege）之生活及附近参观游览》（《欧风美雨》，上海新纪元书店1930年初版），介绍了她造访米西根大学的情形，"奥校春假后乘兴至米西根安娜城游……沿途风雨交作，殊困人，幸到安时，即有女高师同学王君等接候，旧雨阔别，相叙畅谈，顿忘疲累矣。……中国同学之在米西根大学者不少，女高师友数人，均得于此相晤，海外叙首，亦非偶然也"。"女高师同学王君"，即指王宗瑶。钱用和在纽汉文参观时，也得到了"苏省同学王君之招待引导"，王宗瑶与

钱用和均是江苏人。

诗歌小注中的"爱城（IowaCity）"，多译为爱荷华。从诗歌内容来看，高晓岚先在欧城读书，后来又到爱荷华攻读学位。

"记得欧城课罢时"句中的"欧城"，指的是欧柏林大学（Oberlin College）。该校位于美国俄亥俄州（OhioState），始建于1833年，以多元的人文思想和浓厚的理想主义色彩而闻名。美国的第一位黑人女大学生在1850年毕业于此。1853年，美国第一位大学女教师执教于此。在20世纪以前，总共有128名黑人毕业于此，几乎占全国黑人学士总数的三分之一。民国时期著名银行家孔祥熙于1905年于欧柏林大学毕业，之后进入耶鲁大学。钱用和在《奥勃林大学（OberlinCollege）之生活及附近参观游览》中，称该校"对外国学生尤谦和优礼，体贴入微。作种种之联络，使不感客中之苦，故中国同学初次到美者入此等学校为最宜，尤以研究文学音乐艺术为佳胜"，"虽异邦学生，亦一视同仁"。高晓岚、钱用和留学美国的第一站，均是欧柏林。高晓岚诗题中的"素兰"，是指谭素兰，她1923年赴美学习钢琴，就读于欧柏林学院，是中国最早留洋的女钢琴家之一。

欧城与爱荷华都是韦素园魂牵梦萦之地，因为高贵的女郎高晓岚曾经在那里与他"万里飞书"。"爱城（IowaCity）"在韦素园散文诗《端午节的邀请》里变成了诗歌女青年的姓名"爱华"，"欧城"（Oberlin）在韦素园散文诗《"窄狭"》中变成了"异邦O地"：

> 日子向前过去。
>
> 忽然，忽然，有一天，来了一封奇异的信件，是从异邦O地寄给我的。哦，我想，这是谁呢？
>
> 拆开一看：——黎沙！
>
> "从你兄弟那里，我才知道你到了K地，并且作着那样的工作，这是你的真心所愿么？我心中不胜惊奇和骇异！"
>
> "听说你这是为着生活。并且为着朋友，也为着兄弟。但是我要请你，我要请你，为着人生的前途，你也要顾惜到你自己的。"

日子照例地向前过去。我又接到她第二封信。还是先前的那些话，不过末尾上似乎更多加添了一句：

"你太爱你的朋友和兄弟！"

《"窄狭"》中的"我"，收到了黎沙从异邦O地寄来的信件，这个"异邦O地"正是高晓岚旧体诗"记得欧城课罢时"中的"欧城"。这是一对曾经的恋人，留给我们的爱情密码。1929年5月，鲁迅去看望韦素园时，已经知道高晓岚与别人结了婚。韦素园的《"窄狭"》写于1929年11月24日，而此时的高晓岚已经从美归国，在安徽第二女子中学担任校长，并已嫁给林熙杰。卧在病床上的韦素园，默默地想着曾经爱过自己的女友高晓岚，回忆她从美国欧城（异邦O地）寄给他的信件，重温信里的内容，欧城便成了韦素园写作《"窄狭"》的情感按钮，勾起他的无限感怀。

（二）K地与开封

《"窄狭"》开头的第一句话，便写到了K地：

我那时是在K地，住在城的南门外慈关里。

我每日作着辛苦的工作，这事是我个人心中并不曾愿意做的。我感觉寂寞。

每天早晨，——我那时几乎失眠，——天一明时，我便从床上爬起。穿好了衣，携着手杖，冒着寒雪，我信步地走将出去。我那时是到一个离我住房处有四五里路的乡间火车站。我默默在想，今天我要会着了人呢。结果，我是孤单地又沿着原路，转到家去。

啊，啊，我原是要这样消磨我的生活。

散文诗里，"我"在"K地"收到黎沙从异邦O地寄来的信件。高晓岚从美国欧城写给韦素园的第一封信，收信地址在哪里呢？应该是河南开封。

1925 年，韦素园曾两次到河南开封国民军第二军，担任苏联军事顾问人员的翻译。曹靖华在《自叙经历》（《新文学史料》1998 年第 1 期）中有过记载：

> 北伐，实际上是在 1925 年就开始了。当时大致有三个据点：一是广州的国民革命第一军；二是开封的国民革命第二军；三是包头的冯玉祥，是为第三军。第三国际向每个据点都派出了苏联顾问团。当时，我在北大旁听，与韦素园一道受李大钊同志的指派，于1925 年春到开封担任顾问团的俄文翻译。……顾问团的办公地点，在行宫角临街的一所二层小楼里。1981 年夏我重到开封，这所街角的小楼荡然无存了。
>
> ……
>
> 1926 年春，吴佩孚攻占了开封，国民革命军第二军西撤，顾问团经蒙古草原回国去了。兵慌马乱中，我取道徐州、上海，由海路到天津，于"三一八"惨案的次日到北京。

曹靖华 1981 年写的散文《故乡行》也提到了"行宫角"："行宫角附近苏联顾问团的那座办公楼，已荡然无存了。当年翻译《阿 Q 正传》的王希礼，就在那小楼里工作。我站在当年的小楼对面，迎着毛毛细雨，心里浮起当年共同打倒军阀，帮助王希礼翻译《阿 Q 正传》的情景。"苏联顾问团的办公地点，在行宫角临街的一所二层小楼里，此地与韦素园散文诗里的"K地""城的南门外慈关里"完全吻合。行宫角在开封的南门外，距离开封火车站四五里路。清朝光绪年间，法国和比利时修建了汴洛铁路，1907 年开封至郑州段竣工通车，当时的火车站还是开封的郊区，是"乡间火车站"。K 地指代的就是开封，描写的场景完全符合当时开封的特征："冒着寒雪，我信步地走将出去，我那时是到一个离我住处有四五里路的乡间火车站。"

慈关里这个地名，今不可考，可能与大相国寺有关。行宫角位于著名的佛教寺院大相国寺旁边，附近就有街道叫"慈善街"。"慈关里"应该就是指苏联顾问团的住地。俄罗斯汉学家王希礼也于1925年春天被分派到苏联军事顾问团，来到开封的国民二军中开展军事顾问工作，他不但会汉语，而且喜爱中国文学，后来用俄语翻译出版了《阿Q正传》。苏联军事顾问团住地有着浓厚的文学氛围，韦素园在此翻译过埃治的散文诗，落款为"一九二五年十二月十四译于慈关里"，俄国都介涅夫（屠格涅夫）《玛莎》落款为"一九二五年十二月十八日译于慈关里"，俄国色尔格夫专司基《半神》落款为"一九二六年一月四日译者记于慈关里"（见《黄花集》）。这表明，至少在1925年12月14日至1926年1月4日期间，韦素园一直呆在慈关里。也就是说，1925年的冬天，韦素园又到开封工作、生活过。他"作着那样的工作"，让高晓岚"心中不胜惊奇和骇异"。

韦素园冬天去开封的路费，是向鲁迅借的。1925年12月8日的鲁迅日记记载："夜素园来别，假以泉四十。"该年12月28日鲁迅日记记载："访李霁野，收素园所还泉卌。""卌"为"四十"之意。从语气上看，是李霁野替韦素园还款，鲁迅并未见到韦素园。1977年，李霁野在《厄于短年的韦素园》中记载有误："一九二五年起，我们同先生见面的时候就很多了。这一年春季，素园去开封国民军第二军担任俄语翻译，因为那时有苏俄军事人员在该军任职；鲁迅先生借给素园四十元作川资。《鲁迅日记》十二月二十八日记载：'访李霁野，收素园所还泉卌。'所还就是这四十元。"李霁野此处的回忆，出现了偏差。韦顺的《远志宏才厄短年——韦素园传略》（见《韦素园选集》，安徽文艺出版社1985年版）也沿用了李霁野的错误记载。韦素园通过李霁野所还鲁迅的"川资"，是他冬天前往开封的路费，而不是春天去开封所借的。1925年12月8日话别后，一直到1926年3月21日，韦素园与鲁迅才重新会面。1926年3月21日鲁迅日记："曹靖华、韦丛芜、素园、台静农、李霁野来。"曹靖华是3月19日到达北京，韦素园极有可能与他同行。鲁迅日记与曹靖华《自叙经历》所记载的时间是吻合的。曹靖华、韦素园离开开封，与吴佩孚的进攻有关。吴佩孚于1926年1月兵分三路进攻河南，国民第二军于2月26日撤离开封，3月2日又放弃了郑州，苏联军事顾问团也随之撤离并解散。王冶秋的《鲁迅与韦素园》（见《狱中琐记及其他》，上海文艺出版社1958年版）有着比较明确的记载：

> 记得素园在这以前曾得到鲁迅先生的转托徐旭生先生的介绍，
> 到了国民新报当副刊编辑，但似乎为时不久（约在一九二五年十
> 一、十二月间）就到开封去了。

这期间，未名社逐渐成长起来，出了书，并把《莽原》改为半月刊在未名社编辑发行（第1期为1926年1月10日出版）。韦素园约在1926年的3月也回到北京，这时未名社似乎已搬到马神庙西老胡同一号。

韦素园1925年12月又去开封后，在那里所呆的时间，大约三个月。高晓岚1925年上半年准备出国留学的时间，与韦素园在开封工作的时间刚好重叠，她从美国给韦素园写的第一封信，应该就是寄到开封来的。高晓岚于"八月十七日放洋赴美"，韦素园在该年冬天收到她从欧城发出的第一封来信，也非常符合逻辑。

姜德明在《听曹老谈韦素园》（《散文世界》1988年第1期）一文里，记载了1972年8月5日他与曹靖华的一次谈话，曹靖华谈到了韦素园"痛苦的恋爱"："素园的性格是沉默寡言的……他没有什么大作品留存下来，一生也没有结婚。当然，他恋爱过，是一次痛苦的恋爱……"韦素园在开封收到高晓岚从美国寄来的信件，曹靖华应该是知情的。从李霁野的回忆文章《流落安庆一年琐记》看，曹靖华与高晓岚可能也认识。1922年夏，曹靖华跟着韦素园到了安庆。李霁野回忆："这年夏天，曹靖华到安庆，韦素园介绍我同他结识了，以后一同参加了未名社。"而那年夏天，韦素园、李霁野经常去访高晓岚。

（三）A城与安庆

《"窄狭"》中，"我"与黎沙初认识时，是在"扬子江边的一个城上"：

　　　　我当时很惊奇。黎沙，她是个高贵的女郎，当我和她初认识时，我们同住在扬子江边的一个城上。我每次到她家，都被她亲密地招待到她卧室里。这里面陈设的有碑体的字，有湘绣的画，有精雅的琴笛，有阔绰的几椅……啊，我那时想，在这个小小的城市里，有这样的姑娘，这是何等的奇妙，这是何等的神秘！……

　　扬子江原本只是指长江较下游的部分，但由于这是西方传教士最先听到的名字，"扬子江"（theYangtzeRiver）在英语中也就代表了整个长江。"扬子江边的一个城"，实际上指的是安徽安庆。《端午节的邀请》中，韦素园用"A城"来暗示："几年的光阴过去，少年却随着他哥哥漂流到A城里。"高晓岚与韦素园最早认识的地方在哪里呢？就是安庆。黎沙屋里的陈设，都符合高晓岚的身份特征。李霁野1979年写的《流落安庆一年琐记》，是韦素园与高晓岚相识的最重要的佐证。李霁野的叙述，揭开了韦素园女友的身份之谜：

　　　　一位女的小同乡，在安庆女子师范学校毕业后，又读完北京女子师范，1922年又回到母校服务。她同韦丛芜的大哥很熟，两个人常有旧体诗唱和，但我并没有看过这些诗，不知道内容和艺术性如何。韦素园从苏联回国后，夏冬都回安庆探亲，我们都觉得她是开风气之先的人，曾多次同访她谈天。

　　与高晓岚很熟的韦凤章，是韦素园的大哥。韦素园兄弟五个，依次为韦崇华（凤章）、韦崇义（少堂）、韦崇文（素园）、韦崇武（丛芜）、韦崇斌。韦素园、台静农、李霁野、韦丛芜、张目寒等人在叶集明强小学读书时，韦凤章曾担任过他们的历史老师。韦凤章还有一个名字叫韦启俊，民国《霍邱县志》记载，韦启俊毕业于"安徽优级师范学堂"。李霁野在他的散文里也多次提到韦凤章，如在《我的童年》里写道："教我们历史的老师是韦凤章，素园的大哥。他在外乡大城市做过教育工作，经验较多，知识面较广，对学校发挥了多方面的作用。"1918年3月至1920年6月，霍邱人张敬尧任湖南督军，很多霍邱文化人在此期间到湖南任职。1918年韦素园的大哥韦凤章在长沙任湖南省第一区（兼第四区）省视学，又兼任省通俗教育书报编辑所所长。韦素园就到长沙，进了法政专门学校预科读书。1920年夏天，韦凤章转安庆任职，韦素园也就从长沙到安庆，考入了安徽法政专门学校。1921年韦素园与刘少奇、任弼时、肖劲光、蒋光慈、曹靖华等人一起赴苏学习，1922年回国，于当年秋天考入北京俄文法政专门学校。1924年夏，在江苏常州去官为僧的韦凤章病逝，这对正在北京读书的韦素园、韦丛芜兄弟是一个沉痛打击。《痕六篇》之六《焚化》，就是韦素园悼念他的。

韦素园与高晓岚的相爱相识，应该是大哥大嫂撮合的结果，而李霁野是见证人之一。1922年，韦凤章在安庆做教育工作，当时办一种报纸，李霁野便帮着选一些可以从外地报纸转载的材料。韦凤章后来又开办商品陈列所，商务印书馆拿来一部分书设了一个代售处，李霁野便在代售处当起了小伙计。这种生活持续了一年，直到1923年春被韦素园带到北京读书。1977年，李霁野在《厄于短年的韦素园》中回忆道："一九二二年夏季回国，素园到安庆去看望父母兄嫂"，"一九二二年秋他进了北京法政专门学校"，"这年寒假，素园又回安庆省亲，力劝我到北京读书，虽然我两手空空，友情的温暖却鼓励我次年春和他同行，开始写点文稿维持艰苦的生活，并换取入学的费用"。1922年夏天，高晓岚从北京女高师毕业，回到安庆担任安徽第一女子师范教务长，与韦素园大哥韦凤章"常有旧体诗唱和"。李霁野对高晓岚的印象比较深刻："韦素园从苏联回国后，夏冬都回安庆探亲，我们都觉得她是开风气之先的人，曾多次同访她谈天。"韦素园与高晓岚是不是1922年才认识，还是在留苏之前就认识了，从李霁野的叙述中，我们并不能明晰，但安庆的确是他们最初相识的地方。

二、人物原型：命名的意义

（一）黎沙的原型

《"窄狭"》里，"黎沙"在"我"的心中"是个高贵的女郎"。高晓岚在韦素园的心中，又何尝不是如此？他在散文诗里用"黎沙"来指代高晓岚，对高晓岚的思念和回忆，是他创造黎沙这个形象的心理驱动力。

韦素园描绘了黎沙卧室里的内景："这里面陈设的有碑体的字，有湘绣的画，有精雅的琴笛，有阔绰的几椅……"空间环境，尤其是卧室内景，可以看作是对人物的换喻性或隐喻性的表现。韦勒克、沃伦在《文学理论》中指出："一个男人的住所是他本人的延伸，描写了这个住所也就是描写了他。"女人又何尝不是如此呢？黎沙房间内景表明了她作为知识女性的身份，作为高贵女郎的身份。特别是"有碑体的字"，与苏雪林在《我的学生时代》（1942年4月《妇女新运》第5期）中对高晓岚的记叙高度吻合："她在家塾读过几年的书，文理颇清顺，也能做几句旧诗，写得一笔远胜于我的很有腕力的字——我的书法到于今还是鬼画符，实为永不能补救的缺点"，"她的文字，也同她的书法一般，峭挺苍凝，不类出诸幼女之手"。

高晓岚比韦素园大三岁，他们的万里飞书是一种姐弟恋。在他们家乡霍邱，有"女大三，抱金砖"的说法。《"窄狭"》中，黎沙与"我"似乎就有一种姐弟恋的色彩。黎沙在信中说："听说你这是为着生活。并且为着朋友，也为着兄弟。但是我要请你，我要请你，为着人生的前途，你也要顾惜到你自己的。""你太爱你的朋友和兄弟！""我"当时想她的心，为什么这样"窄狭"？几年时光过去了，"我"终于明白她的"窄狭"，是对自己的一种关心，一种真挚的爱。

据北京女子高等师范《文艺会刊》第一期记载，高晓岚有一个字："曙岑"。黎沙的"黎"，与高晓岚名字中的"晓""曙"都是一个意思，命名上是影射高晓岚。而黎沙的"沙"（莎）字，在韦素园翻译和阅读的俄罗期文学作品里经常出现。在写下"黎沙"这个名字时，韦素园的脑海里一定会浮现出很多俄罗斯女子的形象。韦素园1925年12月18日译于慈关里的都介涅夫（屠格涅夫）散文诗《玛莎》，写一个车夫对亡妻玛莎的深切怀念。1926年4月，韦素园为李霁野翻译的俄国戏剧《往星中》（安特列夫著）作序，重点提到了变成白痴的尼古拉的未婚妻玛露莎。有人劝她不要再回到尼古拉那里去了，但是她说："我要去。我要和保存圣物一样，保存尼古拉所留下的东西——他的思想，他的敏感的爱情，他的温存。"在剧末，玛露莎（两臂伸向大地）："祝福你，我的亲爱的受着苦痛的兄弟！"在写作《"窄狭"》时，身患重病、卧床不起的韦素园，与尼古拉的命运何其相似！高晓岚写作《接素兰自纽约来信，感而写此（十月六日夕）》的1927年，韦素园正遭受着病痛的折磨。1927年春季，韦素园被送到西山福寿岭疗养院，从此就很少起床，看书写字一般都伏在枕上。鲁迅在《忆韦素园君》中写道："我到广州，是第二年——一九二七年的秋初，仍旧陆续的接到他几封信，是在西山病院里，伏在枕头上写就的，因为医生不允许他起坐。他措辞更明显，思想也更清楚，更广大了，但也更使我担心他的病。有一天，我忽然接到一本书，是布面装订的素园翻译的《外套》。我一看明白，就打了一个寒噤："这明明是他送给我的一个纪念品，莫非他已经自觉了生命的期限了么？……壁上还有一幅陀思妥也夫斯基的大画像。对于这先生，我是尊敬，佩服的，但我又恨他残酷到了冷静的文章。他布置了精神上的苦刑，一个个拉了不幸的人来，拷问给我们看。现在他用沉郁的眼光，凝视着素园和他的卧榻，好像在告诉我：这也是可以收在作品里的不幸的人。"

玛露莎最终没有回到尼古拉身边，黎沙最终没有回到"我"身边，高晓岚最终也没有回到韦素园身边，韦素园成了"可以收在作品里的不幸的人"。这个不幸的人，他与高晓岚的书信，他写给鲁迅的信，都无一幸存。与高晓岚万里飞书的两年里，也是韦素园与鲁迅交往最频繁的时期。据鲁迅日记记载，从1925年5月到1926年8月，两人自相识后的会面达到三十余次。在现有的鲁迅书信中，鲁迅给韦素园的信件共计28封，而1926年下半年最为集中，这年8月鲁迅离开北京，两人主要通过信件联系。1926年12月5日，鲁迅写给韦素园的信中提及："留学自然很好，但既然对于出版事业有兴趣，何妨再办若干时。"鲁迅之所以这样说，说明韦素园之前写给他的信中提出了留学的设想。而韦素园萌发留学的念头，可能与高晓岚有很大关系。但到农历1926年底，阳历1927年初，韦素园的所有梦想戛然而止。李霁野在《忆素园》中回忆说："有一晚他深夜不睡，想写完一篇绍介果戈理的文章，第二天就大吐血不能再起床。静农打电话让我进城，告诉了我素园的病已经医生诊断无治的时候，我们的周身颤抖，仿佛看见死亡的巨手就要攫去我们的最亲的朋友一样。"1928年10月28日，韦素园在《黄花集》的序言中写道："我自去岁阳历一月卧病，到此刻已经是将近两年的时光了。在这期间，深觉以前过的生活是如何零乱，空虚，无聊，生命是如何毫无惋惜似地，无益地，静静地向前过去了。"

韦素园"已经自觉了生命的期限"，劝高晓岚另嫁他人的信件当在1927年发出。高晓岚收到信后，心里应该是十分难受的，同时又为韦素园的真诚所感动，肯定会回信表明一番心迹。韦素园不得不再次去信高晓岚，劝其死心。《"窄狭"》中，"我不久便也病了，而且很重。是一个阴黑的暮晚，是一个严冷的天气，我在十分垂危的病床上，接到了她最后的一个明片，上面写着仅仅四个字：——'我很失望！'"黎沙寄出的这张明信片，符合高晓岚那时的心境。高晓岚写于1927年的《接素兰自纽约来信，感而写此（十月六日夕）》，无论是三首古体诗，还是几段新诗，都充满浓得化不开的悲伤情绪，"读忆旧思家之句，清泪为数行下也"。一直擅长古体诗的高晓岚，竟然为我们留下了几段白话新诗："今朝又是阴天气，/惆怅天涯人，/憔悴凭谁寄？/心里辛酸/口头笑语！"新诗还有几个小注："九月二十五星期日之夕，风雨甚骤，不能成寐，因写此节。""不惯独去食堂自食，每每难下咽，感寂寞，因写此。九月二十五日。"她在食堂吃饭，"默，低头，/匆匆餐罢，/不敢勾留。/怕听他。/弦管歌讴，/引起离愁"。"弦管歌讴"后有注："食室内有话匣故云。"1927年的高晓岚的确成了一个"多愁善感者"，她的诗歌记录了具体可感的忧伤场景，这与韦素园得了绝症有着直接关系。她与韦素园企图以诗歌的形式留驻生命的吉光片羽，但诗歌无论如何美好，也如黄花一样可能在岁月的流转中被遗忘、被摧毁。

值得注意的是，1927年9月，在高晓岚的要求下，从《莽原》杂志上的署名看，韦素园自己不再使用"韦漱园"，把名字又改了回去。在女师大学潮中，韦素园是鲁迅坚定的支持者，1926年9月，教育部下令撤并女师大，派林素园去武装接收，为表达自己对此人的厌恶，韦素园为此一度改名韦漱园。鲁迅在《忆韦素园君》中写道："素园却好像激烈起来了，从此以后，他给我的信上，有好一晌竟憎恶'素园'两字而不用，改称为'漱园'"。韦素园自己不用"韦素园"这个名字，要求鲁迅也不要用。韦素园曾因为自己已经改了名字，而鲁迅没有在通信中立即改过来，专门向鲁迅强调过。鲁迅1926年10月15日给韦素园的回信，在第一段里就连忙赔不是："九月卅日的信早收到了，看见《莽原》，早知道你改了号，而且推知是因为林素园。但写惯了，一写就又写了素园，下回改正罢。"鲁迅还真照顾韦素园的好恶，在以后的书信往还中，便改"素园"为"漱园"。1929年5月30日，鲁迅在给许广平的信中，讲述他去看望韦素园的情况，用的仍然是"韦漱园"。到1928年9月，韦素园自己实际上已经将名字改回来了。李霁野在《厄于短年的韦素园》中回忆道：

> 在女师大学生驱逐杨荫榆的运动中，在鲁迅先生同胡适和陈西滢之流的斗争中，素园极力赞扬先生不屈不挠的战斗精神……鲁迅先生在《忆韦素园君》中说到，段派官僚林素园带兵接收了女师大之后，素园愤怒之至，把自己的名字改为"漱园"；后来因为一位相识多年的女友说不如旧名习惯，林某已经销声匿迹，素园才恢复了旧名。

韦素园这位相识多年的女友，就是高晓岚。从1927年6月25日出版的《莽原》半月刊（第二卷第十二期）开始，未名社在印书籍广告，连续几期列出"韦漱园译俄国短篇小说集《黄花集》"，1927年9月10日出版的《莽原》半月刊（第二卷第十七期）改成了"韦素园译俄国短篇小说集《黄花集》"。这是韦素园最早恢复旧名之处。此前不久，高晓岚在写给韦素园的信中，应该提出了改回名字的建议。

在改回名字的前几个月，韦素园还决定将自己翻译的俄国短篇小说集命名为《黄花集》。高晓岚在《接素兰自纽约来信，感而写此（十月六日夕）》里写到了黄花："明年何日知能见，海外黄花三度开。"高晓岚在北京女高师读书时还曾在《思亲》里写过："荒径黄花曾冷落，禁城碧柳又缠绵。"黄花的意象，是彼此的巧合，还是互相的传染和触动？黄花，的确是他们爱情的最好隐喻。韦素园翻译的俄国短篇小说集，后来出版时定名为《最后的光芒》，而《黄花集》则成了韦素园翻译的散文诗歌小品集的书名。《黄花集》列为《未名丛刊》之十八，由未名社于1929年2月初版。司徒乔设计书面，封画构图寥廓而空疏，一枝藤蔓，几茎菊花，墨线勾勒的花瓣上，信笔缀以鹅黄的色泽，活绘出一派秋的气息，与书名"黄花"显得吻合无间。1928年10月28日，韦素园在只有几百字的短序中，重点谈到了命名："现在承霁野的好意，将我病前几年中散在各处的译稿，差不多全搜集起来了。一本是短篇小说集，已在别处印行；另一本便是这些散文和诗，他所命名为《黄花集》的。实在，这些东西在新北俄，多半是过去的了。将这些与其说是献给读者，倒不如说是留作自己纪念的好。"韦素园的译作集命名为《黄花集》，不仅是对旧俄文学的欣赏，可能还暗含着另一层意思，纪念他与高晓岚的一段爱情。

高晓岚的三首古体诗，并不像写给女友素兰的，更像是写给韦素园的，只不过是借素兰的来信"有感而发"，会不会是高晓岚寄给韦素园情诗的一部分？韦素园的侄儿韦顺在《热血一腔入小诗》（见《韦素园选集》，安徽文艺出版社1985年版）中，曾记载G君（高晓岚）与韦素园的"万里飞书"："他的女友G君所给他的诗信，不复存在了。G君在国外留学时，曾有十首定情诗寄赠素园。素园病笃时，她又万里飞鸿，一倾衷曲。……现在只存有素园的胞弟丛芜在读G君的那封哀恸凄绝的长信时所写的一首诗，记下了当时的情景。"韦丛芜的那首诗，是《悼素园》中的第二首：

咯血盈盈气若丝，

昏灯昏室漏迟迟。

可怜万里飞书至，

字字痴情句句诗。

韦素园去世的1932年，高晓岚与林熙杰的儿子林洲（笔名夏之炎）出生。根据鲁迅的回忆文章，高晓岚与林熙杰应该在1929年5月之前就结婚或订婚了。1994年，林洲在华艺出版社出版长篇小说《怒海洪涛——现代洪门传奇》，附有其简介："夏之炎，原名林洲，海南文昌人。祖居新加坡，一九三二年生，幼随母居上海，后至北京求学及工作，因父逝欲赴新而滞留香港，一九六六年迁居日本东京迄今。"林洲出版了长篇小说《绝对零度下的钢》《飞向彩虹》《北京幻想曲》《北京又一个冬天》等十几部作品。林洲去世后，《人民日报海外版》（2009年3月26日第3版）发布了消息，称其为"旅日爱国华侨、日本鹏达株式会社会长、知名作家林洲（笔名夏之炎）"。

林洲家族有着深厚的鲁迅情结，这与母亲高晓岚的影响有关。他与妻子在旅日初期，即创办了一所中国语言学校——"中国语之家"。林洲在学校中办了中国现代文学讲座，每周日下午，研究中国文学的专家学者从四面八方而来，听他讲授鲁迅研究，反响非常热烈。他们往往对鲁迅著作中的一个词讨论半天，结果经常研究出是日文的汉字。高晓岚的孙女林楠在接受记者专访时，也强调高是"鲁迅的学生"。晨光出版社于1995年出版《当代爱国杰出人物故事100个》，曾收入对林楠的专访《一个中国女孩的东方梦》。这篇专访介绍林楠五岁时到上海和祖母相依，"林楠的祖母高晓兰是安徽一个书香门第的才女。她是鲁迅的学生，田汉的文友"。"祖母在美国哈佛大学求学时结识了一位南洋华侨巨商的儿子林熙杰，他就是林南的祖父。祖母在美国学的是教育，学成后返回祖国从事教育和创作直到去世。"

高晓岚与鲁迅交往的实证材料，目前尚未发现。高晓岚与许广平，曾长期同时生活在上海。高晓岚"与许广平交情甚厚，上海将解放时，许广平携周海婴躲在其家"，高晓岚与许广平的友谊，也正是鲁迅与韦素园友谊的一种延续，而且这种延续持续了几代人。

（二）爱华的原型

1929 年 11 月 24 日，卧在病榻上的韦素园，这个"可以收在作品里的不幸的人"，又写了叙事体散文诗《端午节的邀请》，只比《"窄狭"》晚一天。这篇散文诗中的少女爱华，与黎沙一样，也是对高晓岚的影射："忽然有一天，日子是记不清楚了，他得到了一份期刊，上面有这样一首诗……少年读完了诗，看见下面署的是她的名——爱华。他默然良久，没有说一句话。"高晓岚在其诗中的注解中云："来爱城（IowaCity）后人地生疏，交游所在，非异国诸女同学，即客气敷衍交初识者。一身如寄，百感萦怀。读忆旧思家之句，清泪为数行下也。""爱城（IowaCity）"多译作爱荷华。名字藏密码。少女爱华的原型非高晓岚莫属。

在《端午节的邀请》中，少年"得到了一份期刊"，上面有爱华的一首诗，而实际上是韦素园得到了《留美学生季报》，上面有高晓岚的一组诗。《留美学生季报》是民国初年留美中国学生会在美国编辑、在上海印刷的一份中文刊物，从 1914 年到 1928 年持续了十四年的时间，是留美学生向国内介绍西方文化、科学和思想的重要平台，胡适、罗隆基、潘光旦、邱昌渭等先后担任该刊主编。从 1917 年开始，《留美学生季报》由商务印书馆出版发行，每期印行 1000 册，其中 500 册由商务印书馆邮寄给在美订阅者，其余 500 册由商务印书馆各省分管承销，在国内代售。李霁野在《忆素园》里提到韦素园"在病中是怎样继续认真地读书"，"对于新的出版物他也并不忽略，在他去世后几天还有他购买的书从上海寄到"。韦素园得到《留美学生季报》，不仅看到了高晓岚的古体诗，还看到了她的两段白话诗。高晓岚白话诗的第二行写了天气，爱华的诗在第二行也写了天气。

高晓岚《接素兰自纽约来信，感而写此（十月六日夕）》里的新诗：

一

昨日初晴，

今朝又是阴天气；

惆怅天涯人

憔悴凭谁寄？

心里辛酸

口头笑语！

二

愁思无端，

客中滋味咀嚼烂，

是这般啊，

消失了甜蜜，

增长了苦涩辛酸，

堪怜：

一身飘泊，

客里客边；

风雨敲窗，

残灯黯淡，

谁与慰安？

只有多情衾锦，

给了我多少温暖！

默，低头，

匆匆餐罢，

不敢勾留。

怕听他，

弦管歌讴，

引起离愁。

再看《端午节的邀请》里，爱华刊载在一个刊物上的诗：

那青春底迷人的眼波，

是在江南的五月的天气，

这生命中唯一的一日，

我永远忘不了你。

啊，啊，不幸我已作了人家孩子的母亲！

我还能有什么希翼？

这不可抵抗的逼人的命运，

把我永远沉在黑暗里。

高晓岚的白话新诗开头："昨日初晴，/今朝又是阴天气"。爱华的诗："那青春底迷人的眼波/是在江南的五月的天气"。爱华的诗，从诗歌风格上看，正是韦素园自己所写。结尾那句"把我永远沉在黑暗里"，是韦素园那几年诗歌中最常见的句子，如"在这漆黑的夜晚里，/……便又向无极的太空里消灭了去"（《无题》）。"我恍惚地来到了一所阴暗的黑室里"（《忆"黑室"中友人》）。"一切日用的，亲密伴我的什物，/都沉默地浸沉在浓厚的暗黑里。"（《睡时》）在《痕六篇》的其他几篇散文诗里，这样的句子也频繁出现，如《影的辞行》中："白墙上，静卧着，一个黑影，孤独冷清。"《小猫的拜访》中："我感觉我的生命在这黑夜里是这样暗暗地消去。"爱华那首诗的开头，是韦素园对高晓岚"今朝又是阴天气"的仿写和反写，他在最痛苦中试图保存一段最美好的回忆。

除了借爱华的这首诗写到"天气"，《端午节的邀请》一开头就写到了天气："是江南的五月的天气……"《"窄狭"》也写到了天气："是一个阴黑的暮晚，是一个严冷的天气……"韦素园在两篇散文诗里，对天气都特别敏感，特别用心处理，是对高晓岚情感世界的一种呼应，是用文字的个性渲染着属于他们自己的情感密码。

《端午节的邀请》在结尾还特别指出，发表爱华诗歌的"期刊原是她的Cecmpa编的，但少年终于没好去问详细情形"。俄语Cecmpa，即姐妹。为高晓岚发表诗歌的《留美学生季报》，她留美的姐妹可能参与编辑了，至少由她们推荐给了主编。主编邱昌渭，哥伦比亚大学研究院硕士、博士，其夫人周淑清，字冰如，获美国哥伦比亚大学教育学硕士学位。刊载高晓岚诗歌的《留美学生季报》同时发表周淑清的《留美中国女子研究教育之我见》。高晓岚留美好友谭素兰，与河南信阳人李汉珍相识结婚。李汉珍在纽约市哥伦比亚大学留学八年，1928年与邱昌渭同时毕业后回国。从时间和地点上看，与高晓岚诗歌题目中的"接素兰自纽约来信"相吻合。周淑清、谭素兰参与《留美学生季报》的编辑工作，也是有可能的。另外，高晓岚与她的姐妹们一起编辑过女高师《文艺会刊》，全部由女生担任编辑的文艺刊物，在民国并不多见。

1931年9月13日，韦素园创作散文诗《别》，他将女主人公命名为"琼华"，还写到了"琼岛也伸出了长长的暗影"。琼岛位于北海公园内，全园的中心是琼华岛，简称琼岛。韦素园曾与鲁迅、许广平等人一起到北海公园游玩。鲁迅1926年8月3日日记记载："下午往公园。得丛芜函约在北海公园茶话，晚赴之，坐中有朱寿恒女士、许广平女士、常维钧、赵少侯及素园。"琼岛也是海南岛的别称，高晓岚嫁给了广东琼州人（海南）林熙杰，韦素园为《别》的女主人公命名为琼华，可能与此有关，用以寄托对高晓岚的眷恋。琼华的命名，无疑是爱华命名的一种延伸。

三、周作人的提醒：虚构与非虚构

（一）原型的增删和重组

鲁迅编订出版的《两地书》，并非鲁迅与许广平通信的原貌和全貌，而是被他们删削、修改、增补过的，其中有的被整段整段地删去了，还有的将全信抽出不发，仅注明为"缺"某某日一封或数封而已。鲁迅对原信的删改，很多是顾虑到有可能"累及别人"，不得不有所舍弃。《两地书》的增删修改，比较多地集中在鲁迅与许广平的恋情上，这至少说明，即使是在他们的关系已经成为事实婚姻之后，仍不得不顾虑到社会舆论。与鲁迅相比，韦素园写作《"窄狭"》《端午节的邀请》时，高晓岚已经嫁给别人，韦素园怀着更多的顾虑。《"窄狭"》自传性质比较明显，所以用虚构的名字"黎沙"代替高晓岚，欧城在《"窄狭"》中变成了"异邦O地"，开封变成了"K地"，"爱城（IowaCity）"在《端午节的邀请》里变成了诗歌女青年的姓名"爱华"，安庆用字母"A"代替，高晓岚的诗被仿写成爱华的诗。从真实原型到文学形象，往往经过了叙事转换与虚构重组。在韦素园的散文诗里，原型人物的本事行迹，在进入作品的过程中，发生了凸显、隐匿和位移。比较而言，黎沙的原型应该是高晓岚为主，可以说是用化名写他们的爱情经历。在《端午节的邀请》中，原型人物的本事材料进入散文诗后大致得到了保留，但同时经过了必要的删减、增添和重组。

《端午节的邀请》的结尾，实际上是对高晓岚婚姻的反写和改写，借此抒发对人生或世情的感叹：

> 最后打听了一气，方知这少女是在极恶劣的命运中，遵着母亲的遗命，不曾在大学毕业，出嫁了一个心中所不愿意的乡下人。
> 这期刊原是她的Cecmpa编的，但少年终于没好去问详细情形。

这似乎也传达出韦素园对高晓岚的一种情感和态度。事实上，高晓岚嫁给了一位南洋华侨巨商的儿子林熙杰，高晓岚与林熙杰都是毕业了的大学生和留学生。1931年6月，韦素园为韦丛芜译作《罪与罚》写的《写在书后》中，特别赞赏"意志坚强且思想纯洁的美丽的都丽亚，拒绝了有钱的恶汉卢辛与色鬼司维特里喀罗夫，终于嫁给一个热心戆直且精明能干的穷大学生拉如密享"。穷困潦倒、重病缠身的韦素园，当得知高晓岚嫁给富商之子后，其心情一定是复杂的，其真实滋味如何，文字背后映射的正是他自己的命运。

刊发于《未名》2卷9、10、11、12期合刊的《端午节的邀请》，其结尾与原稿就有细微的差别，比较耐人寻味。原稿为：

> 最后打听了一气，方知这少女是在极恶劣的命运中，遵着母亲的遗命，不曾在大学毕业，出嫁了一个心中所不愿意的人。
>
> 这期刊是她的"Sister"主编的，但少年终于没好去询问详细情形。

《未名》刊发稿将"出嫁了一个心中所不愿意的人"，改成了"出嫁了一个心中所不愿意的乡下人"。对于整篇作品而言，这种修改没有多大意义。修改的目的，是韦素园不想让高晓岚与林熙杰对号入座，不想对他们有任何一点伤害，哪怕是很微小的伤害。高晓岚与林熙杰留学美国，说的都是英语，而结尾将英语"Sister"（姐妹），改成了俄语"Cecmpa"（姐妹），可能也是此意。这表明，一些本事材料被韦素园进行了有意识的改写，这也牵涉到写作者的伦理问题，显露出作家人格之光华。

《"窄狭"》《端午节的邀请》两篇散文诗里出现的地名，主要用英文字母暗示，出现的真实地名只有一个长沙城，而这个真实的长沙城，也是韦素园故意为之。《端午节的邀请》写少年"三弟"与爱华相亲，由双方的嫂子介绍，发生地点是在长沙城："是江南的五月的天气，一个青年，此时已经离了家，来到长沙城，住在一个公共的场所。"这些与韦素园的生活经历是吻合的，"三弟"也可以理解成就是韦素园自己。1918—1920年，韦素园在长沙进了法政专门学校预科读书。而这个时间段，高晓岚却在北京读书，寒暑假应该在安庆度过。韦素园所写的长沙相亲，有三种可能。一是从韦素园当时的创作心理分析，他描写的相亲场景是真实的，但有意把相亲地点写在长沙，是一种"障眼法"，而他与原型高晓岚的相亲地点事实上在安庆。二是韦素园确实在长沙相过亲，只是那少女不是高晓岚，爱华这个人物是高晓岚与那个少女两个原型"合成"的结果。三是前两种可能混合在一起，韦素园把"安庆相亲"与"长沙相亲"，都写在了一起，无论在哪里相亲，中国传统式的相亲场面其实是没有多大区别的。1936年，李霁野在《忆素园》中提到韦素园"热恋一个女子"，但却模糊不清：

> 这以后素园到长沙，到安庆，尝了许多生活的甘辛，增加了许多实际的经验，思想渐渐成熟了。我们的通信虽然继续着，可惜现在已经一字不存，无从引证了。也是在这时候，青春的悲哀潜进了素园的心。多年以后我们在北京相聚，他告诉我这时他怎样热恋一个女子。有一天在公园里遇见一个颇为相似的人，他回去整整睡了一天，怎样也恢复不了心里的宁静。虽然经过了约十年的时光，他的情热并没有稍减；就感情说素园实在是火山似的人。
>
> 然而更有力的思想支配了他的心，他的眼前呈现着他对人类的任务。决然和那女子相约再见，他就到那震撼世界的大革命的策源地去了。

《忆素园》中的那个被韦素园热恋的女子，是不是高晓岚，还是另有其人？他们在哪里相识的，是在长沙，还是在安庆？语焉不详，迷雾重重。但有一点是肯定的，韦素园去苏联之前就认识了这个女子。1920年夏，韦素园到安庆读书。1921年初，韦素园到上海一所外国语补习学校学习俄语。1921年夏至1922年夏，韦素园到莫斯科东方劳动者共产主义大学学习。1920年和1921年，高晓岚虽然在北京读书，但假期在安庆，与韦素园也存在相亲的可能性。值得一提的是，高晓岚是欣赏俄国革命的，如她在《女性与文化的关系》（北京女子高等师范学校《文艺会刊》第三期，1921年4月1日出版）中指出："俄国的劳农政府，也实行男女平等的条例。……俄国革命，女子立功甚伟，及劳农政府成立，自然有不能不与以平等权利之势。"韦素园去"大革命的策源地"前，可能已经热恋上高晓岚，也有可能热恋的是别的女子，但目前都未发现可靠的证据。爱华的原型，可以认定是高晓岚，但"长沙相亲"的情节可能综合了韦素园与别的女子的经历。

将高晓岚的诗与韦素园散文诗的人事、场景互相比附、印证，找出对应关系，可以看出《"窄狭"》里的黎沙、《端午节的邀请》里的爱华，其人物原型都是高晓岚，两篇散文的确与"非虚构"中的高晓岚与韦素园有着千丝万缕的关系，可以索引出所写的"真内容""真故事"。与此同时，我们必须得十分小心地区分文学的虚构与非虚构的问题，也就是写作的伦理问题。因为高晓岚当时已经跟别人结婚，韦素园采用了曲笔的办法，经过适度的虚构，不能使之完全对号入座。这是一种"不写之写"的技巧，因而不能简单地把黎沙、爱华与高晓岚画上等号，更不能认为描绘的全部就是事实。当然，这种强调并非否定文本和创作主体之间的血肉联系。

（二）读者的误读和重构

韦素园的侄儿韦顺是原新华社江苏分社记者，编辑出版了《韦素园选集》，撰写过一系列介绍文章，对韦素园研究做出了重要贡献，可以说是韦素园文学作品最全面的读者。但如何弄清韦素园与高晓岚的爱情经历，却成了他久攻不下的难题，一直解不开的谜团。韦素园与高晓岚曾经谈过恋爱，有过诗书往来，是确凿无疑的。但由于双方的书信没有保存下来，加上当年的见证人也都讳莫如深，要弄清他们的爱情真相，并非易事。韦顺很早就注意到了散文诗《"窄狭"》《端午节的邀请》的自传色彩，试图在自己的文章里重构韦素园与高晓岚的爱情经历，但误读也随之产生。

1982年，韦顺在《远志宏才厄短年——韦素园传略》中写过韦素园的爱情，第一次爱情是"早年在长沙，一年端午节，经人介绍认识了一位很漂亮的少女"。"一年后，素园在作为社会主义青年团的代表，出国前由安庆去上海前夕，在公园里偶然碰到了她。当素园把即将出国的消息告诉她时，她感到很冒险，便依恋不舍，哭泣劝阻。""韦素园却晓以大义，并握着她的手说：'但愿生还再见吧！'他毫不动摇地踏上了征途。""一九二九年，有一天他忽然收到了一份期刊，上面有这样的一首诗（韦素园以爱华名义写的那首诗）"，"诗的末尾现出了少女的名字"，"他偷偷写下了一篇怀念的短文，记下他生命中的第一次爱情。"韦顺的叙述，显然是综合了韦素园的《端午节的邀请》和李霁野的回忆文字。韦顺没能发现爱华的原型是高晓岚，把虚构人物爱华当作非虚构人物处理。与此同时，韦顺对李霁野的文字进行了改写，作为传记文学可能是允许的，但作为"传略"需要谨慎对待。李霁野在《忆素园》中写韦素园"有一天在公园里遇见一个颇为相似的人"，韦顺将其改写成"在公园里偶然碰到了她"。韦顺生于1929年，其《韦素园传略》写于1982年8月。李霁野与韦素园一起求学和闯荡北京，《忆素园》写于1936年，自然比韦顺的"传略"更为可信。而吴腾凰则直接依据《端午节的邀请》，将爱华的诗写入《韦素园年表》。李霁野的《忆素园》、韦顺的《远志宏才厄短年——韦素园传略》、吴腾凰的《韦素园年表》都属于非虚构文体，对于真实性有着严格要求，但是韦素园的散文诗《端午节的邀请》虽有原型，却属于虚构文体，内含虚构的成分，两种文体是不能混为一谈的。这是非常重要的伦理学逻辑学和范围学的问题。

韦顺在《远志宏才厄短年——韦素园传略》中，写韦素园的"第二次爱情"，便是与高晓岚的爱情，用"高"的声母"G"来代指高晓岚："那是去苏归国后的一九二二年冬。他寒假由北京回到安庆大哥处度假期间，结识了一位同乡女友G。她是安徽第一女子师范学校毕业，升入北京女子高等师范（后来的女师大），毕业后又回校任教务长的，家就在素园大哥家对面。本来他们经常见面谈心的，可后来一听家中人有提亲之议，就再也不去找她了。其后她公费赴美留学，从国外给素园写信。素园非常兴奋，但回书又很庄重。一九二六年底，G又写信来，并附情诗十首以示定情。这时素园吐血发病，他自料病将不起，深恐辜负了对方的爱情，影响了她的幸福……便毅然斩断这缕情丝。他命芜弟给她写信，一方面说明素哥重病无望，一方面婉劝她另选爱人。"韦顺对韦素园"第二次爱情"的记叙，也参考了李霁野《流落安庆一年琐记》和韦素园的散文诗，与真相较为接近。

2009年，韦顺在《江淮文史》第5期上发表《韦素园的星火之恋》，重新叙述了韦素园与高晓岚的爱情，直接用了"高晓兰"的真实姓名，而没有像以前那样用字母代替。高晓岚已经在1992年去世，用她的真实姓名，韦顺已经没有了顾忌。同时又因为这个原因，《韦素园的星火之恋》有明显的杜撰成分，所叙述的情形与《远志宏才厄短年——韦素园传略》《热血一腔入小诗》多有矛盾之处，《热血一腔入小诗》说高晓岚的诗信，"由于几十年的沧桑之变，未能保存下来"。但《韦素园的星火之恋》却附上了高晓岚的五首诗。2016年4月，笔者托叶集作家黄圣凤向韦顺求证，韦顺说："诗歌原稿没有了，这五首是当年韦丛芜跟他聊天时背给他的。十首不全。"存疑。《韦素园的星火之恋》说"到了1931年，晓兰主动给他寄了封长信，并附来几首定情诗"，这与鲁迅的记叙不太符合，鲁迅1929年5月就知道高晓岚与别人结婚或订婚了，而《远志宏才厄短年——韦素园传略》则交代高晓岚寄情诗的时间是"一九二六年底"。韦顺在《韦素园的星火之恋》中，再次写韦素园"两次星火似的爱恋"，"第一次爱情"写韦素园与爱华相恋，"第二次爱情"写韦素园与高晓岚相恋，"1921年，韦素园要去苏联学习。临行前夕，他约晓兰在江边亭子话别。……握着晓兰的手说：'但愿生还再见吧。'"与《远志宏才厄短年——韦素园传略》相比，与韦素园话别的人，对韦素园说"但愿生还再见吧"的人，由爱华变成了高晓岚。《韦素园的星火之恋》中，说高晓岚母亲"只这么一个爱女"，实际上高晓岚有兄弟五个、姐妹六个，这说明韦顺对高晓岚的情况并不是太了解。

《韦素园的星火之恋》还附上了韦素园的散文诗《别》，但里面的原型是谁，并不能确定。《别》中，虚构的成分与非虚构的成分各占多少，依据现有的材料，根本没有办法考证。我们如果没有掌握对应的材料去证实，仅凭名字，还不能够确认女主人公琼华的人物原型是高晓岚。也没有必要将写作的意义，一定要还原到作者的自传中去。韦顺对韦素园散文诗的主要误读——是把它当作散文来读。真实，是记人散文的一个非常重要的要求。但是散文诗和散文是不一样的，诗歌是可以允许虚构的，诗歌可以借鉴小说的做法，给你讲个故事，并没有清晰的虚构与非虚构的辨识度。

（三）文体实验的越界问题

从文体上看，《"窄狭"》《端午节的邀请》与韦丛芜1925年发表在

《雨丝》上的《春雨》，都是叙事体散文诗，与写真人真事的散文还是有所区别的。韦素园1925年翻译都介涅夫（屠格涅夫）的《门槛》《玫瑰》《玛莎》，色尔格夫专司基的《半神》，契里珂夫的《冢上一朵小花》等，都属于叙事体散文诗。它虽然来源于诗和散文，但在表现形式上已经超越了母体，吸取了戏剧小品、微型小说等艺术形式的特点。韦素园的写作，明显受到俄国散文诗的影响。韦素园的散文诗《春雨》在周作人主编的《雨丝》上发表后，有一位叫静贞的读者写信给周作人，认为"在《春雨》上所写的这位女学生"，和她的一位朋友差不多，她要为她的朋友辩护：

> 在《春雨》上所写的这位女学生，和我的一位朋友差不多，这并不是强往她身上拉，给她拾骂，实在是有几个相同之点——
> 一、她是一位女学生。
> 二、她在现在文学界是享盛名的。
> 三、他父亲在战舰上服务。
> 因此，我承认韦君所写的和我所认识的是一个人了。如果韦君是从自己脑里想出来的，不期然而然和我所知道的相同，那么，我这些话就算废话了。如果是韦君是听别人说的，当作实事来发表，我倒要说几句话……

从静贞的描述看，她应该是正在留学的谢冰心的朋友："她现在已到远方求学去了，这件事她一时未必能知道，我是她底朋友，不能不就近替她辩护。"静贞指责韦素园"用不正当的态度来写"，"用讪笑讽刺的态度来写一个女学生的恋爱故事，这正可表现出来韦先生的头脑太不清楚！"周作人在回信中说：

> 《春雨》里所说的人，或者是您的友人，或者不是，但我以为这都没有什么关系。这种文艺作品，本来作者并不当作实事写，读者也不当作实事看，即使知道里边的人是有模型的。譬如郁达夫先

生的《鸟萝行》中声声口口自称是"我",但是有人见他问道,"前回贵夫人投水⋯⋯",那一定要被人笑为痴人说梦了。韦先生的态度似乎也没有什么毛病,不曾含有讪笑讽刺的意思。或者内多虚构的分子,看去仿佛是在嘲弄,但这实在只证明他所记之不重在实事。⋯⋯我对于韦先生也有一点不满,便是他不很能运用"玄化"的方法,容易引起误会。——我和韦先生不熟识,不能替他说明那篇的本意,不过承来信见询,姑就个人所见略为答复而已。(《雨丝》1925年6月8日)

周作人的提醒,对于我们今天讨论文学虚构与非虚构问题,仍然有着重要意义。通过高晓岚的有关材料和诗文,虽然考证出《"窄狭"》中的黎沙、《端午节的邀请》中的爱华,是以高晓岚作为描绘人物的"模型",但它们毕竟是文艺作品,不能完全当作事实看,"或者内多虚构的分子"。

在韦素园的叙事体散文诗,如《春雨》《别》《"窄狭"》《端午节的邀请》里,文体的界限的确不是十分清晰。散文诗作为一种现代文体是舶来品,其实在引进之初便碰到这样的问题,不很能运用"玄化"的方法,容易引起误会。在韦素园之前,刘半农译过屠格涅夫的散文诗。屠格涅夫散文诗的最早汉译,是1918年《新青年》杂志(第5卷第3期)刊出的刘半农译的《屠格涅夫散文诗二首》(《狗》《访员》)。这是"散文诗"一名最早见诸中国报端的实证。某种程度上说,中国现代意义的散文诗,是由刘半农译介屠格涅夫散文诗开始的。需要注意的是,1915年刘半农曾于《中华小说界》(第2卷第7期),初译屠格涅夫散文诗四篇(文言文,即《乞食之兄》《地胡吞我之妻》《可畏哉愚夫》《嫠妇与菜汁》,韦素园1925年将《地胡吞我之妻》以散文诗形式译为《玛莎》),刘称"余所读小说,殆以此为观止,是恶可不译以饷我国之小说家",误以小说视之。其实,屠格涅夫的一些叙事体散文诗,有一种特殊的小说味道,只不过如梦如幻的境界,又不是常态的虚构现实或者虚构故事的小说可比,所以更被看作散文诗。刘半农最早将其当作小说看，也是情有可原的。

鲁迅的《野草》中，也有一些叙事体散文诗，深得屠格涅夫散文诗之神髓，无论从情感指向到题材、构思、章法、技巧，甚至语言表达等方面，都程度不同地染有屠氏的印记。鲁迅是一位有高度文体自觉的作家，在《野草》里，进行了多种文体实验。《风筝》《失掉的好地狱》《颓败线的颤动》《聪明人和傻子和奴才》等散文诗文本，富于小说特征。

与《"窄狭"》《端午节的邀请》这两篇散文诗相比，《痕六篇》中的其他四篇作品也都是抒情与叙事的诗性结合，从叙事中找到了自己言说的语感和表现的角度。《焚化》可以看作一篇记人的叙事体散文诗。《影的辞行》受鲁迅《影的告别》的影响比较明显，通过"我"与影的对话，影向自己辞别，写出了人被抛入世界的孤独冷清。《小猫的拜访》与"意外结局"的小小说结构十分相似，借与猫为伍，表达自己孤独寂寞的情绪。《蜘蛛的网》写的是房檐上的一个蜘蛛，终日缀网，即使"被风毁破"，却还"永是不息"地缀着。终于一只蜻蜓在网上被蜘蛛噙住吞食了。由此"一个男子"想到他"多年的生活"，觉得蜘蛛有如爱情，蜻蜓就是他，此刻正被缚在这丝网上。他多年想挣脱，却"愈被这丝网束缚"，他悲哀着这蜻蜓的不幸。《蜘蛛的网》通过描写客观对应物——蜘蛛吞食蜻蜓的场景，写出了一种确切、可以印证的，具体而感性的真实："爱情的丝，也是精细不见的；它是一种透明的光体，永是飘荡在无限的空间和无尽的时间里。"

韦素园在对屠格涅夫散文诗的译介和阅读中，对其散文诗的小说笔法耳濡目染、深有所悟，并在自己的散文诗写作中有着自觉不自觉的运用。韦素园的《"窄狭"》是一种传记式表达，但《端午节的邀请》确实存在着小说的虚构成分。虚构写作与非虚构写作的界限在哪里？我们阅读韦素园的散文诗，就要面对这个问题。不仅散文诗，关于散文能不能虚构的问题，也一直是我们今天仍然在讨论的话题，而周作人的提醒仍然是有效的。一个虚构写作文本，永远大于原型。把一个虚构写作文本还原为对原型的证明，是要小心辨析的。把一个文本的虚构性，还原到它的真实性，更是要格外谨慎。有学者没有经过考证，附会韦素园散文诗的情节和人事，直接将其作为"实事""史料"写入韦素园的年表或传略里，好像不是太妥当。历史人物的年表与传略，是一种"非虚构写作"，必须坚持对"真实"的承诺。

[原载《中国现代文学研究丛刊》2019年第12期，收入本书时有改动]

未名社成员韦素园佚文考述(上)

柳冬妩

　　1925 年成立的未名社，韦素园是其中的核心成员。鲁迅在《忆韦素园君》中说："未名社的同人，实在并没有什么雄心和大志，但是，愿意切切实实地、点点滴滴地做下去的意志，却是大家一致的。而其中的骨干就是素园。于是他坐在一间破小屋子，就是未名社里办事了，不过小半好像也因为他生着病，不能上学校去读书，因此便天然的轮着他守寨。"作为未名社的守寨人，韦素园与鲁迅关系甚密。韦素园病逝后，鲁迅手书碑文："君以一九零二年六月十八日生，一九三二年八月一日卒。呜呼，宏才远志，厄于短年。文苑失英，明者永悼。"韦素园以译介俄国文学为主，加上英年早逝，对其佚文的挖掘、整理与考证工作，一直没有引起研究者足够的重视。1985年，安徽文艺出版社出版了韦顺编选的《韦素园选集》，分"创作"和"译作"两部分，该书附有韦苇整理的《韦素园著译目录》。2001 年，华东师范大学出版社出版了汤逸中编选的《栽植奇花和乔木——未名社作品选》，收入了韦素园创作的部分文学作品。2011 年，人民文学出版社出版了黄开发编选的《未名社作品选》，大略囊括了除鲁迅以外未名社其他成员在社团存在期间发表的全部作品，少数几篇发表时间稍早于未名社的成立。2020 年 4月，黄山书社出版了《韦素园全集》，是第一次出版韦素园的著译全集，分翻译作品、创作作品和附录三大部分。遗憾的是，《韦素园全集》和以前的几个选本，还是遗漏了韦素园一些重要的翻译作品和创作作品，《韦素园著译目录》和有关研究文章也都没有提及。现将笔者发现的韦素园 11 篇佚文，按发表时间为序，辑录如下：

　　1.《莫斯科东方劳动大学生活状况》，《学生》杂志 1923 年第 3 期，署名

"素园"。

1921年韦素园与刘少奇、任弼时、肖劲光、蒋光慈、曹靖华等人一起赴莫斯科东方劳动大学学习，韦素园的这篇文章非常翔实地叙述了当时的学习、生活状况，是一篇难得的历史文献。在这篇文章里，韦素园表达了他对俄国文学家果戈理、托尔斯泰、陀思妥耶夫斯基、马伊可夫等人的敬意，课室墙上和俱乐部小屋里挂着他们的像，让韦素园感到"很高兴""真幸福"："这课室墙上面，挂的是谁人照像？他答说：东边是管卡洛夫，以前到过日本。西边是郭克里，著过有《死魂灵》《巡案》。我听着这话，很高兴，我便向他说：《巡案》，我读过了。并且觉著今天认识了这位文学家，真幸福呵！""俱乐部前，有小屋一间，里面排着几张小桌子，墙上挂的有托尔斯泰和道司托也夫司基像，笔底音容，令人想望无已。"另，1924年第11期《学生》杂志刊载了俄国梭罗古勃著《伶俐的姑娘》，署名"素园译"，1928年韦素园编选自己的译文集《最后的光芒》时将其收入，《韦素园选集》和《韦素园全集》都未收入。

2.《诗二首》，1924年1月21日第24号《晨报副刊·文学旬刊》，署名"俄国梭罗古普素园试译"。梭罗古普，即俄国象征派诗人梭罗古勃。

3.《俄国的颓废派》，1924年3月21日第29号《晨报副刊·文学旬刊》，署名"素园"。

这可能是中国最早论述俄国颓废派诗歌的一篇诗论，评述了梭罗古勃（今通译索洛古勃）、灭列日可夫斯基（今通译梅列日可夫斯基）、巴尔芒特、格比渥斯（今通译吉皮乌斯）等人的诗歌，分析了俄国颓废派和象征主义意义上的领域。1924年1月11日出版的《晨报副刊·文学旬刊》，刊发了韦素园翻译的梭罗古勃诗歌，《俄国的颓废派》就是由梭罗古勃引起而写的："我因为发表了梭罗古勃的几首小诗，联想到俄国九十年代（一八九○——一九○○）开始的新兴的文学（诗的方面）运动，有简单说明的必要：因为这事与梭氏是有些关系的。"梭罗古勃是俄罗斯白银时代文学最具艺术成就的现代派作家和象征派诗人之一。据不十分精确的统计，鲁迅在他的全部著述中大约有十余次评论或提及梭罗古勃，周氏三兄弟都对他感兴趣。韦素园也是梭罗古勃的崇拜者，从 1923 年便开始选译他的《蛇睛集》。1924 年 3 月 25 日出版的《晨报副刊》，发表了题为《今年的明天社》的启事，启事称"一九二四年我们有五种丛书一定可以出版"，排第二种的是韦素园译《梭罗古勃诗选》，遗憾的是这部诗集后来并未出版。在 1926 年 11 月 10 日出版的《莽原》半月刊第 1 卷第 21 期上，韦素园在《校了稿后》中坦承："我很爱那已经装在架柜里的梭罗古勃和那摒弃在现代文坛桌下的卜宁。梭氏现年已老，然而他的昔年的'幻美的悲哀'底故事创造，却至今令我读后，还回味着……至于讲到新俄的文坛，他们作家的努力，也令我异常企慕，然而我所见到的一点作品，怎样也引不起我心中的深的共鸣，我们的精神生活是这样的有距离。"韦素园是一个有独立意志的人，面对复杂的世界，他保持了自己审美和思想上的独立性，懂得自我判断、自我选择、自我质疑的意义。

4.《梭罗古勃诗二首》，1924 年 5 月 11 日第 35 号《晨报副刊·文学旬刊》，署名"素园试译"。诗后附有"记者按"："此二首与本刊二四号所刊的二首衔接。"

5.《世界大文豪朵思妥也夫斯奇评传》，1925 年第 2 期《学林》，署名"俄国萨渥尼克著韦素园译"。这篇文章发在《学林》头条，长达 19 个页码。朵思妥也夫斯奇，即陀思妥耶夫斯基，是鲁迅与韦素园都痴迷的作家，韦素园创作的《两封信》和《我的朋友叶素》就是以陀氏复调的方式结构作品。韦素园对陀氏竟至于到了崇拜的程度，他病房的墙壁上，挂着的也是陀氏的画像，鲁迅在《忆韦素园君》中写道："壁上还有一幅陀思妥也夫斯基的大画像。对于这先生，我是尊敬，佩服的，但我又恨他残酷到了冷静的文章。他布置了精神上的苦刑，一个个拉了不幸的人来，拷问给我们看。现在他用沉郁的眼光，凝视着素园和他的卧榻，好像在告诉我：这也是可以收在作品里的不幸的人。"在对陀氏等俄国作家的译介上，鲁迅与韦素园有相见恨晚、心心相印的一面。

6.《To——》，1926 年 5 月 10 日《莽原》半月刊，署名"By——"。

7.《母亲新年晚上的梦》，1926 年 6 月 10 日第 11 期《莽原》半月刊，署名"白莱"。

8.梭罗古勃诗歌《我的友人》，1926年7月23日第1卷第23期《世界日报副刊》，署名"素园译"。

9.《两封信》，1926年9月10日第17期《莽原》，署名"G线"。

10.《我的朋友叶素》，1927年12月25日第2卷第23、24期《莽原》半月刊，署名"华芍"。

11.陀思妥耶夫斯基《被侮辱与损害的》，连载于1929年出版的天津《益世报副刊》，署名"霁野素园合译"。

韦素园的11篇佚文中，《To——》《母亲新年晚上的梦》《两封信》《我的朋友叶素》，用的都是化名，需要考证。

《莽原》于1925年4月创刊于北京，鲁迅主编，初为周刊，附于《京报》发行，共出32期，安徽省霍邱县叶集籍作家韦素园、台静农、韦丛芜、李霁野和狂飙社主要成员高长虹、高歌、向培良等人，当时都是主要撰稿人。1926年1月，《莽原》改为半月刊，由未名社单独出版，又出48期，1927年12月停刊。据王冶秋在《鲁迅与韦素园》（见《狱中琐记及其他》，上海文艺出版社1958年版）中的回忆，鲁迅在"三一八"事件后上了通缉名单，"先生曾暂时出去避难，五月间才回到西三条的家中，八月就又出走厦门了"，"这期间未名社的出书、校稿和《莽原》的编辑，大多是由韦素园负责的"。也就是说，从1926年3月开始，韦素园实际上承担了《莽原》半月刊的主要编辑工作。1926年8月鲁迅离京南下，实际上在之前几个月，韦素园就成了《莽原》半月刊的执行编辑。1926年到1927年，韦素园除用真名在《莽原》半月刊上发表一些作品外，还用化名发表了小说《两封信》《我的朋友叶素》《母亲新年晚上的梦》和诗歌《To——》等。而篇幅较长的自传体小说《两封信》和《我的朋友叶素》，应该是韦素园最重要的文学作品，受俄国颓废派文学影响的痕迹比较明显，富于感伤情调和颓废气息，在精神深处与白银时代的俄罗斯现代文学同频共振。

"G线"的自传体小说《两封信》

1926年9月10日出版的《莽原》半月刊（第17期），用于刊发作品的内页有39页，前4个页码刊载鲁迅的译文《凡有艺术品》和石民的译诗《野花之歌》，之后用15个页码刊发G线的《两封信》。从文体上看，《两封信》属于自传体书信体小说（书信体散文诗），小说的主体由两封信构成：陵风写给女留学生兰姑的信和母亲写给陵风的信，并描写了陵风写信与读信的情景。从命名上看，韦素园颇费心思，陵风、兰姑和作者G线，与韦素园在美国留学的女友高晓岚都有直接联系。"兰"与"岚"同音，高晓岚后来也用"高晓兰"发表诗歌作品。"陵风"在汉语里有两层意思：一是驾着风，乘风；二是形容高峻。无论是从字形还是含义，"陵风"与"高晓岚"的名字都有关系。而作者"G线"是韦素园的化名，这个"线"字容易让人联想到韦素园的"素"字。"素"的本义是素丝，没有染色的丝绸。而"G"是"高"字的声母，"G线"这个笔名的含义是"高晓岚之丝（思）"。韦素园与高晓岚的恋爱经历，请参阅拙作《韦素园与高晓岚的"两地书"》（《中国现代文学研究丛刊》2019年第12期）。

高晓岚（1899—1992），是陈独秀原配夫人高大众、第二个夫人高贤萃的堂妹，与韦素园都是安徽霍邱县人。1915年，高晓岚考入安徽省立第一女子师范学校，与现代著名女作家苏雪林成为同班同学，后来又成为北京女子高等师范学校的同班同学。高晓岚读过多年私塾，诗书皆工，在学业上与苏雪林暗中较劲，成了苏雪林的学敌。苏雪林在《我的学生时代》（1942年4月《妇女新运》第5期）中，用了颇多的笔墨记述她与高晓岚的学业之争：

　　她在家塾读过几年的书，文理颇清顺，也能做几句旧诗，写得一笔远胜于我的很有腕力的字——我的书法到于今还是鬼画符，实为永不能补救的缺点——她一进来，同学们便都宣传，×××现在有了劲敌了，她的第一名恐怕不能永远保持了。……她的文字，也同她的书法一般，峭挺苍凝，不类出诸幼女之手。……她生长皖北，禀有北方之强的特性，从不肯在师友之前示弱……

　　她鼻红，同学绰号她为"红中"，我脸白，同学浑名我"白板"，一部分年事较轻，性情浮躁的同班生，都附和她，年事较长，举动稳健者，则拥护我。她的羽翼就叫作"红中党"；我的同志，就叫作"白板党"。一班仅有同学十四五名，除几个超然派外，其余则不归杨则归墨。两派人数大约相等，声势亦复相当，于是展开了对垒的阵容，日以寻隙觅衅为事。自古以来，稳健派总像是在朝党，激进派总像是在野党，后者总喜欢以清高自命，对前者横肆攻击。当时我们这白板党觉得红中党行动幼稚，并且毫无意义，所以每当她们对我们有所挑拨，我们老是一味置之不理。一天，红中失去金指环一只，其同党冤诬白板好友某某所偷，闹得那位同学寻死觅活，白板仗义执言，一改平日沉默态度。两方相磨相荡，激起一场掀天动地的风潮。惊动了校长江先生，将全校学生召集训话，红中固被记大过一次，白板也被葫芦提记小过一次。风潮虽云平息，冤仇却愈结愈深，卒业以后，我们两个还抱了一种竞争之心。她升学于北京，我也非升学不可，我赴了法国，她也非赴美不可。直到游学回来，两人重在社会上相见，彼时青春已逝，火气全消。回想过去种种，不禁哑然失笑。我留法学美术，不幸半途而废，她赴美学教育，却大有成就而归。她才干优长，历任女子中学校长，乐育英才，报效国家甚大，而我则仅成了一个弄弄笔头的文人，比较起来究竟红中比白板优胜得多啊！

　　1917年至1922年，高晓岚就读于北京女子师范学校国文专修科及其升格后的北京女子高等师范学校国文部。1922年女高师毕业后，高晓岚回安庆担任母校安徽省第一女子师范学校教务长，但并不甘心。"非赴美不可"的高晓岚终于在1925年赴美留学，先就读奥柏林大学，后到爱荷华继续学业。1929年7月16日，留美归来的高晓岚被任命为安徽省立第二女子中学校长，该校由安徽省立第二女师改组而成。也就是苏雪林所说的："她赴美学教育，却大有成就而归。她才干优长，历任女子中学校长。"1930年3月2日的《生活周刊》，发表了苏雪林（春雷女士）的《几个女教育家的速写像（二）》，介绍了杨荫榆的事迹，但苏雪林对杨荫榆的最初了解，却来自高晓岚："朋友高晓岚女士同我谈杨先生的身世，我又觉得这种勇敢坚决的女性，实属不可多得，实值得我们的尊敬。高君说，杨先生在前清时代便是一个先觉的，富有新思想的女子……"与杨荫榆一样，高晓岚也是富有新思想的女子。

从《两封信》的内容看，陵风的原型就是韦素园，兰姑的原型就是高晓岚。

我们先看陵风写给兰姑的信：

> 万里万里外的兰姑，久违的兰姑：
>
> 我怎能把我的心解剖给你看个分明呢？我的心海像狂风下的大西洋一般涛涌着！我有莫可端倪的悲哀在这黑夜里，我有盖世的伤魂将要死直地摆在这里交给你……
>
> 哎哟，真要命呵！真要命呵！谁说我不是死直了呢？兰姑，谁料在一而再再而三的离别后，一年而两年，两年而三五年的离情中，至有今日的哀痛怅惘呢！今天在别人的面前，我看见了自己，看见了自己的生命的悲哀的无聊的无聊了——我，我简直不是人呵！我要给你陈述这个，这样的我是怎样来的呵？哎哟！消磨，消磨，活活地把这些日子消磨，把自己消磨，把自己消磨，这就是我的生命呵！我的生命，虫一般摆在别人的生命的裙边，是麻痹的，枯零的，游离的，孤味的，消刻的，痴笑的，夜哭的，朝醒不成寐

的，褴褛的，毛乱的，没理性的，站立起坐无眼自忙的，瞎的，瞎的，乏责任心的，乏进取力的，无所谓的，无希望的，敷衍的，无聊的，——恶人好独，恶物好独，恶神好独——死的，死的，死的!!!……一周如是，五年以来，来年每日，又怎能不是如此!

这只是信的开头部分，陵风向兰姑陈述"一年而两年，两年而三五年的离情"，"五年以来"的惆怅。韦素园与高晓岚1922年相识于安庆，到1926年也刚好五年，他们的生活轨迹与聚少离多的恋爱经历，完全投射到小说的男女主人公身上了。小说多次描写陵风给兰姑写信的情景："陵风写到这里，已觉眉额通湿，不知是汗是水。他闭着眼，紧闭着眼。他搁了笔，他立将起来，他又坐下。""他在纸端涂着——他这样已经涂满了九张广阔的信纸了。""陵风支着头，他的双眉紧锁着。他的头葬在两腕中间，他的苦闷他自己拥抱着，拥抱着。他将要发出什么悲剧的哀歌来似的，他却又被他的悲哀关着嘴。""他默默地无可奈何的哀哭了……苦笑着，望着兰姑的照像哽咽着。"陵风（韦素园）与兰姑（高晓岚）万里相隔的那种孤独感、内心深处的倾诉欲望，借助书信体小说的形式流露出来。

母亲信中所透露出来的信息，也可以锁定韦素园与高晓岚分别是小说中的原型。母亲提到了"距今十三年（整整十三年）的一个秋夜"，"那时你还差五个月才十二岁"。据此推算，男主人公陵风25岁，1926年的韦素园也刚好25岁。母亲在信中回忆，曾把陵风"送到C城的中学去继续学业"，这与韦素园长沙求学的经历是吻合的，"C城"指的是长沙。1918年，韦素园的大哥韦凤章被任命为湖南省第一区、第四区省视学，兼任湖南省通俗教育书报编辑所所长。韦素园跟随大哥也到了长沙，进了湖南法政专门学校预科读书。母亲还在信中说："兰姑何时回国？我刻刻盼念着她。不知她近日功课忙否？胖了多少？"这个指向已经非常明显了。

《两封信》中，陵风不仅自幼喜爱音乐，而且在大学读的就是音乐专业。母亲在写给陵风的信中说："我也很喜欢听闻你近日音乐进步的成绩。""你今日于音乐一科的成功，也是极能安慰我的幸事。"陵风读小学时，母亲给他买了一把小提琴，后来被父亲掷得"零星八碎"。母亲在信中重点回忆了这段往事。小说描写陵风给兰姑写信的情景："他那蓬乱的长发，在悲风中与屋里桌上蓬乱的一切悲舞着，恰成大 Symphony 的演奏。"陵风告诉兰姑，他要"进到小姐们的香宫里去，教她们弹小提琴"。而英文"Symphony"，是指交响乐、交响曲。韦素园是否有音乐爱好，我们不得而知。在现实中，高晓岚应该是有音乐爱好的人。高晓岚在美国奥柏林大学的同学谭素兰，是中国最早留洋的女钢琴家之一。奥柏林大学是顶尖音乐与顶尖文理学院紧密结合的一所大学，其交响乐团享誉全美。高晓岚在奥柏林读书时，生活在浓厚的交响乐氛围之中。韦素园将陵风乱发的悲舞比喻成 Symphony（交响乐）的演奏，在某种程度上是专门写给高晓岚看的。这是一对万里相隔的恋人留给我们的爱情密码。

小说结尾落款为"一九二六，五，十九。燕大九院"。此时，韦素园的胞弟和同乡李霁野都正在燕京大学读书，且住在同一个宿舍。1925年12月，韦素园到河南开封国民军第二军，在苏联军事顾问团做了三个月的翻译。1926年3月从开封回到北京的韦素园，可能暂时与韦丛芜、李霁野一起暂住在"燕大九院"。小说最后完成时，正赶上李霁野回乡，韦素园便与弟韦丛芜住在一起。

《两封信》发表于《莽原》半月刊后，韦素园将压了很长时间的剧本《冬天》退还给作者向培良，加上退还高歌（高长虹之弟）的小说《剃刀》，引起了高长虹的严重不满。1926年10月10日，高长虹写了两封信，一致鲁迅，一致韦素园，在《狂飙》第2期发表。在致鲁迅的信中，他表达了对韦素园的不满："接培良来信，说他同韦素园先生大起冲突，原因是为韦生生退还高歌的《剃刀》，又压下他的《冬天》。……现在编辑《莽原》者，且执行编辑之权威者，为韦素园先生也。……公然以'退还'加诸我等矣！刀搁头上矣！到了这时，我还能不出来一理论吗？"在写给韦素园的信中，高长虹有一种咄咄逼人的气势："如先生或先生等想径将《莽原》据为私有，只须公开地声明理由……《莽原》须不是你家的！林冲对王伦说过：'你也无大量大材，做不得山寨之主！'谨先为先生或先生等诵之。"高长虹的弦外之音，可能是指韦素园编发了《两封信》，而且退还了向培良、高歌的稿子。1927年1月19日，向培良在《为什么和鲁迅闹得这么凶》（《狂飙》周刊上海版第17期）中提到了G线：

> 至于别的一些琐事，则还是埋藏起来的好，所以我只说《冬天》。最先我写过一封信给素园，说有这么一篇稿子，可以登否。那时我已非常谨慎，而且客气，对于《莽原》，用起先写信询问的法子了。这样的方法我还绝未在别的地方用过。回信说可登，但那一期来不及了，等下期，于是我寄稿子去。下期没有登，来信说稿子长一点，分配不来，等下期。下期又没登，来信说G线和石民的稿子压好几期了，鲁迅走时说要赶快发表，所以再等下期。后来我见了丛芜，告诉他此篇已收在《沉闷的戏剧》里，快出书了。丛芜问我什么时候出，我说十日付印，他说下期还来得及。但下期又未登，素园却来信说因快出书了，登出不方便，故退还。前一天把《剃刀》退还了。《剃刀》同《清晨起来》另二篇，系鲁迅要去。后来因出《狂飙》，高歌取回了两篇。所以退还的缘故，是因为看见许多点点点，不知道是什么东西。（这话是一个朋友告诉我的，但现在可以不必举出名字）

"退稿事件"是高长虹与鲁迅论战的一个引爆点，受到研究者的广泛关注，但G线的《两封信》却一直没有被注意，"G线"可能是一条真正的导火线。向培良在文中引述韦素园的话，说"下期又没有登"的原因，是"G线和石民的稿子压好几期了，鲁迅走时说要赶快发表"。G线的《两封信》刊载于1926年9月10日出版的第1卷第17期《莽原》半月刊时，向培良的稿子已经错过两期了，这说明第15期、第16期《莽原》已经由韦素园负责编辑。9月25日出版的第18期《莽原》最终也没有刊载《冬天》，韦素园写信给向培良解释了原因："因快出书，登出不方便，故退还。"《莽原》半月刊第1卷第18期刊有韦素园的译文《往绮玛忤斯去的路》，第16期刊有韦素园的《〈外套〉的序》、韦丛芜的诗歌《荒坡上的歌者》，第17期没有署名韦素园、韦丛芜的作品，应该是刊载了《两封信》的原因。发表篇幅较长的《两封信》，与退还高歌、向培良的稿子，形成了强烈反差。韦素园在给向培良的信中提及了《两封信》，向培良不会不关注这篇作品。他可能知道《两封信》的真实作者是谁、原型人物是谁，便向高长虹写了告状信。高长虹指责韦素园的口气，似乎抓住了韦素园的什么"把柄"。《莽原》半月刊是同人刊物，由未名社主办，发表作品以本社成员为主，适当约请一些外稿，编辑韦素园发表自己的作品并不能算以权谋私"据为私有"。在后来的论争中，鲁迅是站在韦素园一边的，与高长虹等人进行了一场笔战。

鲁迅与高长虹的冲突，是鲁迅研究史上一个争议颇大的公案，焦点问题有三个：一是"退稿事件"；二是对"思想界之权威者"的认知分歧；三是高长虹是否跟鲁迅"争夺许广平"，即所谓"月亮诗"问题。1928年11月，大连的《泰东日报》接到读者铁弦的来信，询问高鲁冲突的来龙去脉，编者香冷做了回答，高长虹看到这两封通信后，转登在《长虹周刊》第7期上，同时加上了他的《附识》。香冷说："这场战的远因，据鲁迅先生说，完全是为争一个《莽原》'地盘'而起，这在长虹近著的《走到出版界》一书里，大概可以知道是因鲁迅南去之后，《莽原》的编辑责，是由韦素园承其乏的，似乎韦素园是素不大赞同长虹这派的作风的，所以在素园接编辑《莽原》时，曾退回过高歌向培良二人的稿子，长虹因此曾去信质问过鲁迅和素园，这或者要算这次笔战挟嫌的远因吧。"接着说："鲁迅初主编《莽原》时，大约是由韦素园、韦丛芜、李霁野、高长虹、向培良、高歌等人共同协作的，所以才有所谓争与不争《莽原》地盘的问题。"高长虹在《附识》中说："铁弦君很留心我同鲁迅的笔战，我觉得这其实没有留心的价值。那次笔战的真相，也除了三两个局中人外，没有多少人能得详知。我自己便是向来没有从正面说出过它的原委，我那时是不愿意说出它，后来更没有顾得说出它。直到现在，我仍觉没有说出它的必要。"（《高长虹文集》下卷，中国社会科学出版社1989年版，第273页）高长虹说笔战的真相只有"三两个局中人"知道，除了高长虹自己外，还有一两个局中人是谁？高长虹指的"真相"是什么？只有三两个人知晓的"真相"，显然不是"思想界之权威者"的认知分歧问题，也显然不是高长虹跟鲁迅"争夺许广平"的问题。这个隐秘的"真相"，高长虹没有说出的"真相"，可能是指韦素园化名在《莽原》半月刊上发表《两封信》等作品的问题。

《两封信》是鲁迅要"赶快发表"的，鲁迅是否知道G线是谁，已经无法得知了，但鲁迅是认可这篇作品的。《两封信》与鲁迅的散文诗《野草》出现了同样的句式。《野草》中经常出现一种平行、对峙的语言结构，如《题辞》的开头："当我沉默着的时候，我觉得充实；我将开口，同时感到空虚。"沉默与开口，充实与空虚，语义上对立的词语，却并置一处。这也是《两封信》中的常用句法："他将要发出什么悲剧的哀歌来似的，他却又被他的悲哀关着嘴；他是他的悲楚的创造者，他却又给这受造者的威权监禁着，囚困着。他诅咒着自己，他赞美着自己的诅咒，诅咒着自己的赞美。"《题辞》写于1927年4月26日，比《两封信》晚了将近一年，但有着一样的句法，风格非常相似。《两封信》中诸如"死于黑暗，又复生于黑暗""一面死着一面生活着"，都是对一种"相对而立"状态的真实描述，昭示着一种生存的悖论情境。

《两封信》的复调叙事风格，明显受到了陀思妥耶斯基和俄国其他作家的影响，与韦素园的叙事体散文诗《春雨》非常相似。陀思妥耶斯基是韦素园最喜欢的俄国作家。在他的影响下，他的弟弟韦丛芜和同乡好友李霁野都翻译过陀氏的作品。1926年6月2日，鲁迅为韦丛芜翻译的陀氏小说《穷人》写了《小引》："中国的知道陀思妥耶夫斯基将近十年了，他的姓已经听得耳熟，但作品的译本却未见。这也无怪，虽是他的短篇，也没有很简短，便于急就的。这回丛芜才将他的最初的作品，最初绍介到中国来，我觉得似乎很弥补了些缺憾。"在写作《两封信》前，韦丛芜已经完成了《穷人》的翻译，韦素园用俄文原文进行了校定。《两封信》与《穷人》都是书信体小说，通过人物视角介入文本叙事，具有极强的仿真性。

某种程度上，韦素园的这篇小说是有意写给高晓岚看的，高晓岚是他最重要的目标读者。鲁迅离京后，韦素园用"G线"的笔名重点刊发《两封信》，可谓用心良苦，说明他对高晓岚的感情是非常热烈的，对未来是有美好期待的。陵风写给兰姑的信，想必也正是韦素园对高晓岚所说的话，韦素园也应该会将登载小说的刊物寄给高晓岚。这是他的一种内心表达，一种最契合的跨越海洋的对话与示爱，我们今天读后，仍然能够深刻感受到其中所蕴含的情感力度。韦素园的自传体小说《两封信》为我们提供了他与高晓岚万里飞书的重要依据和情感档案。

高晓岚的佚诗《寄——》与"By"的《To——》、"白莱"的《母亲新年晚上的梦》

　　韦素园不仅自己在《莽原》半月刊上用笔名发表写女友高晓岚的小说，而且还用笔名发表高晓岚所作的白话小诗《寄——》。韦丛芜也用化名在《莽原》上发表诗歌，记录韦素园与高晓岚刻骨铭心的爱情。高长虹指责韦素园"《莽原》须不是你家的！"在某种程度上，《莽原》的确变成了"韦家"的。但作为韦素园编辑的同人刊物，也是可以理解的。

　　1927年3月25日出版的《莽原》半月刊（第2卷第6期）发表了署名"海兰"的小诗《寄——》：

　　　　滴碎人心的春雨，
　　　　偏在窗外咽泣；
　　　　旅邸愁人，
　　　　这般情绪！

　　　　暮色苍茫中，
　　　　万籁凄清，
　　　　夜莺无语。

　　　　　　　　　　　　　　　　一九二七年，于奥柏林

　　虽是首小诗，却发表在刊物的重要位置上。这期《莽原》的头条是李霁野、韦漱园（韦素园）合译的《无产阶级的文化与无产阶级的艺术》，第二篇是台静农的小说《弃婴》，摆在第三位置上的便是这首《寄——》。这首

1927年春天写于美国奥柏林的小诗，发表的速度是非常快的。作为《莽原》的编辑，韦素园与小诗作者的关系非同寻常。从小诗的两个意象"春雨""夜莺"看，"海兰"对韦素园的创作和译作都比较熟悉。1925年5月18日出版的第27期《语丝》曾刊载韦素园的散文诗《春雨》。《语丝》创刊前，邀集了十六个人作为长期撰稿人，其中有高晓岚的女高师国文老师周作人，女高师同学淦女士（冯淑兰）及其男友王品清，斐君女士（孙斐君）及其男友川岛。1923年10月8日，周作人日记记载："俄法校韦素园来访，交予鲁彦十四元。"这是所能查到的韦素园与周作人交往的最早记录。主编周作人在《语丝》上刊发韦素园的《春雨》，高晓岚应该读过这篇作品。《春雨》写在干旱、尘沙飞扬的北京城里，突然下了一场春雨，让"我"想起一个充满诗意的爱情故事。故事叙述完之后，"我随手捻灭了灯，春雨仍滴沥地下着"。"春雨"是个象征，全文借雨写人，用柔婉的笔调叙述了一个少女"春雨"般的初恋，一段"生命上深刻了痕迹的隐情"。与"春雨"相比，"夜莺"则是韦素园译作中出现频率最多的意象之一，如梭罗古勃的诗："只有夜莺用了白昼的希望，/唤动着梦想呵。"珂陀诺夫斯基的散文诗《森林故事》："夜莺用自己的颂歌纪念它们的结合。"科罗连珂的小说《最后的光芒》，小孩子反复练习"夜莺"的读音。高晓岚《寄——》中的"春雨""夜莺"意象，与韦素园的作品存在着无缝对接的互文关系。这首小诗文白夹杂的语言风格，与高晓岚诗歌《接素兰自纽约来信，感而写此（十月六日夕）》（载于1927年冬天出版的第12卷第4号《留美学生季报》）里的白话小诗完全一致。"海兰"应为高晓岚的笔名，应该是韦素园为避嫌所起。1927年元月，韦素园开始因病卧床不起，高晓岚获悉后，顿感"万籁凄清"，听到"滴碎人心的春雨"在窗外咽泣。小诗后面落款："一九二七年，于奥柏林。"这说明高晓岚1927年春天还在奥柏林读书。

《寄——》这首小诗，表明韦素园与高晓岚的确存在着诗书往来，而作者署名"海兰"，更与《两封信》里的"兰姑"，形成了互证。几乎在韦素园写作《两封信》的同时，1926年5月10日出版的《莽原》半月刊，刊载"By——"的诗《To——》，这应该是韦素园写给女友高晓岚的情诗：

寂寞的是我的诗心，

心巢里栖宿着白翼的爱情，

悄悄地它终于飞去，

飞向你——音乐的灵魂。

是的，爱情的两翼

将扇起你烦恼的乐音；

但是我们各自忍受着吧，

那音波将更加如何波动我寂寞的诗心！

　　高晓岚当时在美国奥柏林大学留学，生活在浓厚的音乐氛围之中。自传体小说《两封信》的男主人公是一个音乐专科学生。"By——"在诗歌中对音乐的咏叹，与《两封信》对音乐的描写可以互相印证，"我们各自忍受着吧"，也符合韦素园与高晓岚当时的心境。《To——》的语言风格与韦素园的其他诗歌（包括译诗）也很一致。

　　"By"的读音，与"奥柏林"的"柏"是一样的，与"白莱"的"白"是一样。1926年5月25日出版的第10期《莽原》半月刊，刊载白莱的译文《奇谈》；1926年6月10日出版的第11期《莽原》半月刊，刊载白莱的小说《母亲新年晚上的梦》。《奇谈》是挪威作家哈谟生的散文诗，后来被收入韦素园的译文集《黄花集》（1929年未名社出版）。"白莱"可以确定是韦素园的笔名。

　　"By——""白莱"笔名的来历，也可能与韦素园喜欢的俄国象征派作家白莱意（今通译别雷）有关。韦素园在《俄国的颓废派》中指出："象征主义的内容，永久是触着'一些另外的世界'。二十世纪的开始（一九〇〇——一九一五），在这方面，有绝大成功的三家：白莱意，布洛克，伊万诺夫。"韦素园翻译的勃洛克散文《回忆安特列夫》（1924年12月17日、19日《晨报副刊》），文中和译者附记，也都提到了"白莱意"。勃洛克在文章中认为，最和安特列夫相近的"是几位象征派作家，在私人方面是白莱意和我，关于这一层他不止一次向我说过"。安特列夫的戏剧《人之一生》"深深的击动了白莱意和我"，"白莱意称那透入该剧的底里的东西为'哀喊的失望'。这是真的，哀喊的失望不止一次从安特列夫的心胸里迸出"……安特列夫、勃洛克都把白莱意引为知己。

韦素园用"白莱""By——"作为笔名，可见他对"白莱意"这位俄罗斯象征主义作家的激赏之情。别雷醉心诗歌的音乐性创造，强调象征隐喻的重要，使得他的诗歌充满着谜一样的气息。搞清楚"白莱""By——"笔名的来历，认定《To——》与《母亲新年晚上的梦》是韦素园的佚文，应该是没有多大问题的。

用"By——"的笔名发表诗歌《To——》时，韦素园不曾想到自己半年后便因肺病卧床不起。韦素园因病向高晓岚提出退婚，发生在1927年春天。这不仅在高晓岚的小诗《寄——》里，也在韦素园胞弟、诗人韦丛芜的诗歌里留下了记录。

1927年2月25日出版的《莽原》半月刊（第2卷第4期），刊发了作者署名为"W"的诗歌《密封的素简——寄海外的K君——》：

> 电光透出红色的灯幔，
> 红光浮泛在病人的脸面；
> 呼吸微弱一如床边梅花的气息，
> 他默想着，注视着密封的素简：
>
> 往事有如云烟，
> 云烟里现出朦胧的江南——
> 江南的笑语，
> 江南的亲颜。
>
> 十年的沉默都是养料，
> 培育着心田里的爱苗。

············

············

人世几经变迁，
生活几度失颜；
几度情焰烧灭失望，
几度失望浇熄情焰。

我驰骋于人生的疆场，
日日打着无声的血战；
击罢，我的忠勇的鼓手！
我们的希望是最后的凯旋。

电光透出红色的灯幔，
红光浮泛在病人的脸面；
呼吸微弱一如床边梅花的气息，
他默想着，注视着密封的素简。

1929年，韦丛芜的第二本新诗集《冰块》收入了《密封的素简》，副题《寄海外的K君》被删除。毫无疑问，作者"W"就是韦丛芜。"海外的K君"，应该指的就是高晓岚。此诗写于1927年2月17日，记录了韦素园病中收到高晓岚信件的场景，是一对情侣万里飞书的见证。

［原载《名作欣赏》2021年第1期，收入本书时有改动］

未名社成员韦素园佚文考述(下)

柳冬妩

"华芍"的小说《我的朋友叶素》

1927年12月25日出版的《莽原》半月刊(第2卷第23、24期),也是该刊的最后一期,韦素园用"华芍"的笔名发表了自传体小说《我的朋友叶素》,勾画了叶素因为疾病最终在爱情面前功败垂成的命运,带有宿命和浓厚的颓废情绪。《我的朋友叶素》落款为"一九二七,九,二十日于北大东斋"。值得注意的是,高晓岚的诗歌《接素兰自纽约来信,感而写此(十月六日夕)》,也正是写于这个时间段,此时的高晓岚已经从奥柏林到了爱荷华。1927年冬天出版的第12卷第4号《留美学生季报》,刊载了署名"高晓兰(高晓岚)的诗歌,她在其诗中的注解中云:"来爱城(IowaCity)后人地生疏,交游所在,非异国诸女同学,即客气敷衍交初识者。一身如寄,百感萦怀。读忆旧思家之句,清泪为数行下也。""爱城(IowaCity)"多译作爱荷华。1929年,韦素园创作散文诗《痕六篇》(原载1930年4月30日《未名》2卷9、10、11、12期合刊),其之三《端午节的邀请》,以高晓岚为原型的女友,被命名为爱华,与爱荷华的地名直接有关。名字藏密码。"华芍"笔名的来历,应该与高晓岚当时的留学城市"爱荷华"有关。"芍"代表的是一种很美好的爱情,"华芍"可以理解成"爱荷华的爱情"。结合小说的叙事内容看,即可锁定"华芍"即韦素园,《我的朋友叶素》就是韦素园所写。

叶素的原型是韦素园,叶素女友的原型是高晓岚,小说中的每一个细节,几乎都可以看出他们的影子。两颗心的脉息弥散其间,让我们感受到了生命的无常，也感受到了爱的余温。小说的第一部分，对叶素病人形象的描绘，几乎就是韦素园的自画像：

> 我的朋友叶素是作过一番甜美的梦来的青年。不幸从梦中醒过来的，就只他底瘦弱的形骸；他底灵魂却依然留在梦境里，徘徊着，永远地徘徊着。
>
> 在他目前的没有灵魂的生活中，一方面感觉心的孤寂，再方面还得担受经济的痛苦；那么他的疾病，是必然的结果了。
>
> 叶素底头发蓄得很长，糊乱地往后拢着。在这秋深的时节，他却仍然着上一件深紫色的陈旧的长衫。袖子很长，也不卷上一点。领纽常是不扣。脚上老是一双白帆布鞋，从不曾洗刷，在这般秋深时节，那似灰赭的糊涂色，倒是很适合。与他稍隔些距离，仔细端详他整个的模样，自上至下是：蓬松的乱发，黄瘦的面貌，惨紫的旧衫，灰污的皮鞋。这只是凄凉悲惨的表征——甜美的梦中醒来的形骸，穷困剥蚀的余影！
>
> 但是叶素对于他眼前这般凄惨的生活，似乎满不介意，反而在他底心中有一种莫可理解的微妙的愉快情绪，在脸的枯黄的绉纹上，在半开而微动的眼中，或是在暗灰的双唇上，常常显露出来。这就是他底灵魂在过去甜美的梦境中活跃着而发生的结果。他现在的一切，都被过去的梦占据了，掩住了，他忽略了，抹杀了现在的一切。过去甜美的梦，是他眼前生活唯一的滋养，他沈思着它，咀嚼着它，五官感触着它。

1927年元月初住进医院后，韦素园整个一年差不多都是在病床上度过的，《我的朋友叶素》也是在病床上写就的。在《我的朋友叶素》这篇小说发表的同时，1927年12月，韦素园给台静农、李霁野写了一封较长的信："整个的一九二七年快被我身不起床地睡过去了，将来更睡到何时，目前还不知道；但想起你们前次告诉我的那第一位医生不治我的病，说他不能变戏法的话，现在我虽然睡在床上，究竟还是活着，而且能写这样的信，却也是一件极其欣慰的事。"韦素园病重入院后，承受着疾病的折磨，"还得担受经济的痛苦"，但韦素园却想让自己持有一种达观的态度，觉得还能写信就"极其欣慰"。小说中，"叶素对于他眼前这般凄惨的生活，似乎满不介意，反而在他底心中有一种莫可理解的微妙的愉快情绪"，这种情绪在韦素园写给台静农、李霁野的信中有着同样的表达，语气也完全相同。直到病逝前几个月，韦素园仍然想保持这种达观的人生态度。他在1932年5月写给李霁野的信中说："我在病中觉到，人生就是工作，只有在工作中可以求得真实的快乐和意义，恋爱等等不过是附属品而已。我个人生活一向是很达观的，和我相处稍久一点的病人，他们都这样说。"人生态度是达观的，但现实是残酷无情的，疾病毕竟让韦素园甜美的爱情梦破灭了，他把恋爱理解成人生的附属品，实际上是一种无可奈何的自我安慰。小说第二、第三部分，叶素把对爱情的甜美回忆，看作"此生中唯一的安慰"。

小说第二部分，是叶素对女友、对"过去甜美的梦"的回忆：

当我晚餐后到叶素寓所去谈天以消遣这无聊的黄昏的时候，他每是禁不住举起枯黄的手指，同时双颊上微动着惨淡的笑纹，指点地说：

"呵！这是她送我的书——唉，爱之实现！——还承她用绿色的纸包得如此整齐美丽！"

"呵！那是她送我的图章，小盒子盛着小牛骨刻的我的名字的印，多么玲珑可爱!"

"那箱子装的全是她写给我的信，让我去开给你看呀！"

他底在动作的双手，有些抖颤，看他情绪十分混乱。书信确是不少，紧紧地竖搁着好几排。全是西洋信套，西洋的写法，字迹很小而恭谨，内容很丰富。他不稍加探索地从中就取出一封，神采恍惚，一面抽出信纸，一面说道：

"你看在这信笺上贴着小小的花儿，颜色虽然褪了，姿态却多么可亲可爱！"

　　这朵玲珑娇妍的小花，当是他与她相互间爱情造极的表现。可惜时光既夺去了它的美色，也冲淡了他们浓密的爱情。它余下的只是一个枯萎的姿态，他醒来的只是一个瘦弱的形骸。他底灵魂呢？在梦境中徘徊着；梦境中有她，他底灵魂与她永远同在。

　　小说对女友的书写，与韦素园和高晓岚的生活经历、交往关系、身份特征完全吻合。小说中的女友送印给叶素，现实中的高晓岚擅长书法；高晓岚先后从美国奥柏林、爱荷华寄信给韦素园，当然"全是西洋信套，西洋的写法"。

　　叶素女友寄花的细节，有可能就是韦素园与高晓岚的真实经历，更有可能是借鉴了梭罗古勃的诗。韦素园翻译过俄国诗人梭罗古勃的《小小的白花》：

　　　　我的神美的小小的白花，
　　　　你从我的黑暗的大地生起，
　　　　瞧着我吧，温存的没声的你，
　　　　我明白你的静悄的话语。

　　　　你从黑暗中生起，迎见我的幻想，
　　　　你叫伊走上你所走出来的那里去，——
　　　　我不反对你的一些诉说，
　　　　将幻想倾向着你的呼息。

　　《小小的白花》刊于1926年7月25日出版的《莽原》半月刊（第1卷第14期），这时候韦素园与高晓岚正在频繁地万里飞书，高晓岚可能看到梭罗古勃的诗，在寄给韦素园的"信笺上贴着小小的花儿"。不管高晓岚有没有寄花给韦素园，小说的贴花细节，与梭罗古勃的《小小的白花》都构成了一种互文关系。"信笺上贴着小小的花儿"是一种象征,"当是他与她相互间爱情造极的表现","余下的只是一个枯萎的姿态"。"小小的花儿"与"小小的白花",连语调都非常相似。

刘半农主编的《世界日报副刊》在1926年7月23日出版的第1卷第23期上,刊载了韦素园翻译的梭罗古勃的诗歌《我的友人》。除了这首外,韦素园在报刊上公开发表过的译诗,几乎都收入了《黄花集》。《我的友人》与《我的朋友叶素》,在标题上比较相似,在主题上也是对叶素命运的一种诠释:

> 我的静寂的友人,我的远方的友人,
> 你看,——
> 我是寒冷的,忧伤的
> 霞光。
>
> 我空空地等待着
> 天堂,——
> 在惨淡的生活里我不知道
> 光明的日子快要降临
> 到大地,
> 恶毒的阴影将要坠入沉默的
> 深渊里——,
>
> 并且无语的,忧伤的,
> 在清早时候,
> 我的静寂的友人,我的远方的友人,
> 我将要死去。

索罗古勃是俄罗斯白银时代象征主义文学的代表人物,被称为"死亡的

歌手”"纯粹的空想的神秘主义者"，其诗歌是以幻想同现实相对立，充满悲
观主义色彩。韦素园于1925年4月22日翻译的这首《我的友人》，也充满
"幻美的悲哀"的"凄伤的回忆"。在标题的命名上，《我的朋友叶素》可能
受到《我的友人》的启发。

韦素园为什么用"G线"的笔名发表《两封信》，我们在《我的朋友叶
素》中也找到了一种解释：

> 爱的力是如此伟大，谁能抵抗，谁不受其支配和驱使呢？在那
> 些日子——呵，我底此生中最可宝贵的时光！——中，宇宙一切都
> 不存在，只觉得一束爱情的丝弥蔓地绞住了世界……
> ……宇宙在我们底周围浮动着，一切皆异样，一切皆在破裂迸
> 散着，只有我与她爱的练紧紧地系着，永不会离开，永是固定着。

两年之后，韦素园在散文诗《痕六篇》之五《蜘蛛的网》中，同样写出
了对"丝"的感悟，"一个男子"觉得蜘蛛有如爱情，蜻蜓就是他，此刻正
被缚在这丝网上。他多年想挣脱，却"愈被这丝网束缚"，他悲哀着这蜻蜓
的不幸："爱情的丝，也是精细不见的；它是一种透明的光体，永是飘荡在
无限的空间和无尽的时间里。"

小说第三部分，对叶素女友的外貌描写，与苏雪林对高晓岚的描写，也
很相似：

> 她底雅素的服装，与乌黑蓬松的短发，所烘托出来的容貌，是
> 多么红得可爱呀！还有双睛转动间的表情，俊秀身裁的微颤……
> 呵，好个爱的化身呀！这情景，将永远地在我的记忆中生存着。

高晓岚1924年所拍摄的一张照片，的确是"乌黑蓬松的短发"。特别是
"多么红得可爱呀"，与苏雪林的描写非常一致。苏雪林描述高晓岚"鼻红，
同学绰号她为'红中'"，"她的羽翼就叫做'红中党'"。韦素园应该知道

高晓岚读书时，曾有一个"红中"的外号。

高晓岚曾参加营救被捕男生的请愿游行，也被韦素园写进小说了。叶素说："那时学校与政府当局正闹着纠纷，警察包围了学校，要逮捕我，真亏她耗尽了心血来救护我！"高晓岚与女高师的同学参加了五四运动的后续学潮。1919年6月3日，北洋政府逮捕了上街游行的各校男生。1919年6月4日，高晓岚与女高师同学破门而出，走上街头，参加了请愿游行，要求释放被捕学生。程俊英在《程俊英自传》（原载《中国当代社会科学家》，文献书目出版社1982年5月第1版）中回忆道："回校之后，得知方还校长将这次游行归罪于陈中凡老师。我们立即召开驱方会议，决定起草'驱方宣言'，由冯沅君、高晓岚、罗静轩和我草拟，数他十大罪状，印成传单散发，并送教育部一份。是年七月，教育部免方还职，委毛邦伟为校长。毛校长继续聘请李大钊老师、陈中凡老师等回校任教。"韦素园将高晓岚的这段经历融会到叶素女友的身上了。

小说第三部分还描写了叶素与女友在湘江共渡的情景，描绘了"绿洲，岳麓山，一切皆美丽"。这与韦素园的经历也是吻合的。1979年，李霁野在散文《岳麓山和橘子洲头》中写道："长沙的岳麓山是我早在少年时代，就已经耳闻神往的地方。我的小学同班同学韦素园曾在长沙学习过，参加过学生运动。我们几个同学在故乡围炉夜话的时候，他像说故事一样谈到学习和学运情况，也不止一次谈到岳麓山的景物。因此，岳麓山在我听起来一直是一个很亲切的地名。"（《李霁野文集》第一卷，百花文艺出版社2004年版，第166页）

需要特别指出的是，小说对女友家里环境的描述，与高晓岚的祖宅高楼完全吻合：

> 有一个暑假中，她从家中写信给我，要我到她家里去。信中对路途的指示，是多么的周到呵！信中描写他乡村自然的环境，是多么的详细呵！她说她家里的人都欢迎我。她还说到西厢书斋，陈设雅致，恬静可爱，是很适合我深思，更便于我们聚首谈心。总之，

她是强烈地希望我去，我的去便是她那时唯一祈祷的幸福的成功。

她是如何的勇敢，我却多么的怯懦，我竟辜负她底热望了！

高晓岚出生于安徽省霍邱县洪集窦老圩村，村名的来历与淮军将领窦如田有关。太平天国时期，窦如田（1828—1891）在窦老圩创筑圩堡，倡办乡团，与太平军、捻军多次作战，被台湾首任巡抚刘铭传檄调统领铭军，被李鸿章先后保以副将、总兵，赏给"强勇巴图鲁"名号，诰授建威将军（正一品），宣付国史馆立传。陈独秀父亲陈衍中在窦如田家中当塾师，1881年染上瘟疫，客死窦家，丧事由窦家办理。时陈独秀年仅三岁。窦如田的孙女窦衍光后来嫁给了陈独秀之子陈松年。陈独秀原配、陈松年之母高氏和陈独秀第二任夫人高贤萃，是高晓岚的堂姐，都是贤字辈。高氏、陈氏、窦氏三个家族，互为姻亲关系。高晓岚的祖宅被称为高楼，现在是窦老圩村卫生院。高晓岚父亲高霖阁共有子女11个，其中女孩6个，高晓岚为长女。高霖阁是一个地主，家境殷实，在高楼里办了家塾，教子女读书。高氏家族所筑庄园，将书屋、书斋作为主要构件，发挥了庄园的藏书、读书、治学的功能。叶素的女友，在信中描述了她家所处"乡村自然的环境"和家里"陈设雅致"的"西厢书斋"，与苏雪林对高晓岚的记述也可以互相印证："在家塾读过几年的书，文理颇清顺，也能做几句旧诗，写得一笔远胜于我的很有腕力的字。"

通过以上分析，叶素女友的原型肯定是高晓岚了。至于作者"华芍"，毫无疑问就是韦素园了。小说结尾落款"一九二七，九，二十日于北大东斋"，未名社所在地，被鲁迅称之为"破寨"，最早在新开路五号，后来搬到马神庙西老胡同一号，但都在北京大学旁边。

韦素园的写作风格与俄罗斯现代文学

　　韦素园是中国译介俄罗斯文学的先驱者之一，也是引进白银时代文学的拓荒者。白银时代是指俄罗斯 19 世纪末 20 世纪初文学，比较公认的时间段大约是 1890 年—1921 年。这实际上是俄罗斯的第一个现代主义文学运动。1922 年从莫斯科留学归来后，韦素园不仅开始译介契诃夫、屠格涅夫等俄国著名作家的作品，也开始译介白银时代一批俄国作家的作品，如梭罗古勃、玛伊珂夫（今译迈科夫）、蒲宁（今译布宁）、茗思奇（今译明斯基）、米那夫（古米廖夫）等人的诗作；译了科罗连珂（今译柯罗连科）、戈里奇（今译高尔基）、勃洛克、安特列夫（今译安德列耶夫）等人的散文。1925 年 1 月 16 日，韦素园在散文《晚道上——访俄诗人特列捷阔夫以后》的附记里，对白银时代的俄国文学进行了概述，虽然那时还没有出现"白银时代"的提法："这篇短文刚写完之后，我觉得关于俄国现代文学有简单说明的必要。从上世纪末叶，直到欧战止时，这期间二十多年，要以颓废和象征两派为最盛。他们从事创作的人，仅只歌咏刹那，赞颂美、死和女性；音韵特别讲究，读时仿佛如悠扬的音乐的鸣声似的。"无论是精神层面，还是文学技艺层面，俄罗斯颓废派和象征派文学都对韦素园产生了深刻影响。韦素园七篇佚文的发现，将为这种影响研究，提供新的阐释空间。

　　从文体上看，《两封信》《我的朋友叶素》与韦素园的《春雨》一样，既可以看作小说，又是形式独特的叙事体散文诗，体现了象征主义诗歌的格调，强调抒情性、内在情绪、感受；在表现形式和叙事技巧上，都带有意识流精神分析的某些特征，使小说表现出不同于传统现实主义小说的气质，呈现出现代主义小说的面影。这种精神自传体现代小说，心理截面和故事情节的断片，独到的多重叙事结构，可以给我们带来类似印象派绘画的复杂感受。如《我的朋友叶素》，通过叶素的独白，描绘了叶素与女友在湘江同舟共渡的情景：

> 呀！那是一个多么美丽的清早，我记得清清楚楚。城市喧杂的人们，还在睡眠中。湘江中几只小舟，都还笼罩一层睡意，懒洋洋地逐流而去。浓厚的白雾，点缀世界，只是我们理想中造物者的杰作，不是实际的人间。江中绿洲朦胧的影，倒映于江心，随着波纹微微地颤动着。渐渐从东方发出一道红紫色灿烂的光，影射在水中，好似卧着一条金色的龙。在这般的时候，在这般的景中，我与她乘着小舟，飘然而去。呵！多愉快，真是身临仙景！我们底心中充满了迷离恍惚的奥妙的情绪，我或是注视着她，或是探望一回江水，绿洲，岳麓山，一切皆美丽。我只是痴迷，我只是陶醉！我曾禁不住这样想：这番同舟共渡，就是预示我们美满的将来罢！人间的苦海烦波，我与她却相亲相爱地把来愉快地渡过。唉，想想呵！那般的清晨，那般的美景，那般的风平浪静，在渺渺的湘水中，一帆小舟，乘着一对相亲相爱的人，向着爱之光，狂热地奔驰而去——

如诗如画的景色描写，起伏、跳跃、缤纷的意象，密集的节奏形式，使得《我的朋友叶素》具有了小说诗歌化的特点。说其是象征主义风格散文诗，也是恰如其分的。

韦素园的写作明显受到了俄国白银时代作家别雷的影响。韦素园在《春雨》中对海天的描绘，"海天，树木，野草，晚烟，暮霞"做了人物"奇迹般的陪衬"，让人联想到别雷散文诗《交响曲》第三部（又名《回归》）的第一乐章所展示的蓝天大海，都有一种不可言说的神秘。叙述一个少女的恋爱过程，韦素园不面面俱到，只剪辑几个片段，最美的一段是一对儿女置身在葱茏的山道上，"少女，面临大海，当着晚风，挺立在海边不动"，心血却

"异常的沸腾"，面对那"异样的衰老的支那古邦的命运"的压抑，她安静地"挺立"。《两封信》《我的朋友叶素》，也是对生活片断的一种剪辑。别雷的四部《交响曲》，对其文体的界定至今仍悬而未决。有的评论家将其作为小说来研究，而有的评论家则勉强地称其为诗体小说，更有人称之为别雷尝试将音乐手法运用于小说的习作。在《交响曲》第一部发表后，别雷自称其为"散文体长诗""散文体史诗"。别雷的长篇小说《彼得堡》，从创作风格来看，也不是传统意义上的小说，而是采用自由体和意识流手法创作而成的象征主义散文诗。我们今天的印象，散文诗篇幅比较短小，而实际上一件作品是不是散文诗，篇幅的长短并不是裁定标准。1926年1月，韦素园翻译了俄国色尔格夫·专司基的散文诗《半神》，在译者附记里称他"所作散文诗，有长逾百页者"。

韦素园是高尔基《海燕之歌》的最早中文译者，但《海燕之歌》在文体上是散文诗、散文，还是属于小说，至今仍有争议。1925年7月10日出版的《莽原》周刊第11期，刊载了韦素园所译的《海莺歌》，这是最早发表的《海燕之歌》中文译文，作者戈里奇即高尔基。1932年后，瞿秋白、巴金、戈宝权等人也都翻译过，韦素园比他们早了很多年。《海燕之歌》是高尔基1901年3月写的一篇带有象征意义的短篇小说《春天的旋律》的末尾一章，其副标题是"幻想曲"。小说用拟人化的手法，描写了一群各种各样的鸟儿在春天的花园里交谈和歌唱，结尾是一只金丝雀所唱的"歌"，就是《海燕之歌》，属于节奏化小说的一个片断。节奏化小说在白银时代的俄国文坛比较流行，高尔基与别雷都注重将诗歌所具有的节奏注入小说创作，在力求语调完整的节奏中，打破诗歌和小说的界限，进行了现代理论家所称的"俄国小说的改革"。韦素园1925年还翻译发表了高尔基的《雕的歌》（现通译《鹰之歌》）、《埃黛约丝》和《人之诞生》，这些作品都很注重节奏化的形式，有着象征主义文学的特征。

在俄国象征主义存在的整个时期，各种完全对立的思想情绪经过不同方式的折射，都对它产生过影响。整个来说，不能把俄国象征主义归结为颓废主义，它们在现象上类似而又不属于同一范畴。在高尔基的创作中，与颓废派思想体系所特有的无出路、惧怕生活、惊恐和绝望的主题对立的，是积极的充满社会历史的乐观主义的生活观。韦素园虽然是高尔基的最早中文译者之一，但在文学创作的精神层面，却留下了更深的颓废派影响的痕迹。19世纪末20世纪初，颓废主义思潮弥漫于社会转型中的俄罗斯，对文学，特别是象征主义文学，产生了深刻的影响。颓废主义思潮最先表现在象征主义诗歌中，韦素园是较早关注和研究这一思潮的中国作家。颓废派的代表诗人有索洛古勃、布留索夫、梅列日科夫斯基、巴尔蒙特、吉皮乌斯等，这些诗人的名字都出现在了韦素园的《俄国的颓废派》里，他说："巴尔芒特，始终是一位极忠实的颓废派诗人，梭罗古勃，按着个人精神方面，他是永久的颓废派作家。"韦素园通过分析这些诗人的诗作，厘清了俄国颓废派与象征主义的异同关系：

> 　　这两派有根本的精神上的实质不同，决不能把颓废派的作家混为象征主义者，虽说俄国一般人还在那里纷论未决。颓废派表现的根本的精神，与六十年代的虚无主义所表现的一切否认态度，实在相差不远。所不同的，只是在一切否认之中，他们却以"自我"为自慰的唯一的无上的奇珍。高出我的"自我"的，可以说完全没有。"自我"如何的活着，我便如何的做去。"自我"的"刹那"的情绪，也可以说比过去的未来的一切的宇宙都还有价值。除了我以外，紧随着我的——便是荒凉的漠地。

　　在俄罗斯，颓废主义更多地被视为一种来自法国的舶来品，其与象征主义的关系有很大的争议性。一般认为，在俄罗斯诗歌中，颓废主义并不能算作一个独立的派别，而是一种弥漫于部分早期象征主义诗人创作中的悲观绝望的情绪。俄国颓废派的源头，可追溯到波德莱尔等法国象征主义诗人。波德莱尔的《恶之花》中充满了坟墓、骷髅、游魂等阴暗的意象，是颓废情绪最早的表现方式。韦素园在《俄国的颓废派》中指出："或则波得来耳与俄国颓废派并不完全相同，但精神上'厌恶现世'，大概是一致的。"韦素园指出，精神上不能自慰的情调，满溢了颓废派诗人的笔下，从前栖息"自我"的"花窗的楼"，到现在已经变成了岩穴、墓地、葬棺、陷阱。因此，我们不难理解韦素园的散文《晚道上》（1925年2月23日《语丝》第15期），为什么一开头便笼罩在颓废的情绪之中："的确，当我从俄国兵营出来时，我的心是凄凉极了，只觉有一种说不出的寒战、悲哀和失望紧压着我；东交民巷的狭夹道，当我两眼倦懒欲一合拢的时候，也只不过恰似荒原中的一座坟地罢了。"在韦素园的佚文《两封信》《母亲新年晚上的梦》里，同样都蒙上了一层颓废色彩，描写主人公狂乱的幻觉和瞬间的幻灭感，主人公在冷寂世界中的沉默、叹息与哀泣，表达了世界晦暗虚无的一面。《两封信》中的陵风，在夜里给留学海外的女友写信，一次又一次伏在桌子上静哭着："我，我是一面死着一面生活着的：你看哪，我每天由黑暗而转入黑暗，由死亡而进入死亡，人生只有消磨，消磨，消磨，消磨，天天地消磨……"《母亲新年晚上的梦》写老母亲梦见多年未归的儿子，梦醒之后"感到了为母亲的悲苦的一生的命运"，并在赌博的孙子身上"又看见了将来不幸底浓重的沉黑的阴影"。《我的朋友叶素》里，叶素的疾病体验，更是颓废派文学中引人注目的表征形式与意味深长的主题隐喻。即使像《莫斯科东方劳动大学生活状况》这样的文章，也有颓废的情绪流露其间："沉黑的夜，慢纤纤的真难过呀，时针在那远远的壁上，一下一下催促着；我已经被他催到梦中的生命与黑夜结合。"

无论是在俄国颓废派作家，还是在俄国象征派作家笔下，都有一个非常重要的关键性词语——宇宙。韦素园在《俄国的颓废派》中写道：

> 象征主义，不仅是宇宙的观念，并且连宇宙的感觉，宇宙的摄取，统称之"神秘的领受"，根本的占据在他的重要的生命里面。这种东西，不是强索的，却是自然的赠与。没有得到这种赠与的人，他只能空自称为象征作家，因为他仅照形式，没有得着精神的真实存在。象征主义的内容，永久是触着"一些另外的世界"。二十世纪的开始（一九〇〇——一九一五），在这方面，有绝大成功

的三家：白莱意，布洛克，伊万诺夫。一九〇二年十一月八日布洛克完成的"美女歌"，精神上象征"宇宙的灵"，可以说是象征主义胜利的一种很好证明。

要理解一个作家的思想，要阐述他最关心的是什么，那就在他的作品里找到出现得最为频繁的词语，它是萦绕在作家脑际的顽念。在韦素园的《两封信》《我的朋友叶素》等文学作品里，我们看到一个"占据在他的重要的生命里面"的"宇宙的灵"，"宇宙"这个关键性词语出现得最为频繁，体现了作家的独特经验。他试图写出一种宇宙生活感，把宇宙神秘之幕拉开。《莫斯科东方劳动大学生活状况》中，"总感得宇宙尚有不应破灭的呼吸"。《两封信》中，主人公陵风伏在桌上写信："夜幕深了，他既疲且累，渐渐地大地的安息弥漫着全宇……"韦素园所译的梭罗古勃诗歌里就出现了"大地的安息"。1924年1月，韦素园译过梭罗古勃的一节诗，"在宇宙的中间""紧守着大地的安息"：

> 平和的暮色侵来了。
> 白昼沿深林的后面隐去，
> 在深林里颤动的迷茫气物
> 　清透而且明晰。
> 从那辽远的高空
> 　最早的繁星显现了。
> 在宇宙的中间
> 　雾痕的后面呢，
> 暮色的梦躺下，
> 　紧守着大地的安息。

《我的朋友叶素》书写了主人公叶素的宇宙生活感："当宇宙还没有人的时候，就有了情。情是宇宙中唯一的珍品，是一切万有与其活动的最后标的。""宇宙一切都不存在，只觉得一束爱情的丝弥蔓地绞住了世界。""宇宙在我们底周围浮动着，一切皆异样，一切皆在破裂迸散着，只有我与她爱的练紧紧地系着，永不会离开，永是固定着。"但疾病却像风暴一样摧毁了叶素的身体，也分化瓦解了他与女友"爱情的丝""爱的练"。小说结尾，叶素对风暴的感知，会让我们想到高晓岚在奥柏林写给韦素园的诗"暮色苍茫中，/万籁凄清，/夜莺无语"，更会让我们看到个体在宇宙生活中的惨影：

秋风渐渐加紧了，一阵一阵凶暴地掠过去。宇宙由黄昏入于黑暗了，一切只现着朦胧的惨影。万籁皆寂静，只有暴风的呼声。叶素沈寂凝固地坐着，蓬松的乱发，黄瘦的面容，暗紫的旧衫，在这般荒草秋风，一片黑茫大地中衬托出来，更显得悲惨凄凉。

暴风的呼声与灵魂深处的倾诉，都是同一种宇宙存在本质的表现。在别雷等俄国作家的作品里，风暴都是一种重要象征，《彼得堡》里"世界巨大的龙卷风柱携卷着整个生活"。与风暴伴随的是黑暗，"宇宙由黄昏入于黑暗"，在"一片黑茫大地中"，黑暗像光明一样茫无边际，无穷无尽，如别雷在诗歌《碧空》中所写的那样：

那光明的，浅淡的碧空……
他们——无边黑暗，没有尽头；
那里——是宇宙的风暴。
生命如此寂静：
她，仿佛夜晚的，黑暗。

人类意识到自身在宇宙中的黑暗宿命，是别雷与韦素园文本里一个隐隐延续的主题。韦素园的诗歌《无题》（1926年12月25日《莽原》半月刊第1卷第24期），是对宇宙生活感的书写，在某种程度上也写出了他与高晓岚在宇宙中的黑暗处境：

在这漆黑的夜色里，

我仿佛看见了你。

繁星在窗外远远闪烁，你的幻影

便又向无极的太空里消灭了去。

假若有一个晚间，

殒落了一颗星辰。

那我便知道这或者是你已在

那辽阔的宇宙中光已熄灭，化成灰烬。

　　"我"与"你"的相爱，在宇宙天地间是微不足道的事情。"我"在夜色里看到的"你的幻影"，说是远在大洋彼岸的高晓岚，也是可以成立的。写作此诗时，韦素园的肺病日趋严重，他意识到他与高晓岚的爱情之火，即将"熄灭，化成灰烬"。在别雷等俄国象征派诗人那里，经常用星辰喻指情侣。韦素园的这首小诗，使其与别雷一样，成为"无形中进入星辰意义的"诗人，让人想起别雷展现虚无空间与绝望情绪的诗集《碧空中的金子》《灰烬》《瓮》《星星》。别尔嘉耶夫在《星辰的小说：对Ａ·别雷〈彼得堡〉的思考》中说："Ａ·别雷让人陷入宇宙的无度中，使其遭受宇宙激流的折磨。区别人和电灯的界限没有了，展现出一个星辰的世界。……《彼得堡》是星辰的小说，那里的一切都超越这个世界描写生活的物理肉体和人的心灵界限，一切都坠入无底深渊。"（别尔嘉耶夫：《文化的哲学》，于培才译，上海人民出版社2007年版，第304—305页）套用别尔嘉耶夫的话说，韦素园的《无题》也是星辰的诗歌，宇宙的幻影，笼罩着神秘主义和启示录色彩，明显受到了别雷等人的象征主义诗歌的影响。韦素园的《无题》，与别雷的诗一样，通过对现代宇宙观的特别处理，摆脱了线性历史观的桎梏。

　　"宇宙"也是别雷同时代的象征主义作家安特列夫经常处理的一个主题。1926年4月25日，韦素园为李霁野翻译的《往星中》作序。《往星中》是安特列夫的第一篇戏剧：塞尔该是一个著名的天文学家，因为觉得生活无意义，便把世间的一切看为"无益的忧虑"，而以天文学为避难所，想在星

233

辰中探寻超自然的生命，做着"永生的儿子"的梦。他听到儿子尼古拉下狱几于被枪毙了的时候，却无动于衷地说："在世界上每秒钟都有人死，在全宇宙里每秒钟或者要毁灭一个整世界，我怎么能为一个人的死亡而哭喊失望呢？"尼古拉的未婚妻玛露莎诅咒生活，她曾骂塞尔该冷酷无情，并且说："星辰于我生疏，我不知道谁住在那里。"鲁迅称安德列夫是"绝望厌世的作家"，"其文神秘幽深，自成一家"。"神秘幽深"其实就是一种宇宙生活感。

比梭罗古勃、别雷、安特列夫等白银时代的象征派、颓废派更早的丘特切夫，其诗歌里也含有一个宇宙维度，有着对宇宙生命意识的自觉追求。韦素园 1926 年 4 月 29 日翻译了札伊采夫的《极乐世界》，在译者附记里提到了丘特切夫（鸠特契夫）：

> 札伊采夫，生于一八八一年，系俄国二十世纪初期的作家，与安特列夫、梭罗古勃等曾创办"野蔷薇丛书"……他前后所有的著作，在精神方面，可以用已死的十九世纪俄诗人鸠特契夫一句诗——"模糊静寂的穹窿笼罩着忧伤孤苦的大地"，当作题词。

19 世纪的俄国诗人丘特切夫，被别雷等白银时代象征派诗人视为重要的源头性诗人之一。1916 年，别雷在著名论文《普希金、丘特切夫和巴拉丁斯基的视觉特征》里，充分阐发了丘特切夫的现代意义。丘特切夫诗歌中的宇宙意识非常显著，他将自己对于宇宙处境的体验融于飘逸而优美的诗句当中。他善于将人生观和宇宙观寄于风景的素描中，而从情感的抒发中追问生命的意义，我们在他的作品中随处可以遇见人格化的自然和自然物的人性。用丘特切夫的诗句"模糊静寂的穹窿笼罩着忧伤孤苦的大地"，概括札伊采夫作品的精神特质，表明韦素园对丘特切夫的诗歌比较熟悉，可以信手拈来。这句体现丘特切夫宇宙观的诗出自《秋天的黄昏》，查良铮译为"还有薄雾和安详的天蓝/静静笼罩着凄苦的大地"。丘特切夫的诗，很早就表露出对宇宙思考的兴趣，他的诗被认为"首先是献给人与宇宙相互关系的"。他把"模糊静寂的穹窿"，当成一个压抑的象征，表达了来自现代宇宙的压力。

俄国现代宗教哲学家弗兰克指出丘特切夫的"全部抒情诗都贯穿着诗人面对人的心灵深渊所体验到的形而上学的战栗，因为他直接感受到人的心灵的本质与宇宙深渊、与自然力量的混沌无序是完全等同的"（弗兰克：《俄国知识人与精神偶像》，徐凤林译，学林出版社1999年版，第18页）。丘特切夫在《"午夜的大风啊"》里，用风暴下面"正蠕动着怎样的地狱"来描绘"宇宙深渊"的生命体验。韦素园翻译的作品里，也有这样充满宇宙深渊意识的作品，如波兰作家解特玛尔的散文诗《鹤》：

> 他们仿佛是在太空的深渊，无尽的远方飞去，并且显现出这样
> 的忧伤，好像它们也觉得她们是最后一次飞往那里……

韦素园对梭罗古勃、安特列夫、解特玛尔等人的译介，在鲁迅的散文诗中留下了一些影响印记。鲁迅1925年6月17日创作散文诗《墓碣文》，其中的名句"于天上看见深渊"，可能是从《鹤》中化用而来。这也证明了孙郁先生在《未名社旧影》中的一个判断："我想鲁迅的写作中，多少受到了韦素园的译文的感动。"

韦素园1925年1月16日写的《晚道上——访俄诗人特列捷阔夫以后》，写到宇宙深渊意识："这些真令我惊，真令我觉得宇宙仿佛在颤动着似的，泪是早没有了。""暗淡的星，静静息在天空上面。""阴风一阵阵清寒地吹过，宇宙和一切都消沉在冰冷的'凝结的'失望的陷坑里。"在《回忆安特列夫》（韦素园译）中，勃洛克说安特列夫的"面孔永远只是对着阴黑窗外的陷坑"。陷坑意识，也正是对"宇宙深渊"的生命体验。写作《晚道上》，颓废情绪笼罩下的韦素园，把虚空看作世界的本质，在"象征的森林"中选取与虚无的本质更为接近的东西，暗淡的星、阴风、墓地、失望的陷坑……他在仿佛颤动着似的宇宙里与世界的种种面孔之中看到生命的虚无和死亡的真实。

［原载《名作欣赏》2021年第1期，收入本书时有改动］

上篇　附录

韦素园生平大事记

谢昭新

1902年6月18日　生于安徽省霍邱县叶集北大街一个小商家庭。

1908年　入叶集镇私塾读书。

1909年　在私塾读书。

1912年秋　与弟弟韦丛芜进霍邱县立小学读书。

1914年秋　转入叶集明强小学高级班读书，同班中有台静农、李霁野、韦丛芜等。

1915年秋　因家庭经济窘迫，素园小学毕业后，考进阜阳第三师范学校读书。

1918年春离开阜阳第三师范学校，到北京参加段祺瑞所办的参战军。不久，他识破了参战军的骗局，离开并进入湖南省法政专门学校预科读书。

1919年　"五四"运动爆发后，积极参加湖南的驱逐反动军阀张敬尧的"驱张运动"

1920年夏　入安徽省立法政专门学校读书，积极参加安徽驱逐皖系军阀马联甲的"驱马运动"。

1920年夏　离开安庆赴上海，参加上海社会主义青年团，入外国语学社学习俄语。

1921年　不顾女友挽留，毅然赴苏留学。到莫斯科不久，参加了列宁领导的共产国际第三次代表大会，随后进入莫斯科东方劳动大学学习政治经济学，师从瞿秋白，坚信共产主义。

1922年夏　护送患病同学吴宝鹗、廖化平返国，苏联学习未毕业。

1922年秋　考入北京俄文法政专门学校。

1923 年春　韦素园与李霁野同车去北京。李霁野入崇实中学读高中。韦丛芜由岳阳亦转入崇实中学。台静农在北京大学旁听。从此，霍邱"四杰"会于北京。

1923 年 11 月 9 日　译梭罗古勃短篇小说《伶俐的姑娘》。

1924 年 1 月 21 日　译梭罗古勃诗二首，帮助李霁野试译完《往星中》。

1924 年 3 月 21 日　作论文《俄国的颓废派》，载第 29 号《晨报副刊》文学周报。

1924 年 5 月 11 日　译梭罗古勃诗二首。

1924 年 7 月　译屠格涅夫的散文诗《门槛》，载《莽原》周刊第 1 期。

1924 年夏　大哥凤章病逝，韦兄弟二人未遵兄遗愿，仍留京。

1924 年下半　韦素园不满俄文法政专门学校，迁到北京大学红楼一带自学，并到北大俄国文学系，听名诗人马雅可夫斯基的知交——"艺术左翼阵线"的成员、作家铁捷克演讲。

1925 年 1 月　译契诃夫短篇小说《渴睡》；译梭罗古勃的诗《蛇睛集选》；作散文《晚道上——访俄诗人特列捷阔夫以后》，载《语丝》周刊第 15 期

1925 年春　结识鲁迅先生。

1925 年春　到河南开封国民军第二军担任苏联在该军任职的军事人员的翻译，几月后返回北京。

1925 年 4 月　作散文《春雨》，载《语丝》周刊第 27 期。

1925 年 5 月　译诗 4 首：1.《无题》〔俄〕白斯金；2.《我怕说》〔俄〕钦思奇；3.《幸福》〔波兰〕解特玛尔；4.《玫瑰》〔俄〕屠格涅夫。载《语丝》周刊第 26 期。

1925 年 5 月　译安特列夫《巨人》，载《莽原》周刊第 4 期。

1925 年 5 月　译箕次《李恩谭与叶爱萝》，载《语丝》周刊第 27 期；译《奴隶》，载《民国新报》第 6 期。

1925 年 7 月　到北京新创办的《民报》任副刊编辑，后被张作霖查封。

1925 年 7 月　介绍共产党员赵赤坪第一次访问鲁迅。

1925 年 7 月　译戈里奇《海燕》，载《莽原》周刊第 12 期。

1925 年 7 月　译戈里奇《埃黛钓丝》，载《莽原》周刊第 13 期。

1925 年 7 月　译科罗连柯《厄运》，载《莽原》周刊第 14 期。

1925 年 8 月　译米耶夫《厄运》，载《莽原》周刊第 16 期。

1925 年 8 月　译解特玛尔《鹤》，载《莽原》周刊第 17 期。

1925 年 8 月　译契里珂夫《塚上的一朵小花》，载《莽原》周刊第 19 期。

1925 年 8 月　与台静农、李霁野、韦丛芜、曹靖华等创立未名社，出版《未名丛刊》《未名新集》

1925 年 9 月　未名出版部成立，出版了第一本书——鲁迅翻译的日本厨川白村的《出了象牙之塔》

1925 年 10 月　译科罗连柯短篇小说《最后的光芒》，后收入商务印书馆 1928 年版《最后的光芒》中。

1925 年 11 月　译俄国作家果戈理的《外套》，未名社出版部 1926 年 9 月初版，1929 年 4 月再版。

1925 年 12 月　译纳曼的《奴隶》、埃活的《森》、屠格涅夫的《玛莎》。

1926 年 1 月　译色尔柯夫《半神》，载《莽原》半月刊第 2 期。

1926 年 1 月　《莽原》半月刊创办，韦素园为责任编辑。

1926 年 2 月　译阿陀诺夫斯奇《森林的故事》，载《莽原》半月刊第 3 期。

1926 年 2 月　译梭罗古勃《邂逅》，载《莽原》半月刊第 4 期。

1926 年 3 月　为表达对北京女子师范大学校长林素园带兵接收女师大的不满，将"素园"改为"漱园"。

1926 年 3 月　与李霁野、台静农、曹靖华、韦丛芜去拜会鲁迅先生。

1926 年 5 月　写信向鲁迅表明拟作文评论《呐喊》，后因事忙，未果。

1926 年 5 月　译伊夫《极乐世界》，载《莽原》半月刊第 9 期。

1926 年 5 月　《序〈往星中〉》，载《莽原》半月刊第 10 期。

1926 年 7 月　译梭罗古勃《小小的白花》，载《莽原》半月刊第 14 期。

1926年8月　作《〈外套〉的序》，载《莽原》半月刊第6期。

1926年8月　接编《莽原》半月刊。

1926年9月　译果戈理《外套》并作序，未名社1926初版。

1926年9月　译梭罗古勃《往绮玛忏斯去的路》，载《莽原》半月刊第18期。

1926年10月　在杂志上剖白自己，回击高长虹的挑衅。

1926年10月　译梭罗古勃《小诗三首》，载《莽原》半月刊第20期。

1926年11月　随笔《校了稿后》，载《莽原》半月刊第21期。

1926年11月　译契里珂夫《献花的女神》，载《莽原》半月刊第22期；译都介涅夫《玛莎》，载《民国新报》副刊1926年32期。

1926年12月　作诗《无题》，载《莽原》半月刊第24期。

1926年12月　过度劳累，大量咯血，经医生诊断，痊愈无望。韦丛芜、李霁野等先后将他送到法国医院、协和医院治疗，略有起色。

1926年12月　帮助李霁野校对《黑假面人》，帮助韦丛芜校对《穷人》，帮助鲁迅校订《文学与革命》第三章。

1927年1月　译普洛特尼珂夫《现代俄国文学底共通性》，载《莽原》半月刊第1期。

1927年2月　译撒夫诺夫诗《这是很久了》，载《莽原》半月刊第3期。

1927年3月　与李霁野合译特洛斯基《无产阶级的文化与无产阶级的艺术》，载《莽原》半月刊第6期。

1927年春　由韦丛芜、台静农、李霁野等送至西山福寿岭疗养院。

1927年4月　与李霁野合译特洛斯基《无产阶级的文化与无产阶级的艺术》（续一），载《莽原》半月刊第7期。

1927年4月　与李霁野合译特洛斯基《无产阶级的文化与无产阶级的艺术》（续二），载《莽原》半月刊第8期。

1927年5月　与李霁野合译特洛斯基《未来主义》，载《莽原》半月刊第9期。

1927年6月　与李霁野合译特洛斯基《未来主义》（续一），载《莽原》

半月刊第11期。

1927年6月　与李霁野合译特洛斯基《未来主义》（续二），载《莽原》半月刊第12期。

1927年7月　与李霁野合译特洛斯基《〈文学与革命〉引言》，载《莽原》半月刊第13期。

1927年8月　与李霁野合译特洛斯基《乌希和洛德·伊凡诺夫》，载《莽原》半月刊第15期。

1927年12月　致信李霁野、台静农，鼓励未名社同人继续战斗。

1928年1月　《未名》半月刊创刊。

1928年1月　作《通信》，载《未名》半月刊第1卷第1期。

1928年4月　致书鲁迅，报告未名社被查封，李霁野、台静农被关押的消息。

1928年5月　作诗《忆"黑室"中友人——呈青及霁野》，抒发未名社同人被捕的焦忧之情。

1928年5月　坚持继续译集《黄花集》，并寄往上海请鲁迅先生校阅。

1928年6月　译俄国短篇小说集《最后的光芒》（署名韦漱园），后由商务印书馆1928年初版。

1928年7月　鲁迅致韦素园，谈及自己学习马克思主义文艺理论的体会。

1928年9月　作诗《乡人与山雀》，载《未名》半月刊第6期。

1928年9月　得知知己刘愈牺牲，万分悲愤，作《悼亡友愈》一诗，表达对革命者的哀悼，声讨国民党法西斯罪行。

1928年10月　诗《悼亡友愈》，载《未名》半月刊第7期。

1928年10月　未名社在北京景山东街40号开设未名社出版部售出处。

1928年12月　作诗《睡时》，载《未名》半月刊第10、11期。

1928年12月　译卢那察尔斯基论文《托尔斯泰底死与少年欧罗巴》，后鲁迅致书劝他不要译这样的硬性文章。

1929年1月　《托尔斯泰底死与少年欧罗巴》，载《未名》半月刊第2期。

1929年2月　译《黄花集》，未名社出版部1929年2月出版。

1929年4月　作诗《白色的丁香》，载《未名》半月刊第7期。

1929年5月　鲁迅由韦丛芜、李霁野、台静农等陪同，去西山疗养院探望素园。

1929年7月　嘱咐李霁野把《外套》精装一本并代为题字赠送给鲁迅先生。

1929年9月　作《晨歌》《幻梦》等诗。

1929年11月　收到赴苏联留学之前的恋人寄来的恋情诗。

1929年11月　作散文《蜘蛛的网》，回忆与恋人过往种种。但恐病重耽误对方，托弟复信，斩断情丝。

1930年1月　病情加重。

1930年4月　作散文《痕六篇》：1.《影的辞行》；2.《窄狭》；3.《端午节的邀请》；4.《小猫的拜访》；5.《蜘蛛的网》；6.《焚花》。载《未名》半月刊第9期。

1930年8月中旬　未名社解体。

1930年10月　作诗《在P院七号病床上》。

1930年10月　作诗《落叶之歌》。

1931年1月　因国民党逮捕了柔石、殷夫等左翼青年作家，闻讯后担忧鲁迅亦被捕，当即致信许广平探询详情。

1931年2月　鲁迅复信素园，并希望他好好养病。

1931年5月　韦素园在日记中提及生死感言。

1931年6月　为韦丛芜翻译的陀思妥耶夫斯基《罪与罚》写《前记》。

1931年9月　作散文《别》《虚惊》，诗《致识者POVE女士》。

1931年11月　写就遗书。

1932年1月　致李霁野的信中谈及自己想写自传式小品，但因天太冷，未能安心动笔。

1932年3月　在连日发烧的情况下，作诗《生命苦了我》，抒发内心痛苦。

1932年5月 致信李霁野，谈及人生感想。

1932年5月 致信李霁野、台静农、韦丛芜，实为遗书。

1932年6月 作诗《压干的连翘花》，寄托他对党对同志的深厚感情，表达了至死不渝坚信革命，愿以鲜血换取光明的志向。

1932年6月 为共产党员赵赤坪被捕作劝勉诗《怀念我的一位亲友——呈坪》。

1932年7月 致信李霁野，谈到自己打算收集文稿，假如病不能好，书名就叫《素园遗稿》，文章最好早收集。

1932年7月 致信韦丛芜，实为遗言。信中表达了他正确的生死观，将人生的希望寄托在下一代身上。

1932年8月1日 病逝于北京同仁医院，留下了两本日记和几十封信札。

1932年8月5日 鲁迅得悉素园逝世消息后，立即致函李霁野、台静农、韦丛芜，表示深切哀悼。

1932年8月15日 鲁迅致函台静农，述说自己对韦素园逝世深表惋惜与悲痛。

正如鲁迅所评价的，韦素园的确为未名社的文学事业作出了重大贡献，从1925年到1931年，未名社存在的六七年间，韦素园和同仁们共编辑出版了四十八期《莽原》半月刊，二十四期《未名》半月刊。出版了创作丛书《未名新集》，有鲁迅的《朝花夕拾》，台静农的短篇小说集《地之子》和《建塔者》，韦丛芜的诗集《君山》和《冰块》，李霁野的小说集《影》。出版了鲁迅的杂文集《坟》和台静农编的《关于鲁迅及其著作》等。此外，还编辑出版了二十多种翻译作品，如鲁迅译的《小约翰》、《出了象牙之塔》，韦素园译的《黄花集》、《外套》，曹靖华译的《白茶》、《蠢货》、《烟袋》、《第四十一》，李霁野译的《不幸的一群》、《往星中》、《黑假面人》，韦丛芜译的《穷人》、《罪与罚》、《格里佛游记》、《拜伦时代》等等。在中国新文学发展中留下了光辉的一页。

韦素园著译作品

谢昭新

1924年1月21日　译梭罗古勃诗二首

1924年3月21日　作论文《俄国的颓废派》，载《晨报副刊》第29号

1924年5月11日　译梭罗古勃诗二首

1924年7月　译屠格涅夫的散文诗《门槛》，载《莽原》周刊1925年4月24日第1期

1924年12月　译布洛克《回忆安特列夫》

1925年1月　译契诃夫《渴睡》，后收入韦漱园译《最后的光芒》，商务印书馆1928年版

1925年1月　译梭罗古勃的诗《蛇睛集选》，后收入韦素园译《黄花集》，未名出版部1929年2月出版

1925年1月　作散文《晚道上——访俄诗人特列捷阔夫以后》，载《语丝》周刊2月23日第15期

1925年4月　作散文《春雨》，载《语丝》周刊1925年5月18日第27期

1925年5月11日　译诗四首：1.《无题》［俄］白斯金；2.《我怕说》［俄］钦思奇；3.《幸福》［波兰］解特玛尔；4.《玫瑰》［俄］屠格涅夫。载《语丝》周刊第26期

1925年5月15日　译安特列夫《巨人》，载《莽原》周刊5月15日第4期

1925年5月18日　译箕次《李恩谭与叶爱萝》，载《语丝》周刊5月18日第27期

1925年5月18日　译《奴隶》，载《民国新报》副刊第6期

246

1925年7月10日　译高尔基《海燕》，载《莽原》周刊第12期

1925年7月17日　译高尔基《埃黛钓丝》，载《莽原》周刊第13期

1925年7月24日　译科罗连柯《小小的火》，载《莽原》周刊第14期

1925年8月7日　译米耶夫《厄运》，载《莽原》周刊第16期

1925年8月14日　译解特玛尔《鹤》，载《莽原》周刊第17期

1925年8月28日　译契里珂夫《塚上的一朵小花》，载《莽原》周刊第19期

1925年10月　译科罗连柯《最后的光芒》，后收入韦漱园译《最后的光芒》，商务印书馆1928年版

1925年11月　译果戈理《外套》，后由未名社出版部1926年9月初版，1929年4月再版

1925年12月　译纳曼《奴隶》，埃活《淼》，屠格涅夫《玛莎》

1926年1月4日　译色尔柯夫《半神》，载《莽原》半月刊1月25日第2期

1926年2月10日　译阿陀诺夫斯奇《森林的故事》，载《莽原》半月刊第3期

1926年2月25日　译梭罗古勃《邂逅》，载《莽原》半月刊第4期

1926年5月10日　译伊夫《极乐世界》，载《莽原》半月刊第9期

1926年5月25日　作《〈往星中〉的序》，载《莽原》半月刊第10期

1926年7月25日　译梭罗古勃《小小的白花》，载《莽原》半月刊第14期

1926年8月25日　作《〈外套〉的序》，载《莽原》半月刊第6期

1926年9月25日　译梭罗古勃《往绮玛忤斯去的路》，载《莽原》半月刊第18期

1926年10月25日　译梭罗古勃小诗三首，载《莽原》半月刊第20期

1926年11月10日　作《校了稿后》，载《莽原》半月刊第21期

1926年11月25日　作契里珂夫《献花的女神》，载《莽原》半月刊第22期

1926年11月　译都介涅夫《玛莎》，载《民国新报》副刊第32期

1926年12月25日　作诗《无题》，载《莽原》半月刊第24期

1927年1月10日　译普洛特尼珂夫《现代俄国文学底共通性》，载《莽原》半月刊第2卷第1期

1927年2月10日　译撒夫诺夫诗《这是很久了》，载《莽原》半月刊第2卷第3期

1927年3月25日　与李霁野共译特洛斯基《无产阶级的文化与无产阶级的艺术》，载《莽原》半月刊第2卷第6期

1927年4月10日　与李霁野共译《无产阶级的文化与无产阶级的艺术》（续一），载《莽原》半月刊第2卷第7期

1927年4月25日　与李霁野共译《无产阶级的文化与无产阶级的艺术》（续二），载《莽原》半月刊第2卷第8期

1927年5月10日　与李霁野共译《未来主义》，载《莽原》半月刊第2卷第9期

1927年6月10日　与李霁野共译《未来主义》（续一），载《莽原》半月刊第2卷第11期

1927年6月25日　与李霁野共译《未来主义》（续二），载《莽原》半月刊第2卷第12期

1927年7月10日　与李霁野共译《〈文学与革命〉引言》，载《莽原》半月刊第2卷第13期

1927年8月10日　与李霁野共译《乌希和洛德·伊凡诺夫》，载《莽原》半月刊第2卷第15期

1928年1月10日　作《通信》，载《未名》半月刊第1卷第1期

1928年5月　作诗《忆"黑室"中友人——呈青及霁野》

1928年6月　译俄国短篇小说集《最后的光芒》，商务印书馆1928年初版

1928年9月1日　作诗《乡人与山雀》，载《未名》半月刊第1卷第6期

1928年10月1日　作诗《悼亡友愈》，载《未名》半月刊第1卷第7期

1928 年 12 月 20 日　作诗《睡时》，载《未名》半月刊第 1 卷第 10、11 期

1929 年 1 月 25 日　译卢那卡尔斯基《托尔斯泰底死与少年欧罗巴》，载《未名》半月刊第 2 卷第 2 期

1929 年 2 月　译 1923 年至 1926 年间翻译的俄国、波兰、丹麦等国作家的散文、小品和诗歌的结集《黄花集》，未名社出版部 1929 年版

1929 年 4 月 10 日　作诗《白色的丁香》，载《未名》半月刊第 1 卷第 7 期

1929 年 9 月　作诗《晨歌》《幻梦》等

1929 年 11 月 28 日　作散文《蜘蛛的网》

1930 年 4 月 30 日　作散文《痕六篇》：1.《影的辞行》；2.《"窄狭"》；3.《端午节的邀请》；4.《小猫的拜访》；5.《蜘蛛的网》；6.《焚花》。载 1930 年 4 月 30 日第 2 卷第 9 期《未名》半月刊

1930 年 10 月 24 日　作诗《在 P 院七号病床上》

1930 年 10 月 25 日　作诗《落叶之歌》

1931 年 6 月　为韦丛芜翻译的陀思妥耶夫斯基《罪与罚》写《前记》

1931 年 9 月　作散文《别》《虚惊》，诗《致识者 POVE 女士》

1932 年 3 月 30 日　作诗《生命苦了我》

1932 年 6 月 15 日　作诗《压干的连翘花》

1932 年 6 月 25 日　为共产党员赵赤坪作诗《怀念我的一位亲友——呈坪》

1932 年 8 月 1 日 5 点 35 分　韦素园病逝于北京同仁医院，留下了两本日记和几十封信札

　　韦素园逝世两年后，1934 年 4 月 3 日，鲁迅先生手书了韦素园碑文。1934 年 7 月，鲁迅先生写下《忆韦素园君》，亲切记述了他与韦素园的交往过程与友情，热情赞颂了素园的高尚品质、人格精神、文学成就以及他为未名社所作的重要贡献。

韦素园研究资料目录

鲁迅：《编校后记》，《奔流》1929年4月20日第1卷第10期

鲁迅：《韦素园墓记》，《鲁迅全集》第6卷，人民文学出版社1958年版

鲁迅：《忆韦素园君》，《鲁迅全集》第6卷，人民文学出版社1958年版

鲁迅：《鲁迅书信集》，人民文学出版社1976年版

鲁迅：《〈十二个〉后记》，《鲁迅全集》第7卷，人民文学出版社1958年版

鲁迅：《〈两地书〉序》，《鲁迅全集》第9卷，人民文学出版社1958年版

鲁迅：《〈两地书〉六〇、一三二》，《鲁迅全集》第9卷，人民文学出版社1958年版

李霁野：《忆素园》，《文学月刊》1936年8月1日第1卷第4期

李霁野：《记未名社》，《天津日报》1952年10月20日

李霁野：《记未名社》，《文艺学习》1956年第10期

李霁野：《回忆鲁迅先生》，新文艺出版社1956年版

李霁野：《鲁迅和青年》，《大公报》1961年9月24日

李霁野：《鲁迅先生对于文艺嫩苗的爱护与培养》，《河北文艺》1976年9月

李霁野：《从"烟消云散"到"云破月来"》，《安徽大学学报》1977年第2期

李霁野：《流落安庆一年锁记》，《河北文学》1979年第5期

李霁野：《五四风雷在阜阳县第三师范学校》，《中国现代文学研究丛

刊》1980年第1辑

李霁野：《韦素园墓碑记》，《鲁迅先生与未名社》，湖南人民出版社1980年版

李霁野：《鲁迅先生与"安徽帮"》，《江淮论坛》1981年第4期

李霁野：《未名社几个安徽成员》，《文史资料》1981年7月第6辑

李霁野：《厄于短命的韦素园》，《天津师院学报》1977年第6期

李霁野：《鲁迅先生与未名社》，人民文学出版社1984年版

王冶秋：《离开我们八年了——素园》，《新蜀报》1940年7月25日

王冶秋：《渴念亡友——素园》，《新蜀报》1943年8月20日

王冶秋：《鲁迅和韦素园》，《北京日报》1956年10月11日

王冶秋；《鲁迅与韦素园》，《未名文艺》2011年第1期

韦素园：《韦素园选集》，安徽文艺出版社1985年版

韦顺：《韦素园传略》，《新文学史料》1980年第3期

韦顺：《韦素园性格》，《人民日报》1982年6月11日

韦顺：《韦素园改名》，《映山红》1982年第1期

韦顺：《热血一腔入小诗——韦素园遗诗介绍》，《映山红》1982年第2期

韦顺：《韦素园的星火之恋》，《江淮文史》2009年第5期

韦顺、方锡九、安天国：《未名四杰的童年岁月》，《大别山晨报》2007年4月27日

韦顺、韦德锐：《鲁迅说他是"石材"和"泥土"》，《文汇报》2012年8月15日

韦顺、王曾睿：《鲁迅培养的青年文学战士——韦素园》，《中国现代文艺资料丛书》1980年第5辑

韦苇：《最后一束光亮——读韦素园病中书简》，《文教资料简报》（南京师院图书馆、中文系资料室编）1982年第9期

韦文康：《韦素园著译目录》，《文教资料简报》（南京师院图书馆、中文系资料室编）1982年第9期

韦德亮：《韦素园的两次恋爱》，《解放日报》1984年9月9日

韦德锐：《鲁迅和韦氏兄弟》，《大江南北》2016年第11期

包子衍：《〈鲁迅日记〉中的未名社》，《中国现代文艺资料丛刊》1979年10月第4辑

曹靖华：《哀目寒》，《人民日报》1980年10月20日

陈登林：《楼下的石材园中的泥土——论韦素园的诗文创作》，《合肥师范学院学报》2014年第5期

陈漱渝：《未名社及其文学精神》，《新文学史料》2005年第1期

杜一白：《鲁迅与韦素园》，《辽宁大学学报》1977年第3期

冯锡玮：《一株悄然早谢的丁香》，《中国文学研究》1900年第4期

顾众：《"未名四杰"之一——韦素园》，《映山红》1985年第1期

胡从经：《〈未名丛刊〉与〈乌合丛刊〉广告》子目考察，《社会科学辑刊》1982年第1期

韩传喜：《未名社的文化形态》，《临沂师范学院学报》2004年第4期

黄开发：《墓碑上刻着鲁迅手书的碑文》，《博览群书》2019年第9期

黄圣凤：《韦素园传》，《鲁迅研究月刊》2020年第6期

黄艳芬：《独夜有知己——鲁迅与韦素园交往的深沉思考》，《合肥师范学院学报》2012年第5期

黄艳芬：《病隙中的碎笔——论未名社作家韦素园的文学创作》，《合肥师范学院学报》2014年第3期

姜德明：《韦素园的〈黄花集〉》，《书边草》，浙江人民出版社1983年版

姜德明：《韦素园的〈黄花集〉》，《书叶集》，花城出版社1981年版

江琼：《"未名四杰"的文学成就与贡献》，《皖西学院学报》2011年第3期

江琼、李国宏：《韦素园的人格魅力与文学才华》，《皖西学院学报》2012年第6期

江琼、潘应：《蒋光慈与韦素园——同殉革命事业的同乡挚友》，《皖西

学院学报》2018年第3期

九院校编写组：《中国现代文学史》，江苏人民出版社1979年版

陆冰扬：《韦素园及其诗文述评》，《宁波教育学院学报》2000年第5期

柳冬妩：《"未名四杰"所在明强小学教师考略》，《粤海风》2018年第4期

柳冬妩：《韦素园与高晓岚的"两地书"》，《中国现代文学研究丛刊》2019年第12期

柳冬妩：《未名社成员韦素园佚文考述》（上），《名作欣赏》2021年批1期

柳冬妩：《未名社成员韦素园佚文考述》（下），《名作欣赏》2021年批2期

刘敬坤：《未名社中的"霍邱帮"》，《江淮文史》2006年第2期

李南蓉：《简论安徽霍邱青年作家群》，《阜阳师院学报》1982年第3期

李立明：《中国现代六百作家小传》，香港波文书局1977年版

刘绶松：《中国新文学史初稿》，作家出版社1957年版

林志浩主编：《中国现代文学史》，中国人民大学出版社1964年版

马德俊：《未名故里话"四杰"》，《中国现代文学研究丛刊》1987年第6期

彭龄、章谊：《韦素园与果戈理的〈外套〉》，《世界文化》2011年第10期

史挥戈：《未名社概述》，《济南教育学院学报》2000年第2期

唐弢主编：《中国现代文学史》，人民文学出版社1979年版

唐弢、严家炎主编：《中国现代文学史》，人民文学出版社1982年版

田仲济、孙昌熙主编：《中国现代文学史》，山东人民出版社1979年版

王家伦：《一篇诗化的散文——韦素园〈春雨〉诗的意境》，《名作欣赏》1998年第5期

吴腾凰：《韦素园年表》，《文教资料简报》（南京师院图书馆、中文系资料室编）1982年第9期

吴太松：《小镇青年与新文学——"未名四杰"早期经历的考察》，《现代中国文化与文学》2021年第35辑

王瑶：《中国新文学史稿》，又新文艺出版社1954年版

许建辉：《未名鸿印》，《文艺报》2014年3月21日

谢昭新：《谈韦素园的散文》，《安庆师院学报》（社会科学版）1985年第4期

于雷编著：《中国新文学思潮》，香港万源图书公司1974年版

余学玉：《论韦素园的文学理论成就》，《皖西学院学报》2012年第6期

中南七院校编：《中国现代文学史》，长江文艺出版社1979年版

下　编

韦丛芜研究资料

第一篇 韦丛芜生平资料

韦丛芜传略

谢昭新

韦丛芜于1905年3月16日（农历2月11日），生于安徽省霍邱县叶集北大街一个小商人家庭。名韦崇武，又名韦立人、韦若愚，笔名东滢、蓼南、霉江、白莱、W、力行等。父兄弟四人，排行二，在叶集作米坊，店号"韦合兴义记"。母孔氏为人贤惠，好客。丛芜兄弟姊妹七人，大哥韦崇壁（凤章），二哥韦崇义（少堂），三哥韦崇文（素园），小弟韦崇斌，姐姐韦崇英，妹妹韦崇贤。

1911年2月，韦丛芜七岁，入叶集私塾发蒙。

1912年秋，与兄韦素园进霍邱县立小学读书。

韦丛芜幼年便具有诗才诗艺，据韦顺《苦涩的记忆》所记：崇武自幼就很聪慧，所在学校很重视吟诗作对。一次国文老师在课堂上出了一幅对子的上联："蚩尤兴大雾"，要学生快对，崇武很快对出："孔明祭东风"。一次，同学陈世铎对崇武说："韦崇武，你能把你兄弟俩的名字嵌上作首诗吗？"崇武稍加思索，随口吟道："崇高遵孔训，仰慕敬岳忠。纬武经文备，魁英冠世雄"。不仅将崇文、崇武兄弟俩的名字嵌入诗中，而且表达了他习文练武为国为民做事的雄心壮志。

1914年秋，韦丛芜转入叶集新办的民强小学高级班一年级读书，同班中有韦素园、台静农、李霁野、张目寒等。

1918年春，大哥韦凤章已在长沙湖南省第一区（兼第四区）任省视学，又兼任湖南省通俗书报编辑所所长。韦丛芜和韦素园同到长沙，考入湖南省立法政专门学校。

1919年，韦丛芜继续在湖南省立法政专门学校读书。"五四"运动爆发，学校的学生也积极行动起来，声援北京的学生运动，丛芜的哥哥韦素园在学校已成为有名的"学运"领导，韦丛芜也深受"五四"精神和素园进步思想的感染。

1920年，韦丛芜考入阜阳安徽第三师范学校读书，与同学李霁野、陈素白、李何林要好，订阅《新青年》《少年中国》《时事新报》副刊、《学灯》《民国日报》副刊、《觉悟》，从中接受新思想、新文化。适年，丛芜第一次读到了鲁迅1918年发表在《新青年》5月号上的小说《狂人日记》。鲁迅以"吃人"二字概括了两千多年的封建社会本质，让他感动不已，最早产生了对鲁迅先生的崇尚情感。

1921年2月，安徽第五中学学生蒋光慈从故乡白塔畈步行四十里来叶集访问台静农、李霁野、韦丛芜，聚谈甚欢。同年3月，蒋光慈与韦素园参加去苏联的青年团体，由皖达沪，来函阜阳，邀丛芜同行，由于苏俄海船行期提前，未果。冬，韦丛芜、李霁野等遭到守旧学生攻击，他们愤然退学，离开阜阳第三师范学校。

1922年春节后，韦丛芜与李霁野同赴安庆，投奔大哥凤章。到安庆不久，即与李霁野同在《评议报》上办《微光》周刊，攻击封建主义旧道德、旧婚姻制度，宣传新思想、新文化。不久，又在《皖报》上办了几期《微光》副刊，宣传新文化，传播进步思想。5月20日，写《致新生先生的一封信——读〈教育杂感〉（四）后的杂感》，鼓动学生从事社会活动，改革学界下流习风，并对旧的婚姻制度作了大胆挑战。此文发表于1922年6月4日《民国日报》的副刊《觉悟》上。同年夏，韦丛芜考进湖南岳阳湖滨大学附中，在二年级读书。

1923年放寒假时，正值"二·七"大罢工。韦丛芜回皖探亲，在火车上结识了岳阳城内教会女中两姊妹，产生爱情，后来以此为题材，创作了抒情长诗《君山》，分为40部，150节，共606行，可谓现代新诗中最长的情诗。中国现代最为杰出的抒情诗人冯至曾十分推崇《君山》。6月，韦丛芜离开湖滨大学附中前往北京，与韦素园、李霁野等同住在北京大学一院大楼对面的沙滩五号公寓里。同年秋，考入北京崇实中学高中，在二年级读书。

1924年1月，开始在《晨报》副刊发表译作。同年夏，在江苏常州的大哥凤章病逝，对素园、丛芜两人精神打击颇大。长兄留下遗书，叫他们返回安徽老家，以免在外地颠沛流浪，但他们在痛定之后，决定仍留北京，继续奋斗。丛芜当时写下了一首《忆凤章大哥》的哀诗："欲了尘缘为寺僧，白云缥缈忆知音。萧萧落叶叩心曲，阵阵清风送游魂。"后来，丛芜又写了《忆凤章》诗三首，表示对大哥的深切怀念。同年秋，韦丛芜开始翻译俄国陀思妥耶夫斯基的长篇小说《穷人》。

1925年1月，韦丛芜翻译俄国陀思妥耶夫斯基的短篇小说《阿列依》，1925年5月1日发表于《莽原》周刊第2期。同年春，韦丛芜结识鲁迅先生。当时，鲁迅先生每周到北京大学讲授一次《中国小说史》，韦丛芜和其兄韦素园常旁听鲁迅讲课。下课后，鲁迅也常到他们的住处——沙滩五号公寓小屋里坐坐，和他们亲切交谈，接触较多。3月，张目寒把韦丛芜翻译并通过韦素园对照俄文修改的陀氏的《穷人》送鲁迅先生。5月9日，韦丛芜拜访鲁迅先生。1925年5月29日，韦丛芜在《莽原》周刊第6期发表散文诗《冰块》。7月，以蓼南为笔名发表小说《校长》，载《小说月报》1925年7月10日第16卷第7号。该篇小说后由鲁迅推荐给郑振铎在《小说月报》上发表。据韦丛芜《读〈鲁迅日记〉和〈鲁迅书简〉——未名社始末记》所记，"一九二五年三月二十二日目寒带霁野去见鲁迅先生，二十六日霁野把我署名蓼南的短篇小说《校长》寄给先生，二十八日先生即转寄郑振铎先生，后来刊登在《小说月报》上，这就是我同鲁迅先生最初的关系。"[1]7月作长篇对话体散文诗《我和我的魂》，《我和我的魂》（一、二、三、四）连载于《莽原》周刊1925年7月至9月的第15、16、19、22期。后韦丛芜于崇实中学毕业，将《君山》组诗抄送鲁迅先生审阅，鲁迅先生甚喜。同年秋，韦丛芜进燕京大学读书。

1925年8月30日，在鲁迅先生的建议和领导下，韦素园、韦丛芜、曹靖华、台静农、李霁野等创办了"五四"以来的新文学社团——未名社，接

---

[1]韦丛芜：《读〈鲁迅日记〉和〈鲁迅书简〉——未名社始末记》，《鲁迅研究月刊》1987年第2期。

编原由北新书局出版的《未名丛刊》（专收翻译），另出《未名新集》（专收创作）。9月，未名社出版部成立，出版了鲁迅翻译的厨川白村的《出了象牙之塔》。鲁迅建议将韦丛芜的《君山》列为未名新集之一出版。此间，韦丛芜化名霉江与鲁迅发表《通信》，指责现代评论派成了"与反动派朋比为奸的""本阶级的恶势力的代表"①同年12月，在鲁迅主编的《国民新报》副刊第13期上发表小说《忏悔》。后译丹麦作家哈谟生的《奇谈》，1926年5月25日以白莱为笔名发表于《莽原》半月刊第10期。

　　1926年1月4日，作散文《母亲新年晚上的梦》，6月10日以白莱为笔名发表于《莽原》半月刊第11期。从1月10日至8月10日，抒情长诗《君山》在《莽原》半月刊连载。2月，作诗《绿绿的火》，载《莽原》半月刊1926年3月10日第5期。3月18日，北京数千民众抗议日本帝国主义侵犯中国主权，遭反动政府枪杀，死40人、伤150人。韦丛芜参加了这次请愿、集会活动，在执政府大门口受到轻微枪伤，被压在死人堆中，几小时后始挣脱出险。"三·一八"惨案后，鲁迅建议韦丛芜将亲身经历写出来，丛芜写了《我披着血衣爬过寥阔的街心——记三月十八日国务院前大屠杀》《我踟蹰，踟蹰，有如幽魂》两诗，分别载《莽原》半月刊1926年3月25日第6期、《莽原》半月刊1927年1月10日第2卷第1期。这两首诗后收入他的第二本诗集《冰块》。3月21日，韦素园、韦丛芜、曹靖华、台静农、李霁野拜访鲁迅先生，这是未名社成员的唯一一次聚会。3月25日，发表译文《〈穷人〉译本引言（TnomasSeltzer）》，载《莽原》周刊1926年3月25日第6期。6月，韦丛芜译俄国陀思妥耶夫斯基长篇小说《穷人》，由未名社出版。鲁迅为《穷人》译本作序，写了《〈穷人〉小引》，称陀氏是"人的灵魂的伟大的审问者"，是"在高的意义上的写实主义者"。"他写人物，几乎无须描写外貌，只要以语气，声音，就不独将他们的思想和感情，便是面目和身体也表示着，又因为显示着灵魂的深，所以一读那作品，便令人发生精神的变化"。他盛赞当时还未见陀氏作品译本的情况下，"这回丛芜才将他的最初的作品，最初绍介到中国来，我觉得似乎很弥补了些缺憾"。丛芜是用康斯坦

①霉江,鲁迅:《通信》,《莽原》周刊1925年9月4日第20期

斯·迦内特的英译本为主，参考了美国现代丛书出版社的《现代丛书》，对于书中的"歧异之处"，鲁迅还"比较了原白光的日文译本以定从违，又经素园用原文加以校定"①可见鲁迅对韦丛芜《穷人》译本的精心。6月10日，韦丛芜以蓼南为笔名，在《小说月报》1926年6月10日第17卷第6号发表小说《在伊尔蒂河岸上》。在燕京大学讲授欧洲文学史的巴特列特仰慕鲁迅先生，多次托韦丛芜介绍拜访。经事先约定，6月11日晚，三人在鲁迅寓所会见，韦丛芜自任翻译。巴特列特曾拟写《与鲁迅先生的谈话》一文，后未果。8月，韦丛芜在《莽原》半月刊1926年8月25日第16期上发表诗《荒坡上的歌者》。10月，在《莽原》半月刊1926年10月10日第19期上发表《诗人的心——为〈兰生弟日记〉主人公作》。

1927年1月，韦丛芜继续在燕京大学读书。发表诗《一颗明星》，《莽原》半月刊1927年1月25日第2卷第2期。2月，发表诗《燃火的人》，《莽原》半月刊1927年2月10日第2卷第3期。3月，《君山》由未名社初版。鲁迅对《君山》十分赞赏，特地请画家林风眠为此书设计封面，又请版画家司徒乔作插图10幅，并将《君山》列为《未名新集》之一出版。《君山》分成40部，150节，共606行，可能是现代新诗中最长的情诗，作为中国最为杰出的抒情诗人冯至就十分推崇《君山》，可见《君山》在中国现代新诗史上的重要地位。5月，发表《倘若能达底也罢》，《莽原》半月刊1927年5月10日第2卷第9期，以W为笔名发表译诗《从春天到冬天》，《莽原》半月刊1927年5月25日第2卷第10期。6月，译惠特曼诗二首：《敲！敲！敲！》《从田野来呀，父亲》，载《莽原》半月刊1927年6月25日第2卷第12期。9月，作《西山随笔·小引》，载《莽原》半月刊1927年10月10日第2卷第18、19期。10月，译《一道阳光》，载《莽原》半月刊1927年10月10日第2卷第18、19期。《西山随笔·Sweetspenser》，载《莽原》半月刊1927年10月25日第2卷第20期。11月，《西山随笔·〈荒坡上的歌者〉序》，载《莽原》半月刊1927年11月25日第2卷第20期。12月，《西山随笔·十四行诗与结婚歌》，载《莽原》半月刊1927年12月25日第2卷第20期。本年，韦

①鲁迅：《〈穷人〉小引》，《鲁迅全集》第7卷第103—105页，人民文学出版社1998年版。

丛芜因创作、翻译积劳成疾，大量咯血，故于燕京大学休学。

1928年1月，作《西山随笔·未名》，载《未名》半月刊第1卷第1期，1928年1月10日；发表译诗《请求》，载《未名》半月刊第1卷第1期，1928年1月10日；发表译诗《开玛的花园》，载《未名》半月刊第1卷第1期，1928年1月25日。4月7日，未名社被反动政府查封，韦丛芜、台静农、李霁野被捕。丛芜因病保释，不久，回燕京大学继续上学。9月，发表译诗《在电车上》，载《未名》半月刊第1卷第6期，1928年9月1日；译诗《珂克莱派与航特》，载《未名》半月刊第1卷第6期，1928年9月1日；译《陀思妥夫斯基的忌妒》，载《未名》半月刊第1卷第6期，1928年9月1日。10月，译《十八世纪末叶美国文学略论》，载《未名》半月刊第1卷第7期，1928年10月1日。同期发表译《诗》。11月，发表译文《渥兹渥斯与珂莱锐吉》，载《未名》半月刊第1卷第8、9期，1928年11月30日；同期发表韦丛芜译《归国》。12月，发表译文《祈祷》，载《未名》半月刊第1卷第10、11期，1928年12月20日；译《诗人榜思传》，载《未名》半月刊第1卷第12期，1928年12月31日。本年，翻译英国斯微夫特的长篇小说《格列佛游记》（卷一），未名社出版部1928年出版。

1929年1月10日，译英国葛斯的论文《英国十九世纪初叶的小说家》，载《未名》半月刊第2卷第1期，1929年1月10日；同期发表译诗《阁伯斯的歌—自 IndiasLoveLyrics》。1月25日，发表译诗《星光—自 IndiasLoveLyrics》，载《未名》半月刊第2卷第2期，1929年1月25日。2月10日，译英国葛斯的论文《英国十九世纪四十年代的诗人》，载《未名》半月刊第2卷第3期，1929年2月10日。3月，发表译诗《到我醒时》《当爱情过去了》《在晴朗的早晨》，分别载《未名》半月刊第2卷第5期、第6期，1929年3月10日、3月25日。翻译俄国作家蒲宁短篇小说集《张的梦》，由北新书局1929年出版。4月，韦丛芜第二本诗集《冰块》由未名社初版。5月22日，韦丛芜代表燕京大学邀请鲁迅到校作了《现今的新文学的概观》的讲演。30日上午，鲁迅先生由韦丛芜、张目寒、台静农、李霁野陪同，乘车去西山看望韦素园。7月，译法国作家贝罗的童话集《睡美人》，由上海北新书局初版。韦丛芜于燕京大学毕业。本年，韦丛芜主编过《燕大月刊》，还翻译并出版了陀思妥耶夫斯基的中篇小说《女房东》，陀思妥耶夫斯基夫人所著《回忆陀思妥也夫斯基》，由现代出版社1930年出版。

1930年1月，韦丛芜经营未名社出版业务。4月，译英国葛斯《巴克评传》，载《未名》半月刊第2卷第9、10、11、12期，1930年4月30日；译英国葛斯的《英国文学·拜伦时代》，由未名社同年初版。6月，译陀思妥耶夫斯基长篇小说《罪与罚》，未名社出版部1930年出版。10月，作论文《关于斯伟夫特与格里佛》，载《北新》半月刊第4卷第18期。11月，译《近三十年的英国文学》，载《现代文学》月刊第1卷第5期。年底，韦丛芜至沪见鲁迅先生，汇报业务，请求办法。走时，把出版业务交给堂兄韦佩弦代理。大约又维持了大半年，未名社终于解体。本年，由未名社出版了韦丛芜对话体散文诗集《我和我的魂》、译著《罪与罚》《近代英国文学史》《拜伦时代》等。

1931年1月，韦丛芜住沪，继续翻译英国葛斯的《近代英国文学史》第三部分。3月，译《前期维多利亚时代的英国文学》，载《文艺月刊》第2卷第3号，1931年3月30日。4月，译《前期维多利亚时代的英国文学》（续），载《文艺月刊》第2卷第4号，1931年4月30日。6月，译《谭尼孙时代的英国文学》，载《文艺月刊》第2卷第5、6号，1931年6月30日。本月，韦丛芜将《近代英国文学史》全部译完，由蔡孑民先生介绍给上海大东书局出版。6月7日，韦丛芜结束未名社各项账款，离沪返回北平。7月，译《谭尼孙时代的英国文学》（续），载《文艺月刊》第2卷第7号，1931年7月15日。8月，译《文学史作法论》，载《现代文学评论》第1卷第4期、第2卷第2期，1931年8月10日。作《〈开玛尔的花园〉引言》，载《文艺月刊》第2卷第8号，1931年8月15日。9月，与皎云共译《撒谎记》，载《文艺月刊》第2卷第9号，1931年9月30日。10月，译《英国代表剧》，载《文艺月刊》第2卷第10号，1931年10月30日。本年秋，韦丛芜应邀至天津女子师范学院任英文系教授，讲授英国文学史、英国戏剧和翻译课，是时，在哥伦比亚任教的王锡礼通过沈从文请韦丛芜对调教职，韦丛芜用英语写了《现代中国文学史》导言部分的讲稿。由于家事牵累，后放弃赴美讲学机会。

1932年1月，译《英国主要的戏剧家》，载《文艺月刊》第3卷第1号，1932年1月30日。同年春，韦丛芜肺病复发。不久，接韦素园函，称病笃。7月底，素园转至北京城内同仁医院。8月1日，素园逝世，丛芜料理丧事。暑期赴北京汤山温泉疗养。同年秋，日本侵略者加紧侵犯我国领土，国难当头，民族危机深重。韦丛芜提出救亡图存的"合作同盟"主张。他认为，为救国难，必须先停止内战，为得到停战保障，必须建立一个国共两党及全国各阶层均可接受的经济基础。并设想在全国组织一个"中国合作股份有限公司"，把全国一切公有财产和私有财产一律组织在合作社内，实行公产制度，全民都是股东，限定资本家最高收入额，保障贫民最低生活费，以结成各阶级、各阶层的同盟。①

1933年1月，韦丛芜继续在天津女子师范学院任教。在胡愈之主编的《东方杂志》新年特大号上发表《新年的梦想》。对这一"梦想"韦丛芜后来有这样的表述："我想，救国必须举国一致，首先就需要国共合作，停止内战，同时也需要各阶级合作，停止斗争，以便一致对外。然而空谈是没有用的，至少是没有基础的，必须有一套新的经济制度，为国内各党派各阶级所接受，这种合作才能持久，才能有效地应付强敌。因此我想出全国合作化的经济政策。不仅全国土地合作化，各行各业合作化，就是一切国营企业与其他国有资产也一律加入合作组织中，成立一个统一的中国合作社股份有限公司。在这个合作社里，全国成年男女都是社员和股东，一方面实行生产资料公共所有制，并规定全体社员生活的最高限制和最低保障，我以为这可以取得共产党的同意，一方面实行按财记股，使资本家享有合作社领导权，使执政党享有最高领导权，我以为这样可以取得资产阶级和国民党的同意。这种'公产私财'的经济组织，我在当时认为是实行民生主义的具体办法，也就是过渡到社会主义的具体办法，同时也是抗日的经济力量和政治力量的源泉。然而这是一个梦想。"

韦丛芜梦想着实现中国合作社股份有限公司的组织。他自费印了一期

---

①高璐:《韦丛芜和霍邱的乡村建设运动》,《安徽史学》1993年第1期。

《合作同盟》，宣传抗日救国的合作政策。《合作同盟》共印1000册，送鲁迅一册。鲁迅先生读到韦丛芜寄赠给他的《合作同盟》一书后，于1933年6月28日致台静农信中这样写道："立人先生大作，曾以一册见惠，读之既哀其梦，又觉其凄凄。昔之诗人，本为梦者，今谈世事，遂如狂醒；诗人原宜热中，然神驰宦海，则溺矣，立人已无可救，意者素园若在，或不至于此，然亦难言也。"[①]

5月14日，丁玲在上海寓所被捕，韦丛芜曾设法营救过丁玲。

全国解放后，韦丛芜在上海新文艺出版社任英文编辑，1951年12月3日给丁玲写信，忆及当时设法营救时说：昨晚上同小潘（应人）见面，廿年后的第一次见面，谈起约在廿年前我们在南京陪都饭店见面的事情，他说你在延安同他也曾谈到过。我在上海翻译协会内也常和同人们谈起这件事。你给我的那张纸上所写的信是多么美丽而又不胜哀愤啊！我藏在大衣内口袋里，足足有七年，以后四边磨破，变成四块了。

你托我的事情是要把你被捕的消息报告给蔡子民先生，这，我当时在草坪上这一头（你同另一位同志在那一头）向我后来的老婆（天津女师学院学生）大声说，"报上已登出蔡先生他们营救丁玲"，就是说给你们听的，难道你没有听见么？我是说出叫你放心的。那天的事情真是突然！我万没有料到，在报纸上刚看见的被捕失踪的老友丁玲，竟出现在我的身边，那位同志扔给我一个纸团，真把我吓了一跳。第二天我在写给夏丏尊先生的信中提到在南京偶尔看见了你。事实上，大家都已经知道你被捕而且被带到南京去了。……昨晚同小潘谈了三个钟头的过去历史，非常痛快，希望什么时候有机会，我们也可以谈谈。

韦丛芜所说"报上已登出蔡先生他们营救丁玲"，是指5月23日蔡元培等38人联名向南京国民政府发出营救丁、潘的电报。信中说到的潘应人，是潘漠华的弟弟，上海左翼文学青年，原名潘恺霖，因仰慕同敌人搏斗牺牲的应修人，改名潘应人。

丁玲没有给韦丛芜回信，她不愿意同不明底细的人、给国民党干过事的

---

①鲁迅：《致台静农》，《鲁迅书信集》（上卷）第385页，人民文学出版社1976年版。

人谈论那件让她吃过苦头的往事。韦丛芜未见回信，又听小潘说丁玲对他有误会，便于1952年5月1日再次写信解释说：我对你只抱歉我没有力量帮你忙，你也只托我把你被捕消息告知蔡子民先生，我当时在草坪上已经侧面转告（在草坪另一头）你，蔡先生已经知道，并已经在营救了。你写的那一小块纸，抒情的成分多，与政治毫无关系，那是不必让任何人看的东西。我保存了七年，（我可以凭着一切发誓，）最后我经商由重庆到上海时才留交给重庆家人辗转遗失了。

丁玲仍然没有回信，但是韦丛芜的两封信她却一直保存着，那里边有一些涉及她的历史的重要资料。

9月，韦丛芜回到家乡，在孔子庙办私塾，取名"农村合作自卫研究院"，陆续招来了百余名学生。

12月，奔父丧。葬父后，居家译《格里佛游记》卷三和卷四。该书全四卷售予中英庚款文化基金委员会，以偿还父亲的安葬费。

本年，译《英国戏剧家》、萧伯纳的戏剧集《撒谎记》，交上海大东书局出版。

1934年4月，以笔名白莱发表小说《卖不掉的商品》，载《现代》第4卷第6期，1934年4月1日。5月，发表《中国目前为什么没有伟大的作品产生》（讨论），载《春光》月刊1卷3号，1934年5月1日。本年，曾在燕京大学任教的巴特列特自美国来信，要韦丛芜代搜集鲁迅先生的生活材料及作品，韦丛芜立即应邀，用英语写了鲁迅传略，并翻译了《狂人日记》《故乡》及《野草》里的一篇散文诗寄去。办"兴复农村工作训练班"，招来第一期学生250名。年底，安徽省政府主席刘镇华任命韦丛芜代理霍邱县县长。接任后，他发动群众开发东西两湖，建闸疏河，放出湖水，涸出湖地，垦出几十万亩湖田，并将它分为"社会主义""半社会主义"和"国家资本主义"几种经济形式，试验全民所有制经济。当地民众称其为"廉洁的清官"。

1935年4月，以白莱为笔名发表《关于契诃夫的创作》，载《芒种》半月刊第4期，1935年4月20日。5月，以白莱为笔名发表散文《血》，载《东流》月刊第1卷第6期，1935年5月。夏，韦丛芜担任县长后，曾向安徽省财政厅申请贷款10万元，在西湖入淮处建了两座水闸，分别命名为"万民闸"和"万户闸"。湖水基本排干后，又在闸口和霍邱西门之间挖了一条10余公里的运河，还挖了两大片船塘和养鱼池，以便行船和养鱼。韦丛芜的开发改造取得成效，当地农民喜获丰收。

1936年春，韦丛芜将10万亩中心湖地划给安徽大学农学院作农场，以实验全民所有制经济，由此便得罪了当地土豪劣绅。10月，韦丛芜写了四首《述怀》诗，表达他接任县长时为民办事的志向，抒发丰收的喜悦之情。其一，"甘冒不讳试经纶，何怨求仁竟得仁。堪叹神州将沉没，两湖烟景待斯人。"其二，"牛刀小试惊海内，咄咄称怪问为谁。龙潭虎穴只身闯，哪管他人说是非！"其三，"万顷波光变稻黄，西风卷浪送清香。书生投笔试经济，只为御侮寻妙方。"其四，"稻逐水长傲水乡，一片黄金十里光。但遣新策结硕果，万家欢跃任收藏。"

1937年1月，由于韦丛芜实验全民所有制经济，得罪了当地土豪劣绅。于是地方上的贪官污吏和土豪劣绅沆瀣一气，将罪恶的魔爪伸向了韦丛芜。先是由安徽省民政厅下令要把韦丛芜从霍邱调往临泉县任县长，韦丛芜坚决不从；又收买刺客刺杀韦丛芜未遂；再以"安徽霍邱旅省同乡会"的名义向安徽省政府主席递交了一份近4000言的控告状，对韦丛芜进行恶毒攻击和陷害。这段控告状词，将韦丛芜实验《合作同盟》计划定为"赤化""通共"，这就为国民党安徽省政府逮捕关押韦丛芜找到了理由，但也以此照见韦丛芜推行"合作同盟"的进步性。他的一系列做法损害了地主豪绅利益，而有利于广大平民百姓。2月，由安徽省主席刘镇华出面以渎职罪将韦丛芜逮捕关押。早在韦丛芜酝酿"合作同盟"计划时，燕京大学黄子通、杨开道、许士廉等先生就提醒过他，规劝他不要放弃文学。李何林也曾加以劝阻。在实验过程中，山东乡村建设研究院院长梁仲华先生也曾告诫他切勿触及土地问题，免遭杀身之祸。韦丛芜身陷囹圄，回首往事，吟诗自嘲："三载奔波兴百里，只为祖国试经济；一夕离境身为囚，星斗满天长叹息。"7月，抗战爆发后，韦丛芜被释放。至汉口妻子家生活。9月，在汉口《大公报》发表了《国民动员论》，主张以经济为中心全民抗战。

1938年，韦丛芜到甘肃省政府秘书处任挂名秘书，无事可做，遂与友人合作经商。

1939年，韦丛芜随妻家迁至重庆，此后，奔走于四川、甘肃、西安、上海等地经商，至抗战胜利后，又从事翻译。

1940年，翻译法国作家贝罗的《睡美人》，北新书局1940年出版。

1946年，9月10日，韦丛芜为译著《罪与罚》写六版《前言》，在《前言》中说，继1926年的怒吼之后又仰天长啸："巨石下的野草在九死一生中挣扎着从侧缝里向外发展，也会摇曳在阳光与和风中，低吟着生之歌曲……巨石何才能从野草上移去？"直接控诉了国民党黑暗统治。

1947年春，韦丛芜将《近代英国文学史》译稿售与上海正中书局以维持生活。同年夏，译完陀思妥耶夫斯基的长篇小说《西北利亚的囚犯》。12月，译陀思妥耶夫斯基的长篇小说《死人之家》，由上海正中书局初版。后译俄国陀思妥耶夫斯基著《穷人及其他》，1947年由上海正中书局出版。

1948年，在安徽省民政厅挂几个月秘书职，未到任。评《工党一年》，署名立人，载《文讯》月刊第8卷第1期，1948年1月15日。

1949年10月1日，中华人民共和国成立。韦丛芜获得新生。

1950年年初，韦丛芜参加了上海市翻译工作者协会，任文艺组组长。他以旺盛的精力从事翻译工作。6月，翻译了普斯托夫斯基的短篇小说集《卡拉布格海湾及其他》，文化工作社1950年6月版。8月，翻译了托尔斯泰的短篇小说集《里吉达的童年》，文化工作社1950年8月版。10月，翻译了格比敦·莫斯达凡的长篇小说《百万富翁》，文化工作社1950年10月版。12月，译完柴珂夫斯基的长篇小说《库叶岛的早晨》，海燕书店1951年5月出版。本年，翻译俄国作家陀思妥耶夫斯基长篇小说《西伯利亚的囚犯》文光书店1950年出版。

1951年1月，翻译出版了瓦洛辛的长篇小说《库斯尼兹克地方》，文化工作社1951年1月版。2月，发表评介《库斯尼兹克地方》的文章。3月，发表译作《萧伯纳特辑》（7篇）。译完爱伦堡等著的散文集《为和平而战》，文光书店1951年版。4月，翻译出版扬金短篇小说《一个塔哈诺夫工人的手记》，时代出版社 1951 年 4 月版。翻译出版克巴巴耶夫著《从白金国来的爱素丹》，文化工作社 1951 年 4 月版。发表评介《从白金国来的爱素丹》的文章。5 月，发表评介《库叶岛的早晨》的文章，载《小说月刊》第 5 卷第 4 期，1951 年 5 月 1 日。5 月 25 日，译完格林娜·尼古拉叶娃长篇小说《收获》，文化工作社 1951 年 8 月出版。6 月 18 日，译完玛米汉利等著短篇小说集《列宁——永远不落的太阳》，文化工作社 1951 年 7 月版。7 月，《苏联文学》编辑部辑论文《作家的写作法》，由韦丛芜翻译，载《小说月刊》第 5 卷第 6 期，1951 年 7 月 1 日。8 月，发表评介《收获》的文章。9 月，发表《回忆鲁迅先生》，载《文艺新地》第 1 卷第 8 期，1951 年 9 月 15 日。11 月，翻译出版了苏联文艺理论著作《文学青年写作论》，春明出版社 1951 年 11 月版。

1952 年 1 月，翻译出版了鲁克尼茨基的长篇小说《妮索》，文化工作社 1952 年 1 月版。5 月，翻译出版了斐定等著《苏联五作家》，文化工作社 1952 年版；洛姆诺夫等著《六作家论》，文化工作社 1952 年版；本年，韦丛芜担任了上海新文艺出版社英文编辑。

1953 年，继续在上海新文艺出版社工作。1 月，翻译出版了巴甫连珂的散文《意大利印象记》，文化工作社 1953 年 1 月。6 月，翻译出版了陀思妥耶夫斯基长篇小说《卓拉玛卓夫兄弟》（上、下卷），文光书店 1953 年 6 月出版；翻译出版了克巴巴耶夫的《共产主义的进军》，新文艺出版社 1953 年 6 月。本年出版波列伏依著《伟大水道的建筑者》，韦丛芜译，文光书店 1953 年版。

1954 年，继续在上海新文艺出版社工作。翻译美国作家杰克·伦敦的短篇小说集《热爱生命》，由上海新文艺出版社出版。

1955 年 8 月 9 日，被上海公安机关拘留审查历史问题。1956 年 2 月，由上海公安机关转送到安徽霍邱县公安局继续审查。3 月 3 日，写《读〈鲁迅日记〉的〈鲁迅书简〉》一文，表示不负党和人民政府的教育。此文原件先存于霍邱县公安局，后来发表在《鲁迅研究月刊》1987 年第 2 期。9 月，霍邱县公安局宣布韦丛芜历史问题已查清，无罪。回上海新文艺出版社，恢复原职。

1957年，继续在上海新文艺出版社工作。翻译出版了鲍里斯·波列伏依的短篇小说集《友好的微笑》。

1958年，翻译美国作家德莱赛的长篇小说《巨人》，新文艺出版社1958年出版。9月，韦丛芜历史问题又被重新提出，被上海公安机关拘留关押一年零四个月。

1960年4月，韦丛芜被强令迁居杭州。从1960年4月至1966年5月的六年中，韦丛芜在杭州闲居期间，生活十分艰难，但仍坚持读书、译书、创作。他在浙江省图书馆，有计划地阅读了大量的文、史、哲及有关自然科学的书籍。其中马列著作和哲学方面著作有：《马克思恩格斯论艺术》《马克思恩格斯论马尔萨斯》《西欧中世纪哲学史纲》；中国史书如《周书》《唐鉴》《辽史》等；世界史书如赫罗兹尼的《西亚细亚·印度和克里特上古史》、格罗特《希腊史》、多桑的《蒙古史》；自然科学书籍如《理论天文学基础》、波尔的《原子物理学和人类知识》、玻恩的《关于因果和机遇的自然哲学》……。这些书，均作了详细的读书笔记。

1966年"文化大革命"的十年中，韦丛芜蒙受冤曲，遭受灾难，但他仍然盯着文学事业，牢记1930年鲁迅先生对他的希望："以后要专译陀思妥耶夫斯基小说，最好能把全集译完。"从1958年到他逝世前，他翻译了陀思妥耶夫斯基的《永久的丈夫》《魂灵》《未成熟的青年》（上、下）、《孤女》《家庭的朋友》《地下笔记》《白夜》《叔叔的梦》《诚实的贼》《被侮辱与被损害的》《赌徒》《白痴》《着魔的人》等。完成了五百万字陀思妥耶夫斯基全集的浩大的翻译工作。

韦丛芜还创作了大量的诗歌、戏剧、小说。诗歌有：《湖上》《歌吟集》《夜歌》《金桥颂》《大上海幻想曲》《板桥诗抄》等。剧本有：《瑶池盛会》《白蛇游踪》《搰毛竹》等。小说有：《新西游记》《三生恋》《二十年代小故事》等。

1978年，韦丛芜经浙江省政协介绍到杭州丝绸学院任教（未到任）。12月19日，因心脏病溘然长逝，终年73岁。1980年1月31日，上海市中级人民法院作出撤销错案的决定，宣告韦丛芜无罪。

致新生先生的一封信

——读《教育杂感（四）》后的杂感

韦丛芜

新生先生：

前次李佳白到皖讲演，我听了那篇《教育当行之事》后，满腔失望与忧愤，只是要发而未发，因为第二天我准备到南京，以后赴宁之议打消了，那知李佳白又去了，兴头自然下去了。关于他的批评，除掉唐道海君一文在评议报发表外，就只有先生底一篇载在《觉悟》了。

今天又看《觉悟》，读完《杀人的教育啊!》这一篇，使我要拜谒先生的心更动了。这封讨论信，就作我底介绍书罢。

就先生的文里看来，工业某学生底自杀，至少含有五个问题：（一）学生服务问题；（二）读书问题；（三）教育问题；（四）经济问题；（五）恋爱问题。

教育问题，让教育专家去解决，我自信是浅学少年，只多不过尽点零碎批评的责任；经济问题，是全世界改造的问题，也不是我们三言两语能解决的；更不是这封短信所能讨论的。现在要请先生指教的，是（一）（二）（五）三项，虽说不是你本文的主旨，然而这局部的问题，也是很重要的。

（一）学生服务问题

好动是我们少年人的天性，在社会上作正当的活动，更是少年们的好趋向。所以我觉得学生服务，是一件顶好的事情。

但是同时要有正确的观念和方法：

什么是正确的观念呢？——就是要认清学生服务是发展本能的一种，不是学生应专攻的。

什么是正确的方法呢？——就是要划清服务与读书的时间，总使对于个身和社会两方可收互助之力，不使两方有相碍之弊。

然而现在的学生界是如何服务呢？——大半是借着服务出风头吧！试问切实做事的有几个？这是观念的谬误一；第二，就是把服务当作极荣誉、极英雄的事，所以就想作一般人的领袖，御人的谬误观念先横亘于心了。

观念既然错误，兴趣自然也有些偏向了；时间的分配，自然也是服务占了大部分，于是方法又错了！即如先生所说："某学生是很热心服务的，忽于某夜人都睡静的时候自缢，幸而同住的人被他那临死时的喘息声从酣梦里惊醒，发现较早，所以救活了。……据他事后自己说：'我是快卒业了，但是所学的呢？因为这两年并没有用功夫去研究科学……出校以后，升学罢，入学试验也难，未必能够应付。'……"我想学生至少也承认他服务的观念和方法有部分正确。

（二）读书问题

你说："五四运动以后，学生界呈一种可忧的现象：就是只做门面的功夫，不用真实气力。"是了，这确是我们学生界最可忧而且最痛心的事！浪漫是浮薄少年的口实；新诗、小说是漂亮脚色的偶像；按时工作是他们所鄙弃的笨物；从性所之是他们所重视的信条；爱应酬成了第二天性；出风头就是唯一本能：这样还配谈什么读书吗？敷衍的教员，放纵的学生；前面是自动招牌，后面是游惰影戏；死的书没读着，活的书读在哪里呢？所以我深觉要解决读书问题，第一步就是要改革学生界下流的习风，先生以为如何？至于什么程度的学生，什么性格的学生，应读什么书？怎样的去读？这是教育家的事，浅学的我，权且搁起罢！

你说："……爱做一番空泛的工夫，作几句诗，做几篇小说，在报上发表——诗，小说是何等高尚的艺术，我不相信常识不充足的人，就可以大做其诗集文集的。"我以为常识充足的人，而没有艺术修养，人格的修养……，更不配大作其诗集文集呢？又以为尊重常识的人，还要郑重谈文艺呢？我相信以文艺为轻，课程为重是不对的；以文艺为外，课程为内更是外行。

你说："不辩轻重的务外，这就是课程荒废的原因。"我想不如说，"不辩先后的趾等，这就是文艺不成文艺而荒废了课程——根本的常识（?）——的原因。"先生既说诗，小说是何等高尚的艺术，为什么又说什么不辩轻重的务外呢？先生觉得文艺有郑重去谈的必要吗？

文艺家要具常识，有常识的人却不必一定注意文艺！但是不能藐视文艺。先生以为如何？

（三）恋爱问题

无论某学生自杀为著失恋是真是假，只就事论事，也有附带讨论的可能，你说："为幸福而结婚，为感情深挚而恋爱，都是双方深实了解，相信很深的结果；必定是现实的，当前的，绝对不是悬想的，未来的；所以应当无条件。加约束立契约的结婚，附条件的恋爱，真是不可想象的啊！"何等精透的话啊！我觉得某女士的理智要求，是几千年贤妻古训陶冶来的思想，仍然是非天性的；更不能说是"恋爱"。"结婚是恋爱之果，结婚的条件和契约却不是恋爱之果啊！"我在微光上做篇《恋爱的真值》也这么的说了，唉！可怜的爱神啊！被侵辱的爱神啊！

新生先生：你真不善社交——或者不爱社交罢。我在安庆问了许多人，总都同我一样有倾慕之心而没有明瞭你的机会，现在你愿给倾慕的人们一个回答吗？

韦丛芜　十一、五、廿·安庆

[原载1922年6月4日《民国日报》副刊《觉悟》，收入本书时有改动]

流落安庆一年琐记

李霁野

一九二一年冬天，阜阳第三师范学校因为同学间有新旧思想的对立，一部分人拥护新文化，拥护白话文，拥护马克思主义；一部分人把新文化、白话文、马克思主义看为"洪水猛兽"，激烈加以反对，发生了一次风潮。李何林、韦丛芜和我是站在前一方面的。当时韦丛芜患病住在疗养室，我为护理他也住在那里，另一派学生便以"占据疗养室，进行阴谋活动"为借口，召开大会，对我猛烈攻击。韦丛芜和我愤然退学，离开了第三师范学校。我们在家里一直过了春节，这才一同起身到安庆去。因为他的大哥在那里作教育工作。

我们到安庆去的目的是要转学，我因为只能转公费的师范学校，而公费的学校有地区的限制，没有转成。韦丛芜的大哥当时办一种报纸，我便帮着选一些可以从外地报纸转载的材料。以后他又开办商品陈列所，找一些商店在一所楼房里开铺营业；还从上海买几个动物来，想借此招引些顾客。但结果不佳，只有一个小古董商开了一个小店，商务印书馆拿来一部分书设了一个代售处，此外再没有什么商店了。我为这个代售处当小伙计，我记得不曾卖出过一本书，所以无账可记可结，清闲无事，可以整天看书。我认为这是我一生中最美的差事，虽然并没有工资。古董商店的老板是一个五十多岁矮胖的人，每天总喝点酒，偶然同我谈几句话，大体只是问我天天看书，不外出玩玩，也没个朋友，是否寂寞。我说"书中自有颜如玉"嘛，他便哈哈笑了。我所以答他这句话，因为他每天总朗诵几次："葡萄美酒夜光杯，欲饮琵琶马上催。醉卧沙场君莫笑，古来征战几人回。"我猜想他并没有从军的经验，他所欣赏的恐怕只是"葡萄美酒"吧。

但是我在安庆的一年中，并不是没有一个朋友的。工业学校有两个学生是五四运动以后产生的新人，他们常在报纸副刊上发表点文章，同我很谈得来。我离开安庆后同他们就失去了联系，所以现在只记得一位姓詹，一位姓查，想不起全名来了。一位女的小同乡，在安庆女子师范学校毕业后，又读完北京女子师范大学，一九二二年又回到母校服务。她同韦丛芜的大哥很熟，两个人常有旧体诗唱和，但我并没有看过这些诗，不知道内容和艺术性如何。韦素园从苏联回国后，夏冬都回安庆探亲，我们都觉得她是开风气之先的人，曾多次同访她谈天。这年夏天，曹靖华到安庆，韦素园介绍我同他结识了，以后一同参加了未名社。韦素园的堂兄韦佩弦这时也在安庆，他能诗会画，有时我们同去菱湖畅游，有时去登江边的高塔，纵赏长江和两岸的景物。他有一个堂弟韦崇昭对我感情特好，在我要去北京读书时倾囊相助。韦丛芜虽转到岳阳中学去读书，寒暑假还回到安庆来晤面。现在多半人已经作古，其余的人也差不多都断了联系。"人有悲欢离合，月有阴晴圆缺，此事古难全！"

但在那时候最使我悲哀的，却是封建的婚姻制度所造的残酷现实，而五四运动所传播的反封建思潮，使这种悲哀变成几乎无法忍受的了。大约在一九一八年，我满十四岁以后，开始了我的所谓春情发动期，我以火热的初恋感情，爱上了一个女子。她不识字，当然无法用书信通款曲。众目睽睽，在封建主义社会中，我们当然不可能私自谈情说爱。但是爱情有一种自己特有的无声语言，通过它，两个情人完全可以彼此理解内心的隐密。但是有两重不可逾越的障碍：我有"指腹为婚"的婚约，她也通过父母之命，媒妁之言，字人待嫁了。要破除这两重难关，在六十年前，尽管在五四运动已经发生之后，也是大逆不道，几乎是不敢想象的。

我到第三师范学校读书时，这两重苦恼使我终日郁郁不欢。五四运动提出反封建思想在我心里引起极大的反应，好像在一桶炸药上安了一根引火线。我记得为此写了平生第一首诗：

不眠叹永夜，虫声唧唧哀。

思君君不至，月下独徘徊。

与君为近邻，两小无嫌猜。

衷曲无由诉，目语表情怀。

冥思睹君影，不觉笑颜开。

两愿结同心，奈何习俗乖！

无计破牢笼，何处觅蓬莱？

我有指腹约，君已待于归。

密约化泡影，连理梦成灰。

悠悠我心悲，衷肠诉于谁？

　　安庆当时有一种《评议报》，我们认识了它的编辑宋君，韦丛芜我们两人合编《微光周刊》在该报附出，稍后又在《皖报》上合编《微光副刊》。文章都是我们两个人写的，现在只记得内容都是宣传新文化的，记不起篇名了。有两篇我很记得，这就是他和我所写的要求解除封建婚约的两封公开信。我们丝毫不怕引起对于我们自己的攻击，但却担心这是不是会引起女方的不幸事件。我们的父亲和女方的父亲都是很好的朋友，我们也怕太伤了他们之间的感情。我把印的公开信另加说明寄一份给父亲，希望他劝母亲不要伤心，我愿听听他们的意见。当时家乡小学校长是台林逸先生，他辞去在山西担任的相当高的官职，从一九一八年起就回乡任这个职务。他在选聘小学教师时，细心征求我们的意见，态度谦虚诚恳，我对他有很好的印象。我也把公开信给他寄去一份。我父亲回信并未表示反对，也没有责备我，只说母亲一时还想不通，并不生气，但很伤心。台先生回信极力称赞我的信合情合理，对封建的婚姻制度也表示不赞成。这使我增加了信心。但是并没有实际解决问题的办法。我想这本来是一件前所未闻的创举，引起的反应还很使乐观，只好冷静等待吧。一九二三年我去北京读书，几年没有回家，这件事也就一直搁起未提。一九二六年夏，我的母亲病重卧床不起了，父亲写信让我回家省亲。我天天坐在病危的母亲床旁，有时谈到不为我成亲，她死也不能瞑目。我了解母亲的一片慈心，但我只能婉言安慰她，无法使她的思想有所改变。还有好心的亲友，提出他们以为完善的办法：为母亲娶了正室尽孝，在外边再娶二三房侧室，不也是很容易的事情吗？不要以为这是荒谬的笑话，这在当时是很正统的意见。还有人硬要我结婚为母亲"冲喜"，就是迷信用喜一冲，母亲的病就可以好。母亲却反对这个意见，说她只是为了尽完责任，才希望为我成亲，并不是为了自己的病。总之，封建主义的渣滓这时都浮现出来，闹得人头昏眼花。母亲基本上还是讲理的，两件封建主义的婚姻惨事在这时先后发生，对转变她的想法很有影响。一件是我的一位表姐因为受不了婆婆的虐待悬梁自尽了。一件是我初恋的那位女子，先是婚姻不如意受苦，丈夫不久即去世，孀居时不准出闺门一步，被逼精神失常了。最后母亲同意作好女方的工作，解除由父母代订的婚约。

我们在报纸上附出的《微光》，请报馆代印百份，韦丛芜和我自己到街上去散发，只发给青年女学生。这自然会引起纷纷议论，但因为我们自问动机纯正，一直散发到刊物不再出版。绝大多数的人都接受，态度一般很大方，只有少数人拒绝接受，还给我们一点难看的脸色。这也很难怪她们。我特别记得一位幼儿园的女教师，她在接刊物时只微笑点头，蔼然可亲。以后我们有机会见了面，还去参观了她教儿童们作游戏，这图景还历历如在目前，我想她是受了五四运动影响出现的新型女性，感到很大的喜悦。

在我到安庆前几个月，发生了两件轰动全省的大事。那时安徽省像许多其他省一样，被反动军阀所统治。他们敲骨吸髓进行搜括剥削，教育经费积欠多年，教师无法为生。学生示威游行，催发教育经费。军阀向游行队伍开枪，姜高琦被打死。学生不畏强暴，抬着姜的血衣游行，要求严惩凶犯。学生运动的声势是很浩大的，学生是五四运动的主力军。他们宣传发动群众，做出了很大的贡献。学生运动的内容包括反帝反封建许多方面，当然不限于姜案。我到安庆之后，姜案并未结束，我记得至少还有一次示威游行。我们在《微光》上对学生运动表示过支援。

那时候军阀统辖的军队毫无纪律，差不多同土匪一样常使人民遭殃。安庆有一所女子蚕桑学校设在城外不远的地方，有几百学生。一夜竟遭到军队抢掠，死了许多被强奸的女子。虽然引起了社会上极大的义愤，但除发一通电报之外，别的毫无办法。当时中国就是这样的国家，这样的社会。

　　五四运动是在这样历史条件下发生的一场伟大革命。它是从反对帝国主义爆发的，同时也对封建主义发动了多方面的进攻。我在小学读书时，因为第一次世界大战，稍稍了解点什么是帝国主义。但是封建主义同帝国主义之间的联系，一上来的认识是很模糊的，因为缺乏感性知识。我记得在小学读书时，有一个外国传教士和美孚石油公司的外国人到过我的故乡叶集；我的伯父也曾对我讲过点关于帝国主义的事，但还谈不清两者之间的联系。一九二一年在安庆遇到的一件事，对我倒是很有启发的。有一个美国传教士李佳白要在安庆讲演，报纸上大肆宣传，韦丛芜去听了，我并没有去，讲演的内容是他转告我的。五四运动正在大力反对封建主义旧文化，李佳白却大唱反调，极力为它鼓吹，还引经凭典呢。我们又笑又气，给了他一点力所能及的反击。李佳白之流在五四运动高潮中向中国人民大力宣扬封建主义的糟粕，显然有其反动的政治目的，帝国主义和封建主义勾结，从此也可以看出一点蛛丝马迹。

　　那时候有人翻译介绍日本的短诗，字数少，像中国的绝句，虽然韵味远不如，也自有一种隽永的趣味。《微光》有点小空白，我曾写过些首小诗填补，一首诗只二三行。现在我还能记起的有这样的一首：

　　　　清晨玫瑰蓓蕾上露珠，
　　　　是昨夜的笑痕，
　　　　今朝的眼泪。

　　几年以后，我读到科列里几（S、T、Coleridge）的《青春与老年》，其中有这样两行诗：

　　　　露珠是清晨的宝石，
　　　　却是悲伤前夕的眼泪。

或者因此引起联想，使我能够记住这几行诗吧。在那样"花朵是可爱的！爱情好像是花朵"的青春初期，我怎么会有这样"天鹅绒似的悲哀"（这是五四时期已经变为陈词滥调的话）呢？这就是封建主义婚姻制度的创伤所留下的疤痕！

一九七九年三月十五日

［原载《河北文学》1979年第5期，收入本书时有改动］

回忆鲁迅先生

韦丛芜

在一九二四年下半年，我利用课余之暇译完了陀思妥耶夫斯基的《穷人》，寒假中，我同素园共同从头到底校改一番，他看俄文原本，我看英文译本，一共花去了两个星期的功夫。我重抄一遍，又花去了两个星期的功夫。这时候，霁野也译完了安得列夫的《往星中》，也是素园一块校改的。那时候我们的外文程度都很差，对于修改意见不同的时候，时常大吵特吵。我们的生疏的技术同我们的热情与严肃形成了鲜明的对照。

译完了，改完了，重抄完了，最严重最现实的问题来了——有哪一家书店愿给我们这班无名小卒出版呢？抄本加封面订得漂漂亮亮的摆在书架上吃灰，自己看看又高兴又难受；高兴的是毕竟做完了一件工作，难受的是，难道真就这样地让它永远吃灰么？

译稿吃灰约有半年了。一天，鲁迅先生在北京世界语专教书的一个学生，我们的小同乡小同学，笑嘻嘻地跑到我们住的沙滩小楼（注意，小楼是阁楼的雅号）来了，说道："我向鲁迅先生把你们介绍一番，他很想看看你们的译本。"我们喜出望外地连忙把译稿抖去了灰尘，交给他拿去了。

喜后愁来了。我们的处女译文能通过当代文豪的锋利的眼睛么？即使通过了，出版恐怕还是无法解决的，因为我们知道，当时上海各大书店是不会印鲁迅先生的书的，上海各小书店他也是没有来往的。北京北新书局刚印了他的《呐喊》和他译的爱罗先珂的《桃色的云》，《彷徨》似乎还没有出版，该书店的资本有限，也只能印几本名人的书，我们的译本如何能挤得进去呢？

几天后，那位朋友又笑嘻嘻地来了。

"走呀，鲁迅先生叫我来邀请你们一阵去谈谈哪。"他叫道。

"他对于我们的译稿怎样说法呢？"我胆怯地问道。

"你莫要着急呀，"他说道，"他找你们去就不会错的。他说'在这个时候，青年人竟爱好俄国文学，并且这么下功夫把两本书译出来，总算难得的'去呀，没有错。"

于是素园、静农、霁野和我便一阵往鲁迅先生家里去了。这就是今日北京宫门口鲁迅先生故居的原来房子。四合院子，简单朴素。

鲁迅先生出来了。他穿着一件灰色的旧得拖塌的绸长衫和平底布鞋；他的眉毛和上胡又黑又浓，他的眼睛又严肃又有神。

我们在下面书房坐下之后，他神色郑重地说道："你们的译稿我看过了。"

停了一会，他继续说道："我们自己来印。"

这六个字使我们又惊愕，又感动，附带又起了疑虑。这个决定显然是他早已想好的。但是"我们自己"这四个字意味着什么呢？我们刚才见面哪。他是当代文豪，我们是无名青年。"来印"这两个字意味着什么呢？我不让青年失望，我一定设法把你们的译稿印出来。"我们自己来印"这六个字连在一起意味着什么呢？全国大小新旧一切书店不会印无名青年的译本的，我要想鼓励你们继续努力下去，要想培植几个认真的青年文学工作者，便必须我和你们结合起来，挺身奋斗。

但是"我们自己"怎样来印呢？我们是穷学生，当然拿不出印刷费，他是知道的。他是著名的穷文豪，我们也是知道的。我们自己面面相觑了。

"下个月北新书局可以付我两百元版税。我们先印一本，卖完了，钱收回来了，再印一本。"他停了一会，说道。

但是怎样印书呢？怎样发行呢？我们并没有丝毫经验哪。

他事先想定了一切，现在看出了我们疑虑，于是继续说道："并没有什么为难的。交给印刷局印，自己校对，印好了，就放在你们住的地方去卖。"

第一次的会面就是这么简单的几句话。他收到我们的两部译稿不过几天，我们还没有见过面，他便决定了一切。

　　"我们自己来印"——在归途上这句话总是在我的耳朵里响着。何等伟大的胸怀！何等坚决的精神！何等严肃！何等热烈！那两百元是他当时仅有的可望拿到的钱哪！竟在未见一面之前便决定把它扔在两个无名青年的处女译本上。

　　"我们自己来印"这一句话，便决定了未名社的诞生。

　　"我们自己来印！"事隔二十六年多了，这句话还在我的耳朵里响着。

　　［原载1951年9月15日《文艺新地》第1卷第8期，收入本书时有改动］

第二篇　韦丛芜创作自述

西山随笔

小　引

Gemir, pleurer, prier, est egalement lache. Fais energiquement ta longue et-lourde tacne Dans la voie ou le soet a voulu t appeler, Puis, après, commemoi, souffre et meurs sans parler.

A.deVigny：La mort de Loup.

叹息，哭泣，祈祷，都是同样的懦怯。

在命运愿意叫你走的路中

坚决地尽你的悠远和繁重的责任，

随后，如我一般，忍痛默然而绝。

彩色的云幕在东方挂起，渐渐地，渐渐地，变化着，朝雾海水一般在山下展布着，汹涌着，一直到渺渺的天际，一座一座的村庄，树林，都小岛似的罗列在这雾海中被烟波冲击着，我躺在睡椅上漠然地远远地看着。微风徐徐地吹来，精神愈觉清爽而安闲。山上的清早是何等地优美，何等地宜于养病的人呵！我躺着，看着，最后闭眼假寐着。

一觉醒来，太阳血盆一般从天际的彩云边露出半个脸儿，红光从树叶丛中闪射过来，洒我满身的火。雾海渐渐退潮，波涛在红光中浮沉着。太阳慢慢升出云幕，渐渐褪色，终之它将面孔变得这般严厉，一步一步逼使雾海的潮水退尽；这时远远地一处一处升出一缕一缕的轻烟；八里庄的宝塔，北京城里的白塔寺和景山都在天际的云中显现，——唉，云里的北京！想起它忧思悄悄地来到我的心头。

我想起北京城里我们的孱弱的，然而依旧过度着忙碌生活的朋友。我们五六个人中，大抵均因各处奔波，或抱病，无暇或不能执笔了。然而事实上我们的期刊又不能停出，而我们的成本积稿又不能不自行设法印将出去；这"不得已"的残局是如此难以支持，而又必须支持。我们孤立着，岌岌的孤立着。在这个世界上仅想避免"损害"，于我们已经是何等困难呵！

山居两月，渐忘了过去生活所给与我的疲倦。从生活的急旋中负着伤退出来，虽然感觉着疼痛，却也因之亲切地感觉着休息的隆福。据医生说，大概还要静养几个月罢；然而举目看着天际云里的北京，想着为大家忙碌着的孱弱的朋友，叫我如何安心呢？

按一个病人讲，我觉得我对于大的社会整体尽可以正当地放弃我的责任，然而对于我们的小小的团体，少数的朋友，在情感上和在道义上，却负着不可摆脱的义务。

漫漫的长日在轻缓的呼吸中一秒一秒的过去，养病生活是这么冷寂，这么单调！将生活葬在青春的幻梦中么？但即此不也就是一个幻梦么？是的，我依然惋惜；我现在想从过去的伟大的诗人们的生活和作品里去寻找他们的幻梦的成因，幻梦的组织和幻梦的破灭，藉以消磨我的永日。

然而义务的观念又进到我的脑中了。我应该利用我的消闲的时间和精力做一点应做的事体，我要将从书从所得的印象和感想写下来，寄给需稿的朋友。我知道恐怕写不多，实际上没有什么帮助，但是无论如何心算尽了。

但愿这桩事体不至防害我的健康！

我想起法国罗曼派诗人Vigny的《狼之死》（La Mort de loup）的末节来，就把它放在这篇小引的前面罢。

西山，福寿岭，九月二十三日。

[原载1927年10月10日《莽原》半月刊第2卷第18、19期，收入本书时有改动]

西山随笔

—Sweet Spenser—

Sweet Wordsworth 曾用这样两行诗形容 Edmund Spenser（1552–1599），

Sweet Spenser moving through his clouded heaven

With the moon's beauty and the moon's softpace.

是很适当的。"带着夜月的美，以夜月的娴雅步伐，在他的阴云的天空中移动着"——这样的一个 Sweet Spenser 是在他自己的一生重要作品中清楚地表现着的。

他的心灵最特别的性质便是对于"美"的感受性。这使他爱安静而不爱动作；爱作真，善，美的兴赏，而不爱作假，恶，丑的掘发；爱留连于过去的美景之中与玄想的黄昏之境；爱梦想着时代的旧迹；爱远离着粗鄙乏味的现实人生。他对于女人的爱也因之发生了一种特别的变化，虽然似乎有些淫荡，但是永远被他自己对于圣洁的"美"的一种优越的感情所约束。在恋爱上他是一个 platonist，恋爱在他看来乃是灵魂对于真"美"的渴慕的表现。他承认肉体的基础，但是那只算升入纯爱的第一阶步；他承认美是善的，因此对于"美"的纯爱乃是最善，最圣洁的，这能在灵魂中发生善果，且使肉体受着理智的约束。他在《牧人日历》（The Shepheardes Calender）中已经咏出这种坚信；而在他早年做的爱与美的颂歌（Hymns to Love and Beauty）中则此主义真可算在英国文学里找到最完满的表现了。如同所有美的爱慕者一样，他十分易受女人的影响，而他对于女人的心及女人的行为也不断有精透的表现。从他常将自己的作品奉献于那些 "most beautiful and virtuousladies" 上，我们也可以看出他在她们中常有着友谊与了解。

论者说他好像从来就不知道什么大悲哀。他的作品中浮荡着的 "轻轻的忧郁的空气"（atmosphere of mildmelancholy）也不过就是一层空气罢了。大抵因为他的心灵的习惯底地沉思的态度，在读者的心中便产生了这样的一种幻觉；又因为他的诗歌的音调的关系：你听着那样 Sweet 音乐的时候，你绝不会快活的。他或者了解人类；但是他从没有深奥地研究过，就是对于他自己的心也是的。他之十分获得我们的兴趣与敬重者，乃是因为他显现着一种自然的温良，高尚的情感和道德底的纯粹。他所描写的情况的意义与他自己对于这些情况的态度，在他是比这些情况自身还重要。他的最特别的力量是能运用语言，能以声音传达印象，他的诗歌的成功赖于目者并不若赖于耳者之甚。音乐与诗歌在他是合而为一的。他并不是一个刮刮叫的 "narrative poet" 我们从他的最大作品《仙后》（The Faerie Queene）中可以看出的；为故事而读故事的人可以去找 Ariosto，Byron 或 Scott，他只是藏在幽闲的美丽的梦境里，歌咏着他的诗的异象（poetical visions）。

他是一个 "庄重的，贤哲的诗人"，几乎没有一篇作品不经过他自己的深思而产生的；他虽然躲避着现实的人生，但是在作品里他对之却永远不曾不负责任地放肆。我们所以看不出他的大悲哀者，或者是因为他不愿写出来吧。他的身体是那么软弱，而且他又是那么一个沉思的人。他的特长是描写恋爱或友谊，失恋或失意；但是就在这里而却也是 "乐而不淫，哀而不伤"的。离开剑桥学生生活入世后的第一次恋爱的失败，使他写出第一篇得享盛名的长诗《牧人日历》；寄居爱尔兰时最后恋爱的成功及其经过，使他写成一本艳绝的情歌《十四行诗与结婚歌》（Amoretti and Epithal amion）

他被称为 "诗人中的诗人"（""Thepoets' poet""），他终身不曾放弃他的唯一的事业。

[原载 1927 年 10 月 25 日《莽原》半月刊第 2 卷第 20 期，
收入本书时有改动]

西山随笔

"十四行诗与结婚歌"

Sweet Spenser有一次算十分超出他的宁静的常态了，这在他是极少有的事：他的全生命，"肝，脑，心，"都被爱情新生的热情所把持，所激发了。这是他在他的《结婚歌》（*Epithalamion or Marriage Song*）中显示给我们的。这样宏丽的，胜利的恋歌在Spenser以前的西洋文学中就从未看见过。Spenser艺术的精髓尽集中于此歌里。爱者的热情与深沉的宗教情感之魔术般的混合，一种纵情的热烈的喜悦与一种深沉的温柔的崇敬之化学般的融和，在他的其他任何作品中都找不着的。文体是由纯粹的简朴展至十分精致的，色彩浓艳的幻想，兼取材于中古的迷信和古代的神话。而他的运用音乐的力量在此歌中更发达到了极度；论者谓之为Spenser在诗歌方面最高的成功，并非偶然的。

他的这次恋爱的成功曾经过了十二个多月的求婚；这次求婚的内部的历史均由他以理想化的形式记录于他的十四行诗（Amoretti or sonnets）中。总共八十九首，接着还有九首较短的诗，全都写得自然而流利，悦耳而清晰，关于爱者生命的通常变迁和机缘都表现得进入美境。

受着这样热爱的女主人公究竟是什么样的一个女子呢？这是一切给Spenser做传记的人和爱谈这本《十四行诗与结婚歌》的人所极感兴趣的问题，虽说这种兴趣在后者是无聊的。有的说她是Elizabeth Boyle，家住在Kll-corain，靠近海边，而且是一个出自良家的小姐，Sir Richard Boyle的本家。

有的则从他的诗中看出她的名字叫着 Elizabeth 她是一个乡下姑娘（country-lass），住近海边。在 Sir William Bethan 从爱尔兰的册籍编辑的一个家系中，她的确是一个家世不清的无名农人的女儿。因此在英国就有人疑怀这样恭敬而又热烈的切爱之对象乃是一个 Dulcinea，她的魔力与成功全由吉阿德式的幻想而来的；有的则甚且相信她一定是一个地位家世与她的爱慕者相等的上流妇女。

这种怀疑与相信是无聊的，世俗的，卑鄙的。诗人是幻想世界的创造者，女性的美是幻想世界的中心；当女性的美在诗人的幻想中神妙化的时候，诗人已寄身于另一世界而成为一个天真热烈的欣赏者，膜拜者，享受者了。

（X 地位+Y 家世）男男+（X 地位+Y 家世）女女＝男女爱情或婚姻

这是英国或这个全世界的一般的公式，而且的确可以由社会学家或世故家列出来的；但是这个公式却不能应用于诗人的幻想世界中啊。《十四行诗与结婚歌》中的女主人公若是一个"乡下姑娘"或"一个家世不清的无名农人的女儿"的时候，这于美的诗歌和诗人的真的欣赏者岂不是并不感觉得失望，却以为神秘，有趣，而更觉 Spenser 是一个可敬可爱，天真纯粹的大诗人么？何况他此时已经是四十余岁了。对于弱者故意过度地称赞与崇敬，这于贤者当是何等安心而又愉快的一件事啊！

问题之外又生了问题。这样多，这样美的十四行诗是否纯为 Elizabeth 一人而写或纯为彼一人所兴感而写的呢？近代批评家大抵都根据"学理与事实"罢，有的说大部分是给他的 Cousin' Lady Cofey 的，有的说大概是爱着她，或 Rasolind，或 "second Rosnlind"，或更早的什么女人的兴感的。对于这些批评 Spenser 尽可像 Dome 在他的 Good morrow 中所说的一样道

But this；all pleasures fancies be.

If any beauty did see

Which Ldesired and got' t was but a dream of thee.

"经过年余辛苦的围困（在此期间攻者屡被击退）之后，这位 sweet war-rior 才投降了，婚礼遂于一九五四年 St, Batnabos's Day 举行，（显然是在

Cork 城中①Spenser 将他的 Elizabeth 的魔力（Charms）在他的《十四行诗》中，在《仙后》中②，而最好则在他的《结婚歌》中，尽量地赞美。爱情唤起了他的全心性的活动，过度的幸福骚动他的恬静的性情异常的深处。所以，凡欲立刻对于这人得到最真实最合宜的观念者，应当读这首《十四行诗》和这首《结婚歌》。'他的《十四行诗》满溢着一切爱情的最温柔的玄想。所有那一些，其中喜悦为庄重的思想所压制，他以夫妇般的眼睛和夫妇般的心肠看待他的未婚人，真是美极了。'但是这于无双的《结婚歌》还不算是十足的称赞哩。'喜悦，爱情，愿望，情热，怀恩，宗教，觉得欢喜在天国面前来取有柔情，美丽，与天真。信心与希望是伴新娘的女友，最圣洁的香料在祭坛上燃烧着。'"

［原载 1927 年 12 月 25 日《莽原》半月刊第 2 卷第 23、24 期，

收入本书时有改动］

---

①见《结婚歌》。其中所云 Kilcolman 即 cork 近处。
②见《仙后》卷六第十章。

西山随笔

未　名

　　"未名"这两个字的笔划既不多，意思又很明显，字面看起来又很平常，然而时常有人爱闹错了，或者觉得怪。这缘因我想并非由于这两个字的本身的关系，而在于用之当从书和社的名字。说一说或者是必须的，不过最好是社里年纪大些的来说或者更妥当罢。

　　记得几年前厨川白村因东京地震死去之后，大约是他的朋友们和学生们罢，给他开了一个追悼会（若是我记的不错），并向中国征集他的书籍的中译本，鲁迅译他的《苦闷的象征》当时已出版了，大概也被征了一本去。这本书在中国是有两种译本的，另一种译本当然也被征去。据说当时有一位日本的学者，把这两种译本对照原文校看了一下，说道，这没有名（这里所谓名者，乃名声也。）的丛书里的译本……（为避嫌起见，以下的评语从略，虽然写出来上下语句意思更明显）。有趣的是以一位能校读两种译本的学者还把"未名丛刊"四个字误解了。

　　上面不过是一个最明显的例，还有人将"未名"解作"未成名"的。误解虽常有还没有什么，觉"怪"则更奇了。有一次在 H 教授房里，因为某种关系，未名社出的一本书被交与两个女生了，她们刚拿到手中一看书面就笑着惊嚷道，"未名社！""怪！"字还没有嚷出口，可是我已经听着了；自然这并非是真用耳朵听着了。

　　其实，未名社者即没有起名的社，按照英文可以叫做 The unnamed Association，未名丛刊者即没有起名字的丛书，按照英文可以叫做 The unnamed Series，即未名新集，看来似乎名字又更怪了，那意思不过就是又印一种新的没有名字的丛书，在英文也不过是另加一个 new 字，即 The New unnamed series 罢了。在英文是明明白白的，一看就知道。中文的"名声"和"名称"有时都简言为"名"，不像英文之 fame 与 name 绝不相混的。除非是将第一个字母看错，那可见鬼！

意思既然这样简单，何"怪"之有？然而没有法；不但我们贵国人是这样，有一次英国某君问我们社的名字的时候，我说：

"The Unnamed Association."

"Unnamed？"他惊怪地问。

"Yes."

他笑了，我却怪起来了，未名社就是没有起名字或没有定名称的社。有什么可怪呢？

现在未名社出版两年的《莽原》半月刊又改名为《未名》半月刊了。这意思很简单，按照英文可以叫做 The Unnamed Wi-monthly，或更清楚。记得两年前我们预备独立印行一点自己的东西的时候，以为既然是几个人的联合，就是一个团体，是团体就必须有一个名称，然而又想不到合适的，于是便照着已经出版的"丛刊"，因没有想好名字便叫它做"未名"的例，而名此团体为未名社。我们那时就预备出版一个半月刊，原拟叫做"未名"；但临印时又定为《莽原》半月刊。我自己是始终以用"未名"是比较地干脆些，不过名称我总觉不大要紧，反正要看我们自己出版东西的如何。叫做《莽原》半月刊是这些东西，叫做《未名》半月刊还是这些东西。两年来出版了四十八期，订成了四册合订本的半月刊，在第三年的开始由《莽原》半月刊改叫《未名》半月刊了，在我自己是觉得很高兴，虽然内容依然和先前是一样。

在过去我们曾蒙许多人和不相识的作者的帮助，将来当然还是欢迎着。

经过两年的 struggle，过来了，我们所获的成绩呢，除开支持了两年的期刊以外，就仅只出了自己的八种书！这种成绩是可怜的，人们要说。是的；但是我们只有这样能力。书贾们或其代办人可以用金钱或手腕或更卑污的方法去买，吸引，剥削或欺骗一般老少的书呆子，（书呆子们有时因为无法，也常会亲将自己所写或译的东西交给自己认识的骗子。不过书呆子若是不太呆了的时候，恐怕他的东西想被"收买"都不成。）将他们的稿子弄到手，便大登无耻的广告，以逢书呆子之意，而眩一部分不懂事的读者之目。这样，书可以多出，财可以大发，而他们的提倡学术呀，发扬文化呀，名流学者著作呀，第一流呀等等的广告也可以因之而多起来，那广告费用还是出在一般被骗者的身上。这样勾当是超出我们的力量的。这是一个社会问题。我们的小组织也可以说是对于这种恶势力表示着憎恶与反抗吧。

未名社两年来的成绩既然是这样可怜，因此自己绝不觉得会冠冕堂皇地成立了什么"未名主义"，给人家当口号来"反对"。至于未名社里的人呢，两年前林语堂曾当"土匪"来"祝"，近来有人似乎又把我们也列入了"学者"了。但我们惭愧都不是。在或一意义上，我们只是一篇一篇的短稿，一期一期的小刊物，一本一本的薄书的出产者，卑微的劳心而又劳力的人。至于我们的功罪呢，让贤明的读者们去评判罢。

在这一九二八年中我们计划至少要出一种书，但是这只是一个计划。谁知命运又会发生什么波折呢？但愿我们不会完全病死或累死，我们一时绝不会放弃我们的卑微的努力。

在过去两年中未名社曾依赖热心的读者的帮助而存在，将来当然还是依赖着。

到山中住本来是奉医生的命来养病的，写文于我实在不相宜，这一点东西费了我两三天的工夫，然而还是无法，还是要写。本来想在养病时读点过去的诗人生活和诗，随便写点印象与感想的，然而去年十一月既写了一个序，现在又在未名的创刊号出版的时候，谈起"未名"来了。《西山随笔》已经变成我在西山写的一切杂文的总题目了。

一九二八年一月三日芜志

[原载 1928 年 1 月 10 日《未名》半月刊第 1 卷第 1 期，收入本书时有改动]

《格里佛游记》小引

十八世纪初叶英国最伟大的作家是要推约那尚斯韦夫特（Jonathan Swift 1667—1745）的。他的伟大与其说是在他的作品的材料与形式中，还不如说在他的作品里所显出来的精神中。他的人格以其烈度与力量高耸在他一切同辈之上。我们读着他的东西的时候，便觉着一个有强力的人格在我们面前，即使有时我们不同情，却永远使我们钦敬。他是一个天生的管治者，却又是在英国文学史中最悲惨的人物。

《格里佛游记》（*Gulliver's Travels*）是他老年的最著名的作品，以格里佛名字发表的。全书共分四卷，其情调是一层忧伤胜一层，一层悲观胜一层。第二卷中的布罗勃丁那格人（Brbdingnagians）虽说是比第一卷的里里浦人（Lilliputians）高尚些，但是他们的君王对于欧州社会的谩骂比第一卷中什么都厉害些。在第三卷中则并快活的虚构与恳切的斗趣都没有了，通常的调子就是分明地苦辣与恶性，同时关于思特拿德布拉格们（Struldbrugs）的描写，反映出来作者约在一七二四年陷入的"生之厌倦"。第四卷中野蛮的和矛盾的愤世嫉俗的气概更远超过前三卷了。

经过小心的修改，遮过书贾的眼，且可避免法律的纠葛，《格里佛游记》于一七二六年出版了，立刻引起社会大大的注意。格依（Gay）和波孛（Pope）联名写信给斯韦夫特说这本书"从出版以后便成为全城谈话的材料。在一个礼拜中初版便全卖完了；最有趣的是听人们关于此书所发表的意见，虽说都承认爱极了。据一般人说，作者是你；但是我听说，书店老板声称他不知道是什么人作的。从最高的到最低的都读，从国务院到育婴堂。政客们一致承认，这并非单个的谩骂，但是对于人的社会全体的讽刺是太厉害了。

我们时或也遇见更锐敏的人们，他们在每页中寻找特别的用意。……此书通过了贵族议员们与众议员们，无异议者；全城，男，女，小孩都十分为此书所陶醉了。"

恶意的批评也并非没有的。有人说这本书全是谎话，一个字不信的；有人说作者轻视人性；有人批评作者特别仇视宫娥；有人批评作者侮辱上帝，因为他轻视创造者的创造品。但是这样的反响是算不了什么的，只要我们一看作者在第四卷中叙述亚豪（Yahoos）时对于人类无忌的嘲骂。倘若在别的时代，这书一出版恐不会惹起大笑，而要引起社会的公愤。那唤起斯韦夫特愤怒的切责之道德的卑污，在那时正是十分弥满了社会的统治阶级，他们对于人类的荣誉与令名已变冷淡了。在估计斯伟夫特可怕的社会画图的价值上，我们一定要记得这点的。

斯韦夫特在快写完这本游记的时候，写信给波孛道，"在我的一切劳作中，我向我自己定的主要目的便是与其娱乐世界，不如烦恼世界。……当你想起世界的时候，再给它一鞭子，我请你。我老是恨一切国家，职业，社会，我的所有的爱都是对于个人的。……但是主要地我深恶痛绝那叫做人的动物，虽然我真心地爱约翰，彼得，汤姆等等。……在这个厌世的大基础上（虽然不像台蒙［Timon］一样）建着我的游记的全部的建筑；而且我的心将永远不能宁静，直到一切诚实的人们都同我一个意见。"但是事实上这个世界并不为这本游记所烦恼，而为它所娱乐了，至少它的头两卷已二百年来为英文势力所及的地方千千万万的儿童和成年者所传诵。

作者的想像永不高飞，但在虚构惊人和好笑的情形上却是很丰富的。在此书中从头至尾保持着情绪的约束，没有多少地方让他使他的咒骂的大本事，但这却更加增了讽刺的效力。

这本书是斯韦夫特文体的最好的例子之一，在英文中也是简明直截的文体的最好的例子之一，虽说其中仅有文法上的错误（自然有些地方是故意的）但还是英文散文大师斯韦夫特的最成功的作品之一，永为一般英文学生的范本。

我是根据 London.G.bell and Sons Ltd. 出版的 Bohn's Popular Library 本子

（G.R.Denni 编）翻译的，在我所看见的本子中为最完善的，其他常有删减。商务印书馆出版的原文加注释本子我也参看了，其中很有些注错的地方。以上二书是鲁彦由铁民处借来给我用的。书中插图是采自 New York：Happer & Brothers Publishers 出版的本子 Rhead 画的，此书是摩殊在美国买寄给我的。本书译文我曾参照 A.B.Bough 编的牛津版本的注释斟酌修改些处，我的小引也参考他的引言。岂明先生借给我 New York：Alfred A Knopf 1925 年出版的精装本，此书完全照上面所说 Dennis 编的本子乱翻印的。维钧又借给我 Every man's Library 的本子和此书的法文译本。对于他们我在此总致谢忱。

最后，对于给我译此书以鼓励的鲁迅先生和岂明先生，以及替我校阅卷一的冯先生，和在溽暑中替我校对的老友竹年兄，仅表十分感谢。

一九二八年七月十六日丛芜写于海甸。

[原载未名社 1928 年 9 月初版《格里佛游记》,收入本书时有改动]

《回忆陀思妥夫斯基》前记

安那格列葛列夫那陀思妥夫斯基，娘家姓思尼金，（Anna Gregorevn Dostoevsky ne Snitkin）练习作速记生。在一八六六年她学完了，当陀思妥夫斯基赶紧完成《赌徒》的时候，她做他的书记。在一八六六年整整一个十月，他口述着，她写着。他们在一八六七年二月十五日结婚，所用仪式很使新妇满意。她在她的回忆中有一段子描写当时情景，直到如今还未发表过：

"费阿多米海罗维奇（Fiodor Mihail- ovich）事情办的好：礼拜堂灯光辉煌，一组堂皇的歌咏队唱着，还有一群穿得华美的宾客；但是这一切我只是后来才知道，由别人告诉我的；因为直到仪式差不多行过一半了，我觉得仿佛自己在一阵迷雾中似的，我机械地在自己身上画十字，我对于牧师的问话的答辞人家几乎都听不见。我甚且并没有注意，我们两个谁在先踏上粉红的丝垫——我想费阿多米海罗维奇在先；因为我一生都向他让步。只是在圣餐以后我们的头脑才变清楚，我开始虔诚地祷告。以后人人告诉我道，在婚礼期间我的脸孔苍白得可怕。……"

两月以后，在一八六七年四月十四日，两夫妇便离开俄罗斯，最初到德列思登（Dresden），立意只在外边住三四个月。不过，环境（在陀思妥夫斯基致马意阔夫的信中充分表明一些了。）使他们耽搁直到一八七一年春才回来。在那时候，陀思妥夫斯基病的很，而且非常想家乡，这从他一八七一年三月十八日致思特拉荷夫（N.N.strahov）信中可以看出的：

"我病了些时了，而尤其是我在癫痫病症发后感觉得想家乡，当我有好久不发一次痛症，于是忽然发作了，我便感觉一阵非常的怀乡病，一阵必然的怀乡病。这驱使我绝望。先前这种抑郁在发痛症以后常持续三天，然而现在却持续七八天了；但是我在德列思登那些时候，比在别的任何地方痫症发作的都稀少些。第二，还有对于工作的渴望。我一定要往俄罗斯去，虽然我十分不惯于彼得堡的气候。但是，究竟，无论发生什么，我一定要回去。……我的著作不能成功，尼古莱尼古列耶维奇（Nicolayevich），不然也出产得万分困难，这一切是怎么一回事呢——我不知道。但是我想这是我需要俄罗斯。无论如何牺牲，我一定要回俄罗斯。……"

在他回俄罗斯六个月以后，他于一八七二年二月四日写信给雅罗夫斯基（S.D.Yanovsky）道：

"我在国外过了四年——在瑞士，德意志，和意大利，结果弄得讨厌极了。我开始带着恐怖看出来了，我落在俄罗斯后面了；我看三种报，而且和俄罗斯人说话；但是有一种什么东西仿佛我不懂得。我必须回来，用我自己的眼睛看。好，我回来了，我看没有特别难解的东西，在两个月内我又明了一切事物了！"

但是若果陀思妥夫斯基为他自己的缘故愿回俄罗斯，他尤其更极望这样办者，为他妻的缘故。在致马意阔夫的信中陀思妥夫斯基写道：

"在德列思登再住一年是不可能的，万不能成的。那简直是以绝望杀死安那·格列葛列夫那就是了，在这方面她不能制止，因为她害的是纯真的怀乡病。"

这或者不只是怀乡病呢；因为陀思妥夫斯基夫人的生活是不断的工作，不断的焦心。以下诸篇表明她的些许困难；但是还要记得，在陀思妥夫斯基生活最后十四年中，——他的创造的活动最辉煌最生产的年代，——安那·格列葛列夫那不但是他的妻子兼真实的朋友，并且（从回忆看出来）也是他的助手，速记生，发行人，财政顾问，兼事物经理。

陀思妥夫斯基夫人的回忆（一八七一——一八七二）是从她的三本笔记薄里取出来的，原本存彼得堡俄国专门学院普希金部。

［原载上海现代书局1929年初版《回忆陀思妥夫斯基》，收入本书时有改动］

《百万富翁》(第 2 版)小引

在我们读苏联小说的时候，我们的第一种收获就是我们从活生生的男女日常生活的活动中，从人类一般的喜怒哀乐的动人故事中，了解一个新兴的伟大的社会主义国家的一部分的情况。这种知识在今日实行新民主主义的中国对于一般人士，特别是对于青年们，是特别重要的。当人们脑经疲于共产主义理论的研究并烦于教条的学习的时候，读一读由这种理论和教条所指导所影响的生活的实际情况，置身于人类灵魂的展览会中，游泳于新的思想感情的大海中，自然会感觉一种说不出的新鲜和奇异。

硌比敦·莫斯达凡（Gabiden Mustafin）的这一部长篇小说《百万富翁》（*The Millionaire*）描写苏联的十六个共和国之一，哈萨克的一个集体农场，距离中亚细亚哈萨克共和国的新兴煤矿都市卡拉干达（Karaganda）仅四十公里，由此转往本共和国首都阿拉木图（Alma-Ata）有公路，铁路，和飞机航线，交通极便而且路程不远。阿拉木图距离我国新疆边境极近，为中苏通航三大航线在苏联终点之一。也就是我国古代所称西域的一部分。

哈萨克在我国人的脑经中总以为是类似蒙古一般，人民是游牧部落，惯骑善射，土地是沙漠草原，五谷不生。但是在三十年来社会主义的政府的推动之下，单就苏联这个边疆共和国的边远的小小的"阿曼杰狄"集体农场的附近环境看来，它的非凡的伟大的现代社会主义的建设也就大大足使我们吃惊了。卡拉干达的煤矿建设是世界闻名的。最近发展的铁米耳图（Tomir-tau）的电力是惊人的。

"阿曼杰狄"集体农场在十月革命五年后才开始发展的，那时还只有三十户人家，三十条牛，和三十公顷——等于我国的四百五十市亩——耕地。

照三十个农户平均计算，每户只有十五市亩土地，就是这么小的一个范围。但是在十五年的社会主义政府推动之下，在不学无术的乡下佬的自己组织之下，联合附近农民，利用原始的畜力人力，共耕熟地，同辟荒地，竟发展到一百五十户人家，一万条牲口，和一千五百公顷——等于我国两万两千五百市亩——耕地。

但是这只是第一个发展阶段的成绩。这成绩一方面养成了老干部的自满情绪，一方面激发了前进农民的更前进的渴望，尤其是引起受过社会主义教育的农民儿女的跃进的雄心。

本书中所描写的主角乔玛，在十月革命五年后出世的，在社会主义的薰陶培养之下，读完了农学院，回到本县服务。他不愿在县政府里干行政工作，要到集体农场里作一个实际改革家。

仅仅在肩上扛着一个衣箱，赤手空拳来到"阿曼杰狄"集体农场充当副主席的青年大学毕业生，在开疆辟土，惨淡经营，并将本集体农场发展到在本县成绩第一的乡下佬主席甲吉卜的眼中，能占一个什么地位呢？

这是新新时代——社会主义时代的"父与子"问题。

这问题表现在甲吉卜和他的女儿简娜的关系上尤为明显。

乔玛要就本集体农场的资源和富力，建筑贯穿本农场并通往铁米耳图市区的公路，架电线，逐步使农庄手工业牧畜业及家庭电气化，全部农业电气化，并使远方牧场电气化，要加用汽车飞机运输，要把附近肥沃草地变成菜园瓜地，并加以电气化，要繁殖名种牲畜，要发展水利，尤其要立刻照维廉士院士方法全部实施农作物轮流耕种——这一切使乡下佬主席认为是青年人发疯，照时髦说法，就是在他认为不知何年何月才能达到的渺茫的共产主义。

在集体农场农民大会中，主席甲吉卜尽先使他的小规模的按部就班的老套计划通过了。

乔玛向县方活动的结果只是把他的计划留待研究。

受过社会主义教育的简娜，甲吉卜的女儿，赞成乔玛的计划，以本地党委之一的资格设法使乔玛的计划，在本地党部通过了。这是一幕惊人的"父与子"的斗争。

乔玛的计划终因得到省委会的支持见诸实行，在集体农场里他同甲吉卜调换了位置。从这点上我们可以看出苏联在实行社会主义革命建设的过程中上级党部的领导性与重要性。

在乔玛全权主持下的"阿曼杰狄"集体农场，第一年中便使他的计划完成了一大部分，结果小麦每公顷产量提高到四吨，约等于我国每市亩产五百余市斤，并使农场全年收入增加数百万卢布。注意，这只是一个二万多市亩的一个集体农场呀！

书中描写一段县党部书记发动邻近各集体农场农民及附近市区电力技工对本集体农场所作的社会主义的帮助的场面，颇为生动。使我们可以想见在苏联党的力量的伟大和善用。

本书是一部写得很优美的长篇小说。其中人物描写都是很生动的，活现的。

乔玛是一个有学识，有办法，有魄力的青年；甲吉卜是一个创业的苦干的但是几乎不大识字的老干部，因为不学习便变得顽固，自满，因而成了进步的绊脚石；阿马同简娜在集体农场中一同长大，一同读书，情同骨肉，年轻美貌，是本书中所描写的农场里仅有的新兴的知识分子。阿马专攻音乐，乔玛一半就是为她而来到这个集体农场的。婚后不久，阿马因飞机失事，双目失明，这对于一对青年夫妇乃是一个致命的打击。然而失明不但不减少阿马继续研究音乐的兴趣，却使他因此更领悟人生，增加他的创造的力量。最后他的独创的曲调得到莫斯科方面的注意，被邀往布尔什剧院演奏，并得到党国领袖斯大林的赏识，而名盛一时。简娜是集体农场的党部书记，学校教务主任，老主席的独生女儿，新主席的爱人，为本书中有数主角之一。这一种三角恋爱的关系贯串本书的全部故事，终以友谊战胜爱情结束。这显出社会主义的教育，思想，和环境的力量。

其他如"社会主义劳动英雄"简达斯所表现的劳动精神，斯达哈诺夫主义者阿克麦铁匠所表现的劳动致富，尤其是他所提出而且逼得实现的私人家畜交由集体农场照管一节，退伍军人白玛凯的讲求纪律，勇往直前，牧猪人老白玛汉巴的尽瘁职务，为猪求电，八十岁老猎人杜思的勤于打猎，增加生产，都是本书中描写最突出的最有力的地方。

本人根据莫斯科出版的一九五○年四月份的英文《苏维埃文学月利》译出本书，另有该刊七月份发表的亚历山大·瓦鲁辛（Alexander Voloshin）的描写亚伯利亚三大煤矿中心之一的长篇小说《库斯尼兹克地方》（Kuznetsk Land）和九月份发表的亚历山大·卡珂夫斯基（Alexander Chakovsky）的描写战后复兴的南部库页岛的长篇小说《库叶岛的早晨》（It Is Morning Here），前者业已译就，后者正翻译中，希望在本年内都可以和读者相见。

一九五○年十月十八日丛芜于上海。

［原载上海文化工作社1950年10月初版《百万富翁》,收入本书时有改动］

《收获》前记

韦丛芜

格林娜·尼古拉叶娃（Galina Nikolayeva）新作的三十五万言的长篇小说《收获》（Harvest）是去年在苏联文坛上最轰动一时的作品，并在新近宣布的一九五〇年斯大林文学奖金中名列一等。一年来苏联批评界对之推崇备至，使这位青年女作家登上了文学荣誉的高峰。

叶尔米洛夫（V.yermilov）说道"格林娜·尼古拉叶娃选择了共产主义的临近作为她的长篇小说《收获》的主题。作者特别注意那些清清楚楚地证明在苏维埃人民的目前生活中什么是新的和共产主义的种种方面的实际情形以及那些关系，感情，和冲突。"

库兹莱卓夫（M. kuznetsov）说道："人读格林娜·尼古拉叶娃的《收获》是带着不衰的兴趣的，因为她的人物描写是彻头彻尾地三向度的（three-dimensional），故事虽说是关涉着很寻常的事件，却用它的逼真的戏剧性的冲突。确实抓住人心了。书中叙述一个集体农场的场员们藉着日常的努力使他们的落后农场变成了先锋农场。但是在他们的这种劳动世界里倒有好多的诗意啊，好多的英雄气概和创造性的进取精神啊！"

鲁金（Y.Lukin）说道："格林娜·尼古拉叶娃的长篇小说《收获》是一个集体农场的生活和工作的横断面。它是一篇描写苏维埃新农民和乡村新知识阶级的小说，描写以受感动的中心为共同利益而工作的人们的小说。我们看见书中的主人公们在他们的生活中的各种不同方面的情形，在工作时以及在闲暇时候，在爱情方面以及友谊方面，而且深为这班男男女女的性格的美所感动，对于他们，生活和劳动的最高无上的目的乃是为人民服务。"

本书描写的五一集体农场是在土地瘠薄气候严寒的乌格伦（Ugren）县

内，在这次爱国战争中该农场因主要人员参军变得最落后了。乌格伦是高尔基省的一个县份，在大革命之前，实际上这个地方并没有真正耕种过。它原是一个商业县份，有著名的乌格伦市场（或市集），为莫斯科——西北利亚通商路线中的一个重要站。

全书以保尼珂夫家人为中心，全部事业由斯特莱卓夫夫妇以党的精神和力量推动着。党的领导性表现在一切活动与发展之中，共产主义的光辉照耀着工作与生活的整个前途。

五一集体农场落后的主要原因是没有党组织，大战后伤愈归来的瓦西里·库兹米奇·保尼珂夫是唯一的共产党员。县党委会书记安得列·彼得罗维奇·斯特莱卓夫到该农场去，并说道："党委会派你到你家乡农场去作共产党员呀！我们暂时并不派给你任何别的位置。你要自己看出一个共产党员必须踏进什么地方去，你便踏进去。"然后他又把他的婚后分别七年的新近归来的年轻妻子共产党员瓦兰亭娜·阿莱塞耶夫娜派到该农场——她的家乡——去作农业技师。这样便形成了一个党组织，在互相批评与自找批评之下，展开了党的活动，发挥了核心作用。

"他们只有三个，三个共产党员，而且他们是十分平常的人，带着人类所共有的许多弱点的瑕疵，但是他们大家怀着一个崇高的目的的，而且他们不离正轨顺着党所指示的道路向着那个目的走去，彼此严厉地互相批评，改正，补充，这件事实便把他们造成一种力量，这就叫作党。"

在这个小小的党组织的书记瓦兰亭娜的影响之下，她的堂弟阿莱阿霞变成了干练的共青团领导人，指导着农业研究，在工作上起了带头作用，使农场的事业蒸蒸日上。但终于积劳致死，使得全农场同深哀悼。

"'居高畏危……'安得列一度告诉瓦兰亭娜道。'一个人爬得越高，他逐步必须更加小心。人变得越好，越高尚，越忘我，便要对他们表示更大的照顾。在出现像阿莱阿霞这样人的地方，集体和个人之间应该存在着新的关系。阿莱阿霞能够想到整个农场的利益，但是他却不能够照应自己。这便意味着你们大家应该照应他。为什么你们大家忽视了他的疾病的开端呢？为什么你不使他及时离开田地，使他及时到医院去呢？缺少必须的先见和照顾呀，你们并没有赏识那也许是你们在五一农场所有一切中的最贵重的宝物呀。……'"

县党委会书记安得列不但给五一农场派去两个有专门技术的共产党员，并帮助它获得饲料，发电机，及其他各种工业器材，并得调换种子，取消积欠，使傻干的尽瘁农场事业的老战士场长保尼珂夫如虎添翼，在第一季收获便奋力跳出落后的坑了，并在精神与物质两方面，为跃进前列铺平了道路。

泼辣的风骚的青年女子芙罗霞，在苏维埃型的女司机娜思泰霞的影响下，变成小老虎一般的好联合机机师了。当她第一次驾着联合收割机在最高档上在丰收的黑麦地里驰骋的时候，"粮食与铁"的美反映着"苏维埃人与共产主义"的美实令人心荡神移。她在青春发动期间大胆地冲动地勾引了农场的"阔少"皮阿得——农场场长瓦西里·保尼珂夫的儿子——但在万分恼恨之下，经过大时代的长期陶冶，工作上的互助，两个人都进步了，终于结成了美满的伉俪。

"讲荣誉地过生活，按良心地做工作，一切事情都会很好的。"

作者在本书中最注意地最细腻地在灵魂和举动双方面加以描写的场长妻子阿芙都霞，实在是只有一个杰出的女作家的妙笔才能那么惟妙惟肖地刻画出来的。从少女的初恋，经过与多情青年房客的恋爱，苟合，与入赘结婚的沉醉，经过爱夫突返的破镜重圆的意外欢乐与斩断新欢的愁肠百结，经过芥蒂难除夫妇寡欢的万般无奈，经过分居的凄凉岁月，在这种种情形之下，在一个旧时代的女子久已枯木难生了，然而在一个大时代的女子，在一个共产主义临近的时代的女子，却借着不休的劳动，不断的上进，凭着党与社会的提携与照顾，终以能力与事业惊醒了丈夫，并以伟大的热情主动地重新创造了爱情，使"旧人重新"了。

伟大的时代！伟大的社会！"这是一个暖湖呀，又浓又咸，一种不沉的水呀——你就是把你的脚上系一块石头，你都不能淹死在里面的。"

在黑麦已收而且小麦和亚麻丰收在望的一天，场长瓦西里同她的和好愈恒的妻子阿芙都霞趋车到新辟的牲畜场和草场——风景如画的阿莱阿霞山的时候，县党委会书记同他的爱妻瓦兰亭娜——农场的党组织的先前书记，现为本县新建的全省模范机拖站的农业技师——已经先来到这里参观了。当夕阳西下，羊群牛群归来安歇的时候，眼前的美景和内心的舒适是何等醉人啊！

"'这个世界岂不是可爱么？'瓦兰亭娜轻轻地说道，好像自言自语似的。'为什么四周这么和平幸福呢？这是由于森林，天空，和畜群么？还是由于这一切都是我们自己的手创造出来的呢？不。……并非仅仅是这。……我立刻试想这里这一切都并不是我们的，并不是属于我们大家的，而只是我的，只是我自己的。就是这种观念都是令人作呕的！这一切的美立刻便毁灭了。便会有一部分人发出怒气和义愤，另一部分人发生恐惧和贪欲。而且我们周围便不会有幸福，不会有和平，不会有和谐了。而且阿莱阿霞山的魔力便消逝了。'"

世界的可爱是由于共产主义的实现哪。

本人译本所根据的英文版《苏联文学月刊》本年第二期上关于本书作者曾作下述的介绍：

《收获》的作者格林娜·尼古拉叶娃是属于战后在文坛成名的一代作家的。

她的儿童时代和青年时代是在西部西伯利亚度过的，她的母亲先前作学校教师，她在那里同公立学校委员们一块工作。格林娜·尼古拉叶娃在中学毕业后，便进了高尔基城里的医学院。她在这个城市里过了许多年，直接亲眼看见它的成长和发展。这个城市在最初几个五年计划中完全改观了，变成了本国主要的工业中心之一。她在闲暇时候，同本学院里的同班生们一块参加建筑那个庞大的高尔基汽车厂。这是她的最初的真正的生活学校。

格林娜·尼古拉叶娃在一九四〇年毕业的时候，决定继续从事她的科学研究，在药物学系作研究生。在那时候她已经热切地对于文学发生兴趣了，并且写诗，但是她对于她的害羞的作诗尝试并不重视。她认为医药是她的一生职业。

当战争开始的时候，她加入了军队，被派到斯大林格勒去。在这里，在激烈战斗中，她在一条病院船上工作，该船正忙着从该城撤退受伤的官兵。该船失事后使得她被调到北高加索的一个后方医院去。

她在伟大的斯大林格勒战役中所看见所身历的事情造成了那般深刻的印象，使得她不得不把她的经历传递给人家。这样她的叙述战争始末的抒情诗集《身历炮火》（*Through Fire*）才得在一九四五年写出来。她把这些诗寄给莫斯科杂志《旗帜》（*Zna-mya*），该杂志予以发表了。这些诗受到了读书界和批评界热烈的欢迎。不久之后，该杂志发表了她的《军司令员之死》（*The Army Commander's Death*），这篇故事也是描写战时事件的。它的艺术的成熟，就一个初学作家讲，是令人吃惊的。她现在被准许加入苏联作家协会作会员了。

这位青年女作家在全国各处，大事旅行，结识了各种各样职业的人，观察事物，并累积印象。集体农场的乡间特别吸引她的兴趣。苏维埃农村的惊人进步，农业上的无比的跨步，和乡村居民的文化发展，把她的幻想迷住了。结果便写出了一篇篇幅相当长的叙述性的随笔《在某一个苏维埃农村里》（*In a Certin Soviet Village*），先在《真理报》上发表，以后印行专书。这便开始了一连串的关于集体农场的随笔，此后这位女作家便循着战后期间集体农场农民所走的道路，开始写她的《收获》。她花了两年功夫写这部长篇小说，以高尔基省为背景，她对于这地方是十分熟悉的。技术的独创性和关于苏维埃现实的活鲜鲜的深切地忠于人生的描写，给本书连在读众方面带在批评方面博得了热烈的欢迎。

一九五一年七月三十日丛芜于上海。

[原载上海文化工作社 1951 年 9 月初版《收获》，收入本书时有改动]

读《鲁迅日记》和《鲁迅书简》

——未名社始末记

韦丛芜

最近读了鲁迅先生从一九二四年到一九三六年的日记，又读了他的全部书简，为的是要重温一下他和未名社，和未名社各社员，特别是和我的关系。

一九二四年九月二十日的日记记了张目寒把李霁野译的《往星中》送去给先生看，这是最初的关系。目寒和素园、青君、霁野、我都是安徽省霍邱县叶家集明强小学校第一班同班生，这时目寒在北京世界语专门学校读书，是鲁迅先生的学生。一九二五年三月二十二日目寒带霁野去见鲁迅先生，二十六日霁野把我署名蓼南的短篇小说《校长》寄给先生，二十八日先生即转寄郑振铎先生，后来刊登在《小说月报》上，这就是我同鲁迅先生最初的关系。

记得大约在这前后，目寒曾把我译的并经过素园对照俄文修改的《穷人》送给鲁迅先生看，蒙修改若干处，但日记上竟未记。四月二十七日目寒带青君去看鲁迅先生，五月九日又带我去。五月十七日目寒又带素园和青君去看鲁迅先生。在这两个月期间，我们五个人都同鲁迅先生认识或发生联系了。七月十三日夜，青君和霁野去请先生写信给徐旭生先生，托介绍素园作《民报副刊》编辑，这时就开始酝酿组织出版社了。我的《君山》也在这时写完，曾由霁野代抄一份送给鲁迅先生看，以后即在该刊发表一部分。但日记上未记。十月十八日鲁迅先生交素园和青君二百元印书费，这是印《出了象牙之塔》和《莽原》半月刊的钱，这时我们四人（素园、青君、霁野和我）也向同乡台林逸先生借来了二百元，于是未名社就算成立了，地点就是北大红楼对面沙滩新开路五号，素园住的一间公寓房子。一九二六年一月十

311

三日，鲁迅先生又交青君六十元印费，本月《莽原》半月刊出版，下月《出了象牙之塔》出版。

记得约在这时，靖华来信要加入未名社，并寄五十元来，于是未名社就有六个人了，靖华虽是河南西部人，但好几年前我们就很熟了。三月二十一日，我们五个人同去看鲁迅先生，这大概是靖华第一次去见先生吧。

四月二十六日，鲁迅先生又交来印费一百元，大概是为了赶在五月出版《往星中》，六月出版《穷人》的关系。因为日记上记了五月二十七日取《往星中》，六月三日寄《〈穷人〉小引》，二十一日又托许广平"往未名社取《穷人》"。六月十一日晚，我曾陪燕大教授巴特列特去访鲁迅先生，以后他曾在美国报纸上发表文章，推崇先生。八月一日日记记着"下午访小峰、访丛芜，分以泉百。"日记上面没写印费，我现在也丝毫记不得这件事了。只记得在这个时期有一天，素园、常维钧、王野秋、和我同游中央公园，在吃茶时，我偶然吐了几小口血，以后到协和医院照爱克斯光证明是肺病。也许鲁迅先生知道了这件事，担心我缺钱，给了我一百元，口头可能说是给未名社作印费，而其实是让我便于向未名社借用的，也就是想暗助我的。我看了这天的日记，沉思很久，非常感动。

八月三日日记记着"得丛芜函约在北海公园茶话，晚赴之，坐中有朱寿恒女士、许广平女士、常维钧、赵少侯及素园。"我回想起来，这次大概主要是为了介绍朱寿恒见鲁迅先生。她是我在燕大的法文同班，曾为《莽原半月刊》译了一篇德莱塞的短篇小说《结婚》。十日我寄信和诗给先生，十六日他将诗转寄给徐耀辰（祖正）先生，我现在无论如何也想不起是什么诗了。八月二十七日鲁迅先生去厦门大学教书了。

一九二七年一月八日，先生从厦大寄稿给素园时，附寄了一百元给李霁野，这就是劝霁野不要出售《黑假面人》而借给他交燕大学费的。约在这时，素园大吐血，先进法国医院，后转至西山福寿岭疗养院。从日记上看来，自鲁迅先生七月六日接我信，即于七日复信后，将近六个月都没有通信。我回想起来，这是由于这时我吐了很多的血，由燕大抬到协和医院，后又转送到西山福寿岭疗养院，同素园住在一个房间养病。直到十二月二十六日，鲁迅先生才接到素园和我从西山发去的信，并于二十九日复了信。

一九二八年二月初，我从西山回到燕大，先生于八日接到我的信。四月某星期六，我进城到未名社出版部（这时已迁至中老胡同），次晨即与青君、霁野同被侦缉队捕去，出版部被封，一部分书籍被劫去。在侦缉队木笼内关三天，又转警察所关四天后，我即因吐血病先行交保，当时由警察带着我去找常维钧，托觅铺保。青君和霁野又关了六个星期才放出来，据说，宣传赤化的罪名还属次要，主要是追交两位曾在未名社住过的人。

十月，未名社出版部迁到景山东街四十号，设门市部，兼代售其他新书店的书籍，先后参加工作的有王菁士、赵赤坪（善甫）、李何林、李耕野，营业渐佳。据日记看来，到一九二九年八月为止，这十一个月内，共出《朝花夕拾》《黑假面人》《格里佛游记》卷一和卷二、《影》《烟袋》《黄花集》《坟》《不幸的一群》《小约翰》《第四十一》《外套》《近代文艺批评片断》等十余种书，这是未名社出书较多的时期。这期间，在五月里，鲁迅先生曾北返省亲，五月二十二日晚，我陪鲁迅先生到燕大演讲；二十九日目寒、青君、霁野和我请先生在东安市场森隆馆吃晚饭，饭后陪至北大二院演讲；三十日我们四人曾"以摩托车来邀至磨石山西山病院……三时归"。（摩托车即汽车，磨石口即模式口）这是鲁迅先生和素园的最后一次见面。从一九二九年九月到一九三〇年四月，据日记看来，在这八个月内，未名社只在十月里出了一本《蠢货》。前四个月仍然是由霁野负责的，后四个月是由我负责的。

从鲁迅先生的书简看来，从一九二九年七月起，未名社出书已感困难了，因而有缩为"一个人，一间屋"的提议。紧接着就来了大不景气。我回想起来，在前四个月内，可能我每月向未名社出版部借钱已由过去的二三十元，逐渐提高到五六十元，甚至七八十元，这给未名社出版部增加了沉重的负担，今日想来，还深以为憾！不过，一般开支的加大与经营之欠善也是很有关系的。

一九三〇年一月二十日日记上记着先生由家用中拨借了一百元给霁野，这笔钱大概是给素园付院费的，可见疗养院的钱一定也欠了好几个月了。就在一月十九日，鲁迅先生写信给霁野说："未名社既然如此为难，据我想，还是停止的好。所有一切书籍和版权，可以卖给别人的。否则，因为收旧欠而添新股，添了之后，于旧欠并无必得的把握，无非又添上些新欠，何苦如此呢。这不是永远给分销处做牛马吗？"可见未名社出版部是真到山穷水尽的地步了。约在一月初，素园从西山下来，同青君、霁野、我详谈一次，结果叫我拟个整顿未名社出版部的计划，以后我写了出来，经大家看过，素园就说："好吧，就让他试试吧。"于是素园就带霁野到西山去休息一时，我就来负责了。我来负责的有利条件是我的开支缩小了，未名社出版部的一般开支也缩小了。我又以登广告和发售预约的办法，在六个月内，收入了约五千元书款，因而，除还了一部分欠账外，还在五月出版了英国文学《拜伦时代》，在六月出版了《罪与罚》上册（书中人名都是鲁迅先生代译的），只可惜《未名半月刊》因稿件缺乏在五月初出了"终刊号"就停办了。在我负责期间，自一九三〇年一月到十一月，从日记上看来，我给鲁迅先生去了四次信，报告营业情况，他复了三次信，我寄了四次书去，他寄了两次书来。

　　未名社出版部营业好转之后，在七月里，我就计划办《未名月刊》，打算邀请骆驼社的周启明先生、张凤举先生和徐耀辰先生大力支持。当时我先同周启明先生商议，承他答应了，我又向他述说了我每月借用未名社出版部的钱，内心很不安，又承他答应把他在女师大和女子大学各两小时的翻译功课让给我教，每月可有八十元的收入。这使我非常高兴，因为这一下子解决了两个问题。这时青君在中法大学预科教书，霁野在孔德学院高中部教书。我把这事告诉了他们，征求他们的意见。出我意外，他们竟说我是用资本主义的经营方式来办未名社出版部，违反了未名社的传统，至于办纯文艺性的《未名月刊》，他们更不赞成。并且说鲁迅先生在上海参加了左联，我们应该在北平响应他。我当时觉得他们的意见很积极，大概也可以代表鲁迅先生的意见，因而认为自己思想落后了。他们提议办一个旗帜鲜明的左倾刊物，我也表示赞同。虽然我们都知道这样的刊物在北平一出版，未名社出版部就会被查封，但是我们还是计划出版。这时既然心里明白准备给查封，那还有什么心思从业务观点来维持（更别谈发展了）未名社出版部呢？但是空淡了一两个月，还是没有一点头绪。结果霁野接到天津女师学院英文系主任的聘书就走了，青君又兼了辅仁大学的功课，也不再谈这件事了。一切都烟消云散了。而我因为失信于周启明先生，所以也不好再找他帮忙了。这时潘汉华虽介绍了我在私立郁文大学教了两小时功课，每周三元，但也只教了两个月。未名社出版部又只剩我一个人了，每月还是只得向出版部借钱，而两个月耽误下来，出版部营业又不振了。以后几个月除了勉强把《罪与罚》下册排了一部分，重版了《坟》和《出了象牙之塔》，出版了《封建者》而外，别的什么事也没作。

这出独角戏我实在唱不下去了，若再勉强拖下去，那就可能有把鲁迅先生的版税拖光的危险，那样就万万对不起先生了。于是我同青君、霁野商定出并未名社出版部存书、纸版这个原则后，就往上海征求鲁迅先生的意见。这时我还不知道先生早在本年一月十九日已经有此提议了。我是在这次读《鲁迅书简》时才知道的。我在十二月三十一日傍午去看先生，日记上记着邀我到东亚食堂吃午饭，并邀了周建人先生。我向先生说明出并未名社出版部存书、纸版的意见后，他虽表示惋惜，但是也说了，既然维持不下去，那也只得并出去。这时上海新书店以开明书店为最大，我与该店负责人夏丏尊、章锡深两先生来往洽商数日。记得大概最后是把全部存书（连版税在内）照定价作三折半，纸版和铜锌版等照成本对折，让与开明，共计约值五千三百元。由我在上海代表未名社出版部向开明书店立了出让字据，由青君指导李耕野在北平向开明书店北平分店交存书、纸版等，然后由开明书店先开一张三千元支票给我（我收到后即送给周建人先生转交鲁迅先生），其余二千三百元，商定由开明书店分三期付清。

我在上海霞飞路泰辰里七号亭子间里住了约五个月，办完了未名社出版部存书出让手续，译完了《近代英国文学史》，在农历五月节后就回北平了。在这期间，就日记看来，我在三月八日曾去看鲁迅先生，报告和开明书店接洽经过情形，在四月二十九日、三十日和五月一日，我去两信，先生来三信。就在这时鲁迅先生曾同周建人先生晤面，我想我交三千元支票大概就在这几天里，而鲁迅先生来信声明退出未名社一事，我因为根本没接到这封信，所以根本不晓得。而且未名社出版部存书一出让，未名社就根本不存在了，根本谈不到退出了。我想这其中是有误会的。我记得我在三月去看鲁迅先生时，他曾说，他在未名社出版部的存书可以一同并给开明，但纸版要收回，因为他要考虑另交别家出版。以后鲁迅先生的纸版大概按照他的意思由未名社出版部转交北新书局暂存了，而我们的纸版虽全让给了开明，但是订立继续出版合约却是各自以个人名义和开明办理的。未名社已经根本不存在了，谁也不能再利用未名社的名义。鲁迅先生可能误以为我们是以未名社名义同开明书店订立继续出版合同的，所以他声明退出。而多年以后，我也确曾看到开明书店出版的某一本书的后面广告页上印着"'未名社'丛书"字样，大为惊愕！我们有过鲁迅先生主编的《未名丛刊》和《未名新集》是不错的，可是哪来的这个"'未名社'丛书"的名称呢？谁主编的呢？这显然是书店的生意经。我那几年在安徽乡间，根本没有看到这个广告，书籍重版时，开明也没有寄赠过一本。开明书店应续付的三期书款，在一九三三年三月十四日、九月五日和九月十四日三次付清了，这是日记上记着的，只有一九三一年四月的三千元支票未记，这一定是先生漏记了。因为先生以后与开明书店来往交涉信件很多，如果没收到这笔钱，他不会只催索以后三笔较少的书款的。

　　未名社出版部结算大致是这样的：除全国各处及南洋代销处约欠一千六百余元，鲁迅先生纸版和铜锌版、开明未接受或未名社出版部未交之《建塔者》和《文学与革命》（这些书以后又被没收了）和家具未计入而外，净收入约一万二千元，其中大致素园、青君和靖华三人约有版税一千数百元，霁野版税约有一千数百元，我的版税约有二千余元，鲁迅先生约有七千一百元，这是按照各人书籍定价百分之二十二左右计算的。原来几家拿出的印费都不算了。鲁迅先生的版税分文未用，靖华的版税似乎也未用，我们四个人的版税全先用完了。结果算是素园借用了鲁迅先生的版税一千八百余元，又借用了靖华的版税不知多少。据日记所记，靖华回国后，由霁野还了他二百五十元，由我还了他二百元，这笔账是否已算结清，我记不得了。至于素园借用鲁迅先生的一千八百余元，我确实代还清了，据日记所记，一九三三年九月十六日先生接我信，附致章雪村（锡琛）和夏丏尊一笺，这是我在接开明书店第一次版税结算通知单及收据时所写的信，声明素园和我的版税以后均请径送鲁迅先生代收，以便偿还旧欠，十八日鲁迅先生即将此信附寄给章雪村先生了。此后每接开明寄来素园和我的版税结算通知单及收据时，我就在收据上签字盖章，寄还给章锡琛先生，托其转送周建人先生交鲁迅先生或径送鲁迅先生。

从一九三三年到一九三六年，我译的《罪与罚》和《穷人》重版了两次，素园译的《外套》和《黄花集》重版了一次，仅是我的版税就超过了二千元，而这些钱我记得我是分文未领的，可是日记上却只记了收我们版税五次，还不足五百元，这真叫我大惑不解。我记不清在什么时候听过什么人说，鲁迅先生曾向开明声明素园欠款收够了，以后不再收了，不知确否。素园、青君、霁野和我四个人在成立未名社出版部时，向同乡台林逸先生所借的二百元印费，我也遵照他的意思把这笔钱交给我们家乡女子小学校作图书费了，这是我亲自交给该校校长李耕野的。

未名社的结束是可惜的，而最表示惋惜的是鲁迅先生和素园。从上述的情形看来，未名社的结束显然是由于我不能再振作精神艰苦地支持下去，徐图发展。而我之所以不能如此者，一方面是由于要想发展，实在困难，一方面则由于我的思想上认为即使再发展起来，还不是又要落个"资本主义经营方式"的批评么？这次读了《鲁迅书简》才晓得我的思想和认识的错误。

一九三三年六月二十日，鲁迅先生给太原榴花文艺社的信上说："新文艺之在太原，还在开垦时代，作品似以浅显为宜，也不要激烈，这是必须察看环境和时候的。别处不明情形，或者要评为灰色也难说，但可以置之不理，万勿贪一种虚名，而反致不能出版。战斗当首先守住营垒，若专一冲锋，而反遭复灭，乃无谋之勇，非真勇也。"一九二八年二月二十二日，鲁迅先生给霁野信上说："'未名'的稿，实在是一个问题，……我想可否你去和在京的几个人——如凤举、徐耀辰、半农先生等——接洽，作为发表他们作品的东西"，一九二七年十一月三日鲁迅先生给霁野信上说："《莽原》的确少劲，是因为创作，批评少而译文多的缘故。我想，如果我们各定外国文艺杂志一两份，此后专向纯文艺方面用力，一面绍介图画之类，恐怕还要有趣些。"

鲁迅先生在一九二七、二八年和一九三三年的意见既如此，那么他在一九三〇年夏天的意见似乎决不会忽然主张冒进的。我若早知道鲁迅先生意见如此，我一定会坚持原来的邀请骆驼社几位先生合办《未名月刊》的主张，先写信征求鲁迅先生的意见，然后拿来说服青君和霁野。这样一面出月刊一面出书，未名社出版部就可以继续徐徐发展下去，而我也有了每周四小时功课可教，生活也可维持，免得再向出版部借钱了。我的严重的错误是我认为青君和霁野的意见是代表鲁迅先生的，至少他们也取得了先生的同意，这次读了日记才知道鲁迅先生在一九三〇年三月二十二日、五月五日、和六月九日接到霁野三次信，六月十日才回一次信，而且自从八月十四日得霁野信未复以后，一直到一九三二年四月才因霁野还钱附笺重新开始通信。青君则更在很久以前就没和先生通信了，他们究竟为什么不通信，我不知道。从日记上看，鲁迅先生开始不同我通信，是在一九三一年五月一日复我信声明退出未名社以后，我已说过，这封信我并未收到，而且这时未名社已经结束，开明书店的三千元支票我已交给他了。

日记以后记了几次鲁迅先生与未名社的书信来往，那都是关于末了手续的事，例如将开明书店收据寄给鲁迅先生以便索款事，这些都是经青君的手。先生在一九三一年七月二十五日和九月七日还收到我的信，九月九日还收到我寄去的《罪与罚》下册两本，但是都没有回信。这时鲁迅先生为什么对我大不满意，我根本不晓得。我在上海那几个月，除了比较常同章锡琛、夏丏尊、沈从文、丁玲、戴望舒见面外，其他接触很少。未名社结束手续办完后，素园就写信给我，说他已同霁野商妥，约我到天津女师学院英文系教书，而最后几句话尤其使我感动难忘："弟弟，回来吧！别再在南方漂泊了！为了我，回来吧！"于是我通过许季茀先生托了蔡孑民先生将我译的《近代英国文学史》介绍给大东书局，预支了四百元版税，还了一部分欠账，就回到北方去教书了。

一九三二年八月五日鲁迅先生接到青君、霁野和我的联名信，说素园已于八月一日晨五时三十八分病殁于北平同仁医院，他第二天就写了复信，表示哀悼。一九三四年四月三日鲁迅先生又"以所书韦素园墓表寄青君"，七月十六日，"作《忆韦素园》文，三千余字。"次日寄青君。素园去世，大家都很伤心，因为他爱所有亲朋和家人，而所有的朋友和家人也都爱他。在素园未去世之前不久，大约在四月里我又吐了一点血，遵照医生的指示在床上躺了约两个月。在这以前，由于"九一八"事变以来，给了我很大的刺激，我翻阅了若干社会经济的书并留心报刊上一般的爱国言论和主张。到了长期躺在床上不能作事的时候，我就日夜沉思默想：先想到国内出版事业的衰落，译著出版希望的微小；又想到学院当局的难以相处。何况自从东北沦陷以后，华北首当其冲，天津日租界的日本便衣队经常开机关枪捣乱，闹得人心惶惶，学校时常被迫停课，看来连教书这碗饭也快吃不成了。最后想到一切问题全看日本的侵略能不能制止，至少是能不能作有效的抵抗，如果不能，那就一切全归于尽了。于是我就在病床上集中思想来考虑救国问题。我想，救国必须举国一致，首先就需要国共合作，停止内战，同时也需要各阶级合作，停止斗争，以便一致对外。然而空谈是没有用的，至少是没有基础的，必须有一套新的经济制度，为国内各党派各阶级所接受，这种合作才能持久，才能有效地应付强敌。因此我想出全国合作化的经济政策。不仅全国土地合作化，各行各业合作化，就是一切国营企业与其他国有资产也一律加入合作组织中，成立一个统一的中国合作社股份有限公司。在这个合作社里，全国成年男女都是社员和股东，一方面实行生产资料公共所有制，并规定全体社员生活的最高限制和最低保障，我以为这样可以取得共产党的同意，一方面实行按财记股，使资本家享有合作社领导权，使执政党享有最高领导权，我以为这样可以取得资产阶级和国民党的同意。这种"公产私财"的经济组织，我在当时认为是实行民生主义的具体办法，也就是过渡到社会主义的具体办法，同时也是抗日的经济力量和政治力量的源泉。然而这是一个梦想，谁也不会同意，谁也没有同意。后来，《东方杂志》预备出一九三三年新年特大号，向我征文，我所写的《新年的梦想》就是这个梦想。关于这个梦想，我还在一九三三年六月自己印了一期《合作同盟》，共印一千册，未向外发刊，只赠送了数十册，其中之一就是寄给鲁迅先生的。

鲁迅先生在六月二十八日寄青君信中曾有这段话："立人先生大作，曾以一册见惠，读之既哀其梦梦，又觉其凄凄。昔之诗人，本为梦者，今谈世事，遂如狂醒；诗人原宜热中，然神驰宦海，则溺矣，立人已无可救，意者素园若在，或不至于此，然亦难言也。"立人就是我以后搞了几年政治的名字。这封信我当时不知道，《鲁迅书简》出版已十年，我也没有看过，直到最近我才看到，真是百感交集！鲁迅先生了了数语，谈得多么中肯，多么令人感动！

我以后回到安徽霍邱县故乡，一面计划，一面进行城西湖和城东湖的开发工作。在一九三五年和一九三六年两年间，曾划了十万亩给安徽大学农学院作农场，作为国营农场的实验，又划了三万八千亩为三十八段，实行大段招佃，作为国家资本主义农场的实验，又划五万亩组织农业生产合作社，按每户五十亩分给一千户农民联合经营，作为半社会主义合作农场的实验（此计划未完成）；我不顾一切地实验这三种土地改革制度，结果弄得南京介绍人首先推脱了介绍责任，接着霍邱土豪恶霸派人刺我，最后安庆当局来电把我一押二解；在那腐朽政治的大海里竟未"溺"死，真是万一的侥幸。在这段期间，据许广平先生给霁野的信中说，鲁迅先生每逢提到我，总是摇头叹息。在九死一生之后，我万念俱灰，但求温饱，以后长期经商糊口，除在一九四七年译了一本《西伯利亚的囚犯》（一名《死人之家》）而外，直到全国解放后才重新开始译书，是大时代救了我。

解放后我译了约四百一十万字，其中绝大部份都是头三年译的，约有八十万字未出版（解放前译的不足二百万字，有四十余万字未出版）；另在新文艺出版社（我是一九五二年十一月一日进去的）审校了二百余万字，审阅了八百余万字。过去的工作全部做得很草率，而解放后的工作做得更差，其唯一的意义不过是表明我还未"溺"死，以慰鲁迅先生和素园的英灵而已。从一九五五年八月九日到一九五六年九月二十九日，我先后被押在上海和霍邱的公安局看守所里，核对上述的二十年前的那一段历史（我在一九五一年一月在上海自动交代的）。释放后，回到原单位，补发了过去一年多的全部工资，恢复了工作，直到今日都仍在新文艺出版社从事审校译稿。

既然肉体至今还未"溺"死，那么精神也应当复活起来，彻底地复活起来。好好地做点工作，庶不负鲁迅先生当年培养的苦心，不负党和人民政府对我的教育，不负这个翻天复地的伟大时代。这是我最近读了《鲁迅日记》和《鲁迅书简》的感想。

一九五七年三月三日

[原载《鲁迅研究动态》1987 年第 2 期，收入本书时有改动]

第三篇　韦丛芜研究论文选编

鲁迅谈韦丛芜

（一）致韦丛芜

丛芜兄：

来信收到。贺你的重了六磅。

《格里佛游记》可以照来信办，无须看一遍了，我也没有话要说，否则邮寄往返，怕我没有功夫，压起来。

《莽原》只要能支持就好，无须社之流，我以为不妥当，我一向对于投稿《晨副》的人的稿子，是不登的。

密斯朱来访过一次，我还无暇去回看她。岭南大学想我去讲点东西，只听到私人对我表示过，我还没有答应他。但因近几天拉了一个他们的教员兼到中大来，所以我也许去讲一点，作为交换。

我这一个多月，竟如活在旋涡中，忙乱不堪，不但看书，连想想的工夫也没有。

迅

【1927年】三月十五日

（二）致韦丛芜

丛芜兄：

七月二十二日信早收到。《奔流》也许到第四期止，我不再编下去了。

即编下去，一个人每期必登一两万字，也是为难的，因为先有约定的几个撰稿者。

北新近来非常麻木，我开去的稿费，总久不付，写信去催去问，也不复。投稿者多是穷的，往往直接来问我，可发牢骚，使我不胜其苦，许多生命，销磨于无代价的苦工中，真是何苦如此。

北新现代对我说穷，我是不相信的，听说他们将现钱搬出去开纱厂去了，一面又学了上海流氓书店的坏样，对作者刻薄起来。

寄来的一篇译文，早收到了。且已于上月底，将稿费数目，开给小峰，嘱他寄去。但我想，恐怕是至今未寄的罢。倘他将稿费寄了，而《奔流》还要印几期，那自然登《奔流》，否则，可以交给小峰，登《北新》之类。如终于不寄稿费，则或者到商务印书馆去卖卖再看。最好是你如收到稿费了，便即通知我一声。

鲁迅

【1929年】八月七日

（三）致韦丛芜

丛芜兄：

八日函收到。《近卅年英文学》于《东方》，《小说月报》都去问过，没有头绪，北新既已收，好极了。日内当将稿送去。

小峰说年内要付我约万元，是确的，但所谓"一切照我的话办"，却可笑，因为我所要求者，是还我版税和此后书上要贴印花两条，其实是非"照"不可的。

到西山原也很好，但我想还是不能休养的。我觉得近几年跑来跑去，无论到那里，事情总有这样多，而且在多起来，到西山恐怕仍不能避免。我很想被"打倒"，那就省却了许多麻烦事，然而今年"革命文学家"不作声了，还不成，真讨厌。

仰卧——抽烟——写文章，确是我每天事情中的三桩事，但也还有别的，自己恕不细说了。

迅上

【1929 年】十月十六日

[以上三信原载鲁迅著《鲁迅书信集》（上），人民文学出版社 1976 年版。

收入本书时有改动]

（四）致台静农①

静农兄：

……

立人先生大作，曾以一册见惠，读之既哀其梦梦，又觉其凄凄。昔之诗人，本为梦者，今谈世事，遂如狂醒；诗人原宜热中，然神驰宦海，则溺矣，立人已无可救，意者素园若在，或不至于此，然亦难言也。

此复，并颂

时绥

豫启上

【1933 年】六月廿八晚

[原载鲁迅著《鲁迅书信集》（上），人民文学出版社 1976 年版。

收入本书时有改动]

---

①本篇为原信节选。

论韦丛芜的诗

谢昭新

在20年代的中国文坛上，韦丛芜曾以大量的翻译和一定数量的创作，引起了人们的注目。从1923年至1928年，他陆续写了一些新诗。据他自己讲，1920年到1922年写的诗，已遗失。故留给我们的只有两本诗集《君山》和《冰块》。

鲁迅先生在《忆韦素园君》中说："未名社……还印行了《未名新集》，其中有丛芜的《君山》，静农的《地之子》和《建塔者》，我的《朝花夕拾》，在那时候，也都还算是相当可看的作品。"《君山》写于1923年至1925年，于1926年1月在《莽原》半月刊上连载，1927年3月由北京未名社出版。《冰块》出版于1929年4月，收杂诗12首，其影响虽不及《君山》，但题材广泛，思想内容较前深切，形式和技巧皆有一定的成就。

一

长篇叙事诗《君山》所反映的是诗人自身的一段特殊的感动人的爱情生活，这爱情是诗人用真的声音唱出来的。诗人在歌唱时，一方面尽力驰骋他的想象，调动他的情感，像生着翅膀飞上天空那样，另一方面他又有一双脚留在地上。因此，透过丛芜的歌咏，我们不仅能看到他的个性、灵魂，而且能看到他那脚上沾着的那个时代的现实尘土。

《君山》中的"我"的形象是一个包括诗人自身在内的进步的追求爱情婚姻自由的小资产阶级知识分子。诗人通过"我"由爱情的欢欣到爱情的幻灭以及幻灭后的郁闷与痛苦，表达了他对旧社会的不满和诅咒。首先，诗人为自己在人生道途上的初恋流下了欢欣之泪。这泪水是真诚的、大胆的，然而又是天真幼稚的。诗中所说的"我"与山女、白水在车站相遇，产生恋情，那"热热的初交的情谊，埋藏在深深的心底。"这是记实性的，带有自叙传色彩。韦丛芜曾于1922年夏考进湖南岳阳湖滨大学附中二年级，1923年春放寒假时，他由岳阳乘火车赴汉口转船至安庆探亲，在火车上结识岳阳城内教会女中两姊妹，发生感情。诗人大胆的追求、真诚的表白感动了女方，女方对这位年轻书生也是深爱着的。他们好像一见如故，情深谊长，乃至分别时依依难舍，分别后心心相恋，诗人常因惦念山女而流泪，这看起来是痴，但痴中见真诚、见直率、见热烈。这种真诚的热烈的爱是诗人追求个性解放、恋爱婚姻自由的精神表现。

其次，诗人为失去爱情又流下了悲酸之泪。就长诗的主旋律来说，不是高昂、喜悦，而是低沉、忧伤的。这低沉、忧伤的曲调，正是"生于离乱时代的一个孤寂的灵魂的自白。""我"和山女爱而不能爱到底，只好半途分离。从诗人煎熬着巨大的痛苦中，我们不难发现造成他们爱情悲剧的真正原因，这应归罪于社会。《君山》常用象征手法写境，借以影射社会，长诗第一首为"我"的爱情悲剧创造特殊气氛。那夜幕中的荒凉的野站，3个黑黑的晃动着的人影，再加上冷风、衰草，环境显得格外荒凉，这象征着旧军阀统治着的黑暗的中国。是"仓猝的事变，造就了此番的机缘"，又是"仓猝的事变"断送了他们的爱情。这事变正是指"二·七"惨案。"二·七"大罢工显示了中国工人阶级的力量，可是，吴佩孚对京汉铁路工人的大屠杀，又给社会涂上了浓重的阴森黑暗色彩。整个社会正像第7首所抒唱的："黑暗主宰了全宇，灯光早已灭熄。"这怎么能提供青年爱情幸福呢？再看27至30首，那"阴森的夜幕"，"怕人的土黄色的火坑！"

> 浅浅的土黄色的水，
> 低低的土黄色的天；
> 厚厚的土黄色的尘沙，
> 高高的土黄色的两岸。

诗中到处是"土黄色",正象征着社会的现状。正是在这个环境中，"我"才有积压很厚的苦恼，而这"积压的苦恼啊，将我的青春生生压死。"由于诗人抒发了对社会的愤懑、不满，所以，即使在反复地咏唱失恋的痛苦、忧伤时，也仍然没有给人形成"爱情至上"的感觉。诗人也认为爱情的破灭是埋葬我的坟墓，爱情的复活能给我带来新生，但他归根结底不是歌唱"无爱情，勿宁死"的悲观思想，而是竭尽全力地进行挣扎，摆脱社会寒冷和寂寥。可是，挣扎的结果，仍然摆脱不了苦闷的境地：

> 我死死凝视闪烁的群星，
> 我的心啊不知飞向何许？
> 幸福的群星有青天作底，
> 我的心有填不了的空虚。

诗的结尾还留下了无限量的悲哀与空虚，这真实地反映了一个小知识分子在旧社会求爱而得不到爱的痛苦命运。

《君山》问世期间，中国新诗坛上虽然已出现过不少描写下层劳动人民的诗篇，但逐渐增多的则是以小资产阶级知识分子爱情生活为题材的作品，这是由"五四"时期追求个性解放，反对封建伦理道德之性质决定的。写爱情，如果单纯地从"自我"出发，沉醉于个人的哀唱，而不与社会人生发生关系，那样的诗篇至少是没有多大意义的。当时，"阿呀阿唷，我要死了"之类的失恋诗盛行，鲁迅对此曾作诗加以讽刺，题为《我的失恋》，以"由她去罢"作为收束，和那时诗坛恶风"开开玩笑"（《我和〈语丝〉的始终》《三闲集》）。《君山》虽然也写了失恋者的痛苦，但不属于鲁迅所批评的那种无病呻吟之作，它充满着追求恋爱自由，厌恶黑暗现实的进步思想感情。我们知道，早在1920年韦丛芜于阜阳第三师范读书期间，就爱读《新青年》《少年中国》《时事新报》副刊《学灯》《民国日报》副刊《觉悟》，从中接受新思想、新文化。1922年，在安庆，他与李霁野同在《评议报》上办

《微光周刊》，攻击封建主义旧道德、旧的婚姻制度，宣传新思想、新文化。同年5月20日，韦丛芜写《致新生先生的一封信》，发表在6月4日《民国日报》副刊《觉悟》上面，鼓动学生从事社会活动，改革学界下流习风，并对旧的婚姻制度作了大胆挑战。韦丛芜是十分厌恶封建的包办婚姻，而崇尚恋爱婚姻自由，追求个性解放的，这种带有"五四"时代精神特色的进步思想在《君山》中留下了鲜明的印迹。

至于说诗人用哀婉的曲调唱出爱情幻灭后的郁闷、痛苦，也不能单单看成是韦丛芜所独有的，它同样带有时代色彩。因为"五四"以后新文化运动的退潮，许多小资产阶级的知识分子较多地表现出徘徊、彷徨情绪。作为一代知识分子苦闷的情绪，也传染给韦丛芜，而韦丛芜的苦闷也的确具备自身特色。他年轻轻地便离开家乡到外地求学，经济上他和韦素园均依靠大哥凤章，生活上常常动荡不定，爱情上又遭幻灭，所以诗人才尽情地刻画一个小资产阶级知识分子的苦闷、忧伤的灵魂，从而再现了"五四"以后作为一种类型的知识分子所经过的爱情生活道路，这是具有时代意义的。

二

如果说《君山》奠定了韦丛芜创作个性的基础，那么随着时代的变化以及诗人思想的发展，他的创作个性也增添了新的色彩。同样用哀婉的曲调歌唱，《冰块》较之《君山》更深沉、更郁闷。诗人说他恰似站在荒坡上的一位歌者，"受不了爱的痛苦，便要呻吟；感到心情日非与身体日弱，便哀咏失去的青春；亲尝人世的辛酸，便唱出'生'的挽歌；震惊于都市的变化，便奏起悲凄的调子；甚而至于熟人的病死，有时也写几句哀词。而且忧伤的情调充塞这所有的诗歌。"

面对社会重压，深感愤懑不平，抗世而又找不到出路，挣扎而又带来极端的孤独、苦闷，这便形成在《冰块》诗集里抒发思想情感的重要特色。写于1925年4月的《冰块》是一首含蓄深刻的散文诗。诗人"全部的青春的沸腾的热血，凝结成整个的立体的冰块。在冷的世界上，热血融化着，冰块凝结着。死的象征的冰块在我的心的深处永远有增无已地扩大，热血已渐渐失去了融化的作用了。""我"的心灵深处的冰块无法融化，因此"我"更感到世界的冷，"唉唉，冷啊，冷啊！"诗人以这种愤懑不平的哀号，表达了对旧社会的强烈不满和无情诅咒。在这冰冷的世界上，诗人并没有放弃对理想的追求。《荒坡上的歌者》一诗，便留下了诗人拼命挣扎、奋然追求的思想印迹。"仿佛是一个站在荒坡上的歌者"，面对黑暗唱歌，阴风的怒号，实在叫人难以开口。但诗人却关不住自己的嗓门，尽管唱不出什么高昂的调子，还偏要歌唱。他"歌唱黑暗，歌唱死亡，歌唱冷与悲苦。"从这里我们可以看到诗人对旧社会的抗争精神。另一方面韦丛芜也感到了自身的孤独、苦闷与悲哀。这种矛盾的复杂的思想情感在《诗人的心》一诗里有明显的表露。他认为"诗人的心好比是一片阴湿的土地。在生的挣扎里更痛感着生的悲凄，他踟蹰于人间，却永为人间抛弃。"这里既留下了诗人的悲哀，又照见了旧社会罪恶：这个旧社会是容不得一个正直的青年人的存在的。与《荒坡上的歌者》写作日期仅隔一日的《绿绿的灼火》，同样表达了诗人对旧社会的愤懑不平。他认为生活在"阴风阵阵"的社会里，"光已经从世界上灭绝"，一切都死去了，"我"也"在空虚里，在死寂里，在漆黑里死着。"诗人把黑暗看得太浓重了似乎一点儿亮光也没有，因此他感到空虚、寂寞。

写自己亲身经历的事件，对冷酷的现实社会直接进行暴露，这是《冰块》诗集思想内容的又一重要方面。1926年"三·一八"惨案发生时，韦丛芜参加了这次请愿运动，在执政府大门前受到轻微的枪伤，压在死人堆中，几小时后，才挣脱出险。他目睹了青年战友的鲜血，对反动军阀屠杀革命人民的罪行十分痛恨。残酷的现实，血的教训，对韦丛芜是一个震动。"三·一八"后，鲁迅先生曾鼓励丛芜写"亲身经历的情况。"[①]于是，他写了《我披着血衣爬过寥阔的街心》和《我踟蹰，踟蹰，有如幽魂》两诗。前首诗记述了他在大屠杀中的所见所闻、亲身感受。他披着血衣在寥阔的街心挣扎爬行，淋淋的鲜血，数不清的尸体，一阵阵的哀号，真实地记下了反动派所欠下的血债。然而，反动当局却掩盖事实真相，诬蔑学生的请愿运动是

———————————

①李霁野：《鲁迅先生对文艺嫩苗的爱护与培育》，《河北文艺》1976年9月号。

"自蹈死地"，诗人对"带有'阴险的暗示'的荒谬的记载"，特别气愤，有力地揭露了反动派的罪行，控诉了反动派凶残。在后一首诗里，诗人以同样的感情基调，极力渲染了"死的恐怖"的气氛，让人们看到"屠杀后的古都"惨状。诗中发出了"清不了的是青春的苦恼，治不好的是世纪的病"的感慨，表达了他的悲愤情绪。诗人对反动当局是十分痛恨的。但他找不到推翻"当局者"的正确途径，因此在愤怒呼号之余，又留下了哀伤。

哀伤的色彩逐渐加浓，诗人的思想似乎很难振作起来。1928年4月，韦丛芜和未名社同人又被反动当局关押，这段特殊的经历，使他对反动当局更加痛恨。但是，也因为他缺乏坚强的革命意志，不能在艰苦的环境下坚持乐观情调，看不到光明和前途，所以，诗人在咏唱时，以低沉、忧伤的调子，抒发了内心孤寂。在《一颗明星》里他写道：

> 我手提一只忽明忽暗的油灯，
> 黑夜里在生之路上缓缓前行；
> 我知道灯油是渐渐耗尽了，
> 唉，我啊，我将何处安身？
> 这哀感权且嘘向太空，
> 太空中有一颗明星闪动，
> 闭住你的锐眼罢，明星，
> 你已刺杀了我的幽魂。

"三·一八"惨案后，诗人就曾留有"惊魂未定"的情绪。此时又经过警察侦探的折磨，他更产生了"灯油耗尽"，"我将何处安身"的感慨。既然太空中还有一颗明星，即使你手里的油灯灭了，又有何惧怕的呢？诗人应该向明星方向去追求、去探索、去奋斗。然而他却缺乏这种追求光明的精神，所以才认为那明星"刺杀了我的幽魂。"在《燃火的人》一诗中，诗人由衷地祝福那"燃火的人"也看到了自身的"软弱的心"，这种自剖是很好的。可惜他没在实际行动中加以改正。在1927年11月写下的《哀辞》一诗里，他"哀此宇宙，充满孤寂"，把人生看得就像花开与花落那样。1928年8月写的《在电车上》，更以命运由人摆布，"凭人决定"，显示了世间悲凉，发出了对世界、对生命无可奈何的感慨，流露出人生如梦的消极情绪，这是要不得的。

《冰块》的基本主题是诅咒旧世界，从诗人的诅咒声中，我们不仅能看到他的思想发展变化历程，而且能看到这种变化与时代的紧密关系。诗集中所收的12首新诗，作于1925年至1928年间，这正好经历了大革命的高潮和大革命失败后的低潮这样两个关键历史时期。作为小资产阶级知识分子，在革命高潮时往往表现出昂奋、向上的情绪，但在革命遭受挫折、低潮时，他们当中有些会变得消极乃至颓废。韦丛芜1927年之前写的诗篇，现实针对性较强，忧伤的情调虽然也有，但并不太浓。大革命失败后，许多知识分子陷入幻灭的悲哀，韦丛芜也不例外，因此，那种人生如梦的惆怅情调在诗作中多起来。韦丛芜为什么始终不能摆脱这种忧伤的情调呢？究其原因，主要是因为他未曾经受长期的革命斗争锻炼，未名社期间虽然受到鲁迅的帮助、教育，但他却没有以鲁迅为榜样，用马列主义革命理论来"煮自己的肉"。他对当时逐渐兴起的无产阶级革命文学运动以及日益深入宣传的革命文学理论并不怎么关注，更不能从工农中汲取力量，因而才形成他的独特的哀调。

三

"五四"文学革命，否定了旧的格律诗，产生了新的自由诗体，而这种自由诗体在20年代有了发展。但在自由诗体里面，抒情诗成就显著。与抒情诗相比，叙事诗成就甚微，尤其是长篇叙事诗，优秀之作更不多见。《君山》的出现弥补了这方面的缺憾，它为后人提供了一些有益的艺术经验。

首先，《君山》表现人物内心世界特别细腻生动。诗人时而用动作显示人物性格，时而用细腻的笔触刻画人物心理，时而将动作、心理糅合在一起，使人物活灵活现。尤其是分别后的思念情人，写得富有层次，很细致。"我"急切地盼望女方来信，当外边送来一封信时，先是"恐怕在座的弟兄争抢"，故"闪出门外私看"，这"闪出门外私看"的动作，符合初恋青年的独特心理特征。看过信后，又细心地将信儿叠起，再加上幼女前来打趣，更增加"我"的心潮的起伏。这里有动作，有心理，有别人的"玩笑"之语，把"我"在特殊环境下的心灵神态写活了。"我"困在校中，不闻女方的音信，思念心切，乃至到了"常向湖心发迷"的境地。为了寻找旧迹，追回昨天的恋情，"我"三番五次地在湖边走来走去，越是找不到旧迹，越是要寻觅。诗人重复四次写"我为着寻觅烦恼，我为着烦恼寻觅。"这种由思念心切而又得不到女方来信的无限烦恼，逐渐加深。"我"甚至想寄一朵鲜花与小诗与"伊"，但终于未寄，煎熬着思念之苦。到了第17首，"我"的心情寂寞、忧愁已上升到一定高度，诗的节奏感加快，与开始多用长句示情缠绵不同，这里已经有愁、有怨、有叹了。"我"卧而不眠，时常哀叹：

　　　　幽思在前额里绞绕，
　　　　情热在周身中燃烧；
　　　　我在床上将脚一跺，
　　　　低低地叹起来了。

　　"我"做着"君山的梦"，在演习中也不忘"伊"，诗人一连用十个"我只是想念着伊"，把这种相思之情表达得淋漓尽致。由于与山女的音信断绝，"我"的苦闷情绪加深，乃至到了埋怨的地步。这时候，诗人写了"我"的复杂的心理感情，有怨，欲放弃思念而又放弃不掉，甚至愿化作雁儿，让她带走我的情思。这种想法不能实现，"我"只好用"忘却"当作药材，"将'诗歌'当作药引。"到最后陷入极端悲伤、忧愁、苦闷、空虚的境地。"我"的情感是曲折变化的，诗人的构思也就以"我"的情感的变化为主线，从而使回忆、幻想、实有之情境浑然一体，变化的情感富有波澜。

　　其次，《君山》在抒情和叙事相结合上，在实写与虚写的交相辉映上，最富有特色。诗人用实写与虚写交相辉映的手法，推动情节的发展，表现了复杂的思想情感，增加了诗的意境美。第五首写"我"依着船栏遥望的情景，所看到的不是实景，而是幻影，"遥望那雾里的仙乡，仙乡渐渐地在雾中隐现"。"我"又仿佛看到女郎在摆着白白的方巾，在向我示意。当汽笛打破"我"的美梦后，又回归现实，带上了孤独与虚空。第8首写"我"到了南靖港湾，境界很美：

> 忽然间我停足四望，
> 我的心啊何等地跳荡；
> 身在浪中，
> 梦浮浪上。
> 我默默地倒在草里，
> 全身在浪中埋葬；
> 我仰望太空的游云，
> 游云捉去了我的幻想。

美的意境中，表现诗人飘荡不定的心情。当诗人一连用十个"我只是想念着伊"时，我们感到诗人的感情像狂风掀起的巨浪，而这巨浪卷过去之后，"我"的心里的波澜稍微小了一些，于是第22首便这样抒写：

> 皎月下波光万倾，
> 我的心头闪着殷勤的幻影——
> 幻影在波光中飘舞……
> 飘舞……
> 飘舞……
> 幻影在皎月中飞腾……
> 飞腾……
> 飞腾……

这里有轻轻地飘呀飘，飞呀飞的动态，似静而又不静，似动而非全动，幻影的飘舞像情丝，紧紧连着诗人的心。在这虚写的基础上，才有第23首的进一步联想。如果没有虚写，《君山》不仅情节显得残缺不连贯，而且情感太露，杀掉诗美。

《冰块》是一本杂诗集，全属自由体的新诗。其中有长诗，有短诗，有散文诗。长者达160多行，短者仅8行。根据情感表达的需要，诗人不大讲究行与行之间的字数对等。《荒坡上的歌者》有一行长达24个字，但也有一行仅4个字。《我披着血衣爬过寥阔的街心》《绿绿的灼火》在表达情感方面具有一悲三叹的特点，故全用长句子组成。直抒胸臆的《哀辞》又全用短句组成，排列得却很整齐。《燃火的人》《在电车上》等诗，诗行字数大体相等。《黑衣的人》共3节，每一节的开头均用"月光流进病房，映着粉白的墙，白的卧床，白的棹幔，白的椅垫，白的衣裳，白椅上躺着白衣的病人，脸孔上浮泛着月色的慈祥。"由此咏唱而进入对往昔爱情的追忆，突出了病中思念情人，情感缠绵的特点。可见，诗人是在服从抒写情感需要的前提下，用自由诗的体式，形式上尽量作到整齐美观，音韵上稍作讲究，押大致的韵，琅琅上口，可记可诵。韦丛芜作这种尝试，与"五四"新诗坛大多数诗人的主张是一致的，与"五四"新诗发展潮流也是合拍的。

韦丛芜对新格律派的诗是不太满意的，他认为那样容易束缚自己的手脚，（见《惠特曼自由诗二首》附记）但他对新格律派特别注重诗的艺术表现又不加以排斥。从《君山》和《冰块》两本诗集看，他还是比较注意诗的意境的创造与开拓的。《冰块》里写得好的诗，抒情方式比较含藏，运用隐喻象征手法，将自己的"意思"曲折地显露出来。在《冰块》一诗里，诗人用"冰块"象征着社会的冷酷与内心的悲哀，既形象又贴切。《一颗明星》中那"一只忽明忽暗的油灯"也是暗示性的，灯油已经耗尽，诗人对人生充满着悲哀。《荒坡上的歌者》悲苦的歌声与阴风的嗦嗦声，孤单的身影融在浓黑的夜里，意境是够幽深的。此外，诗人抒发情感，不是一下子将"情水"倒尽，而是留有充分的余地，让读者回味、补充。《黑衣的人》每节的最后，写到"我"从梦中惊醒，看不到真正的情人时，其情其景是：

群星奄息，

夜月无声，

无风，

无云，

寂静……

寂静……

读了这样的结尾，我们似乎看到诗人心头罩上了一层薄雾，淡淡的哀愁即蕴在那薄雾之中。诗的最高理想即在情景的吻合，这里的景不晦，情不露，真如梅圣俞说的"状难写之景，如在目前；含不尽之意，见于言外。"总之，我们将《冰块》中这些比较注重艺术表现的诗篇和《君山》放在一起，可以看出韦丛芜诗的总的特点：诗人善于运用虚实相映的手法，忧伤的调子，抒唱人生苦闷的悲歌，诗风是沉郁、哀婉的。

［原载《安徽师大学报》（社会科学版）1985年第2期，收入本书时有改动］

苦涩的念忆

韦　顺

是阴冷的寒流吗？年年岁岁，每当我揭开12月19日的一页日历，心头就涌起一阵难言的凉意。那难禁的泪珠，顺着面颊滚动。泪眼模糊中，我看见人间天堂——西子湖畔的一角，一间只有六七平方米的破木板房里，一张小床上堆着一摞译稿，一位蓬首褴衣的老人俯伏桌前，仿佛仍在译著，然而，自来水笔却从他手边滑去了——这就是被人们遗忘了20年的诗人、教授、老翻译家韦丛芜，走完他坎坷的73年人生之途别去人世的最后一瞬。

我的案头放着一封海外来鸿。写信人是澳大利亚国立大学中文系研究中国文学的钟慕贞先生。她在信中说："我正在写一篇关于未名社和它在现代中国文学运动中的地位的论文，西方许多学者如H·密尔斯女士，B·S·麦克杜戈尔女士，P·H·陈女士和W·A·雷耶尔先生都已承认未名社在介绍西方文学方面给中国读者所做出的卓越工作，但有关未名社的简明而全面的研究尚未完成。因此我的研究论文的目的，就是要阐明、校正和扩大现有的研究。

"《新文学史料》1980年第三期发表了你的《韦素园传略》，对韦素园短暂而富有重大意义的一生做了深刻的叙述……关于韦丛芜先生的情况……我极力收集，结果大失所望。虽然关于《鲁迅先生与未名社》的中国出版物一般地贬低了韦丛芜先生和未名社的关系，并且指责了他对未名社事务的冷酷的管理，使他在文学舞台上销声匿迹，但却没有解决我的任何问题。我对韦丛芜先生的兴趣纯粹是学术性的和文学的观点。关于韦丛芜先生的童年生活，他的文学兴趣和成就，他和国民党政府的联系，他在1949年以后的生活等，如能作简要说明，我将感激不尽。"

这封信使我跌入了往昔的念忆。念忆是苦涩的，然而我不能自已。

稚 年

韦丛芜是安徽霍邱叶集镇人，生于1905年3月16日，兄弟姐妹七人。6岁入家乡小学读书时学名叫韦崇武。

幼年的崇武就聪慧非凡，9岁即跳级，与比他大3岁的哥哥崇文进入小学高级班。当时小学生大都从私塾转来，学校很重视吟诗作对。一次国文老师在课堂上出了一幅对子的上联："蚩尤兴大雾"，要学生快对。崇武略一思索即对出："孔明祭东风。"老师非常高兴，赞他才思敏捷。丛芜兄弟在班上学习成绩双双优秀，期末发榜，每每互为榜首。有一回又是兄弟俩列案首。同学陈世铎等赞美之余说："韦崇武，你能把你兄弟俩的名字嵌上作首诗吗？"崇武凝神稍加思考，便随口吟道：

> 崇高遵孔训
> 仰慕敬岳忠
> 纬武经文备
> 魁英冠世雄

这首诗不仅表现了幼年的丛芜才思敏捷，也显示了他习文练武要为国家干一番事业的大志雄心。

1918年后，丛芜的大哥韦凤章辗转长沙、安庆等地，丛芜也随着大哥像一只出笼的小鸟，从故乡飞向广阔的天地，真可谓之"出自幽谷，迁于乔木"，不仅见识骤增，思想境界也豁然开朗。

中学时代的韦丛芜，受了"五·四"风暴的战斗洗礼，追逐民主的思想就开始萌动。1920年左右，上海建立了一个革命组织"社会主义青年团"。为了培养革命的新生力量，社会主义青年团办了一所外国语补习学校，吸收一批优秀青年先学习一段时间外语，然后送苏联学习。丛芜的哥哥素园（崇文的笔名）当时在安庆法政专门学校读书，已是有名的"学运"领导。他被作为新文化和学生运动的积极分子而推选去上海。这时候丛芜在安徽阜阳第三师范读书。素园邀弟弟同往，但因行期提前，弟弟未能赶上。几个月后，1921年初夏，哥哥与当时在补习学校学习的同学刘少奇、任弼时、肖劲光、蒋光慈、澎湃、曹靖华、罗亦农等赴苏联学习，丛芜又因船期提前失去了去苏联的机会。1922年，丛芜到安庆依附在安庆工作的大哥继续读书。他的小学同学李霁野，当时穷困家乡，一筹莫展。丛芜邀他到安庆读书，霁野欣然赴邀。他俩在安庆读书时，在当地的《评议报》上主办了《微光周刊》，在《皖报》上主办了《微光副刊》，宣传新文化和传播进步思想。

1922年秋天，丛芜考入湖南岳阳湖滨大学附中，做插班生。在寒假返家途中，他和一对在岳阳邻校读书的姐妹邂逅相遇，产生了爱情。这种少男少女纯洁的初恋过程，激发了他的诗情，他创作了新诗《君山》。这诗奠定了他在文坛上诗人的地位。鲁迅先生后来在《忆韦素园君》一文中说道："《未名新集》，其中有丛芜的《君山》，静农的《地之子》和《建塔者》，我的《朝华夕拾》，在那时候，也都还算相当可看的作品。"

1923年夏，素园已从苏联回国，在北京俄文法政专门学校读书。丛芜在哥哥的帮助下，也从湖南到了北京。这时首先要解决的是丛芜的入学问题：读什么学校？学费怎么办？丛芜原在湖滨大学附中，是一所教会办的中学，因此他想仍然读教会中学。于是他用流畅的英文写了一封信给北京教会办的崇实中学，要求进该校高中读书。校长接信后一看，十分欣赏这封信的文采，欣然同意，并予以免费。同他一道进入崇实的还有李霁野。穷困的生活迫使他们不得不勤奋学习，刻苦攻读。进入崇实中学的第二年（1924）年仅19岁的丛芜就一边读书一边大胆拿起译笔，翻译陀思妥耶夫斯基的成名作品《穷人》。就在这一年夏，已弃官为僧的大哥病逝。兄弟俩对大哥的辞世异常哀痛。这不仅因为大哥是他们的经济来源，更因为手足情深，相依多年。大哥在逝前给他们的信中叫他们返乡，以免颠沛流离。但兄弟俩相抱痛哭以后，觉得回老家也是困死，不如留在北京，继续苦读奋斗。丛芜当时还写下了一首《忆凤章大哥》的哀诗：

欲了尘缘为寺僧，白云缥缈忆知音。

萧萧落叶叩心曲，阵阵清风送游魂。

未名社时期

1925年，丛芜儿时的同乡同学台静农、张目寒也都在北京求学。目寒在鲁迅先生兼课的世界语专科学校。经他介绍，丛芜、素园、静农、霁野结识了鲁迅先生。不久，在鲁迅先生倡导、带领下，韦素园、韦丛芜、李霁野、台静农和曹靖华等于1925年8月正式成立了进步文学团体未名社，社址在北京大学一院对面沙滩新开路5号的一个公寓里。这年夏天，丛芜从崇实中学毕业，秋天直接保送升入燕京大学。1926年丛芜翻译的《穷人》在未名社作为《未名丛刊》之一出版。鲁迅先生对这本青年人的稚嫩的第一朵心血之花，倍加呵护，不仅细心审阅，还欣然写了两千字的很感人的引言："……《穷人》作于千八百四十五年，到第二年发表的；是第一部，也是使他即刻成为大家的作品；格里戈洛维奇和涅克拉梭夫为之狂喜，培林斯基曾给他公正的褒辞。……中国的知道陀思妥也夫斯基将近十年了，他的姓已听得耳熟，但作品的译本却未见。……这回丛芜才将他的最初作品，最初介绍到中国来，我觉得似乎很弥补了些缺憾。这是用 Constance Garnett（英国女翻译家）的英译本为主，参考了 *Modern Library*（《现代丛书》）的英译本为主，歧异之处，便由我比较了原白光的日文译本以定从违，又经素园用原文加以校定……在我们这样只有微力的人，却很用去很多工作了。藏稿经年，才得印出……"

未名社的成立，对年轻的爱好文学的丛芜，是个极大的鼓舞。他一边翻译一边创作，诗歌、散文、小说都写。这些作品都得到鲁迅先生的指导。长诗《君山》是在先生关怀下，作为《未名新集》丛书的第一部诗创作印行问世。先生还特请著名画家林风眠为此书设计了精美的封面，请司徒乔先生作了10幅很有情趣的插画。短篇小说《校长》也是经鲁迅先生介绍，由周建人转郑振铎在《小说月报》上发表的。其他还有不少作品直接发表在先生主编的《莽原》《语丝》等刊物上。

鲁迅先生对未名社成员悉心培养，未名社中年龄最小也最活跃的丛芜则敬先生如师长。在先生与现代评论派的主要成员陈西滢的论战中，丛芜像忠诚的战士护卫主帅一样，挥笔助战。一次他以"东滢"的笔名在《莽原》周刊上发表了杂文驳讽陈西滢。先生曾兴致勃勃地谈到此文引起的反响，开怀大笑。

我们不能忘怀的是青年的韦丛芜在"民国以来最黑暗的一天"的"三·一八"惨案中的勇毅精神。

1926年3月12日，日本帝国主义支持奉系军阀攻打冯玉祥的国民军，并联合美、英、法、意、荷、比、西（班牙）等国向北洋军阀政府发出最后通碟，限国民军48小时撤退。北京学生到北洋政府国务院请愿，要求政府拒绝通碟。当时的政府总执政段祺瑞竟下令痛打请愿学生。18日北京各大中学校请愿学生云集天安门广场召开"国民大会"，然后去段祺瑞执政府请愿。哪知更遭到执政府卫队的残暴镇压，当场牺牲40多人，伤数百人，造成了震惊全国的"三·一八"惨案。当时的《语丝》杂志上有目击者控诉道："呜呼三月十八日，北京杀人乱如麻！民贼大试毒辣手，天半黄尘翻血花……"

鲁迅先生在他的《无花的蔷薇之二》一文的末尾称3月18日为"民国以来最黑暗的一天"。韦丛芜当时是燕京大学的学生，参加了爱国请愿的行列。在"禽兽中所未曾见"的"残虐险狠"[①]的暴行中受了伤，被压在伤亡者的人堆中。他满身血污爬出来，回到寓所。这时候他疲惫不堪，激愤难耐。过一二日，稍稍地喘口气，他就与素园、静农、霁野、靖华奔访鲁迅先生。丛芜激愤地诉说了惨案的经过。先生十分悲痛和激愤，反复说："我们决不能沉默！"他要丛芜以亲历的事实揭露反动派的丑恶。遵从先生的教导，他写下了控诉的诗篇。在"记三月十八日北京国务院前的大屠杀"的《我披着血衣爬过寥阔的街心》和"记三·一八屠杀之次日的雪中行"的《我踟躅，踟躅，有如幽魂》的两首诗中，他记述了国务院东门口大屠杀的场景，描绘了

---

①鲁迅：《无花的蔷薇之二》，《鲁迅杂文书信选续编》第49页，广东人民出版社1972年版。

屠杀后古都北京的凄情：

> ——砰砰……砰砰……凶恶的枪声又起了
>
> ——嗳唷！……嗳唷！……我的背上又发出哀绝的叫痛的声音
>
> 挣扎，挣扎，尸身从我的上面倒下，鲜血淋淋
>
> ……
>
> 挣扎，挣扎，我终于倒在伤亡堆旁而爬行
>
> ——
>
> 爬行，爬行，我披着血衣爬向寥阔的街心
>
> ……
>
> 阴风惨惨地吹
>
> 细雨纷纷地落
>
> 这屠杀后的古都
>
> 埋葬在死的恐怖
>
> 繁华的哈德门大街
>
> 此刻已无车马奔驰
>
> 我，血衣依旧在身
>
> 踟躇，踟躇，有如幽魂

在诗的后记中，丛芜说："我恐怕是最后从国务院门口伤亡人堆中挣扎出来的了。当我坐车跑回来的时候，已是三点半钟。次日看了晨报的带有'阴险的暗示'的荒谬的记载之后，我本想就写篇详细的文字叙述这次的大屠杀，但是因为神经受的刺激太厉害，在最近期间，恐怕没有动笔的希望。"这两首诗收入了他的第二本诗集《冰块》。在《冰块》的扉页上，诗人面对旧世界狂怒地震吼：

> 消不了的是生的苦恼，
>
> 治不好的是世纪的病！

在《冰块》的首篇，诗人不无缘由地说："我在我的心的深处发现了多年凝结的立体的冰块，而且我察知了这冰块乃是我呱的一声堕地的时候，感觉到世界的冷便开始凝结的。……

自从离开母怀直到如今，我日日以我的热血融化我的心中的冰块，冰块却夜夜和新的血凝结起来，扩大她的体积。

……

在冷的世界上，热血融化着，冰块凝结着。

死的象征的冰块在我的心的深处永远有增无已地扩大，热血已渐渐失去融化的作用了。

唉，冷啊，冷啊！

……"

从这首散文诗中，我们窥见，青年时代的韦丛芜，向着憎恨的旧世界喷出了痛心疾首的讽嘲之情。

未名社从 1925 年成立到 1931 年结束，在这六七年间，成员始终只有 6人。先后"守寨"的是韦素园、李霁野、台静农、韦丛芜。在鲁迅先生指导下，几年间出了专收译著的《未名丛刊》，专收创作的《未名新集》和《莽原》《未名》两种半月刊。这期间，韦丛芜的创作和翻译都比较活跃多产。他的创作有诗集《君山》,《冰块》;散文《我和我的魂》,《西山随笔》;短篇小说《校长》,《在伊尔蒂希(Irtysh)河上》等。译作有俄国陀思妥耶夫斯基的《穷人》《罪与罚》《女房东》和《回忆陀思妥也夫斯基》;有蒲宁的短篇小说集《张的梦》;有英国葛斯的《近代英国文学史》、斯伟夫特的《格里佛游记》和《拜伦时代》;有法国贝罗的童话集《睡美人》等数百万字。

韦丛芜译著之丰是与鲁迅先生的指教和鼓励分不开的。先生为《穷人》写的序言，成了他勇于继续攀登的动力。陀思妥耶夫斯基的《罪与罚》就是他进入燕京大学读书后，1927 年大学二年级又大胆拿起的陀氏大部头的代表著。一个青年学子要攻下被鲁迅称为"残酷的天才"和"人的灵魂的伟大的审问者"①的 40 万字的长篇巨制，当然不是轻而易举的。他集中精力，废

①鲁迅:《〈穷人〉小引》,《鲁迅文集全编 1》第 1307 页,国际文化出版公司 1995 年版。

寝忘食，全身心地扑了上去。他像一个战士，握着"枪"，奋勇前进，"斩关夺寨"。哪知积劳成疾，他竟然患上了肺病而不自知。突然，一天深夜，他颓然倒在"战场"上，大口大口地咯血，不得不让朋友们送进了疗养院，与早他而住院的哥哥素园同房。鲁迅先生在纪念韦素园的文章《忆韦素园君》中曾记述过这件事。丛芜疗养大半年渐愈以后，就又拿起译笔，终于在1930年将《罪与罚》译完。鲁迅先生高兴地为这本"不是啜末加咖啡，吸埃及烟卷之后所能写成的"巨著定了全书的译名。那时素园虽然仍病在京郊西山，但得知弟弟译完了《罪与罚》，还是欣慰地倚枕写了两千多字的前记，评介了作者，概述了作品的内容，启示读者应该怎样读它。素园在文末的附记中说："丛芜译了这部巨著，我心里很高兴，因为我很爱它。但是在病中不能读书，现仅就以前读过的《最新俄国文学》（黎庆夫·罗迦契夫斯基著）和《文学底影像》（卢那卡尔斯基著），回忆中写成此文。"对于哥哥，丛芜在序中说："可惜素园还在病中，不然这个译本或者更会可读的，他曾为译者（也是为读者）那么悉心地用俄文原本从头至尾地校阅过《穷人》，而且他又是那般地爱陀思妥也夫斯基。这个译本也就献给他吧。"从这里我们看到他们兄弟间真诚互助，炽热相爱的纯洁情谊。

未名社虽然只是一个文学团体，然在鲁迅先生领导下，矛头直指黑暗与反动。这个团体与当时的一些地下共产党员有着密切的联系。他们或以文化工作的公开身份掩护着党的秘密活动；或以亲友、同乡的关系到未名社避难和工作，受着未名社的掩护。例如王青士、王冶秋、李何林、宋日昌、李云鹏、张一林、赵善甫等都与未名社有较密切的关系。因此未名社常受反动警察的监视。1928年4月，未名社出版的《文学与革命》一书在山东被军阀张宗昌视为共产党书籍而查封，并电告北京警察局查封未名社和逮捕有关人员。韦丛芜、台静农和李霁野都被侦缉队逮捕，转送北京警察局。丛芜由于患有肺病，一周后被保释，李霁野、台静农都被关了50天。

1929年5月，鲁迅先生从上海到北平探望母亲。丛芜于5月22日请鲁迅先生到燕京大学作了一次讲演，题目是《现今的新文学的概观》，受到燕京大学学生们的热烈欢迎，整个校园为之震动。

　　未名社的工作在鲁迅先生领导下由丛芜的哥哥素园负责。先生1926年夏被迫南下后，素园更是宵衣旰食在未名社"守寨"。他编辑杂志，处理社务，还为丛芜、霁野等校译作，写序言，自己的写作总是往后放。所以鲁迅先生说："他在默默中支持了未名社。"①在过度的劳作中他终于累垮了。1927年素园病卧京郊之后，社务由李霁野负责。但经过几次"忽封忽启，忽捕忽放"，②的折腾，未名社虽然还有过"云破月来"的一段小盛期，但毕竟经济拮据，日趋艰难。1930年1月19日，鲁迅先生在回复李霁野的信中就提出了结束未名社的意见。先生说："未名社既然如此为难，据我想，还是停止的好。所有的一切书籍和版权可以卖给别人的。否则，因为收旧欠而添新股，添了之后，于旧欠并无必得的把握，无非又添上些新欠，何苦如此呢。这不是永远给分销处做牛马吗？"此后不久，李霁野就到天津女子师范学院任教，台静农也已到北京辅仁大学任教，曹靖华又远在苏联，维持社务，确很艰难。但是病中的韦素园，对这一由鲁迅先生亲手培植、经过惨淡经营、由"未名"而成名的文学团体实不忍舍弃，便与几个人商量后，要弟弟丛芜负责。丛芜虽正埋头为翻译《罪与罚》做最后"冲刺"，但是也只好承担下来。试想，六位同仁的未名社，一位在上海，一位在苏联，一位病卧难起，二位大学任教，仅由一位年龄最小的丛芜支撑，这实际上不是在打"强心针"吗？这一年在丛芜的经营下，再版了鲁迅先生创作的《坟》和译著《出了象牙之塔》，出版了台静农的短篇小说集《建设者》，出版了丛芜自己的译著《罪与罚》《英国文学：拜仑时代》等。成绩也算可以。但独角戏毕竟是难唱的。他勉力支撑了一年，1931年韦丛芜在两次奉书鲁迅先生后，便去上海谒见先生，汇报社务，请示办法。他把出版部的业务交给堂兄韦佩弦代理，大约又维持了大半年，未名社终于解体。

　　善后工作的关键是账务清理。这一问题，近几十年来，鲁迅研究家中的几位，总是不断指责着韦丛芜。而韦丛芜又因所谓的历史问题，背着"反革命"的包袱，没有说话的可能。于是事情的又一面，人们就无从知晓了。例

----

①鲁迅：《忆韦素园君》，《韦素园选集》第4—5页，安徽文艺出版社1985年版。
②鲁迅：《忆韦素园君》，《韦素园选集》第3页，安徽文艺出版社1985年版。

如，1931年6月10日上海《现代文学评论》第1卷第3期上就刊载过《韦丛芜已赴北平》的消息。消息说："北平，未名社主干韦丛芜，在沪结束未名社各项账款，结果极为圆满，已于6月7日离沪返平，将在某大学任英国文学史教授，聘约已决定一年。"再如韦丛芜1932年9月给鲁迅先生一信，就专门讲了账款问题："旧借百元，至今不能奉还，万分不安！年内但能周转过来，定当奉上不误。外透支版税，结欠先生之五百元，去年曾通知由《罪与罚》版税付还，该书再版想已出书，因我四月在上海时已印就一部分了。兹另致开明书店一信，祈派人送往开明一询为祷。"后面还叙说了素园因病支款而欠曹靖华的版税未还清的问题，并声明由他"尽力设法按月酌还若干不误"。这难道是如包子衍所说丛芜"把未名社的清理工作抛到了脑后"？事实是，未名社解体以后，韦丛芜仍在实践自己的诺言逐步还欠。这有鲁迅先生1935年11月14日给章锡琛的信证明："韦丛芜版税，因还未名社旧款，由我收取已久，现因此项欠款，大致已清，所以拟不续收，此后务乞寄与韦君直接收下为祷。"鲁迅先生是郑重严肃的。所以几十年后丛芜在怀念鲁迅先生的诗中有云："归天犹遗洗债字，存殁双感涕泗零。"

未名社从创办到解体，这个"实地劳作，不尚叫嚣的小团体"[①]对中国初期新文学运动的贡献是有目共睹的。它所创办的《未名丛刊》《未名新集》、《莽原》半月刊、《未名》半月刊，在当时都是有社会影响的读物。1934年，鲁迅先生在《忆韦素园君》一文中还深情地回顾道：未名社"自素园经营以来，介绍了果戈理、陀思妥也夫斯基，安特列夫，介绍了望·蔼覃，介绍了爱伦堡的《烟袋》和拉夫列涅夫的《四十一》。还印行了《未名新集》，其中有丛芜的《君山》、静农的《地之子》和《建塔者》、我的《朝华夕拾》，在那时候，也都还算是相当可看的作品。事实不为轻薄阴险小儿留情，曾几何时，他们就都已烟消火灭，然而未名社的译作，在文苑里却至今没有枯死。"是的，未名社的出版物，我想至今还会珍藏在国内外图书馆和读者的书橱里的吧。

---

①鲁迅：《曹靖华译〈苏联作家七人集〉序》，《鲁迅小说杂文散文全集（下卷）》第1844页，广西民族出版社1995年版。

救国之道的探索

1931年"九一八"事变爆发，国事日非。此时已受聘于河北女子师范学校的韦丛芜在思考救国之路。这时，有一位在美国哥伦比亚大学任教的王锡礼先生，通过沈从文邀请丛芜去美国讲授中国现代文学，丛芜也做了一些准备打算去。但是转念一想，现在国难当头，这样做不过是避难罢了，于国家何益？便毅然舍弃。这时一些国中知名教授都在号召深入农村。如最早提倡乡村教育的陶行知，早就在南京郊外办了一所晓庄师范；晏阳初在河北定县成立了"平民教育实验区"；梁漱溟在山东邹平搞乡村建设，办起了"乡农学校"。这些都深深地打动了丛芜。他认为中国既然是个农业国，救国之道当从农村做起。于是年轻的诗人决心投身于农村，寻求救国之道。他为自己的憧憬画了一幅幸福的田园风光图：自己的家乡——安徽霍邱是一个极好的农村建设实验基地。霍邱有东西两湖，湖水很浅，干旱之年，湖的四周有大片土地露出，可以种植小麦和水稻。如果进一步开发，西湖可得地20万亩，东湖可得地30万亩。有了50万亩良田，再把农民组织起来，可以举办多么好的合作农场啊！农场建成之后，有了资金，还可以开工厂、办学校、修公路、挖运河……这里将会成为全国农村的模范，成为国家富强之基。诗人为此想得入了迷。1932年8月1日，素园在北平病逝，这更坚定了他到南方去干一番新事业的决心。次年1月，胡愈之先生在上海主办的《东方杂志》向他约稿。他在该刊第30卷第1号上"梦想的中国"专栏里，发表了他的梦想："我梦想着未来的中国是一个合作社股份有限公司，凡成年人都是社员，都是股东，军事、政治、教育，均附属于其下，形成一个经济单位向着世界合作股份有限公司的目标走去。"在同期"梦想的个人生活"专栏中，他别无所求，只是说："我梦想着将来有无数热心勇敢的朋友一块儿为共同的理想奋斗。"不久他自己编了个《合作同盟》的刊物，写了几篇文章，详细地说明了他对合作组织的理想、办法和实施步骤。这时候他首先想到的是鲁迅先生。他奉上一本请教。从这个时候开始，丛芜离开天津回到霍邱，他首先在霍邱办起一个"农村工作研究训练院",培养开发东西两湖的工作人员。院址就是县城的孔庙。100多名学员都是当地初中和小学的毕业生,10多个教员都是本县的高中和大学的毕业生。学员全部自费,教员有少许津贴;但他们都有一个开发两湖、建设农村的共同理想,积极性都很高。训练的课程有语文、时事、农村合作、土地测量、军事训练等。办到年底,由于经费问题,研究训练院转由安徽省政府领导,改名为"农村工作人员训练班",简称"农训班"。人员经费都有所增加。

1934年暑期,农训班第一期学员结业,开始派到农村进行实习,主要工作就是丈量湖地。湖地本为"官荒",属国家所有,但当地豪绅地主在干旱可耕之年,也派人在这些湖地上种庄稼,因而学员丈量湖地经常受到他们的阻挠。省政府为了便于排除这些阻挠,加快两湖开发工作,于1934年冬任命韦丛芜兼霍邱县长。开发两湖的关键工程,是在湖水流入淮河的地方修建水闸,以便将湖水全部排出,使广大湖面变成湖地,使之无论是平常年景还是干旱之年均能播种庄稼,宜能旱涝保收。韦丛芜担任县长之后,便向安徽财政厅申请贷款10万元,在西湖入淮处修建了两座水闸,一名"万民闸",一名"万户闸"。湖水基本排干后,又在闸口和霍邱西门之间挖了一条长10余公里的运河,还挖了两大片船塘和养鱼池,以便行船和养鱼。修水闸、挖运河,丈量湖地,从人力的征集,物资的采购到工程的规划,都需丛芜过问。不仅如此,而更艰难的是与当地土豪劣绅们的周旋和斗争。他曾经把霸占公产的恶霸李五猴子逮捕,拟法办枪决,可被当地恶势力上下勾结,对韦丛芜软硬兼施保了出去。那时候他真是夙兴夜寐,辛劳备至,但他并不以此为苦。一次他曾和家人谈笑说:"苏东坡治理杭州西湖,修了个苏堤,名传千古;我现在治理霍邱两湖,开发几十万亩农田,不知后人将怎么说。"西湖工程完工后,初步得田10余万亩,经过安徽省政府同意,其中一部分以低廉价格卖给本县无地或少地农民,所得价款,作为偿还修建水闸贷款和活动经费,其余大部分湖田则与安徽大学农学院合作,办了一个大规模农场。农学院院长冯紫刚教授亲临霍邱负责农场的规划和管理工作。1936年夏,霍邱西湖农场获得了历史上第一次空前大丰收。这时候丛芜兴高采烈地按照《合作同盟》上说的规划着"社会主义"、"半社会主义"、"国家资本主义"的试验形式。

可是，他哪里知道，正当他放弃教授职务，中断文学生涯，离开大都市回到穷乡僻壤，辛劳驰骋在为人民造福的疆场上卖命的时候，正当霍邱西湖开发初成的时候，一些贪官污吏和土豪劣绅们沆瀣一气把魔爪对准了韦丛芜。他们狼狈为奸，上下齐手，对韦丛芜进行打击和迫害。开始由民政厅下令要把韦丛芜从霍邱调往临泉县任县长。韦丛芜无意为官，要求不做县长，继续进行两湖开发工作。民政厅无理无法，不能紧逼，遂将县长免去，以"官产专员"名义继续留在霍邱。但是那些恶霸豪绅是绝不肯善罢甘休的。一计不成，再生一计，1936年冬，他们以重金收买一个兵痞，要他杀害韦丛芜。这个兵痞深夜入室，出乎他意料的是，他看到的县长竟是个非常年轻的白面书生，半夜还在灯下读书。"唉，杀个白面书生不造罪吗？再说我杀了他自己也跑不掉啊！"他反复考虑了利害得失，不敢下手，终于自首投案，并揭发了主使人。在人证物证俱全的情况下，县政府便把收买兵痞行刺的主谋人抓了起来。但迫害韦丛芜的阴谋行径并没有停止。他们三番五次威胁、行刺、告状，无所不用其极。那么，韦丛芜到底是什么"罪行"呢？这里我们摘录一点当时以"安徽霍邱旅省同乡会"名义给当时安徽省政府主席的控告状中的原文，首次公布于众，也许是解放以来那些长期人云亦云有意无意诋毁丛芜的作家还不知道的吧："……查韦立人，本一无赖青年，堕落后不为乡人所齿，逃往俄边当兵，粗解俄文，习染赤化，其家中老少男女，即加入共匪，实行重要工作，至今仍有侄男女数人，随匪远窜未回，事实俱在，人所共知，二十一年后，霍邱共匪溃散，立人亦同时失业，穷无所之，遂乃挟其欺骗夤缘之术……今竟攘夺政权，跃为县长，是其势力已弥漫全县矣，为所欲为，民不堪命，明为实验，暗施赤化，霍邱经赤匪盘聚多年，愚民麻醉已深，方力求矫正其思想而不能，今见县长事事采用共党方法，以为共党复活，就令其心无他，不啻为赤匪作宣传之工具，影响人心，流毒社会，何堪设想，无怪人人皆指立人为共党，此立人贻人口实之尤，故首述之；……乃其所为……有甚于共匪……"到了1937年初春，韦丛芜终于被国民党政府逮捕投狱。到此时，这位鲁迅先生喜爱而亲切称为"丛芜小弟弟"[①]的青年书生才如梦方醒。回忆这段曲折的生活道路，韦丛芜曾自嘲："三年一觉狂夫梦！"本来因"堪叹神州将沉沦"而"甘冒不韪试经纶"的，到头来却是"一夕离境身为囚"。对这一段"狂夫之梦"。鲁迅先生1933年在收到丛芜呈阅的《合作同盟》时就曾预言："既哀其梦梦，又觉其凄凄"[②]。可见鲁迅的洞察力之犀利。

鲁迅先生的批评，丛芜当时丝毫未闻。几十年以后他重新捧读鲁迅全集时，才读到这些话。老人感慨丛生，曾写下了一首《忆鲁迅先生》的诗，其中云："五十年来一觉醒，先生有怨我心惊……"我们知道，这里面有韦丛芜的难言之思，之隐，之痛。

抗战爆发，国共合作，韦丛芜才走出牢门。烽火连天，哀鸿遍野，国民党节节败退，他还能干些什么呢？只好流亡后方，为妻室儿女一家生活挣扎，直到抗日战争胜利。胜利了又怎么样呢？他没有看到前途的光明。这时候他想起了鲁迅先生1930年对自己的嘱托和希望："以后要专译陀思妥也夫斯基小说，最好能把全集译完。"于是他又重新拿起译笔，继续翻译陀氏作品。他要把作品中那些被侮辱与损害的人们的"灵魂的深，显示于人"（鲁迅语）。他埋头译书，笔耕不辍。

1946年他借《罪与罚》第六次再版之机，在9月10日的前言中，继1926年的怒吼之后又仰天长啸："巨石下的野草在九死一生中挣扎着从侧缝里向外发展，也会摇曳在阳光与和风中，低吟着生之歌曲……巨石何时才能从野草上移去？那产生凶手与妓女的经济制度何时才能消灭呢？"从译者当时在上海所处的社会环境看，呐喊的矛头所指，是很清楚的。1947年，丛芜在译出另一部陀氏的著作《西伯利亚的囚犯》的序言中又说："帝俄刑罚越惨，它倾覆得也越惨。这是历史的教训。"韦丛芜说这句话的时候，正是国民党反动派在经济上敲骨吸髓，政治上残酷镇压，军事上发动内战，国无

[①]韦丛芜的第一本诗集《君山》出版后，鲁迅先生在得到赠书时，用毛笔端正地写在该书上的称呼。

[②]鲁迅：《致台静农》，《鲁迅书信集》（上）第219页，人民文学出版社1976年版。

宁日，民怨沸腾的最黑暗时期。1946 年到 1949 年这个时期，他连续翻译了陀氏的两部巨著《西伯利亚的囚犯》和《死人之家》，修订了过去译的陀氏的《女房东》，并着手翻译陀氏的又一长篇巨制《卡拉玛卓夫兄弟》。

诗人的悲剧诗

春雷一声，巨石移去，当解放的辉煌光焰普照祖国大地的时候，韦丛芜迎着自己的新生，迈着迅疾的步伐前进。他译书的积极性空前高涨。1950 年他参加了上海市翻译工作者协会，并担任文艺组负责人。1952 年进了上海新文艺出版社任英文编辑，为出版社审稿和继续着手自己的翻译工作。他每天从早晨一直工作到深夜，不知疲倦。从 1950 年到 1955 年 8 月，他除了译完陀氏 80 多万字的长篇小说《卡拉玛卓夫兄弟》《陀思妥也夫斯基短篇小说集》以外，还有杰克·伦敦的《热爱生命》、郎费罗的《赫亚华沙之歌》以及苏联革命和建设的文学作品《列宁——永远不落的太阳》《收获》《尼索》《共产主义的进军》《库页岛的早晨》《百万富翁》《库兹尼兹克地方》《从白金国回来的艾素丹》《里吉达童年》《苏联五作家》《伟大水道的建筑者》《一个斯塔哈诺夫工人的手记》《为和平而战》《卡拉布格海湾及其他》《意大利印象记》《六作家论》《作家的写作法》《文学青年写作论》《为和平而战》等等大量文学作品约 400 多万字。他对自己说："这是大时代救了我。既然肉体至今还未'溺死'，那么精神也应该复活起来，彻底的复活起来，好好地做点工作，庶不负鲁迅先生当年培养的苦心，不负党和人民政府对我的教育，不负这个翻天覆地的伟大时代。"[①]

1955 年，一个意想不到的旋风把韦丛芜卷了进去。8 月，他作为"胡风集团"圈子里的人被抓起来审查，关在上海市第一看守所里。但丛芜的心是坦荡的，他既不知道胡风是什么反革命，又深知自己和胡风没有"圈子"。他在被审查关押期间写的《铁窗吟》就表述了当时坦荡和达观的情怀：

①韦丛芜：《读〈鲁迅日记〉和〈鲁迅书简〉》，《鲁迅研究动态》1987 年第 2 期。

（一）

夕阳斜斜入铁窗，

信手接来分外香。

莫笑诗人系囹圄，

且看晚景赛天堂。

（二）

白云窗外自悠悠，

引得诗人魂遨游。

哪识此身系囹圄，

缘为天地太狭愁。

半年后转送安徽霍邱家乡继续审查。1956年9月，县公安局负责人告诉韦丛芜："一切都审查清楚了，没有问题。"释放后，他回到上海新文艺出版社，恢复了原来的工作，补发了全部工资。这时丛芜心情极好。他认为问题既已彻底查清，工作当需更加努力。此后两年，他又翻译出版了苏联短篇小说集《友好的微笑》和美国现实主义作家德莱塞40多万字的《巨人》。谁料到1958年9月，他第二次又被上海市公安机关逮捕了，关了一年零四个月。到1960年1月13日，他被公安机关宣布判处有期徒刑3年缓刑2年，立即释放。对这次从未开庭审判的判决，丛芜感到万分惊讶!? 从此他被逐出文坛，而且不给工作，也不准居住上海。由于这时他的妻子和孩子在杭州，于是便把户口迁往杭州。在离西子湖畔不远的一条小街上，租了一间六七平方米的旧木板房。就在这样湫隘的木板房里，他和家人居住了18年，挣扎了18年，一直到生命之火的最后熄灭。

从1958年9月第二次被捕开始，他再没有拿到过一分钱工资，过去的一点稿费也冻结了。妻子没有工作，4个孩子都还年幼，正在读书。他虽已出狱，头上还戴着一顶"历史反革命"的帽子，处处被人歧视。可是韦丛芜并没有被这极其艰难困苦的生活所压倒，他仍然相信党、相信政府。他先后写了40多封信，要求复查，要求工作。虽然这些信发出之后就如石沉大海，但是他每天都在希望着，等待着，坚信终有一天历史会恢复他的本来面目。每天他扫马路，妻子在街上摆个小摊卖手帕、火柴。亲友们每月寄点钱补助，孩子们在学校吃助学金。就是这样，他那天生的诗人气质，仍然幻想着美丽的前途。他曾以《自吟》为题反映自己苦苦挣扎生存的生活：

（一）

六尺板屋足潜身，

一株桐树好乘荫。

清风明月入胸臆，

坦腹高歌羲皇人。

（二）

自炊自焚自吟哦，

闲傍小摊逐利末。

天外浮云物外隐，

人间岁月隙间过。

　　就在这样艰难的境况中，丛芜仍然抓紧时间学习，充实自己。从1963年起，他每天夹着饭盒，一早就来到西湖孤山的省图书馆看书，中午就在中山公园的石亭、苏堤的凉亭里或西泠印社前的长凳上吃饭，乏了就倒在一尺宽的石凳上小憩，下午继续读书。一日复一日，一月复一月，一年复一年，直到1966年8月13日，图书馆挂出了"整理图书，暂停开放"的牌子——"文化大革命"开始。在这几年里，年近六旬的丛芜有计划地阅读了大量文、史、哲以及自然科学书籍。其中，马列和哲学著作有《马克思恩格斯论艺术》、《马克思恩格斯论马尔萨斯》、《西欧中世纪哲学史纲》；中国历史方面的有《周书》《唐鉴》《辽史》等；世界史方面的有赫罗兹尼的《西亚细亚、印度和克里特上古史》、格罗特的《希腊史》、多桑的《蒙古史》等；自然科学方面的有《理论天文学基础》、波尔的《原子物理学和人类知识》、恩玻的《关于因果和机遇的自然哲学》等。他读过的这些书都作了详细笔记，20多册厚厚的毛边纸笔记本是用粗针大线自己装订起来的，密密麻麻的几十万小字记录了这位老人的艰苦岁月和惊人毅力。

十年浩劫的"文化大革命"期间，丛芜的境况当然更是每况愈下。可就是在"九死一生"的苦况中，他仍未忘记鲁迅先生关于译完陀思妥耶夫斯基全集的希望，仍未忘记解放初期自己在《罪与罚》八版的序言中的话："我希望再花三年工夫，根据CONSTANCEGARNETT的公认最佳的英译本，把陀氏小说全集译完。然后专修俄文，重校一遍，完成一生中的一件最有意义的工作。"为了这个没能及早实现的夙愿，他顽强地和衰老搏斗着，三更灯火五更鸡，继过去已完成《穷人》《罪与罚》《死人之家》《女房东》《西伯利亚的囚徒》《赌徒》《白痴》《卡拉玛卓夫兄弟》等译著之后，又完成了《永久的丈夫》《魂灵》《未成年的青年》《孤女》《家庭的朋友》《地下室笔记》《白夜》《叔叔的梦》《诚实的贼》等300多万字的翻译，终于在垂暮之年完成了陀思妥耶夫斯基全集这一浩大的翻译工程。然而他既然连工作的权利都没有，自然更没有出版的机会。

命途多舛，一生坷坎的韦丛芜，晚年仍跳动着一颗赤忱之心。这一点我们从他十年内乱中给亲属的函件内屡屡见到。这里例举几封给我信中的话看看。他有一封信中说："最近我看到了《毛主席诗词》（英译本）和《中国建设》（英译版）第七期上介绍此书的文字。说'在党的领导下……走群众路线开门搞翻译，注意中外之间的团结与合作，并与北京、上海……十二所大学和学院外语系和语文系的老中青教师及工农兵学员讨论修改……'我看了这些译品之后，觉得美中不足的地方还很多。"他还在信中举了一些例子，对有些诗他还用英文重新译过。在信中还说："希望你把我的意见转达《人民日报》的姜德明同志，请他们文艺部研究一下，是否可以转给有关领导或有关部门参考。"毛主席的诗应如何理解，我说不清。这里只是想说明丛芜老人的一点诚坦的襟怀。

在又一次的信中他哀怜地表示："我总觉得自己还可以为党为人民做点工作，比方说，在校对译品方面（无论是英译汉还是汉译英，也无论是已出版还是未出版的样品），只要有关单位给我看看，我相信自己总是可以提出若干参考意见，帮助减少错误。我是个有选举权的公民，有五十余年经验的翻译工作者，我们伟大的党何妨给安排一个临时工作，给我一碗饭吃，让我也能在伟大祖国的社会主义革命和建设中贡献一份小小的力量呢？"但是，在那个"黑云压城城欲摧"[1]的年月，"未敢翻身已碰头"[2]，谁敢为丛芜老人讲话呢！直到"四人帮"粉碎以后，老人的子女通过报社上书，得到了中央领导同志的关怀，老人才拿到了一只吃饭的"碗"。

1978年12月浙江省政协为韦丛芜安排了工作，介绍他到杭州丝绸学院教英语。这对一个穷困潦倒、失业已经二十年的人来说，当然是天大喜讯。但年已73岁的丛芜，由于二十年漫长的抑郁心情，二十年漫长的贫病熬煎，二十年漫长的伏案著译，他已经耗尽了他生命的最后一滴血，他梦寐以求的再为人民工作的愿望已无力达到。1978年12月19日夜，他的心脏停止了跳动，溘然与世长辞了！他撒手人寰时榻旁只有最后几年与他相依为命的小儿子，人间凄情，何过如斯！1980年1月31日，上海市中级人民法院经过复查，终于撤销了过去对韦丛芜的错误判决，宣告韦丛芜无罪，并清除影响。此后杭州、上海两地的出版社再版了他的译著《罪与罚》和《巨人》，安徽文艺出版社出版了他的选集。至此，令人不禁慨叹：历史，道是无情却有情。它证实了1960年丛芜被冤判的那一天自己的宣告："历史将宣告我无罪！"遗憾的是，这些，老人自己都不及见了……

回首丛芜的一生，半个世纪的写作生涯，著译千万字，不能不说对祖国的文化宝库有所贡献。真正了解他的人知道，他的心，是向着人民的。但命运对于他，似乎是太冷酷了些。20年代在未名社期间，先是在"三·一八"惨案中死里逃生，后又因"宣传赤化"关进了北洋军阀的囚笼；30年代在

---

[1]李贺：《雁门太守行》，《唐诗三百首》第298页，五洲传播出版社2012年版。
[2]鲁迅：《自嘲》，《鲁迅作品选读》第283页，四川少年儿童出版社1987年版。

故乡谋求救国之道时，被状告为"共党"，投入国民党的监狱；经过长期战乱后盼来了新时代，而最后却作了人民专政的牺牲者。他研究了一辈子陀思妥耶夫斯基，到头来自己成了鲁迅先生曾说过素园的"这也是可以收在作品里的不幸的人"①。"文章满纸书生累"②，丛芜赍憾辞世，而今夫复何言！

韦丛芜是作家、教授、翻译家，鲁迅先生还称他为诗人。他如此曲折、如此不幸的一生，就是一篇催人泪下的悲剧诗。他逝世后子女尽了最大努力，把他安葬在风景秀丽的天目山下，也许这是对诗人最后的一个安慰吧！老人的子女和侄辈参加了诗人的葬礼，并留了首首悼诗：

紫峰环抱绿溪流，
异地青山把骨收；
几度蒙冤含恨去，
等身遗著亦千秋！

大志未酬付水流，
雄心泉下亦难收；
儿孙亟应闻鸡舞，
须慰忠魂万代秋！

［原载《新文学史料》1998年第3期，收入本书时有改动］

---

①鲁迅：《忆韦素园君》，《韦素园选集》第4页，安徽文艺出版社1985年版。
②鲁迅：《自嘲》，《鲁迅作品选读》第283页，四川少年儿童出版社1987年版。

韦丛芜"合作同盟"问题辩析

——从新发现的两件韦丛芜的史料说起

史挥戈

众所周知，在未名社研究中争论最为激烈、焦点最为集中的是韦丛芜的问题。关于韦丛芜的问题，总的说来有这么两个方面：一是导致未名社"烟消火灭"的原因，也就是社务帐目问题；二是鲁迅先生所感叹的"既哀其梦梦，又觉其凄凄"的韦丛芜去充任霍邱县代理县长推行"合作同盟"一事。有关第一个问题，研究者们已经从鲁迅先生1935年11月14日给章锡琛（开明书局老板）的信中了解到，未名社帐目"大致已清"，特别是近年来鲁迅研究家陈漱渝先生发现的未名社帐目原件的发表，说明这个问题已经澄清，不存在韦丛芜贪污的问题。而笔者此次调查中发现的两件重要史料——《呈控霍邱县长韦立人祸霍原呈》和韦丛芜的《读〈鲁迅日记〉和〈鲁迅书简〉》，则对解决韦丛芜的第二个问题，也就是对他从事乡村建设运动是非功过的探讨研究，对客观、公正地评价韦丛芜的一生，找到了一把打开"铁门"的钥匙。

"合作同盟"的前前后后

韦丛芜，又名韦崇武、韦立人，1905年3月16日出生于安徽省霍邱县叶集镇一个小商人家庭里。"五四"运动时期，他接受新思想，追求民主政治，1922年曾与小学同学李霁野在安庆《评议报》上主办《微光周刊》，在《皖报》上主办《微光副刊》，宣传新文化和传播新思想、新道德。1925年在北京崇实中学读书期间参加了以鲁迅为"盟主"的进步文学团体未名社，积极从事苏俄文学的翻译和新文学创作活动。他翻译的陀思妥耶夫斯基的

《穷人》，由鲁迅先生作"引言"，并赞誉道："这回丛芜才将他的最初作品，最初介绍到中国来，我觉得似乎很弥补了些缺憾。"他的长诗《君山》也是在鲁迅先生直接关怀下，作为《未名新集丛书》的第一部诗作印行问世的。1926年，在震惊全国的"三·一八"惨案中，韦丛芜作为燕京大学的学生，积极投身爱国请愿行列，在"民国以来最黑暗的一天"，他受了伤，从死伤者的人堆中爬出来，奉鲁迅先生之命，写了两首揭露控诉反动派罪行的新诗——《我披着血衣爬过寥阔的街心》和《我踟蹰，踟蹰，有如幽魂》。未名社从1925年成立到1931年结束，韦丛芜是一位自始至终的成员。未名社在中国现代文学史上的贡献是有目共睹的。用鲁迅先生的话讲就是"未名社的译作在文苑里却至今没有枯死"。然而，由于形势的变化和成员们家境的变迁等诸多因素的逼迫，六位成员中有五位先后离开了未名社，韦丛芜的"独角戏"只好落幕收场，未名社也就随之"烟消火灭"了。1931年9月，韦丛芜为了生计，应天津女子师范学院之聘，前去担任英文系教授。"九·一八"事变爆发之后，日本帝国主义又把侵略魔爪由东北伸向华北，在天津租界不断寻衅闹事，学校被迫停课，师生逃散。这时，韦丛芜肺病复发，但他面对哀鸿遍野，生灵涂炭，民族危亡的局势，把一腔爱国情凝结为以农村为基地的抗日救国的"合作同盟"主张。

1933年，在胡愈之先生主编的《东方杂志》新年特大号上，韦丛芜以《新年的梦想》为题简明扼要地阐述了他的理想："我梦想着未来的中国是一个合作化股份有限公司，凡成年人都是社员，都是股东，军事、政治、教育，均附属于其下，形成一个经济单位，向着世界合作化股份有限公司走去。"韦丛芜认为，要挽救中国的命运，必须振兴经济，要振兴经济，就要抓住乡村建设这重要一环，他还认为，这里首要的任务是国共合作和各阶级合作，停止内战，枪口一致对外。要达此目的，"必须有一套新的经济制度。为国内各党派各阶级所接受，这种合作才能坚持，才能有效地应付强敌"。鉴于此，他提出了全国合作化的设想。为了使自己的"梦想"尽快实现，他毅然辞去了大学教授职务，中断了文学生涯，于1933年1月赴南京"向陈果夫、陈立夫谈了自己的'全国合作化'设想，得到两陈的赏识"。4月，两陈布置他编制实施方案。6月，韦丛芜将"全国合作化"的设想编成《合作同盟》一书，自费印刷1000册，并将自己的名字改为"立人"，以表达自己实现理想的雄心。接着，回家乡霍邱实地考察。7月，写出了"开发霍邱东西两湖实验农村合作化计划书"，呈交国民党中央组织委员会审查。经审查，认为韦立人的这个方案是"溶共限共的良策"，决定先在鄂豫皖实验。8月，陈立夫以国民党中央组织委员会的名义，任命韦立人为"皖豫鄂社会事业考察员"，让他在霍邱按上述计划做筹备工作。韦丛芜怀着一腔热情，按照计划逐步实施，他从三个方面入手：一、办训练班，培训合作人员；二、健全保甲制度，整顿社会秩序。他首先把全县原有的十个区长撤换了九个，将训练班毕业的学员全部安排到区乡保工作，他本人以县长兼国民军壮训总队长的职务佩少将衔，办民众学校，加强思想控制；三、开发霍邱东西两湖。他实验农村合作化的主要内容就是对霍邱东西两湖的开发。1934年12月，由陈立夫介绍，后又经山东乡村建设研究院院长梁仲华、北京大学教授徐旭生、安徽大学农学院院长冯紫岗推荐，韦丛芜被任命为霍邱县代理县长，企图动用行政手段推行合作运动。他先后在两湖入淮处修建了两座水闸，一名"万民闸"，一名"万户闸"。湖水排干后，又在闸口和县城西门之间开挖了一条长达10多公里的运河，还挖了两大片船塘和养鱼池。将放水露出地面的20多万亩土地分成"社会主义"、"半社会主义"和"国家资本主义"几种经营方式进行试验。1936年，霍邱县两湖农场获得了历史上第一个大丰收。据他的侄子韦顺先生回忆说："一次，他和家里人谈笑，说过这样一段话：'苏东坡治理杭州西湖，修了个苏堤，名传千古；我现在治理霍邱两湖，开发几十万亩农田，不知后人将怎么说。'"可事与愿违，正当他苦心经营的时候，地方上的贪官污吏和土豪劣绅沆瀣一气，将罪恶的魔爪伸向了韦丛芜。先是由安徽省民政厅下令要把韦丛芜从霍邱调往临泉县任县长，韦丛芜坚决不从，他说："我是一介书生，从未想过当官，我不去那里当县长，就留在这里开发两湖。"省民政厅便将他的县长免去，以"官产专员"名义继续留在霍邱。恶霸豪绅一计不成，又生一计，于1937年1月，以重金收买兵痞王世清，要他杀害韦丛芜。王世清深夜潜入县衙大院，出乎他意料的是，他看到的县长竟是个年轻的白面书生，半夜还在油灯下读书，并不像指使人讲的那样"青面撩牙"。"唉，杀个白面书生不造孽吗？再说，我杀了他自己也跑不掉啊！"于是，他突然跪在韦丛芜面前，低声叫道："老爷！人家叫我来杀你，我看你是个书生，我下不了手……"韦丛芜把他扶起来，立即命令手下将他送到自己的老家叶集，韦丛芜的母亲把王世清当成恩人，认他作了干儿子，王世清一直跟着韦家生活了许多年。可地方恶势力仍不肯善罢干休，他们又纠集在一起，以"安徽霍邱旅省同乡会"的名义向安徽省政府主席递交了一份近4000言的控告状，对韦丛芜进行恶毒攻击和陷害。1937年2月，由安徽省主席刘镇华出面以渎职罪将韦丛芜逮捕关押。至此，韦丛芜的"合作同盟"的设想才真正寿终正寝了。韦丛芜后来回忆这段曲折的改良救国之路，自嘲道："三年一觉狂夫梦！"本来是抱着救国救民的宏愿，"堪叹神州将沉沦"而不惜赴汤蹈火，"甘冒不韪试经纶"的，谁料得最终落得个"一夕离境身为囚"的可悲下场。

众说纷纭莫衷一是

对韦丛芜从1933年9月辞去天津女师学院教授职务，投身家乡霍邱县开展乡村建设运动，直到1937年1月被国民党政府逮捕入狱，7月因抗战爆发被释放为止，前后将近五年的时间，这"神弛宦海"的五年，时人和今人的评说是各不相同的。现在我们择其有代表性的论述列举如下。

鲁迅先生读到韦丛芜寄赠给他的《合作同盟》一书后，于1933年6月28日致台静农信中这样写道：

> 立人先生大作，曾以一册见惠，读之既哀其梦梦，又觉其凄凄。昔之诗人，本为梦者，今谈世事，遂如狂醒；诗人原宜热中，然神驰宦海，则溺矣，立人已无可救，意者素园若在，或不至于此，然亦难言也。

李霁野以未名社主要成员的身份，生前多次撰写有关未名社的回忆文章，观点几乎始终是一致的。1956年由新文艺出版社出版的《回忆鲁迅先生》一书中，他写道：

在思想方面，韦丛芜也越来越有和我们分歧的地方。一九二九年三月二十二日鲁迅先生给我的信中所提到的分歧和韦丛芜的行为，确实还不过是"小事情"。他已经在利用未名社向反动的国民党投靠了。为了照顾素园的病体，我们不能公开揭露他。……而韦丛芜不得他人同意，仍然要利用未名社达到自己的目的。鲁迅先生已经明了真相，又知素园病危，所以虽有这样声明，而并未公开。

包子衍先生在《〈鲁迅日记〉札记》第174页中这样写道：

未名社自1925年8月30日由鲁迅先生发起成立，到1931年5月1日以鲁迅先生声明退出解体。但直至1935年11月才完成善后工作。自此以后，《鲁迅日记》中再没有关于未名社的记载了。但对于它的成员，除去"已无可救"的"立人先生"——韦丛芜外，都保持着亲密的关系。

历史工作者高璐女士在《安徽史学》1993年第1期上发表的学术论文《韦丛芜和霍邱的乡村建设运动》中这样写道：

他的经济救国思想，虽然对共产党领导的革命无补，但具有一定的进步倾向。他的实验救不了国，但确实表明他具有改造农村，争取民族自救的愿望。他的乡建实验的失败说明了改良主义道路在中国行不通，但其积极的一面却有一定意义。

韦丛芜的侄子、新华社高级记者韦顺先生在《新文学史料》1998年第3

期发表的《苦涩的念忆》中写道：

> "九・一八"事变爆发……这时，有一在美国哥伦比亚大学任教的王锡礼先生，通过沈从文邀请丛芜去美国讲授中国现代文学，丛芜也做了一些准备打算去。但是转念一想，现在国难当头，这样做不过是避难罢了，于国家何益？便毅然舍弃。这时一些国中知名教授都在号召深入农村。深深地打动了丛芜……

韦丛芜子女韦德亮、韦德丰在《怀念父亲韦丛芜》中写道：

> 父亲出于爱国热忱，提出了以农村为基地的抗日救国的《合作同盟》主张……然而，无情的事实证明，父亲想以此救国，却不能自保其身……

韦丛芜在 1957 年 3 月 3 日写的《读〈鲁迅日记〉和〈鲁迅书简〉》中对这段历史是这样认识的：

> "九・一八"事变以来，给了我很大的刺激，我翻阅了若干社会经济的书，并留心报刊上一般的爱国言论和主张……最后想到一切问题全看日本侵略能不能制止，至少是能不能作有效的抵抗，如果不能，那就一切全归于尽了。于是我就在病床上集中思想来考虑救国问题……我想出全国合作化的经济政策。不仅全国土地合作化，各行各业合作化，就是一切国营企业与其他国有资产也一律加入合作组织中，成立一个统一的中国合作社股份有限公司，在这个合作社里，全国成年男女都是社员和股东，一方面实行生产资料公共所有制，并规定全体社员生活的最高限制和最低保障，我以为这样可以取得共产党的同意。一方面实行按财计股，使资本家享有合作社领导权，使执政党享有最高领导权，我以为这样可以取得资产

阶级和国民党的同意。这种"公产私财"的经济组织，我在当时认为是实行民生主义的具体办法，也就是过渡到社会主义的具体办法，同时也是抗日的经济力量和政治力量的源泉。然而这是一个梦，谁也不会同意，谁也没有同意。……《鲁迅书简》出版已十年，我也没看过；直到最近我才看到，真是百感交集！鲁迅先生了了数语，说得多么中肯，多么令人感动。

我们的看法

评价一个事件的正确与否大致有两个标准，一个是实践的检验，一个是历史的考验。对韦丛芜弃教弃文回霍邱从事乡村建设运动这一历史事件的评价，我们从新发现的《呈控霍邱县长韦立人祸霍原呈》和《读〈鲁迅日记〉和〈鲁迅书简〉》以及霍邱县公安局对韦丛芜的审查结论和群众的口碑材料中不难得出正确的结论。

从《〈读鲁迅日记〉和〈鲁迅书简〉》中，我们可以发现，作为鲁迅先生热心培养并寄予厚望的青年作家、翻译家的韦丛芜，从"五四"起一直追求真理，倾向革命，反抗旧势力，致力于苏俄文学的翻译和新文学的创作，曾被鲁迅先生亲切地称作"丛芜小弟弟"。在未名社解散之后，面对日本帝国主义的疯狂侵略，民族危亡的时局，他卧病在床，苦思冥想，阅读大量经济著作，密切关注国内正在兴起的乡村建设运动，十分欣赏晏阳初、梁漱溟等人的乡村建设思想，开始将目光投向农村，梦想从挽救农村经济入手，找到一副救治中国的良药，结果，他大胆地提出了全国合作化的设想，幻想以一个由国民党领导的合作化运动来代替共产党领导的土地革命运动。在实施过程中，他身体力行，夜以继日，呕心沥血，在社会治安、群众教育、人民生活的改善等方面都收到了一定成效，他本人曾面对改革的成果赋诗抒怀："稻逐水长傲水乡，一片金黄十里光。但遭新策结新果，万家欢跃任收藏。"由此可见，韦丛芜由一个进步的青年作家走上实业救国的改良主义道路，其全部动机都是为了振兴农村经济，改变中国贫穷落后的面貌，抗击日本帝国主义的侵略，具有强烈的民族责任感和"天下兴亡，匹夫有责"的报国之心。

《呈控霍邱县长韦立人祸霍原呈》，又从反面为我们映照出韦丛芜乡村运动的本相。韦丛芜自1933年9月在霍邱创办第一期"农训班"开始，就不断与土豪劣绅们周旋和斗争，至今流传在霍邱人们口头上的"韦县长斗恶霸李五猴子"的故事很能说明问题。李五猴子霸占公产，阻碍改革，引起民愤，韦丛芜亲自批准逮捕，拟法办枪决，可当地地主豪绅纠合在一起，向韦丛芜施加压力，在万般无奈之下，韦丛芜只好同意将其取保释放。随着乡村运动的深入，地主豪绅的利益不断受到损害，土匪恶霸的罪恶行径日益受到限制。此间，韦丛芜陷入了恶势力的重重包围之中，改革举步维艰。但他矢志不移，丝毫不改初衷，真正是"龙潭虎穴只身闯，哪管他人说是非"。但树欲静而风不止，当地的恶势力与驻省城的霍邱反动势力串通一气，以"安徽霍邱旅省同乡会"的名义，向省主席刘镇华递上了近4000言的控告状，核心问题是控告韦丛芜是共产党的走卒，推行的是共产党的政治，妄图恢复红军的势力，说他"影响人心，流毒社会"，闹得"孑遗之民，救死不暇"。他们为此强烈要求省政府对县长韦立人"撤职查办，尽法惩治，以儆官邪，而除民害"。请看，控告状中有这么一段"精采"的状词：

查韦立人，本一无赖青年，堕落后不为乡人所齿，逃往俄边当兵，粗解俄文，习染赤化，其家中老少男女，即加入共匪，实行重要工作，至今仍有侄男女数人，随匪远窜未回，事实俱在，人所共知，二十一年后，霍邱共匪溃散，立人亦同时失业，穷无所立，遂乃携其欺骗贪缘之术，潜入首都，剽窃成文，荧惑当道，骗得中央组织部，社会实验员头衔，公然回霍邱原籍，办理农村训练班……明为实验，暗施赤化，霍邱经赤匪盘聚多年，愚民麻醉已深，方力求娇正其思想而不能，今见县长事事采用共党方法，以为共产复活，就令其心无他，不啻为赤匪作宣传的工具，影响人心，流毒社会，何堪设想，无怪人人皆指立人为共党，此立人贻人口实之尤，故首述之，……乃其所为，除袭取共产党手段外……有甚于共匪……

凭心而论，韦丛芜被国民党撤职查办的主要原因，是他推行"合作同盟"期间，对地主豪绅嫉恶如仇，对黎民百姓倍加爱护，这些做法与共产党太相似了，非但不能"溶共限共"，反而有利于穷苦百姓。呜呼！没想到建国后，韦丛芜又因这段公案而身陷囹圄。

1955年，韦丛芜被上海公安机关拘留审查，1956年2月被押解至霍邱县公安局继续审查。在半年多的时间里，公安机关和当地政府放手发动群众，深入揭发检举，非但没有揭发出韦丛芜的什么罪行，反而摆出了他一大堆为民造福的功绩，特别是暗地保护共产党人的事迹，令人震惊。本着实事求是的原则，于是年9月，公安机关公开宣布韦丛芜无罪予以释放，并送回上海新文艺出版社恢复原工作。我们不应该忘记建国初期镇压反革命的那段特殊历史时期，作为一位旧政府的县长，韦丛芜能有这样的结局是十分罕见的，这不能不说是一个奇迹。

从以上我们引证的《读〈鲁迅日记〉和〈鲁迅书简〉》《呈控霍邱县长韦立人祸霍原呈》以及霍邱县公安局的审查结论这三个方面的材料来看，从实践的检验和历史的考验来分析这个问题，我们认为韦丛芜从1933年至1936年在霍邱推行的乡村改革，目的是明确的，措施是具体的，是有一定成效的，为这场不成功的改革是付出了血的代价的。霍邱的历史不应该忘记他，中国的乡村建设运动历史应该留下他的名字。他既不是某些批评家所说的投降国民党反动派"堕落"、"蜕变"，也不是鲁迅先生所误解的那样"神驰宦海"，只不过韦丛芜这个青年诗人"本为梦者，今谈世事，遂如狂醒"，太幼稚、太天真、太罗曼蒂克了，把只有通过血与火的斗争才能解决的社会矛盾简单化、诗意化了。因此，他的失败是必然的，没被"溺死"是他的侥幸。我们要说，韦丛芜是20世纪30年代中国乡村建设运动的拓荒者，是一位虔诚的爱国者，也是一位事与愿违的牺牲者。

但我们也可以这样说，尽管韦丛芜还不是一个真正的鲁迅思想的继承者和实践者，但他始终敬仰恩师鲁迅先生，他一生都没有忘记鲁迅先生对他的栽培，没有忘记1930年鲁迅先生对他说的"以后专译陀思妥耶夫斯基小说，最好能把全集译完"那句话。韦丛芜在建国前后始终坚持对陀氏作品的翻译，多年如一日，孜孜不倦，就连十年浩劫中遭受严重迫害期间，也从未辍笔。他以惊人的毅力译出了《永久的丈夫》《灵魂》《未成熟的青年》《孤女》《家庭的朋友》《地下室笔记》《白夜》《叔叔的梦》《诚实的贼》《被侮辱与被损害的》《赌徒》《白痴》《着魔的人》等，终于在垂暮之年完成了500万字的陀思妥耶夫斯基全集这一浩大的翻译工程。我们也不该忘记，韦丛芜在《读〈鲁迅日记〉和〈鲁迅书简〉》中的一段话："这是大时代救了我。既然肉体至今还未'溺死'，那么精神也当复活起来，彻底地复活起来，好好地做点工作，庶不负鲁迅先生当年培养的苦心，不负党和人民对我的教育，不负这个翻天覆地的伟大时代。"

现在，让我们用韦丛芜读鲁迅先生全集意外地发现其中对自己的批评时写下的《忆鲁迅先生》一诗中的两句作为本文的结束语：

> 五十年来一觉醒，
> 先生有怨我心惊。

诗中包含着韦丛芜多少难言之隐，难言之痛，难言之思和难言之悔啊！

[原载《山东师大学报》(社会科学版) 2000年第4期，收入本书时有改动]

陀思妥耶夫斯基在三四十年代的中国

李　今

相对来说，在俄罗斯文学大家中，陀思妥耶夫斯基的作品是被翻译得较晚的一位，他的最早译本《穷人》直至1926年6月才由韦丛芜汉译，未名社出版。这固然是因为即使陀氏的短篇，"也没有很简短，便于急就的"，更主要的是他作品的品质，就像鲁迅所说，"马克思的《资本论》，陀思妥耶夫斯基的《罪与罚》等，都不是啜末加咖啡，吸埃及烟卷之后所写的"[1]，当然也就不是"啜末加咖啡，吸埃及烟卷之后"所能译，所能读的。他的太伟大，太残酷，太深刻的缘故，只有在懂得了他那"夹着夸张的真实，热到发冷的热情，快要破裂的忍从"之后，才能真正"爱"起他来。否则，就只能"敬服"，而对于这位"残酷的天才"望而却步的吧。

陀氏的汉译在20年代中后期开了个头，到1931年纪念陀氏逝世50周年之际，形成翻译出版小高潮，如《淑女》《罪与罚》《被侮辱与被损害的》《地下室手记》《死人之屋》和它的另一版本《西伯利亚的囚徒》等都在这一年出版。在整个三四十年代陀氏的长篇巨制被陆续翻译或重译，而且几乎每部重要作品都不止一个译本。像《穷人》，除韦丛芜译本外，1948年文化生活出版社又出版了文颖译本。《罪与罚》有韦丛芜（未名社，1930—1931）和汪炳琨（启明书局，1936）译本，还有徐懋庸的缩写本。《死屋手记》多达4种译本：刘尊棋译《死人之屋》（平化合作社，1931）、刘曼译《西伯利亚的囚徒》（现代书局，1931）、耿济之译《死屋手记》（开明书店，1947）、韦丛芜译《死人之家》（正中书局，1947）。《被侮辱与被损害的》也有李霁野（商务印书馆，1931）和邵荃麟（文光书店，1943—1944）两种译本。

---

[1] 鲁迅：《并非闲话(三)》，《鲁迅文集全编1》第467页，国际文化出版公司1995年版。

《白痴》则有徐霞村和高滔（文艺奖助金管理委员会，1943）、高滔和宜闲（文光书店，1944）、耿济之（开明书店，1946）3种译本。40年代最重要的收获是耿济之把陀氏最后的，也是最重要最长的巨著《卡拉马助夫兄弟们》1—4卷全部译毕，1947年由晨光出版公司全部出齐。也正是在陀氏作品被大量翻译的基础上文光书店于1946—1953年先后编辑出版了"陀思妥夫斯基选集"，把陀氏的翻译推向系统化。按时间顺序陆续出版的有：

荃麟译：《被侮辱与被损害的》，1946年5月。

韦丛芜译：《罪与罚》，1946年12月。

王维镐译：《淑女》，1947年4月。

李葳译：《醉》，1947年4月。

叔夜译：《白夜》，1947年8月。

韦丛芜译：《穷人》，1947年8月。

王维镐译：《地下室手记》，1948年4月。

高滔、宜闲合译：《白痴》，1948年5月。

叔夜译：《女房东》，1948年6月。

韦丛芜译：《西伯利亚的囚犯》（即《死人之家》），1950年。

侍桁译：《赌徒》，1951年10月。

1953年时重新推出了9卷本"陀思妥夫斯基选集"，包括陀氏的6部长篇，除已出版的《被侮辱与被损害的》《罪与罚》《白痴》《西伯利亚的囚犯》《赌徒》外，新出版了韦丛芜译《卡拉玛卓夫兄弟》，还有2部中篇《穷人》和《地下室手记》，另把陀氏短篇小说译本《白夜》《淑女》《女房东》等合为《陀思妥夫斯基短篇小说集》。

至此陀思妥耶夫斯基的重要文学作品除短篇《二重人格》、长篇《群魔》（一译《魔鬼》）外，基本上都被翻译过来。在对陀氏作品的选择上，这套选集的编者显然受到苏联官方观点的左右，在《关于〈陀思妥夫斯基选集〉》中编者透露，近几年来，苏联批评家曾严格地批判了陀思妥耶夫斯基，不过据访问中国的爱伦堡言，"除了《魔鬼》一书有些偏差而外，陀思妥夫斯基的作品大抵都是极好的作品"。这大概也就是文光书店把《魔鬼》

"略去不出"的原因，也就不能不使他们的编辑初衷"显示出陀思妥夫斯基作品的全貌"打了个折扣。不过这套选集毕竟显示了三四十年代陀氏翻译的重要成就。

在三四十年代对陀氏作品的移译做出重要贡献的是韦丛芜、耿济之，还有李霁野和邵荃麟。尽管在二十年代陀思妥耶夫斯基的短篇和长篇的片段在报刊上已有零散的译作发表，但韦丛芜仍可算作是把陀氏作品汉译出版的第一个翻译家。韦丛芜并不懂俄文，他受到曾赴苏联学习、酷爱陀思妥耶夫斯基的哥哥韦素园的影响，在北京崇实中学读高中时就根据 Constance Garnett 的英译本，参考 Modern Library 的英译本，开始翻译陀氏的《穷人》，1924年下半年利用课余的时间译完，寒假中又同韦素园一起从头至尾校改一遍，韦素园看俄文原本，他看英文译本。当时还有同乡李霁野刚翻译完安德列耶夫的《往星中》，也是和韦素园一起校改的。不用说，他们的外文程度都不会太好，时常为了意见不一大吵特吵。经过一个假期的努力，待他们把自己幼稚的译作修改重抄一遍之后，"最严重最现实的问题"摆在了他们面前，当时出版社不愿意出翻译作品，更不用说他们这些无名小卒的译作了。韦丛芜只好把译稿束之高阁，难受地看着它吃灰。万幸的是他的一个小老乡正在听鲁迅的课，经过他的介绍，鲁迅要去他们的译稿，并邀请他们去面谈。当韦丛芜和哥哥韦素园，还有李霁野、台静农怀着胆怯的心情来到鲁迅家中的时候，没想到，鲁迅先生说他读过了他们的译稿之后的第一句话就是："我们自己来印。"[①]就这样，"一个实地劳作，不尚叫嚣"，"愿意切切实实的，点点滴滴的做下去"的小团体——未名社成立了。为了最初的印刷费，他们这些穷学生每人筹资50元，其余所需款项都落实到了鲁迅的头上。韦丛芜的《穷人》以及他后来于1930年6月、1931年8月翻译出版的《罪与罚》都是由鲁迅编入"未名丛刊"，他们自己出版的。《穷人》出版前，鲁迅又将歧义之处比较了原白光的日文译本以定从违，又经韦素园用原文加以校定。几十年后每一念及鲁迅和他们的第一次会面，韦丛芜总在想着鲁迅说的"我们自己来印"这一句话，显然，这是鲁迅未见他们之前就已做出的决定，断然把

_____

① 韦丛芜：《回忆鲁迅先生》，《文艺新地》1951年9月第1卷第8期。

信任和金钱"扔在两个无名青年的处女译本上",他不能不感慨万分,这是"何等伟大的胸怀!何等坚决的精神!何等严肃!何等热烈!"

为了推出韦丛芜的译作,鲁迅还专门对陀思妥耶夫斯基做了研究,写了《〈穷人〉小引》,对陀氏"将人的灵魂的深,显示于人的","在高的意义上的写实主义",做了极其精辟的分析和论述。他对陀氏既是"人的灵魂的伟大的审问者",同时又是"伟大的犯人";一方面作为审问者,在堂上举劾着犯人的恶,另一方面,作为犯人,在阶下陈述自己的善;一方面"审问者在灵魂中揭发污秽",另一方面"犯人在所揭发的污秽中阐明那埋藏的光耀",通过双重身份和双重路径的拷问和辩护,使人经历"精神底苦刑"而得到创伤,又从这"得伤和养伤和愈合中,得到苦的涤除,而上了苏生的路"的"心的法则",穿掘到了陀氏艺术法则的核心处,代表着当时中国陀氏研究的最高水准,即使在今天也不失它的深刻和灼见。在对陀氏之伟大和深刻的阐述和理解的基础上,鲁迅才进一步指出了韦丛芜的译作《穷人》出版的意义。他说:"中国的知道陀思妥夫斯基将近十年了,他的姓已经听得耳熟,但作品的译本却未见。……这回丛芜才将他的最初的作品,最初绍介到中国来,我觉得似乎很弥补了些缺憾。"[①]由此可以见出,鲁迅对青年的培养和推举是多么的不遗余力。韦译《穷人》流行非常广泛,到1947年已印行12版。

1925年韦丛芜入燕京大学读书,1929年毕业后继续从事外国文学翻译,1930年负责未名社出版业务,也就是在这期间,他又翻译出版了陀氏的名著《罪与罚》。在译者序中韦丛芜说他翻译这本书"在我只是因为爱之而勉尽薄力将就老实地翻过来,给一般读者看个粗枝大叶而已。全书都是直译的"[②]。韦丛芜也是根据Constance Garnett的英译本转译的,时常用俄文原本加以对照。最让译者可惜的是此时哥哥韦素园已经在医院卧床不起,不能像《穷人》那样,为他悉心用俄文原本从头至尾的校阅一遍了。但韦素园是那般地爱陀思妥耶夫斯基,以至在医院的病床上都不忘记挂上陀氏的照片,当

①鲁迅:《〈穷人〉小引》,《鲁迅名作鉴赏辞典》第910页,中国和平出版社1991年版。
②韦素园:《罪与罚·序》,《罪与罚》第1页,未名社1930年版。

知道弟弟的汉译《罪与罚》即将出版时，还是勉支病体，为他写了跋《写在书后》。

韦素园对陀氏的评价突出了他对都市文学的贡献，是将"新话"，所谓都市文学带进俄罗斯文坛的人。他认为，"假如'俄土的伟大作家'托尔斯泰结束了旧时代贵族生活文学底最后尾声，'那残酷的天才作者'陀思妥夫斯基却开始了资产社会新兴文学底开场白。他们两位是俄国文坛上无比的对峙的双峰，无匹的并立的巨人"。他笔下的主人公大都是在社会重重残酷压迫之下，"成了永久的穷苦无告之徒，以致结果几全成为无可救赎的罪人"，他们"几乎无一不是心灵分裂者，永久苦闷，长期怀疑，内心不断地冲突斗争，成为他们一生的无限的惩罚"。所以，有人说"陀氏写了一部现代都市生活底伟大的《神曲》"，韦素园强调说，这是"只有《地狱》，而并没有《净土》和《天堂》"的《神曲》。"任谁读了他的任何著作之后，都难免要感到一种难言的阴凄的寂寞。它使你的心头发热，发痛，使你流泪，这是举世的不幸者惟一的安慰。"韦素园还强调，陀氏的作品使人"永远会对于现社会发生一种愤愤不平之感，因而养成了一种反抗的精神"，在这个意义上陀氏作品"成为时代生活革新的动力"。韦素园介绍，由于陀氏坚信"西方文化快要日暮途穷了，我们斯拉夫人民要担起革新全世界末日颓运底使命"，因而被苏联引以为傲，认为他们"正应验着伟大思想家陀思妥夫斯基的话，而从事于全世界人类革新的运动"，为此，苏联在陀氏诞辰100周年（1921）之际，将他尊为"现代的新预言者"。由此也可见，在30年代初，韦素园介绍的还是苏联20年代初对于陀氏的评价，他还不知道此时陀氏在苏联已经失去地位，而受到批判。在对陀氏的评价上，与其他俄罗斯古典作家相比，中国翻译界似乎没有同苏联官方保持同步，相对滞后，直到40年代后期才译介了苏联30年代的一些批判观点，因而没有对陀氏作品的移译产生大的干扰。

韦素园很爱陀氏的《罪与罚》，对它给予了极高的评价，认为它是"一切写实派作品中的最伟大的"。因而他为韦丛芜能够译完这部巨著，"心里很高兴"，韦丛芜也为自己能够在哥哥生前译出他所深爱的这本书而感到莫大的安慰，他在《前记》中特别声明将这译本献给哥哥，一年后韦素园辞世，这译本就成为韦丛芜奉献给哥哥的最好的礼物和永恒的纪念。

韦译《罪与罚》的确如他所说，是很"老实地"翻译过来的，只能说是在达意层次上的移译，有些字句和语气也不是很准确，错误之处不少。不过，韦译本语言虽然比较粗糙，还算流畅，当时一位读者曾对此加以肯定，他说虽然译者"自己说这书是直译的，但是比起一般自称意译的鬼话文流畅得多，这确是本书的特色"①。大概也正是为此，这个译本成为一个流行较广的本子，到1946年12月文光书店版时已出了6版。在第6版时，曾经由张铁弦用俄文从头至尾详加修正了一遍，费时一年，使译本的质量有了较大的改善。陀氏的《罪与罚》在三四十年代还有汪炳琨译本，其译文不能卒读，现已绝版。

未名社解散以后，韦丛芜走了一段弯路。不知是否是因为翻译陀氏的作品太投入了，他也俨然成为陀氏作品中的一个人物。韦丛芜和哥哥一样，也曾患有肺病，经常吐血。在病床上，受到东北沦陷的刺激，韦丛芜想入非非，幻想实行一种"公产私财"，全国合作化的经济政策，一方面"按财记股"，另一方面又能使全国成年男女都是社员和股东，让所有人都能从中获益，促成资产阶级、国民党以及共产党各个阶级、各个政党之间的合作，使之成为"抗日的经济力量和政治力量的源泉"②。为此，他还曾写出文章《新年的梦想》刊登在1933年《东方杂志》上，后来自己又印了一期《合作同盟》，向外分发，宣传他的主张。据说，他还寄给鲁迅一册，使鲁迅读后摇头叹息，在给台静农的信中说："立人先生大作，曾以一册见惠，读之既哀其梦梦，又觉其凄凄。昔之诗人，本为梦者，今谈世事，遂如狂醒；诗人原宜热中，然神驰宦海，则溺矣，立人已无可救，意者素园若在，或不至于此，然亦难言也。"③鲁迅的话说得是多么的中肯而又情意切切，可惜的是韦丛芜未能及时读到这封信，更糟糕的是他竟不再满足于"神驰"宦海，而是

①殷霞：《读〈罪与罚〉》，《中学生文艺季刊》1936年第2卷第1号。
②韦丛芜：《未名社始末记》，《鲁迅回忆录·上册》（散篇）第306页，北京出版社1999年版。
③鲁迅：《致台静农》，《鲁迅全集》第12卷第192页，人民文学出版社1998年版。

跳进宦海，来推行他的梦想。他回到故乡安徽霍邱县，被任命为代理县长。在1935年和1936年两年间，不顾一切地实行了三种土地改革制度：一是划了10万亩给安徽大学农学院，作为国营农场实验；二是划3.8万亩，实行大段招佃，作为国家资本主义农场的实验；三是划5万亩组织农业生产合作社，按每户50亩分给1000户农民联合经营，作为半社会主义合作农场的实验。结果得罪了霍邱县的土豪恶霸，派人刺杀未成，又把他撤职，投入监狱。直到抗战爆发以后才获释，为了生活又改行从商。抗战胜利后才又重操旧业。

　　1947年在正中书局的支持下，韦丛芜开始了《陀思妥夫斯基全集》这一庞大的出版工程。他在《总序》中高度评价陀氏"是斯拉夫民族灵魂的发掘者，尤其是'不幸者'的灵魂的发掘者，他的精神，他的情感，他的人生哲学，因而他的影响，都是世界性的"，"感动着全世界所有人类的灵魂"。韦丛芜认为，陀氏著作中"所表现的鞭辟入里的透视，淋漓尽致的描绘，一泻千里的气魄，伟大挚爱的胸怀，形成了它的不朽的最重要的因素"。特别是韦丛芜介绍了西方研究陀氏的特点和成果，突出强调了"关于变态心理和犯罪心理的精微阐发，在世界小说家中他是无匹的，他的著作在各国大学的社会学系心理学系常被采为课本或重要参考书"这一艺术成就和在世界的重要地位。正中书局的《陀思妥夫斯基全集》在1947年一下推出了韦丛芜译的《穷人及其他》《罪与罚》《死人之家》后即戛然而止，不过，由此韦丛芜已立下了宏愿："我希望再花三年工夫，根据Constance Garnett的公认最佳的英译本，把陀氏小说全集译完。然后专修俄文，重校一遍，完成一生中的一件最有意义的工作。"后来韦丛芜又于1953年翻译出版了陀氏的巨著《卡拉玛卓夫兄弟》。但1955年后韦丛芜就被关押，直至被逮捕判刑，1978年12月19日逝世，1980年才获平反。他的宏愿就这样被扼杀了。韦丛芜是我国翻译出版陀氏作品最早也最多的一位译者，在文光书店出版"陀思妥夫斯基选集"的13种中，就有韦丛芜译的4种。应该说他并不是陀译的最佳人选，这不仅是因为他不能从原文翻译，就从英文转译看，用他自评的话来说，也"做得很草率"，但历史的机遇使他在这一翻译领域留下了自己的足迹，他深知这一点，所以他说他后来的翻译，"其唯一的意义不过是表明我还未'溺死'，以慰鲁迅先生和素园的英灵而已"①。

李霁野能够涉足翻译陀思妥耶夫斯基的《被侮辱与被损害的》，也是受到韦素园的感召。由于他学的也是英语，本想与韦素园合译，可惜的是韦素园病重未能如愿。1929年秋李霁野应聘到北京孔德学校任教，1930年又接受了天津河北女子师范学院英语系主任的职务，也就是在任教的余暇李霁野根据Constance Garnett的英译本，开始了陀氏这一名著的翻译，1930年夏脱稿后，即将译稿售给商务印书馆，被编入"万有文库"于1931年4月分8册出版。1934年又被商务印书馆作为"世界文学名著"之一印行。半个世纪以后，李霁野回想自己的这本译作，还对读者满怀愧疚。他说："当时我就觉得译文很粗糙，但一限于水平，二限于经济需要，便不能多加修改，托人将译稿售出了。现在回想起来，还觉得是一大憾事，怪对不起读者。"②后来，1945年李霁野在四川白沙女子师范学院教书时，曾有出版社想重印这个译本，他也想借机校改一下，但因找不到Garnett的英译本，又不想让这个不成熟的译本再流传，便谢绝了出版社的好意。由此可见，李霁野对他的译本确实是不满意的。这样李霁野本就成为30年代流行的本子。

40年代《被侮辱与被损害的》的译者是邵荃麟。他是一位老革命家，于1926年在上海复旦大学念书时就加入了中国共产党，长期从事党团的领导工作，曾被国民党逮捕入狱，出狱后开始文艺创作，并担任党的文化领导工作。1941年被派到桂林任党的文化工作小组组长，并在文化供应社任编辑。3年的铁窗生活使邵荃麟的身体受到极大的摧残，经常吐血，体质虚弱。在养病期间，陀氏的作品，特别是《被侮辱与被损害的》"那种迫人的力量"常常使他"激动得连夜失眠"，虽然他知道这本书已有了中译本，但因断版很久，尤其他找到李霁野译本看了之后，"更觉得有重译的必要"。在翻译期间邵荃麟似乎被打入情感的炼狱，经历了一场极限的情感体验。他经

---

①韦丛芜：《罪与罚·八版序》，《罪与罚》第1页，文光书店1950年版。
②韦丛芜：《未名社始末记》，《鲁迅回忆录·上册》（散篇）第307页，北京出版社1999年版。

常为陀氏所描写的人物的悲剧命运几天吃不下，睡不好。他说："我不能描述出，我在翻译这书时候所感受的激动。有时完全被沉没到这小说的世界中间，为它战栗，为它流泪，而当感情极度沸腾的时候，往往被迫得只好搁笔，等待感情平静下来以后再继续下去。"由此他无法想象"作者在写这书时候是怎样的情景"①。

邵荃麟的这种强烈的感情带有着鲜明的阶级爱憎情绪，他明知这部作品并不是陀氏小说中"最杰出的一本"，但他仍表示有"特别的爱好"，"因为在这本书里是那样分明和强烈地显示出一种社会阶层的情感——平民和贵族之间不可调和的一种决绝的冲突"，以及"显示着那样一种决绝的反抗和牺牲"。他认为作者没有像在《罪与罚》《卡拉马佐夫兄弟》中那样，把一切都归结到"良心或道德"的问题，而是"愤怒地喊出了对于被侮辱与被损害的人们生活和幸福的神圣权利底要求，和对于侮辱与损害别人的人们作出了最憎恨的诅咒"。邵荃麟看重的就是这种声音能够震撼到"俄罗斯的每一个人民的心坎"，"在他们心灵里燃烧起积极反抗的热情"。因而邵荃麟高度评价这本书，也高度评价陀思妥耶夫斯基。他说："在十九世纪四十年代的人道主义运动中，杜思退益夫斯基的声音无疑是最杰出的，这是由于他自己来自社会的底层，亲身经历过种种的痛苦和迫害。在这一点上，他实在比同时代从贵族出身的屠格涅夫或托尔斯泰是具有更伟大的意义的。"②

邵荃麟在病中花了一年的时间断断续续翻完了这本书，由桂林的文光书店于1943—1944年出版，分上下两册；文光书店转移到上海以后，又将这本书编入"陀思妥夫斯基选集"，合为一册，于1946年5月再次出版。四五十年代邵荃麟本是比较流行的，到1956年人民文学版前已印过6版。由于译者情感的投入，邵译本的流利已达到酣畅淋漓的程度，译者的感情与作品中的人物燃烧到一起，使译文与叙述语言和人物语言都仿佛出于直抒胸臆，融合无间，代表了翻译的高境界。在1956年，为纪念陀氏逝世75周年，人民

---

①李霁野：《被侮辱与被损害的·译后记》，《被侮辱与被损害的》第453页，上海译文出版社1984年版。

②邵荃麟：《被侮辱与被损害的·译后记》，《被侮辱与被损害的》第607页，文光书店1946年版。

文学出版社重印邵译本时，邵荃麟又将译文重新校正润色了一遍，而更为精粹。

在三四十年代对陀氏汉译做出了重要贡献的要推我国著名俄苏文学翻译家耿济之。在五四时期耿济之就翻译了托尔斯泰、屠格涅夫、契诃夫、果戈理、奥斯特洛夫斯基、安特列夫等著名俄罗斯古典作家的名著，为五四新文学引入了第一批世界性的优秀文化遗产和可资模仿的范本，更因是我国最早用俄文直接翻译俄国文学的译者之一，而在五四翻译文学史上占据了重要位置。但由于耿济之自1922年即被派往苏联，特别是1925年以后先后奉调至伊尔库茨克、列宁格勒、赤塔、莫斯科等地中国领事馆担任要职，致使翻译数量骤减，从1926年到1935年这10年期间未见有译著问世。1937年以后耿济之因病归国，开始了杜门索居，埋头译书的生活，在他生命的最后10年取得了丰厚的成果。

在抗战爆发，上海四周虽已陷敌手，但还有租界尚能苟安时期，耿济之最初有翻译高尔基全集的计划，但因与另一出版社撞车，他只翻译了一部《家事》（今译《阿托莫诺夫一家》）即作罢。后来，经著名出版家赵家璧策划，决定由耿济之挑选旧俄巨著十部，由良友复兴图书印刷公司出版一套"耿译俄国文学名著"丛书。于是，高尔基的《家事》就成为这套丛书的第一种，而第二种就是陀氏百万言的巨著《卡拉马助夫兄弟们》。但出版社只印了改名为《兄弟们》的上卷，耿济之刚刚译完下卷，上海孤岛也沦陷，书店遭到封闭，存书纸型全部损失，赵家璧也落荒而逃。在桂林时，他曾把上卷中的第一部用土纸印了一版，但又爆发了湘桂战事，桂林事业也全遭毁灭，这部译作真是历尽劫难。

抗战胜利，赵家璧回到上海后最先做的事就是与耿济之取得联系。此时，为了生活，耿济之已远赴沈阳，就任中长铁路理事会总务处长。所幸的是，他还保存了一份原稿，使这部译作能够"劫后余生"。所以，由赵家璧和老舍合办的晨光出版公司于1946年冬一成立，就先发排了这部译稿。当排校工作将告完成，耿济之的噩耗从沈阳传来，由于工作繁重，晚上又要执笔译书，过度的劳累使他于1947年3月2日突发脑溢血，20分钟后即长逝人世。享年仅50岁。这样，晨光版的四卷本《卡拉马助夫兄弟们》的出版就成为对耿济之的最隆重的纪念和哀悼。第一部卷首少有地附了译者的遗照和译者为本书出版事宜写给赵家璧的遗墨，赵家璧在《出版者言》中表达了万分惋惜的心情："这本书虽能和读者见面，可是辛苦的译者却已变成古人了。"耿济之的生前好友郑振铎也写了序，回忆了他埋头苦干，"像莫理哀之死在戏台上一样"，为翻译事业，"工作到死"的一生，他说，耿济之翻译的俄苏名著不仅种类多，而且"许多都是篇页浩瀚，别的人惮于动手的"①。为悼念耿济之先生，不少报刊发表了纪念文章，高度赞扬耿济之"困学的精神，工作的毅力和坚定的志趣"，认为正是这样的精神和人格特征使他能够成为"中国惟一的大宗俄罗斯古典文学名著的翻译者"。同时也肯定了耿济之对于俄苏文学翻译所做出的富于开创性和建设性的重要贡献，认为"身当文艺翻译的启蒙时期，他做了一个开路的先锋。那时候毫无参证的资料，全凭一己的奋斗，苦心焦虑，突破万难，终于精益求精，始终一贯地重视于自己的开路工作，使中国的文艺翻译界有了一个成功的试探，而且他的译品充实了中国新文艺运动的血和肉，这功绩是我们不能亦无法轻易忘记的"。

耿济之属于学者型的翻译家，翻译作风一贯非常严谨。"他对于翻译的作品，必须有了深湛的认识以后才着手翻译的工作；而每有译品完成，他往往撰文将原作中的社会意识和艺术价值一一检讨"②。耿济之为《卡拉马助夫兄弟们》写下的《译者前记》，也为我国文学界和读书界理解陀思妥耶夫斯基提供了切近作者本意的阐释。陀氏在他最后的十年，写了三部长篇：《群鬼》《少年》和《兄弟们》，这三部作品虽然各不相同，但大体上构成了一部完整的叙事诗的三部曲，表现了陀氏对于他的宗教和哲学问题的全部见解。他认为，"这三部小说就是伟大的罪人的生活的零段的实现"，尤其是《卡拉马助夫兄弟》将这一基本的主旨暴露无遗。他介绍陀氏曾经说过，"横贯在全部小说内的一个主要的问题，——也就是我一生有意识地，和无意识

①邵荃麟：《被侮辱与被损害的·译后记》，《被侮辱与被损害的》第608、609页，文光书店1946年版。

②徐伟志编：《翻译家耿济之》第56页，人民文学出版社2016年版。

地烦恼著的，——便是上帝的存在的问题。"他的主角大都在无神派，或狂热的信徒之间苦苦挣扎。这也构成了《兄弟们》的中心主旨。全书从这对比的思想出发点上，"展开了各色各样的互相对照的典型"，书中以曹西玛（今译佐西马）长老和他的学生阿莱莎（今译阿辽沙）为一方，代表着虔信和仁爱；以伊凡、私生子司米尔加可夫（今译斯麦尔佳科夫）以及兄弟们的父亲为另一方，代表着原始的罪孽，所谓"卡拉马助夫性格"，"特别露出肉欲的元素"和"既无上帝，则一切可任意妄为"的倾向。耿济之高度激赏陀氏的小说艺术成就，认为他"藉着杀案审讯的进程，表露他的巧妙的心理分析的手段，在检查官的诉词和律师的辩护词里，极尽其人情和心理的细刻描画之能事。在世界文学的作品里，对于审案这样完备的详细的叙写，尚属创见之格。"耿济之还特别赞赏陀氏小说的两个基本结构原则，即"哲学思想的充分的表白和情节的引人入胜"。"一方面是道貌岸然的哲学思想占了巨大的篇幅，另一方面则类乎通俗的侦探和冒险小说性质的"曲折的情节使读者看得趣味盎然，不忍释手。他认为"这种结构的要诀便在于用趣味生动的外面的情节，补偿读者对于哲理的篇页累重而且沉闷地注意的损失"，这两种相反而实际上相成的笔法在《卡拉马助夫兄弟们》中"被运用到最彻底的地步"①。

耿济之在序文中对于自己的译文未做任何说明和解释，今天看来，特别是如果对照经由秦水、吴钧燮校改，1981年人民文学版的《卡拉马佐夫兄弟》，我们不能不承认，耿济之的最初译本还是相当粗糙的，如果隐去耿济之的大名，在今天不加修改地出版，恐怕会招致抗议。当然陀氏的语言是不能以屠格涅夫、托尔斯泰所代表的"高尚优雅文体"来要求的，它本身就一向招致诸如"粗杂"、"粗糙"、"粗暴"、"饶舌"、"拖沓"、"单调"之类的指责，那些强调陀氏出身低微，不像出身贵族的屠托二氏，可以精益求精，他需要卖文还债，不能不写得"匆忙"的批评家还算有些"仁爱之心"。不过，自从巴赫金论述了陀氏的诗学问题，从复调小说的角度重新阐释陀思妥耶夫斯基的小说语言类型和特征之后，对于陀氏的语言艺术该有了一种新的

---

①范泉：《悼念耿济之先生》，《文艺春秋》1947年第4卷第4期。

理解和认识。

由于陀氏小说是"众多的各自独立而不相融合的声音和意识"组成的真正的复调，他所创造的主人公往往是各自独立而又互相矛盾的哲理观点的维护者和论辩者，卢那察尔斯基曾不避简单化而一语道破其中的奥秘，他说："陀思妥耶夫斯基那些长篇小说，实为结构得十分精彩的对话"[①]。巴赫金详细分析了陀氏小说主人公的独白语和叙述语言以及对话，也认为他的长篇小说是"全面对话性小说"，他"主人公的自我意识，是完全对话化了的：这个自我意识在自己的每一点上，都是外向的，它紧张地同自己、同别人、同第三者说话"[②]。所以，在陀氏小说中，无论是独白语，还是叙述语言都充满着辩论色彩或是"内心的辩论体"，或是由辩论体转为"隐蔽的对话体"，"作品中所有因素无一例外地实现对话化"，他不对人做冷静的、不动声色的分析，而是使人成为"交谈的主体"。因此，"语言的对话本质，在他创作中展示出巨大的力量，表现得异常鲜明"[③]。陀氏的这一特征，使他的小说语言不再是传统语言学意义上的艺术语言，而是一种一反常规的风格语言，所以，出于经典艺术的审美评价，指斥它句法破碎、语气断续、种种重复、冗赘、简单、粗糙等不雅的外观，却恰恰是他风格语言的必需。

如果我们了解了陀氏小说语言的这一特征，大概也会对陀氏的汉译语言有了新的理解和尺度。因为陀氏小说中的对话，或隐蔽的对话占有着相当大的篇幅和相当重的位置，势必不会太要求书面语式的精雕细刻，但它在对话中的论辩语气、音调、气势，以及交锋的刺芒，复杂的心理状态和潜在的心理动机等方面，对译者提出了更高的要求，需要有更为准确的把握，和恰在火候的传达。以耿济之对俄语的造诣以及对陀氏小说艺术的研究，在理解上应不存在问题，但在汉语的传达上显然功力不够。这样，他基本上能够把意思移译过来，可在对话的叫彩之处，往往大为失色。由于"对话"对于当下

---

①耿济之：《卡拉马助夫兄弟们·译者前记》，《卡拉马助夫兄弟们》第1页，晨光出版公司1947年版。

②耿济之：《卡拉马助夫兄弟们·译者前记》，《卡拉马助夫兄弟们》第1页，晨光出版公司1947年版。

③巴赫金著，白春仁、顾亚铃译：《陀思妥耶夫斯基诗学问题》第66页，三联书店1988年版。

情境的高度要求，在举例前只能不避繁琐地做些交代。

《卡拉马佐夫兄弟》叙述的故事正像耿济之所分析的，具有类乎谋杀破案性质的通俗情节，小说的主题是"弑父"。老卡拉马助夫纵欲、贪婪，竟和长子米卡为争夺共同的情妇，再加上财产的争执，以至势不两立。粗野率直，狂暴任性的米卡扬言要杀死父亲。但实际上，他不过是一种发泄。真实的谋杀是由老头年轻时同一个被他欺凌的痴女养下的私生子司米尔加可夫阴险策划实施的。这个私生子正在做卡拉马助夫家的厨子，得到老卡拉马助夫格外的信任，他为自己在长期卑屈处境下郁积起来的怨毒情绪所驱使，又受到二儿子伊凡"既无上帝，则一切可任意妄为"的反叛论调的蛊惑，利用这一家父子兄弟间的不和，冷酷地谋杀了自己的生父，而且诱导人们相信是米卡杀了父亲，使他锒铛入狱。并利用二儿子伊凡对父亲的仇恨，反诬他是听凭了伊凡的主使，致使伊凡内疚自责，神经错乱。他自己也终因精神崩溃而自杀。作者写"弑父"的故事，不过是外部的情节，其核心是剖析卡拉马助夫兄弟们的哲学和宗教的思想。因而，"弑父"之后对于法律上的罪人和灵魂上的罪人的审判才是作品的重中之重，作者在伊凡和司米尔加可夫之间结构的多次相互的审讯是这部小说的精彩段落。

伊凡和司米尔加可夫之间的关系极为复杂。巴赫金对此曾做过鞭辟入里的分析。他们可以说是相知最深，也相互误解最甚。前者使其可以只用暗示讲话，后者则使其反目为仇，相互厌恶。在伊凡的内心深处，他是盼着父亲死去的，这个念头若明若暗地决定着他的话，司米尔加可夫心有灵犀地听到了这未明言的隐蔽的声音。但他不懂，或者说是故意无视伊凡的内心还有另一个声音，同样也是真实的，他不愿意父亲被害。如果发生了，那是违背他的意愿的。司米尔加可夫也听到了伊凡的第二个声音，但仅理解为这是聪明人不愿意留下任何罪证的做法。他对伊凡的理解是统一的，而不是分裂的。案发之后，米卡涉嫌被逮捕，伊凡从莫斯科赶回家，他凭直觉认为谋杀者不是米卡，而是司米尔加可夫。这样就展开了他们之间相互试探，相互揭露，相互控告的复杂过程。对于伊凡来说，这个过程也是分裂的，他一方面逐渐在别人身上认出自己隐蔽的意愿，认为自己参与了谋杀；另一方面，又不承认这个把自己都瞒过去了隐蔽的意愿能够导致行动，确信自己是无罪的。尤其是后者，是他努力要从司米尔加可夫那得到证实的；但其前提，又得先指认司米尔加可夫是谋杀犯。而司米尔加可夫又是尤其不能容忍伊凡指责他是罪人的，他一定要让伊凡知道，他的行为不是自己的意志，而是执行了伊凡的意志，是他"忠实的奴仆"。这种复杂的交锋使他们的对话无比的微妙，以至主要不是表现在语言上，而通过诸如不适当的停顿、语调的变化以及突然的不合时宜的笑声等等传达出来，无疑，这对翻译提出了很高的要求。下面的对话分别摘引自最初的全译本和人文版的修改本，聊以这种管中窥豹的方式，对耿济之的译文有个大概的了解。

伊凡·费道洛维奇悲哀地抑住自己。

"好极了，"他终于说，——"你瞧我不跳起来，不揍打你，不杀死你。你再说：据你的意思看来，我预定好特米脱里去做这事，冀图他去做么？"

"您怎么能不冀图呢？他如果杀了人，便会被剥夺去各种贵族的权利，职衔和财产，遣戍到远方去。那时候父亲遗下来他应得的一份财产可以由阿莱克谢意·费道洛维奇和您两人平分，那时候每人可以得到的不止四万，却有六万。您一定当时冀图特米脱里·费道洛维奇来实行做的？"

"我还可以忍着你一点！你听着，你这混蛋：假使我当时冀图什么人去实行，自然是冀图你，并不冀图特米脱里。我可以赌咒，我甚至预感你的方面会做出点卑劣的行为来的……那时候……我还记得我的印象！"

"我当时也想，想了一分钟，您也冀图我去做的，"——司米尔加可夫张着嘴作出嘲笑的样子，——"因此您当时在我面前把自己暴露了出来，因为假使您预感到我的身上来，同时自己又离开这个地方，那么您似乎很像借此来说：你可以杀死父亲，我并不加以阻碍。"

"卑劣的人！你竟这样了解么？"

——耿济之译：《卡拉马助夫兄弟们》（四），晨光出版公司，1947年10月，第521—522页。

伊凡·费多罗维奇痛苦地勉强控制住自己。

"好极了，"他终于说，"您瞧，我不跳起来，不揍你，不杀死你。你再说：据你看来，我正等着德米特里哥哥去做这事，指望他动手？"

"您怎么能不希望呢？他如果杀了人，就会把他的各种贵族权利、身分和财产都剥夺，流放到远方去。那时候他应得的一份父亲遗产可以由阿历克赛·费多罗维奇和您两人平分，那时候每人可以得到的已经不止四万，是六万了。您当时一定是在这样指望着德米特里·费多罗维奇的！"

我真拼命忍着才能不揍你！你听着，你这混蛋：假使我当时真指望什么人去动手，自然是指望你，而不会去指望德米特里。我可以赌咒，我甚至预感你会干出点什么卑鄙勾当来的，……那时候……我还记得我的印象！"

"我当时也想到过这个，想过很短的一会儿，想到您的确也希望我去做，"斯麦尔佳科夫咧嘴嘲笑地说，"这更使我当时看清了您的心思，因为既然你事先已怀疑到我，同时自己却又动身离开了，那就等于您已借此告诉了我：你可以杀死父亲，我并不阻拦。"

"下流胚！你竟这样理解么？"[1]

通过两个版本的对比可以了解到耿济之译文是忠实原著的，基本上把对话的语气翻译了出来，但不够口语化，语气词运用得不够强烈，也就未能把两人针尖对麦芒的谈锋表现到位，一些句子结构还比较欧化，读起来不够顺畅，有的词语的选择也不够精当。人文本的修改即使未能尽善尽美，在这些

---

[1]耿济之译，秦水、吴钧燮校：《卡拉马佐夫兄弟》（下）第931—932页，人民文学出版社1981年版。

方面还是做出了很大的改进。很显然，把书面语变成口头语是校订的一个重点。在这短短的片段中就有十几处之多，如把"预定"改为"等着"、"冀图"改为"指望"、"遣戍"改为"流放"、"实行"改为"动手"、"卑劣的人"改为"下流胚"等等。另外，就是人文本用了较多的语气词、副词来突出强调的重点和语调的转变，如通过添加"正是"、"拼命"、"真"、"什么"、"的确"等来强化语气，造成论辩之势。修改本的优越之点，当然也就是耿译本的不足之处。

耿济之本个别句子的语气是不够准确的，如当司米尔加可夫按照自己的臆想，揭露伊凡指望哥哥动手杀害父亲，而自己坐收渔利的内心犯罪动机后，耿译本接下来伊凡的反应是"我还可以忍着你一点！"如果按正话看，这当然是很不准确的；如果按反话读，显然译者也没有把反话正说的语气暗示出来。人文本改为"我真拼命忍着才能不揍你"，相对就把伊凡当时的气愤心情多少传达了出来。然后，作者描述了伊凡一气之下，把案发前，在和司米尔加可夫的一次微妙的谈话中，他内心真正希望的是由司米尔加可夫动手的潜意识，还有他意识到有可能发生谋杀的预感都和盘托出，想不到这正给司米尔加可夫指控他提供了证据，让他抓住了把柄。这使司米尔加可夫胜券在握，因而他马上接过话茬，带有戏弄地告诉伊凡，当时他就意识到这一点，从而把他们之间的暗语付诸语言，成为确凿的证据。耿译本把司米尔加可夫的嘲讽翻译为"我当时也想，想了一分钟，您也冀图我去做的，"且不说"想了一分钟"这句话的滞笨不确，司米尔加可夫在整个句子中所埋藏的能够致伊凡于死地的"针"，他的阴险狡诈没有暗示出来，人文本翻译为"我当时也想到过这个，想过很短的一会儿，想到您的确也在希望我去做，"其中的"的确"就是司米尔加可夫绵里藏的"针"，一下子就把伊凡的主使罪点到了。这样，接下来司米尔加可夫的话就是穷追不舍，用伊凡已经明明怀疑到他，还毫不理会动身离开的行为，断定："这就是借此告诉我：你可以杀死父亲，我并不阻拦。"人文本将司米尔加可夫说这些话的语气译得斩钉截铁是符合小说情境的，而耿译本用"假使""似乎"等语词来突出强化司米尔加可夫的推理过程，就不如人文本将其译成一个定罪的判断更加有力。

"管中窥豹"尽管不是一个全面的办法，但通过一段译文的分析，还是可以对耿济之翻译的水准多少有个了解。指出耿译本的不足，也许可以算作"苛求"前人，不过，要真实了解文学翻译的历史水平和发展，恐怕还是客观些为好，耿济之作为俄苏文学翻译家的先驱地位和所做出的巨大贡献不会因此而动摇。除《卡拉马助夫兄弟们》（1—4卷）外，耿济之对陀氏的译品还有《白痴》（开明书店，1946）、《死屋手记》（开明书店，1947）、《少年》（上、下册）（开明书店，1948），为陀氏的译介做出了重大的贡献。

也许鲁迅所描述自己阅读陀思妥耶夫斯基作品的心态在中国具有普遍性，他说在年轻时候，读了伟大的文学作品，虽然敬服那作者，然而总不能爱的，一共有两个人一个是但丁，还有一个就是陀氏。陀氏在中国的命运似乎可以从此得到一点解释。在三四十年代，综观对于陀氏的评论，从理性上肯定其伟大成就的多，但缺乏感同身受的共鸣和掩饰不住的赞赏。虽然从五四时期到三四十年代对陀氏的评论大体上由一般性的介绍生平、创作、思想和艺术特色，进入到具体作品的评论，但大都流于生平简介和故事梗概的综述，面对陀氏强大、复杂而独特的艺术世界，中国评论界显得隔膜而疏远，缺乏置喙的功力。不过，此时翻译的外国，特别是苏联、日本学者的陀氏评论还是弥补了这一不足，多少适合了陀氏作品传入中国后，急待阐释的需要，也为中国的评论家提供了阐发的依据。其中比较重要的有JankoLavrin著、郭安仁译《杜斯托也夫斯基与现代艺术》（《新时代》，1932年第2卷第2、3期），[日]冈泽秀虎著、莫孚译：《杜斯退益夫斯基的方法》（《文学季刊》，1934年，第1卷第4期；同一文章还由魏晋、博文翻译，刊载于《东流》，1934年创刊号），[日]除村吉太郎著、曼之译：《从哥郭里到妥斯退益夫斯基》（《东流》，1934年，创刊号），[苏]卢那卡尔斯基著、云林译：《妥斯退夫斯基论》（《春光》1934年，第1卷第2期），[日]米川正夫著、魏晋译：《妥斯退夫斯基在俄罗斯文学上的地位》（《东流》，1935年，第1卷第3、4期），[法]纪德著、斐琴译：《卡拉马佐夫兄弟》（《东流》，1935年，第1卷第5期），纪德著、如鹏译：《关于妥斯退益夫斯基》（同前）、［苏］配勒卫哲夫著、魏猛克译：《杜斯退益夫斯基的样式与方法》（《译文》，1936年，新2卷第3期；同一文章还由吴英翻译，刊载于《文艺》，1938年，第2卷第1期），［苏］倍列维尔则夫著、辛人译：《杜斯退夫斯基评价的再检讨》（《东方文艺》，1936年创刊号）、［日］升曙梦著、陈秋子译：《杜斯妥夫斯基论》（《文学批评》，1942年创刊号）等。

［原载《鲁迅研究月刊》2004年第4期,收入本书时有改动］

韦丛芜与陀思妥耶夫斯基作品的翻译

曾思艺

韦丛芜（1905—1978），安徽省霍邱县人，原名韦崇武，又名韦立人、韦若愚，笔名东滢、蓼南、白莱、力行。1905年3月16日出生于一个小商人家庭，是现代著名作家韦素园的胞弟。1912年入霍邱县立小学读书。1918年考入湖南公立法政专门学校。1920年，进入阜阳安徽第三师范学校学习。1922年，在安庆与李霁野合办《评议报》的《微光周刊》和《皖报》的《微光副刊》，宣传新文化。这年秋天，考入湖南岳阳湖滨大学附中二年级。1923年6月去北京，与三兄韦素园住在北京大学第一院大楼对面的沙滩五号公寓内，并进北京崇实中学高中二年级读书。1924年开始翻译陀思妥耶夫斯基的《穷人》。1925年春，认识了鲁迅，并经常去北京大学旁听鲁迅讲授的中国小说史。同年秋天，考入燕京大学，并与曹靖华、韦素园、台静农、李霁野等在鲁迅的倡导下，创办了著名的未名社，同时主编《燕大月刊》，创办《莽原》半月刊，从事办刊、创作、翻译及未名社的经营等工作。1929年大学毕业。1930年底去上海，从事翻译工作。短短的几年时间里，他翻译出版了俄国陀思妥耶夫斯基的《穷人》《罪与罚》，蒲宁的《新的梦》《回忆陀思妥耶夫斯基》，法国贝罗的童话集《睡美人》，英国葛斯的《近代英国文学史》等作品，还发表、出版了创作的小说《校长》、新诗集《君山》《冰块》及一些散文。1931年9月，应天津女子师范学院之聘，来到天津担任该院英文系的教授，讲授英国文学史、英国戏剧和翻译等课程。1933年9月，为实现自己的理想——"我梦想着未来的中国是一个合作社股份有限公司，凡成年人都是社员，都是股东军事、政治、教育，均附属于其下，形成一个经济单位，向着世界合作社股份有限公司的目标走去"①，回到故乡霍邱县城，开办学校，创建"兴复农村工作训练班"，并被安徽省政府任命为霍邱县代理县长。八年抗战期间，为生计所迫，不得不经商糊口，一度放弃了文学创作与翻译。抗战胜利后，又开始进行翻译与创作。1946—1949年间，翻译出版了陀思妥耶夫斯基的《西伯利亚的囚犯》（现通译《死屋手记》）、《死人之家》《女房东》等小说。1950年，加入上海市翻译工作者协会，任文艺组组长。1952年，在上海新文艺出版社担任英文编辑。50年代前期，翻译出版了20余部俄苏及美国文学作品。1955年开始，屡遭冤错之案的困扰，在艰难的处境中，仍然潜心学习，继续翻译。1957年翻译出版苏联短篇小说集《友好的微笑》，1958年翻译出版美国作家德莱塞的长篇小说《巨人》。他50年代的翻译总字数近500万字。1960年4月，迁居杭州。1978年12月，在杭州丝绸学院教英语课。同年12月19日，因心脏病去世。1980年，得到平反昭雪。

韦丛芜是一个创作型的翻译家，一生勤于笔耕，留下了不少创作和翻译作品。其翻译作品有：俄国陀思妥耶夫斯基的《穷人》《陀思妥耶夫斯基短篇小说集》《罪与罚》《卡拉玛卓夫兄弟》《西伯利亚的囚犯》《死人之家》《女房东》《未成熟的青年》《孤女》《家庭的朋友》《地下笔记》《白夜》《叔叔的梦》《永久的丈夫》《诚实的贼》《魂灵》《被侮辱与被损害的》《赌徒》《白痴》《着魔的人》以及《回忆陀思妥耶夫斯基》，蒲宁的《新的梦》，现代苏联文学的《收获》《妮索》《库页岛的早晨》《百万富翁》《库兹尼兹克地方》《列宁——永远不落的太阳》《苏联短篇小说集》《从白金国来的艾素丹》《里吉达的童年》《友好的微笑》《卡拉布格海湾及其他》《苏联散文集》《意大利印象记》《六作家论》《苏联五作家》《作家的写作法》《文学青年写作论》《共产主义的进军》《伟大水道的建筑者》《一个萨塔哈诺夫工人的手记》《为和平而战》，欧美的《近代英国文学史》《格列佛游记》《人与超人》《英国戏剧家》《撒谎记》《布尔塞维克女皇》《爱绿猗里》《睡美人》《赫亚华沙歌》《坚忍者》《热爱生命》《金融家》《巨人》。

---

① 韦丛芜撰：《新年的梦想》，胡愈之主编《东方杂志》1933年1月号。

他建国后出版的俄苏文学方面的重要译著有：陀思妥耶夫斯基的《罪与罚》（文光书店，1950—1953；浙江人民出版社，1980），《西伯利亚的囚犯》（文光书店，1950—1953）、《穷人》（文光书店，1951—1953），《卡拉玛卓夫兄弟》（文光书店，1953），《陀思妥耶夫斯基短篇小说集》（文光书店，1953，包括《女房东》《白夜》《淑女》《不欢的故事》四篇小说）；阿·托尔斯泰的《里吉达的童年》（文化工作社，1950）；尼古拉耶娃的《收获》（文化出版社，1951）；恰科夫斯基的《库页岛的早晨》（上海海燕书店，1951）。而其在俄苏文学方面的翻译成就主要体现在对陀思妥耶夫斯基的翻译上。

韦丛芜一直牢记着鲁迅先生对他的嘱托和希望："以后要专译陀思妥耶夫斯基，最好能把全集译完。"他把这当作自己一生中最有意义的一件事情、努力的方向和奋斗的目标。在1950年文光书店所出的《罪与罚》第8版序中，他曾向读者谈到了自己的一个计划："我希望再花三年工夫，根据Constance Garnett的公认最佳的英译本，把陀思妥耶夫斯基小说全集译完。然后专修俄文，重校一遍，完成一生中的一件最有意义的工作。"为了实现这一目标，即使在道路坎坷、贫困衰老的晚年，他依旧每天从早上工作到深夜，一方面校改原来的译作，一方面继续翻译陀思妥耶夫斯基的其他作品，终于完成了陀思妥耶夫斯基小说全集（共24部小说）近300万字这一浩大的翻译工程。

韦丛芜翻译的陀思妥耶夫斯基作品，其译本有以下几个特点。第一，颇为传神。韦丛芜是诗人，也写过小说，颇能体会所译作品的精妙之处，因此，其翻译有不少地方能很好地传达原作的韵味。第二，简洁流畅。这是读过韦丛芜翻译的陀思妥耶夫斯基小说的读者共有的一个感觉，浙江人民出版社在1980年的《罪与罚》的"出版说明"中明确指出其"文字简洁流畅"。第三，长期全面。韦丛芜从1924年19岁时开始翻译陀思妥耶夫斯基的作品，一直坚持到垂暮之年，独自一人译完了陀思妥耶夫斯基的全部24部小说，时间长达50余年，字数多达近300万字，这在陀思妥耶夫斯基作品的译介史上是极其罕见的。由于时间长，翻译的作品全，他对作品的理解也较一般仅译一两部或几部作品的译者要深刻一些。第四，精益求精。由于翻译的时间长，他有较多的时间对自己的译作精心修订。早年出版的译著重版时，他往往一再进行修改。《罪与罚》1946年出第6版时，他已对之进行了全面修订，而"1960年，他又根据文光书店1953年第8版作了全面修订，译文质量有较大提高"①。这使他翻译的陀思妥耶夫斯基小说达到了比较高的水平。

但韦丛芜所译陀思妥耶夫斯基作品，也有一些不足。第一，系从英文转译，且为直译（他在1930年为《罪与罚》所写的"序"中自称："全书都是直译的。"实际上，他终生敬仰鲁迅，受鲁迅硬译论影响很大，所有的小说都是直译的），因此，许多地方的理解不够准确（如《罪与罚》第一章最后部分酒鬼的唱词就有明显的错误："顺着拥挤的行列往前行，碰见了从前的那个女人"。实际上原句应为："顺着波季亚契大街跑，找到了从前的老相好"②。把"波季亚契大街"译成"拥挤的行列"，这是明显的错误，当然，很可能这是英译本的错误），而且，难以很好地再现陀思妥耶夫斯基的风格。第二，陀思妥耶夫斯基小说的一大特点是揭示人物内心深处隐秘的情感和思想，因此他常常写幻觉、梦境乃至意识流，思想跳跃颇大，文字也往往要么相互绞缠，要么不十分衔接，而韦丛芜所译陀思妥耶夫斯基小说的一大特点是"文字简洁流畅"，这也与陀思妥耶夫斯基的风格相去甚远。

当然，韦丛芜也知道根据英译本转译问题较多，曾尽量想法弥补这一不足。一是找俄文原文对照校改。在1930年《罪与罚》的序中他声明："我是根据 Constance Garnett 的英译本重译的，时常也用俄文原本对照。……我们发现英译本中也常有错，和《穷人》的英译本一样，不禁叹翻译之难，因为那译者乃是极著名的。她几乎把都介涅夫③、契诃夫、陀思妥也夫斯基和托尔斯泰的著作全部译完了。其他俄国作家的作品还在外。"但他自己不懂俄文，只好找人依照俄文原本对所译作品进行校阅，如《穷人》请的是精通俄语的三哥韦素园，他"那么悉心地用俄文原本从头至尾地校阅"了全文；《罪与罚》在出第6版时，"曾由张铁弦先生用俄文从头至尾详加修正一遍，

①《罪与罚·出版说明》，浙江人民出版社1980年版。
②《罪与罚》，曾思艺、朱宪生译，长江文艺出版社，2004年，第8页。
③即屠格涅夫。

费时一年"。二是打算专修俄文，把自己所译重校一遍，使译文更准确，也更贴近作家的风格，可惜冤错之案一再缠身，使他无法实现自己的愿望。

总之，韦丛芜的翻译，尽管有某些不足，但他对陀思妥耶夫斯基全部小说的独立翻译及其取得的艺术成就，使他在中国现代翻译史上占据了比较重要的一席地位。

[原载孟昭毅、李载道主编《中国翻译文学史》第300—303页，

北京大学出版社2005年版，收入本书时有改动]

论韦丛芜的长诗《君山》

张堂会

诗人韦丛芜的政治冤屈已经于 1983 年 1 月 31 日得到平反，而他在文学史上的地位还没有得到恢复，尤其是对他的新诗评价还远远不够。

韦丛芜一开始就是以诗人的身份在新文学的舞台上"闪亮登场"，得到了众多名家的赞赏。鲁迅曾说未名社"还印行了《未名新集》，其中有丛芜的《君山》、静农的《地之子》和《建塔者》、我的《朝华夕拾》，在那时候，也都还算是相当可看的作品。"[1]长诗《君山》共 40 节，长达 600 多行，于 1926 年 1 月开始在《莽原》半月刊上连载，1927 年 3 月由未名社作为"未名新集"第一集出版，成为当时最畅销的诗集之一。鲁迅特意约请著名画家林风眠为《君山》设计了封面，又请著名画家司徒乔为诗集创作了 10 幅精美的插图。鲁迅还多次提及《君山》，书信中有七次，作品中有三次。鲁迅在此诗上给予韦丛芜的帮助和扶持体现了他一贯甘为人梯的"孺子牛"精神。《君山》被沈从文誉为"写故事诗明白婉约，清丽动人且为中国最长之述事抒情诗"[2]。无独有偶，诺贝尔文学奖评委中唯一的汉学家马悦然先生也非常推崇《君山》，他极力建议著名诗人杨克阅读这首长诗，"在我看来，这部作品在中国现代诗歌史上非常独特。"[3]

《君山》的爱情本事与神话原型

《君山》根据诗歌内容大约可以推算出最早写于 1923 年春，一开始应该

---

[1] 鲁迅：《忆韦素园君》，《韦素园选集》第 5 页，安徽文艺出版社 1985 年版。
[2] 沈从文：《我们怎样读新诗》，《现代学生》1930 年 10 月创刊号。
[3] 杨克：《韦丛芜及其长诗〈君山〉》，《诗探索》2002 年第 1—2 辑。

是写于湖南岳阳湖滨大学附中，秋后到北京陆续写成。如诗歌第三十三节有"去年的三月尽在梦中消逝了，今年的三月又叫我白白睡掉；同是一般烦恼，但是两样情调"。此外，三十一节还有"我登上长城高处，短发在空中飞舞"以及三十七节的"我夜登卧佛寺的后山，凄清的明月流在中天"之句，都隐含着这首诗歌的创作地点和时间。据《韦丛芜选集》中的"韦丛芜生平"里提到，韦丛芜1922年秋考进湖南岳阳湖滨大学附中二年级，1923年6月离开湖大附中到北京。因此根据"长城"、"卧佛寺"这些与北京相关的地名可以推断该诗在北京的写作时间应该是1923年秋至1925年。

这到底是一部怎样的作品，为什么能博得那么多人的关注？或许可以从鲁迅的评价里找到线索，以此出发去探索该诗的特色与其对新诗发展所作出的贡献。鲁迅曾说："这一本诗，不但说不到'赤'，并且也说不到'白'，正和作者的年纪一样，是'青'的，而竟被禁锢在邮局里。"①"青"在我看来意指年轻，联系着爱情；"青"也还意味着青涩，联系着那不成熟的苦涩的爱情之果。所以这是一首纯粹的爱情诗，并不关涉到政治倾向问题。诗歌表现了作者炽热的青春恋情与浓得化不开的青涩的伤感，联系着作者一段哀婉的爱情本事。1922年秋，韦丛芜从安庆考入湖南岳阳湖滨大学附中。1923年春放寒假时，韦丛芜由岳阳乘火车赴汉口，准备在那里坐船到安庆探亲，在火车上结识了岳阳城内教会女中的两姊妹，由于"仓猝的事变"即"二·七"罢工滞留在小站，"造就了此番的机缘"。面对这一对谈吐优雅、气质超凡的新女性，韦丛芜青春的诗情被激活了。"炉火映着我们低垂的红红的脸，我的心炉呵伸出蛇一般的情焰。""突然射穿我的心，无名的箭便无影无踪"，于是"夜色织着相思的幕，冷风吹着初爱的火"。他们依依惜别并互相探访，相约君山。感受君山的那些美丽凄迷的爱情传说，"我依着船栏遥望——遥望那雾里的仙乡"，面对碧波荡漾的洞庭湖水，诗人与这对姐妹萌生了青春的恋情。他们好像相识多年的朋友，心心相印，难分难舍，"一路的殷勤相送，原是为着无名的爱怜"。分别后更加剧了相思的痛楚，诗人整天沉浸在"凄凉的回忆"里，"湖上的夜色凄迷，君山的渔火依稀；我醒

①鲁迅：《扣丝杂感》，《鲁迅全集》（第3卷）第482页，人民文学出版社1981年版。

来凭窗默坐，我的心头紧落着丝丝的细雨。"青春的恋情促生了诗人的创作灵感，相思的痛苦又加剧了燃烧的诗情。面对"一阵疼痛，一阵温馨"的恋情，"我双手捧着我的心，我轻轻地舐着伤上的血痕；我忍受不住这致命的疼痛，我受不了这奇异的温馨。"于是，"我将忘却当作药材，将诗歌当作药引；我日日自煎自服，心说：'徒劳呵，愚人！'"从这些创作动机的表白来看，诗歌是作家的现实刺激所召唤出来的，诗人试图用诗歌疗治安慰破碎的心灵，而这虽属徒劳，但却从受伤的心灵炼狱中升华出忧郁凄美的诗篇。

或许有人会质问诗歌中表达的"我"与山女、白水姐妹这种一男二女的恋情，认为这是一种畸型的不道德的爱情。作为受过现代文明洗礼的韦丛芜曾在安庆办《微光周刊》和《微光副刊》，宣传新思想、新道德，并果敢地反抗包办婚姻，不至于连这种基本的伦理常识都没有。虽然山女、白水对应诗人现实生活中遇到的一对教会学校的姐妹，但诗歌不能过于坐实，解诗应该张开想象的翅膀。我们更多地应该从洞庭君山的神话原型中去寻求这种多恋的答案。君山，古称湘山、洞庭山、有缘山，传为神仙洞府之庭，因帝之二女居之而得名，位于岳阳市区西南15公里的东洞庭湖中，由72峰组成，面积0.96平方公里，以"集奇撮胜"著称。"潇湘之美在洞庭，洞庭之美在君山"。君山留有好多的名胜古迹如二妃墓、秦皇封山、汉武射蛟、柳毅传书、洞宾朗吟，每一处风景都飘溢着美丽动人的传说，其中流传甚广的就是"二妃墓"的传说。"二妃墓"在君山东麓山脚下，又名湘妃墓，传说舜帝南巡崩于苍梧之野，他的二妻娥皇、女英登上君山，悲恸而死，葬于此地。墓周长满了斑竹，据传为二妃攀竹痛哭，眼泪洒在竹上而成。毛泽东曾以"斑竹一枝千滴泪，红霞万朵百重衣"诗句表达他对二妃的同情与景仰。"君山"在诗歌里充当了抒情主人公"我"的角色，有时又仿佛是屈原《九歌》中的"云中君"与"东君"，可以自由地转换叙述的视角。诗歌中"白水"有如《九歌》中的湘夫人，性格含蓄，带些忧怨与保守；而诗歌中的"山女"则有如《九歌》中的"山鬼"，性格较为泼辣。《九歌》对神的恋爱生活的描写，表现人类对纯洁爱情的赞颂，大都清新凄艳，幽渺情深。在诗人眼里，神是自由的，可以多恋的，他享有这些特定的权利，还深受人们的敬仰和赞颂。这样，现实的诗歌爱情本事与上古的神话原型就有了一种隐隐的对应关系，白水、山女就从娥皇、女英的神话原型中获得一种"支援意识"，《君山》中一男二女的恋情也就有了屈原《九歌》潜文本的支撑。同时，初恋的情绪本身就带有一种朦胧、含糊、不清晰的特征，正是这种混沌不确定性才更便于营造出一种迷离恍惚的抒情氛围。

草蛇灰线的叙事脉络与惆怅迷惘的抒情基调

沈从文曾对此诗风格有很好的说明，说韦丛芜是"以女性的柔和忧郁，对爱作低诉，自剖，梦呓"。通观全诗，确实如此。这首诗歌得以流行，应该和诗歌坦率浓烈的感情抒发和抑郁低徊的抒情基调有关。通过诗歌的抒情主人公，我们看到一个为爱欢欣、为爱焦灼、为爱所困、欲罢不能的韦丛芜。全诗用四十节联缀起来，以时间为经，感情为纬，辅以地点的转换，留下了一条草蛇灰线的叙事脉络。时间从"清晨"到"夜中"，从"黄昏"到"夕阳"再到"白日"，从"去年的三月"到"今年的三月"；地点从"野站"到"船栏"，从"房中"到"月台"，再从"林中"到"湖边"；"我"的感情从"甜蜜"到"怀疑"，从"希望"到"失望"再到"消沉"。在自由变换的时空背景下，通过诗人一唱三叹的吟咏，细腻地勾勒出了"我"与山女、白水姐妹爱情的发展过程。首先是小站邂逅，如"稀疏的细语，破不了野站的寂静；脚下的搓声，传不尽默默的深情"，表现了我和伊们无猜无间，其乐融融。"今夜真想不到呵，我们在这过了小年。感谢你山女提起，此夜呵我要终身纪念。""爱恋的话不能说，爱恋的戏排不得"，展示了经过"五四"洗礼、刚从封建废墟上站起来的青年人情窦初开、却羞于表白的稚嫩心理。"热热的初交的情谊，埋藏在深深的心底。江之彼岸便是你们的家园，朋友，我们何时再见？"刚一离别，便期盼着相见。当伊们寄信来时，"恐怕在座的弟兄争抢，我闪出门外私看。"于是"天外飞来的彩笺，重新唤起我往日的梦幻；我默默地将信儿叠起，但不能制止心潮的泛滥"。"默想中烧着一双幻影，趸船上伫立亭亭。我远远地在船边招手，伊们摆着白白的方巾"，可是"汽笛震破了梦境，喧声吞噬了幻影；我看遍逭船上的旅客，只看不见我期待的伊人。"于是"我满怀着青春的热望，作我第一次伊人的拜访"，"我的心呵何等地跳荡！身在浪中，梦浮浪上。"激动与喜悦之情溢于言表。"我欢然地倒在草里，全身在浪中埋葬；我仰望太空的游云，游云捉住了我的幻想。"在第九节里，"我们深深地鞠躬相会；我们缓缓地走进客房。我们温静地坐着；我们平淡地谈着；我们默默地想着；我们微微地笑着。我们恋恋地走到门前；我们深深地鞠躬道别"，诗人一连串用"我们"开头的八个并列的短句，在急促的节奏里刻画了抒情主人公紧张、热烈又其乐融融的第一次拜访情形。后来"多时没有消息。我心中且惧且疑，苦苦地困在校中，我只猜不破这个哑谜。"真实地展现了处于热恋中患得患失、且疑且惧的矛盾心情。在诗的十二节里，"夕阳里我漫向湖边走去，寻觅我昨日的旧迹。我为着寻觅烦恼；我为着烦恼寻觅。春潮日夜地升涨，旧迹已没在湖里。"通过复沓回环的诗歌形式，刻画了"我"的"寻寻觅觅，冷冷清清"的凄凉心境。抒情主人公就这样陷在这无边无际的抑郁里。后来，得知"伊说：我病了，我不能去看你。你莫要挂念；我对不起你。"才消除了自己的疑虑。后来诗人要到北京求学，作了最后的拜访。"火呵，慢慢地烧！蛇呵，轻轻地咬！火车已驰入荒野了，我的火呵，我的蛇呵！"由于"音信随着别离断绝，旧话随着语声消逝；你消不去的幻影呵，将我的青春生生缠死"。抒情主人公便又变得多愁多疑起来，"庐山避暑何等清闲，如何两月没有音信？沪上学校还未进妥，如何便要送此殷勤？""我"于是想和过去作一了断，"你若是听从我的话，你便在这永远静静地睡罢！你若是依然死死渴念他，你便化作雁儿向南飞去罢！""我"执著地探寻，"真能永远得不到伊们的消息么？我自己悲哀地怀疑。伊们的命运究竟怎样了？这个问题永远在我的心里。"于是"我"便整天处于幽思与感伤之中，在自剖、梦呓中对爱作深情的低诉，"偶尔梦中相遇，醒来无凭无据；转身再行入梦，却又无处寻觅。""我埋头在悲哀的古堡，死守着这记忆的残灯；残灯常要被忘却吹灭，但是一闪呵又复光明。""旧景的猛袭不能再忍，我的心哀哀地任情呻吟。芦苇在微风中萧萧叹息，流水在柳荫下潺潺鸣咽。"最终，"我"没能走出爱的失意，"月光下我独自在林边伫立，眼前的世界何等幽凄！这夏夜的神秘的寂静里，颤动着我轻微的嘘唏。我死死凝视闪烁的群星，我的心呵不知飞向何许；幸福的群星有青天作底，我的心有填不了的空虚。"在一片凄清迷茫氛围中结束了"我"的伤感忧郁的低吟浅唱。

也许有人会批评他没有写出健康积极的思想情感，因为里面确实有太多低沉的喟叹。但我想这并不能掩抑其诗歌的光芒，放在当时的背景之下，自会呈现出它的意义。这种通篇采用抒情主人公自我倾诉的手法既受20年代浪漫主义抒情文学的影响，同时也受到他所翻译的《穷人》的影响。《穷人》翻译始于1924年，1926年列入《未名丛刊》出版。小说《穷人》用书信体写成，通篇只出现主人公解屋斯金和瓦尔瓦拉一封封互诉心曲的书信，我们看不见作者，甚至似乎听不到他的一点儿声音，只能从频繁往复的书信中了解所发生事件的大致脉络：年老的公务员解屋斯金和受到侮辱的孤苦无依的可怜女子瓦尔瓦拉互相爱怜，相依为命，最后又迫于生计不得不分离。在解屋斯金给瓦尔瓦拉的一封信中，激荡着他对瓦尔瓦拉纯真的爱，这种爱充满着诗意，动人心弦。他说："我爱你同我爱上帝的光辉一样，我爱你如同爱亲生的女儿一样，我爱你的一切，美人儿"。韦丛芜就这样游走在两种不同的文体之中，陀思妥耶夫斯基这种叙事语调与浪漫的感伤情绪也会不自觉地投射到《君山》的创作中去，使《君山》抒情主人公也沉浸在对恋爱对象的满纸倾诉之中。再有，霍邱与古代楚国的都城寿春（今寿县）相邻，浸染了楚声、楚韵的楚文化精神。"两淮楚地，兴老庄之学，文风飘柔，荡浪漫之气，与北方中原文化的理性主义精神不同，南楚文化充满着浪漫主义情调。楚人以他们的生命热忱高扬热情而又自由舒展，酣歌狂舞而又轻松愉快，神与物游而又神游物外的浪漫主义精神。"[1]作为皖西北现代作家的韦丛芜也感染了这种浪漫主义精神，使其《君山》具有浪漫虚幻的美学特征。

王荣在《中国现代叙事诗史》里提到，梦幻感伤情调是20年代中后期的浪漫叙事诗在艺术及诗学形态方面的显著特征。"叙事诗艺术形式的'复调'声音与话语所产生的叙事美学功能，似乎更适宜于表现或反映人的复杂

---

①谢昭新：《两淮文化与皖西北作家群》，《淮北煤师院学报》2000年第2期。

内心情感世界，特别是新一代知识青年游移不定的思想情怀。同时，又有可能超越抒情'小诗'主题思想及审美趣味的简单或单一，在文学传播上获得更多读者的共鸣及回味。"①韦丛芜是一个勇敢追求自由爱情的先锋，早在安庆办《微光周刊》和《微光副刊》时，就大力地宣传新思想、新道德，并大胆地给家里写退婚书，不接受家庭的包办婚姻，在家乡引起轩然大波。尽管全诗笼罩了幽凄迷惘的气氛，但《君山》却充分展示了"五四"之后的青年人渴望摆脱礼教束缚，勇敢追求自由恋爱的内心要求，把握住了那个时代的精神脉搏，凸显了"五四"之后青年群体的精神状态。其惆怅迷惘的基调也折射了"五四"高潮过后青年人梦醒了无路可走、歧路彷徨的精神氛围，与郁达夫的小说有着共同的感伤精神谱系。《君山》可以说是韦丛芜初恋的真实告白，那刻骨铭心的恋情，模糊的朦胧的伤感的爱，是真实的，让每个有过类似初恋的人都难以释怀。《君山》里那令人梦魂萦绕的情愫诗意地诠释了人们心中一份永久的感动，无怪乎大受青年的欢迎。据陈聆群在2002年参加江定仙先生90冥寿纪念活动时撰写的《上音校史里的江定仙先生》披露，他在上海音乐学院的校史资料里发现当年江定仙先生在音专学习期间的手稿乐谱，其中有一首是为韦丛芜的《君山》诗第18首谱曲的《恋吧，少女！》，并说这是一首比《静境》规模更大一些的钢琴伴奏独唱曲。作为黄自"四大弟子"之一的著名音乐家江定仙出生于1912年11月10日，在上世纪30年代初作此曲谱时也不过20岁左右，说明那时的青年对《君山》多么的情有独钟。

在传统与现代的张力之间

韦丛芜的《君山》在写法上也很有特色，诗歌通篇采用清新通俗的语言，通过优美的意境，烘托出为爱情所陶醉、为爱所痴迷的青春情感。有时也采用直抒胸臆的抒情方法，任心中积郁的思念与痛苦自由流淌，但没有丝毫的矫揉造作之感，完全是自然呈现，显露出一派素朴自然风貌，和"专心

①王荣:《中国现代叙事诗史》第105页,中国社会科学出版社2004年版。

致志写情诗"的湖畔诗派具有相似的诗风,但比他们更缠绵、更低徊,也更加感人。陆耀东先生认为《嬴疾者的爱》《君山》等诗"似主要在外国诗的影响下写成"①,此说有一定的道理。但也正如李怡所说的,"20世纪中国文学从总体上看是显示为从一个封闭的封建角落走向一个开放的现代世界的过程,中国新诗当然也置身其中,不过,文学的发展总有它出人意料的部分,当我们抛开一切外在的历史概念,平心静气地梳理新诗的历程时,却又不难感到,中国现代新诗在由草创向成熟的演变当中,外国文学的浓度固然还在增加,但古典诗歌的浓度却同样有增无减。"②从整体上看,《君山》已明显地摆脱了主潮诗歌欧化的痕迹,能运用优美的意象,营造出具有中国风味的抒情氛围,很好地实现了中国诗歌从现代到传统的回归。如"湖上的夜色凄迷,君山的渔火依稀;我醒来凭窗默坐,我的心头紧落着丝丝的细雨。梦后的疲困,消不了梦中的苦恼;春湖里一片蛙声,叫碎了我的灵魂","渔火""春潮""蛙声"等都是中国传统的诗歌意象,但被作者安放进特定的语境之中与抒情主人公的情感浑然融为一体,一点也没有草创时期诗歌中那种忸怩造作之态。在诗歌的第十二节到十七节里,写"我"对山女与白水的思念,大有白居易《长恨歌》中唐明皇思念杨贵妃的遗风。"我孤凄地坐在楼廊,遥向天际的金星凝望;湖上送来阵阵的凉风,徐徐地催我入梦。金星忽然从我的梦中落去,我恍忽地从椅上惊起。湖上送来阵阵的凉风,金星依然在天际亮晶晶地"。诗人因思念不能入睡的情景恰似"夕殿萤飞思悄然,孤灯挑尽未成眠。迟迟钟鼓初长夜,耿耿星河欲曙天"所描写的意境;而"我"清晨摘花想写诗可又无从作起,鲜花在手中枯萎的情景也有似"芙蓉如面柳如眉,对此如何不泪垂"。

在诗歌的形式方面,大体符合闻一多的"三美"主张。诗歌每节一般是由四段组成,每段一般都是四句。每句都运用大致相等的字数,看起来很整齐,句式显得匀称均齐。但诗歌显得很灵活,并不一味地遵循此法,而是随需而定。如第九节里,为了表现热热的初交的情谊,诗人一连串用以"我

---

① 陆耀东:《中国新诗史》(第1卷)第454页,长江文艺出版社2005年版。
② 李怡:《现代:繁复的中国旋律》第147页,中央编译出版社2001年版。

们"开头的八个并列的短句，"我们深深地鞠躬相会；我们缓缓地走进客房。我们温静地坐着；我们平淡地谈着；我们默默地想着；我们微微地笑着。我们恋恋地走到门前；我们深深地鞠躬道别"，显得节奏急促，很好地契合了抒情主人公内心热烈、激动的内心节奏。在二十一节里，诗人连续用十段，并且每段结尾都以"我只是想念着伊"结束，反复咏叹，把抒情主人公那绵绵不尽的相思表达得淋漓尽致。诗句每节都押韵，一般是隔行押韵；有时一整节诗里押同一个韵，有时又随着抒情主人公内在情感的变化而自由地转换。如第十八节，"我随伊走进楼来，我随伊走出楼去；伊的脚步何等轻盈，伊的头发软得爱人。我随伊走上楼来，我随伊走下楼去；在伊的食指指处，一切都是美丽的。"显得错落有致，柔软可人，婀娜多姿。

根据语音学中的"语音象征词"（sound symbolism）原理，开口度较大的如"a""ao""ang"等韵字往往用来表达人们高昂、喜悦的积极情感，如诗歌第八节，就用比较饱满的韵母"ang"来押韵，表达"我"的情感。"我无意中走进了南靖港湾，昔日的战场呵已成广漠的草原！草原上泛滥着三月的阳光，和风下翻腾着鲜明的草浪。我满怀着青春的热望，作我第一次伊人的拜访；我面迎三月的和风，脚踏鲜明的草浪。忽然间我停足四望，我的心呵何等地跳荡！身在浪中，梦浮浪上。我欢然地倒在草里，全身在浪中埋葬；我仰望太空的游云，游云捉住了我的幻想。"通过这些琅琅上口的音节，再加上华丽的词藻、鲜艳明朗的意象，传神地表达了"我"第一次拜访伊人的激动心情。而开口度较小的"i""ie"等韵字往往用来表达人们低沉悲哀的消极情感。在诗的第十二节里，全节都押开口度小的声音细微的"i"韵，刻画了抒情主人公陷在那无边无际的抑郁里，"夕阳里我漫向湖边走去，寻觅我昨日的旧迹。我为着寻觅烦恼；我为着烦恼寻觅。春潮日夜地升涨，旧迹已没在湖里。我为着寻觅烦恼；我为着烦恼寻觅。草泥上又印入新的足迹，明日呵我将依旧寻觅。我为着寻觅烦恼，我为着烦恼寻觅。夕阳里我独行踽踽，寻觅我昨日的旧迹。我为着寻觅烦恼；我为着烦恼寻觅。"通过简单变换几个词语，利用一咏三叹、回环往复的诗歌形式，作者把那无边的烦恼和忧愁就真切地传递给了我们，可以和李清照的"寻寻觅觅，冷冷清清，凄凄惨惨戚戚"相媲美，传神地表达了"这次第，怎一个愁字了得"的心境。

《君山》在诗歌形式与内容方面已经把传统的集体无意识自动叠加到文化遗传的密码里了。比如诗歌的第二十五节，"我"三上三下高岗，"我战兢地走上高岗，俯瞰着墙里的红房；我战兢地走下高岗，——／朋友，这是我最后的拜访"。很明显地具有《汉宫秋》中【梅花酒】的韵味，"他部从入穷荒；我銮舆返咸阳。返咸阳，过宫墙；过宫墙，绕回廊；绕回廊，近椒房；近椒房，月昏黄；月昏黄，夜生凉；夜生凉，泣寒螀；泣寒螀，绿纱窗；绿纱窗，不思量"！通过一系列的重章叠句，便于抒情，同时也便于记忆。这种一咏三叹、回环往复的诗歌形式可以上溯到《诗经》，比如从《蒹葭》开始就形成了这种诗歌风格，"蒹葭苍苍，白露为霜。所谓伊人，在水一方。溯洄从之，道阻且长；溯游从之，宛在水中央。蒹葭凄凄，白露未晞。所谓伊人，在水之湄。"

《君山》还在古典的抒情氛围中蕴涵了现代哲学的思考。如开头的题记"八月的君山最好，因为桂花都开了"奠定了全诗的抒情基调，然后在第二十节里又用同样的语句照应了题记。诗歌中几个月份都写到了，唯独没具体描写八月，这不禁让人很纳闷，可是仔细思索就能明白诗人的匠心所在了。八月桂花开了的季节是君山最美的时候，也是爱情成熟的标志，可成熟的理想的爱情又总是可望而不可即的，永远无法到达，题记和诗歌内容的反差寓意着对美好爱情的期望与其难以实现的两难处境。

《君山》即使是借用外来意象也能和全诗的基调相吻合，不显得生硬。如"我埋头在悲哀的古堡，死守着这记忆的残灯"里的"古堡"意象，还有"突然射穿我的心，无名的箭便永远无踪无影"里的"箭"意象，都化用得不露痕迹，使得《君山》在传统与现代之间保持了一种张力。

重评《君山》在新诗史上的地位

我们把《君山》放到新诗发展的链条中去考察，就更能凸显作者非同一般的创造力。按沈从文的分析，韦丛芜应该放在新诗发展的第二阶段后期去观照，第一期是以胡适的《尝试集》为代表；第二期以《志摩的诗》和《死水》为代表；第三期是以胡也频的《也频诗选》和石民的《良夜与恶梦》为代表。《志摩的诗》出版于1925年，《死水》出版于1929年，《君山》介于两者之间。在新文学初期，叙事长诗罕见，难有上乘之作。现代文学史上最早的叙事长诗是玄庐的《十五娘》，1920年发表于《觉悟》副刊上，长度只有百行。白采的《赢疾者的爱》写于1924年，虽然长达800多行，但内容和语言略显欧化，有着尼采的超人的回声，写出了那个时代里洞察时事而又决绝的知识分子形象。另外，冯至写于1923年的《吹箫人》，1924年的《帏幔》，1925年的《蚕马》，1926的《寺门之前》也都较为可观，对爱情、艺术、宗教等作了形而上的思考。但从写作时间的迟早上来看，也只有《吹箫人》可以和《君山》相比肩，若是论诗歌的长度还是短了一些。在韦丛芜创作《君山》之际，正是小诗流行的时候，拿那些相形见绌的小诗来比较一下，《君山》就更显得非同寻常。很少有谁具备韦丛芜这样经营长诗的大手笔，并且能把这么长的诗写得如此精致、美轮美奂，这在那时确实是罕见的。我们可以真切地感受到作者对新诗艺术形式所抱持的那份真挚及创新冲动，以及在音韵形式、节奏格律、语言的精雕细琢等纯形式意味等方面所作出的精心努力。《君山》的创作实绩标志着新诗在新文学史上的"开始成熟阶段"。《君山》与文学史上流行的那些方块体的小诗比较起来，显然更具才情与魅力。虽然长达600多行，但并不显得拖沓冗长。文章结构的运思很巧妙，作者主要是采用了联章体的组诗形式，依据抒情主人公内在的情感以及时空线索，把现实和梦幻有机地结合起来。层层推进，浑然一体。既有一定的叙事脉络可依，又不打断情绪的连续性，保持了诗歌艺术及结构形式整体的情绪统一及延续。据王荣《中国现代叙事诗史》研究表明，近代以来许多作家都尝试过这种"联章体"的创作，如康有为的《朝鲜哀词五律二十三首》，王国维的《隆裕皇太后挽歌辞九十韵》等。这种"联章体"的结构形式由于适应并迎合了中国抒情文学传统的创作规范及欣赏趣味，并且还含有一个形式上的故事，便于产生诗意的情绪背景以及展开主题思想，因此成为风行一时的文体叙事形式。

《君山》是在新旧文化对垒的境遇下逼迫出来的一种诗歌探索路径。当白话自由体新诗带着历史的缺憾从传统旧体诗的桎梏中解脱出来时，胡先骕讥讽"胡君之《尝试集》，死文学也，以其必死必朽也，不以其用活文学之故，而遂不死不朽也。"并宣判当时的白话新诗皆"卤莽灭裂，趋于极端"。当时诗坛很多诗歌都是外国诗歌的回音壁，于是作为回应，闻一多在评价郭沫若《女神》的地方色彩时，试图去维护和保持新诗的民族特征。后来，他又提出了著名的"三美"主张，重申诗歌的民族化。这些主张显然在韦丛芜的诗歌创作中得到了有效的实践。娥皇、女英的神话原型，古典诗歌回环往复的抒情韵致，在这种意义上可以说韦丛芜的《君山》改变了对于西方现代诗艺一边倒的取向，通过"融合"实现了现代诗歌的传统回归与折返，改写了"五四"诗歌文化面目模糊不清的混杂局面，理应在诗歌史上大书一笔。

可遗憾的是，文学史上对韦丛芜则至多提及他在文学翻译上的贡献，至于其他方面要么语焉不详，要么就是简单否定。推想其中因由，也无非是这么几点，一个是"未名社"的倒闭是由于韦丛芜办事不力，滥支钱款；一个就是其后来当了国民党治下的霍邱代理县长，背弃了鲁迅的教诲，离开文学而入仕途。但从已经发现的材料以及一些学者的研究足可表明这些都是可以推翻的成见。韦丛芜并不是我们过去所想象的那个投靠国民党的堕落文人，也不是如鲁迅所误解的"神驰宦海"的利禄之徒。韦丛芜由一介书生到一县之长身份转变的背后，包蕴不住的是济世救民寻求御侮妙方的良苦用心。书生救国的热情是为人所景仰的，但诗人浪漫天性毕竟羁绊了他经天纬地的梦想。

[原载《中国现代文学研究丛刊》2007年第4期，收入本书时有改动]

周氏兄弟与韦丛芜译《格里佛游记》

卢志宏

引　言

　　韦丛芜（1905—1978）所译《格里佛游记》由北京未名社出版发行，卷一初版于1928年9月，卷二初版于1929年1月。这是英国著名讽刺作家乔纳森·斯威夫特（Jonathan Swift）的作品，原名为Gulliver's Travel，英文原作发表于1726年。原书共分4部分（PartI-IV），韦丛芜最终只译了该书的前面两个部分（PartI&II），以卷一和卷二分别出版。韦丛芜所译《格里佛游记》是未名社的译作合集《未名丛刊》之一。《未名丛刊》中的译作大部分是俄苏作品，《格里佛游记》是其中为数不多的一篇英国作品①。韦丛芜当时的翻译活动是和另外几位安徽霍邱同乡一起开展的，在鲁迅先生的倡导下，他们成立了未名社这一文学社团。鲁迅先生是社团的领袖，主要成员除了韦丛芜，还有李霁野（1904—1997）、台静农（1902—1990）、韦素园（1902—1932）和曹靖华（1897—1987）。1928年，北京政府更迭频繁，先是由奉系统治，后又被国民党接管。1928年4月，当时年仅23岁的韦丛芜被奉系统治下的北洋军阀政府逮捕，后因病被释放。时隔几个月之后，《格里佛游记》卷一和卷二相继出版，当时中国社会急剧动荡、政府更迭。当时的社会状况和韦丛芜被捕的遭遇使得这本书成为了应景之作，通过讽刺题材这一特定的文本类型，间接地传达了译者对于当时社会现状的不满。

---

　　①未名社成立之后陆续出版《未名丛刊》，收录译著17部。就源文本国别而言，17部译著中，俄苏11部，英国2部，法国、日本、荷兰、北欧诸国各1部。俄苏文学译介是主流。

目前译界对于Gulliver's Travel汉译本的探讨，大多以翻译策略的比较为视角，从建国后的5个译本①中，选取2个进行翻译策略的异同比较，如王丽峰②，胡作友、李而闻③，刘芸伶④等。张婷婷⑤在论及未名社译本选择以及翻译策略的影响因素时，曾将韦丛芜所译《格里佛游记》作为个案进行探讨，主要从多元系统这样一个外部视角对其翻译活动的历史文化成因进行阐释，也曾涉及鲁迅坚持"直译"观、提倡白话文写作对于韦丛芜的影响。

目前较少有研究从影响研究的视角对未名社的翻译活动详加阐释，李岫、秦林芳⑥，孟昭毅、李载道⑦，史挥戈⑧等人大都只谈及鲁迅一人对于包括韦丛芜在内的未名社成员的翻译活动的影响。如"未名社对于外国进步文学的译介工作得到了鲁迅的直接指导、支持与帮助"⑨；"未名社翻译文学从酝酿到诞生，都得到鲁迅的支持"⑩；社员们是"鲁迅先生亲手培植的未名社五株花木"⑪，等等。

本文将着力从影响研究这一视角，进一步探讨如下问题：其一，就韦丛芜所译《格里佛游记》而言，鲁迅先生之外，是否还有其他人对韦丛芜的翻译活动施加影响？其二，如果有，其翻译观念对于韦丛芜有无影响？在翻译策略层面有无体现？这种翻译观念产生的诗学层面的原因为何？其三，这些翻译选择有没有深层的意识形态根源？

①建国后的5个译本分别是张健的人民文学版(1962)、杨昊成的译林版(2001)、李秀侠的开明版(2007)、孙予的上海翻译版(2011)和王维东的中国少年儿童版(2011)。
②王丽峰：《从目的论角度评析〈格列佛游记〉的两个汉译本》，华中师范大学硕士学位论文。
③胡作友，李而闻：《翻译目的论视阈下的文学翻译批评——以〈格列佛游记〉为例》，合肥工业大学学报(社会科学版)2013年第2期.
④刘芸伶：《〈格列佛游记〉两个译本中的陌生化翻译对比研究》，西南大学硕士学位论文。
⑤张婷婷：《未名社的翻译活动研究(1925—1930)》，华中师范大学硕士学位论文。
⑥李岫，秦林芳：《二十世纪中外文学交流史》，河北教育出版社2001年版。
⑦孟昭毅，李载道：《中国翻译文学史》，北京大学出版社2005年版。
⑧史挥戈：《中国现当代作家新论》，山东文艺出版社2007年版。
⑨李岫，秦林芳：《二十世纪中外文学交流史》第207页，河北教育出版社2001年版。
⑩孟昭毅，李载道：《中国翻译文学史》第118页，北京大学出版社2005年版。
⑪史挥戈：《中国现当代作家新论》第74页，山东文艺出版社2007年版。

一、"鲁迅先生"和"岂明先生"
——翻译活动发起人和直接赞助人

在《格里佛游记》的小引（译介前言）中，韦丛芜就曾经感谢过"给我译此书以鼓励的鲁迅先生和岂明先生"[1]。从韦丛芜前言中的致谢来看，"鲁迅先生""岂明先生"（周作人先生笔名）都是其翻译《格里佛游记》的赞助人。

未名社成立初期，鲁迅确实对该社团成员的翻译活动介入颇多，甚至不惜亲力亲为。据李霁野回忆，建社之初，鲁迅先生关心译作的审阅、编辑、印刷出版，甚至代销委售：

> 先生（鲁迅）因为一般书店不愿出版不肯印行青年人的译作……所以建议我们自己成立一个出版社，只印我们自己的译作，稿件由他审阅和编辑。[2]

> 鲁迅先生对未名社成员的翻译和创作，在看稿改稿，印刷出版、书面装帧，甚至代销委售方面，花去了大量的时间和精力。先生在看了译稿之后，在要斟酌修改的地方，总用小纸条夹记，当面和我们商量改定。[3]

总而言之，鲁迅先生是未名社早期翻译活动的发起人。但未名社后期，情况有了一些变化。1926年，鲁迅离开未名社的所在地北京。韦丛芜作为"守寨人"接管社务，是未名社后期实际的掌舵人。鲁迅虽然后来回过北京，对于该社的事务已经不像开始那样事事关心了。

这一时期，韦丛芜曾有意识地寻求鲁迅的弟弟周作人（1885—1967）的

---

①斯伟夫特著，韦丛芜译：《格里佛游记（卷一）》第8页，未名出版社1928年版。
②李霁野：《鲁迅先生与未名社》第8页，人民文学出版社1984年版。
③李霁野：《鲁迅先生与未名社》第20页，人民文学出版社1984年版。

帮助。韦丛芜的回忆录中有如下记载：

> 未名社出版部营业好转之后，在七月里，我就计划办《未名月
> 刊》，打算邀请骆驼社的周启明先生、张凤举先生和徐耀辰先生大
> 力支持。当时我先同周启明先生商议，承他答应了，我又向他述说
> 了我每月借用未名社出版部的钱，内心很不安，又承他答应把他在
> 女师大和女子大学各两小时的翻译功课让给我教，每月可有八十元
> 的收入。①

不难看出，未名社发展后期，韦丛芜和周作人就未名社事务还是颇有接
触的，他也希望得到周作人的支持。在他渴望能大力支持他的骆驼社3人
中，周作人在经济上和社务上对他的支持也是最多的。

就《格里佛游记》的选择而言，韦丛芜所参照的英文原版之一就是周作
人提供的。韦丛芜的翻译活动是以伦敦贝尔父子公司（G.BellandSons，ltd.）
出版、丹尼斯（G.R.Dennis）所编的"波恩畅销丛书"版（Bohn's Popular Li-
brary）为原本进行的。以此为基础，还参看了6个其他版本，其中4个为英
文版，包括纽约哈珀兄弟出版社（Harperand Brothers Publishers）版、高夫
（A.B.Gough）所编的牛津版、纽约克诺夫出版社（AlfredA.Knopf）版和"万
人丛书"（EveryMan's Library）版；另外两个版本分别是商务印书馆出版的
原文加注释版以及一个法文版。在译介前言中，韦丛芜指出纽约克诺夫出版
社版就是由"岂明先生"（周作人）提供的，可见周作人对于该书的译介颇
为热心。

周作人之所以对韦丛芜译《格里佛游记》如此热心，可能是因为他对斯
威夫特的关注相对较早。在韦丛芜的译本出版之前，周作人曾翻译过斯威夫
特的著作，其中有1923年在《晨报副刊》和《民国日报·觉悟》上分3期刊
载的《育婴刍议》（*A Modest Proposal*）和1925年刊载在《语丝》上的《"婢

---

①韦丛芜：《读〈鲁迅日记〉和〈鲁迅书简〉——未名社始末记》第18页，《鲁迅研究动态》
1987年第2期。

仆须知"抄》（*Directions to Servants*）。在1925年有关"必读书"的争论中，周作人所列的10本青年必读书中，也有"斯威夫德《格里佛旅行记》"。在《育婴刍议》（1923）的"附记"中，周作人曾提及，"十六七年前，我翻阅泰纳的《英国文学史》，才知道斯威夫德的冷嘲的厉害，虽然这'英国狂生'的《海外轩渠录》（原名 *Gulliver's Travels*，译只二卷），早已译成汉文了"[①]。在《"婢仆须知"抄》（1925）的"引言"中，周作人对于斯威夫特有了更为详细的介绍，称之为"英国文学界的奇人"，并且提及"他的著作有《格里佛游记》（*Gulliver's Travels*）前二卷经林琴南先生译成汉文，改名《海外轩渠录》，但最重要的第四卷终于没有译出"[②]。他还介绍了西方关于斯威夫特的传记以及斯威夫特的生活轶事。周作人对于这位英国作家的关注由此可见一斑。从他的介绍文字中，不难读出他对《格里佛游记》当时只有"林琴南先生"（林纾）不完整的译本颇感遗憾。因此，后来韦丛芜翻译时，周作人给他提供《格里佛游记》的英文原本也就不足为奇了。虽然韦丛芜最终只译了两卷，但其实是计划翻译整个4卷的，这与周作人对于该作品4卷中译都能问世的愿望是一致的。

由此可见，就韦译《格里佛游记》而言，鲁迅仅仅是翻译活动的发起人，而对韦丛芜的翻译活动起到直接作用的赞助人是周作人。原因有三：其一，韦丛芜后期作为未名社的守寨人，曾因未名社的社务主动寻求周作人的帮助，后者也给予了资助；其二，韦丛芜所参考的英文原本，其中有一个正是周作人提供的；其三，早在韦译本问世之前，周作人就对斯威夫特颇为赞赏，翻译过他的两部作品，对于《格里佛游记》评价极高，并认为第四卷最重要，流露出未见整本的缺憾。

二、周氏兄弟的"直译"以及周作人
"国语改造"思想在韦氏译本中的体现

周作人和鲁迅在这一时期一致认可"直译"的翻译观念。鲁迅曾指出：

---

①周作人：《育婴刍议（续）》第23页，《晨报》副刊1923年9月9日。
②周作人：《育婴刍议（续）》第4页，《晨报》副刊1923年9月9日。

"文句依然是直译，和我历来所取的方法一样；也竭力想保存原作的口吻，大抵连语句的前后次序也不甚颠倒"①。周作人亦表示："我的翻译向来用直译法，所以译文实在很不漂亮，——虽然我自由抒写的散文本来也就不漂亮。我现在还是相信直译法，因为我觉得没有更好的方法。但是直译也有条件，便是必须达意，尽汉语的能力所及的范围内，保存原文的风格，表现原语的意义。换一句话说就是信与达。"②

周氏兄弟"直译"观的根源是两人对于"国语"的不满以及学习"欧文"的渴求。鲁迅先生觉得中文有"本来的缺点"，即不如欧文严密，尤其在语法上需要向欧文学习，需要改造，变得更为"精密"③。在其译本序言或后记中，很容易看见鲁迅先生对于"中国文"的不满，对于"欧文"的赞赏以及由此产生的向欧文借鉴的要求。鲁迅在《〈文艺与批评〉译者附记》中曾指出："因为译者的能力不够和中国文本来的缺点，译完一看，晦涩，甚而至于难解之处也真多；倘将仂句拆下来呢，又失了原来的精悍的语气。"

周作人更是在《国语改造的意见》一文中，直接阐明了自己对于国语进行改造的思想："现在中国需要一种国语，尽他能力的范围内，容纳古今中外的分子，成为言辞充足，语法精密的言文，可以应现代的实用"。谈及国语改造之方法，周作人提及三种方法："采纳古语""采纳方言"和"采纳新名词，及语法的严密化"。其中，他认为"最重要的还是在于语法的严密化"，"没有这一个改革，那上面三层办法的效果还是极微，或者是直等于零的"。可以说，周氏兄弟的"直译"主要就体现在上述周作人提出的第三种改造国语的方法上，即"采纳新名词，及语法的严密化"。通过"采纳新名词"，让汉语"言辞充足"；通过"语法的严密化"，实现"语法精密"。与此同时，"直译"也并不排斥"采纳古语"和"采纳方言"，进而实现"尽他（国语，笔者加）能力的范围内，容纳古今中外的分子"。而这些具体做法，在韦丛芜所译《格里佛游记》中均有体现。

---

①鲁迅：《出了象牙之塔》，《鲁迅全集（第十卷）》第245页，人民文学出版社1987年版。
②周作人：《陀螺·序》，《翻译论集》（修订本）第472页，商务印书馆2009年版。
③鲁迅：《〈文艺与批评〉译者附记》，《鲁迅全集（第十卷）》第299页，人民文学出版社1987年版。

（一）"采纳新名词"：专有名词音译或音译加注

译文中较有特色的是专有名词的翻译，译者对所有专有名词都标有专名号，如以下两例①：

例1：

Soon after my return from Leyden, I was recommended by my good master, Mr. Bates, to be surgeon to the Swallow, Captain Abraham Pannel, commander; with whom I continued three years and a half, making a voyage or two into the Levant, and some other parts.②

我从莱登回来不久，我的好老师博兹先生便介绍我到甲必丹亚伯拉罕潘列尔，为船长的燕子号船上做外科医生；我同他处了三年半，航行一两次到地中海东方诸国和别的地方。③

译文中有四个名词加了专名号，被作为专有名词处理，其中两个是音译的：地名 Leyden 音译为"莱登"，人物称谓 Captain Abraham Pannel 音译为"甲必丹亚伯拉罕潘列尔"，其中头衔 captain 也被音译为"甲必丹"（现译船长）。另一专有名词船名 Swallow 意译为"燕子号"；而地名 Levant 比较特别，韦丛芜并未按音直译，而阐释为"地中海东方诸国"。

---

①原译文是竖排版的，专名号在文字左侧，而本文排版为横排，所以例子中以下划线代替专名号的竖线。

②SWIFTJ: *Gulliver's Travel and Other Writings*,pp.42.BantamBooks2005.

③斯伟夫特著，韦丛芜译：《格里佛游记（卷一）》第12页，未名出版社1928年版。

例 2：

For I have always borne that laudable partiality to my own country, which Dionysius Halicarnassensis, with so much justice, recommends to an historian: I would hide the frailties and deformities of my political mother, and place her virtues and beauties in the most advantageous light.

A Greek writer, who lived in Rome, and expounded the true greatness of Rome in his Archaeologia.[①]

因为我时常对我自己的国家怀着那可颂扬的偏心，第昆利霞*十分正当地向历史家鼓吹这点：我隐藏我的政治母亲的弱点与瑕疵，而颂扬她的德性与美丽。

*第昆利霞生于希腊，然在罗马住居约四十年。他用希腊文注 Archaeologia，凡二十卷。实际上他是责备他的希腊本国人之由于国家的虚荣，而轻视罗马的伟大。斯威夫特在这里讽刺地贬责英国作家们相同的错误。[②]

将 DionysiusHalicarnassensis（现译"哈利卡纳苏斯的狄奥尼修斯"）这一人物名的原文注释和译文注释相对比，译文注释中有很多增补，如增加在罗马停留时间和注释版本卷数的信息等。为了方便读者理解，译者还增补了原作者这里引用该作者的用意。

（二）"语法严密化"：对原文句序和词序亦步亦趋

韦丛芜翻译之时，对于原文句序可谓亦步亦趋。如他在处理上文鲁迅所提到的"仂句"（长句中包含的短句）时，为了保留原文"精悍的语气"，都没有将这些仂句"拆下来"。最典型的例证是后置定语的翻译，在译文中，韦丛芜为了保持原文句序不变化，大都将后置定语从句直接放在主句后面的

---

①SWIFTJ：*Gulliver's Travel and Other Writings*,pp.157–158.BantamBooks2005.
②斯伟夫特著，韦丛芜译：《格里佛游记（卷二）》第122页，未名出版社1929年版。

括号中，对主句进行补充说明。例如：

例3：

Her majesty agreed to my petition, easily got the farmer's consent, who was glad enough to have his daughter preferred at court: and the poor girl herself was not able to hide her joy.[1]

皇后陛下准予所请，容易地得到农夫的同意（他倒十分欢喜他的女儿被选入宫）：而且这可怜的姑娘自己也不能隐藏她的喜悦。[2]

这种"语法严密化"还体现为保留原文的词序，即便译文不符合汉语的表达习惯：

例4：

I dwelt long upon the fertility of our soil, and the temperature of our climate. I then spoke at large upon the constitution of an English parliament; partly made up of an illustrious body called the House of Peers; persons of the noblest blood, and of the most ancient and ample patrimonies.[3]

我说了好久我们土地的肥沃，和我们气候的温和。我接着大说英国议院的组织，一部分是显贵的团体组织的，叫做贵族院，都是最贵族的人，有最古最大的遗产的人。[4]

上例中，fertility of our soil 和 temperature of our climate 两个词组，本可处

①SWIFTJ：*Gulliver's Travel and Other Writings*,pp.126.Bantam Books 2005.
②斯伟夫特著，韦丛芜译：《格里佛游记（卷二）》第47页，未名出版社1929年版。
③SWIFTJ：*Gulliver's Travel and Other Writings*,pp.152.Bantam Books 2005.
④斯伟夫特著，韦丛芜译：《格里佛游记（卷二）》第110页，未名出版社1929年版。

理为"肥沃的土地"和"温和的气候"，将原句中的 fertility 和 temperature 由名词转为形容词，但为了保留原文的词序，韦丛芜依然将这两个词当作名词来处理。partly made up of 这部分本可省略，但为了实现和上句的逻辑联系，译者选择重复"组织"一词，来实现上下句的衔接。

（三）"采纳古语"：词汇的归化处理

例5：

Two days after this adventure, the emperor, having ordered that part of his army which quarters in and about his metropolis, to be in readiness，took a fancy of diverting himself in a very singular manner.[1]

在这次壮举后两天，皇帝命令住在京城以内和近畿等处的军队之部分准备，打算用一种很奇怪的方法以自遣。[2]

这里的 in and about his metropolis 被译为"京城以内和近畿等处"是典型的汉语表达。metropolis 没有译为"首都"而译为"京城"，in and about 处理为"近畿"这种文言化的表达，都体现出了词汇归化处理的倾向。

例6：

"You are to know," said he, "that several committees of council have been lately called; in the most private manner, on your account; and it is but two days since his majesty came to a full resolution.[3]

你要知道，他说，几位枢密院委员近来极秘密地被召见为着你的缘故；只是在两天以前皇上完全决定。[4]

---

①SWIFTJ：*Gulliver's Travel and Other Writings*,pp.66.Bantam Books 2005.
②斯伟夫特著,韦丛芜译:《格里佛游记(卷一)》第61页,未名出版社1928年版。
③SWIFTJ：*Gulliver's Travel and Other Writings*,pp.92.Bantam Books 2005.
④斯伟夫特著,韦丛芜译:《格里佛游记(卷一)》第119页,未名出版社1928年版。

枢密院是五代至元朝的最高军事机构，这个称呼一直延续了唐宋元三代，直至明朝才被废除，是一个典型的中式机构古名。文中用枢密院来传达原文中的council一词，也是归化处理。

如果说对于专有名词的音译和音译加注，对于原文句序和词序的亦步亦趋是"容纳中外"，即让中文吸收欧文的严密性；那么对于词汇的归化处理则是"容纳古今"，将古文溶入到白话文之中。

三、韦丛芜的"纯文艺"倾向与周作人的
"感兴""即兴"的契合

周氏兄弟对于社会现状都颇为不满，他们同时期的译作后记和附记也有所体现。鲁迅在《〈出了象牙之塔〉后记》中写道："当我旁观他鞭责自己时，仿佛痛楚到了我的身上了，后来却又霍然，宛如服了一贴凉药。生在陈腐的古国的人们……大抵总觉到一种肿痛，有如生着未破的疮……一割的创痛，比未割的肿痛要快活得多。这就是所谓'痛快'罢？"①周作人在《育婴刍议》"附记"中对于翻译斯威夫特的原因有如下解释："有时又忽然爱好深刻痛切之作，仿佛想把指甲尽力地掐进肉里去，感到苦的痛快"②。生在"陈腐的古国"，国民"生着未破的疮"，鲁迅和周作人觉得只有"鞭责"或者"把指甲尽力地掐进肉里去"方感"痛快"。他们都迫切希望从日本以及英国作家对于本国文化和文明的"鞭责"中，找到解救中国社会乃至民众的途径。而这种通过"鞭责"以求"痛快"的想法，也是韦丛芜翻译《格里佛游记》的原因。韦丛芜将翻译的动机归结为其"精神"，即"愤怒的切责"："那唤起斯伟夫特愤怒的切责之道德的卑污，在那时正是弥漫了社会的统治阶级，他们对于人类的荣誉与令名已变冷淡了"③。"这并非单个的谩骂，但是对于人的社会全体的讽刺是太厉害了。"④可见，他意欲借斯威夫特之笔，

①鲁迅：《出了象牙之塔》，《鲁迅全集（第十卷）》第243页，人民文学出版社1987年版。
②周作人：《育婴刍议（续）》第2页，《晨报》副刊1923年9月9日。
③斯伟夫特著，韦丛芜译：《格里佛游记（卷一）》第5—6页，未名出版社1928年版。
④斯伟夫特著，韦丛芜译：《格里佛游记（卷一）》第5页，未名出版社1928年版。

来针砭统治阶级乃至社会全体的道德的卑污，反思当时的中国社会。

虽然同样对社会不满，但这一时期周氏兄弟在意识形态上已经出现了比较明显的差异。1926年8月底，鲁迅因"三一八"惨案支持进步学生被追捕，不得已离开北京去厦门大学任教，但4个月后就辞职。1927年1月他辗转去了中山大学，4月赴黄埔军校发表题为《革命时代底文学》的演讲。演讲中，鲁迅旗帜鲜明地表达了对于"革命"的兴趣、对于"平民文学"的期盼。"革命就是社会的改革，因为社会天天改革，社会就天天进步，人类天天进步，社会就天天改革，这样地循环不已，所以人类没有一刻不革命。"①"如果工人农民不解放，工人农民底思想，仍然是读书人底思想，所以交待工人农民得到真正的解放，然后才有真正的平民文学。"②1928年，他就革命文学与创造社、太阳社成员笔战。1929年，参与成立左翼作家联盟③。从意识形态来看，鲁迅这一时期所反对的是"士人""上等人"，推崇的是"革命时代底文学""平民文学"。相对而言，周作人则显得"小心有余、泼辣不足"④。周作人在《育婴刍议》的"附记"中提到他译斯威夫特的文章的目的："更主要乃是满足自己感兴的要求"⑤，"创作以及艺术是为自己的即兴，而非为别人的应教"⑥。对周作人来说，翻译活动是一种满足"自己"的"感兴""即兴"需要的活动，更多是"身在象牙之塔"，更多是冷静的冷嘲，而非激励人们做点什么的热讽。

韦丛芜在意识形态上与鲁迅不同，可以在后来的史实中得到应证。李霁野在回忆录中曾指出："更使我们痛心的，是鲁迅先生离开北京后，素园病倒了。同时韦丛芜在思想上同我们发生了严重的分歧；他的行动也为我们所不取；他的经济需要，未名社也很难充分满足。"⑦很显然，韦丛芜与李霁野

---

①鲁迅：《革命时代底文学》，《黄埔生活》1927年第4期。

②鲁迅：《革命时代底文学》，《黄埔生活》1927年第4期。

③关于鲁迅在这一时期的思想，王宏志在其"翻译与阶级斗争：论1929年鲁迅与梁实秋的论争"一章中，有较为详细的探讨（参见王宏志2011：299—333）。

④李霁野：《鲁迅先生与未名社》第156页，人民文学出版社1984年版。

⑤周作人：《育婴刍议（续）》第2页，《晨报》副刊1923年9月9日。

⑥周作人：《育婴刍议（续）》第2页，《晨报》副刊1923年9月9日。

⑦李霁野：《鲁迅先生与未名社》第17页，人民文学出版社1984年版。

等未名社其他成员发生了严重分歧，所谓"行动"和"经济需要"都是其思想与其他社团成员思想不能同步的折射而已。关于分歧所在，韦丛芜在回忆录中有所披露："出我意外，他们竟说我是用资本主义的经营方式来办未名社出版部，违反了未名社的传统，至于办纯文艺性的《未名月刊》，他们更不赞成。并且说鲁迅先生在上海参加了左联，我们应该在北平响应他。"①如果说未名社其他核心成员紧随鲁迅，足够"革命"；那么，韦丛芜这一时期的"资本主义""纯文艺"倾向，则与周作人的"感兴""即兴"更为接近，被鲁迅先生斥为"哀其梦梦""觉其凄凄"②。

四、结　语

就韦丛芜所译《格里佛游记》而言，鲁迅仅是翻译活动的发起人，主要在前期对包括韦丛芜在内的未名社成员进行思想引领；而周作人才是其翻译活动的直接赞助人，为他提供原本参照，很早就关注了斯威夫特以及《格里佛游记》，对于韦丛芜的翻译活动影响更为显著。

在意识形态层面，周氏兄弟有所不同，鲁迅的文学活动包括翻译活动更多地是为了"革命"，周作人则是为了满足"感兴"的需求。韦丛芜展现出的"纯文艺"倾向与周作人的"感兴"契合度更高。关于鲁迅在这一时期的思想，王宏志在其"翻译与阶级斗争：论1929年鲁迅与梁实秋的论争"一章中，有较为详细的探讨。③活动包括翻译活动更多地是为了"革命"，周作人则是为了满足"感兴"的需求。韦丛芜展现出的"纯文艺"倾向与周作人的"感兴"契合度更高。

在诗学层面，《格里佛游记》中的"专有名词音译或音译加注""对原文句序和词序亦步亦趋"以及"词汇的归化处理"等翻译策略，均源于周氏兄弟的"直译"观，而这种翻译观念的产生是因为周氏兄弟觉得中文有"本

①韦丛芜：《读〈鲁迅日记〉和〈鲁迅书简〉——未名社始末记》第16页，《鲁迅研究动态》1987年第2期。

②李霁野：《鲁迅先生与未名社》第18页，人民文学出版社1984年版。

③王宏志：《翻译与文学之间》第299—333页，南京大学出版社2011年版。

来的缺点"，即不如欧文严密，尤其在语法上，需要向欧文学习，需要改造，改造的途径就是大量吸收欧文的优势，让中文更为"精密"。《格里佛游记》的翻译策略选择源自周氏兄弟的"直译"观，从更深层次挖掘，主要是基于周作人"国语改造"的思想。通过"采纳新名词"，让汉语"言辞充足"：通过"语法的严密化"，实现"语法精密"；通过"采纳古语"，从而"容纳古今中外的分子"，进而实现改革国语的终极目的。翻译绝不仅仅是语言层面的简单转换，译者的翻译选择有其社会乃至文化目的。正如玛丽亚·铁木志科（Maria Tymoczko）和埃德温·根茨勒（Edwin Gentzler）所言："翻译不能简单归结为忠实再现，而是有目的、有意识的行为……译者和有创造力的作家和政治家一样，参与创造知识和构建文化的行为。"①

---

①TYMOCZKO M，GENTZLER E：*Translation and Power*，pp. xxxiii. Foreign Language and Teaching Press 2007.

韦丛芜与丁玲的交往与友情

——以韦丛芜致丁玲的两封信为中心

谢昭新

韦丛芜于1951年12月3日致丁玲信，主要忆及1933年5月14日丁玲在上海公共租界内被捕后移至南京苜蓿园软禁，韦丛芜为营救丁玲而奔波助力一事，信中言：

> 昨晚上同小潘（应人）见面，廿年后的第一次见面，谈起约在廿年前我们在南京陪都饭店见面的事情，他说你在延安同他也曾谈到过。我在上海翻译协会内也常和同人们谈起这件事。你给我的那张纸上所写的信是多么美丽而又不胜哀愤啊！我藏在大衣内口袋里，足足有七年，以后四边磨破，变成四块了。
>
> 你托我的事情是要把你被捕的消息报告给蔡子民先生，这，我当时在草坪上这一头（你同另一位同志在那一头）向我后来的老婆（天津女师学院学生）大声说，"报上已登出蔡先生他们营救丁玲"，就是说给你们听的，难道你没有听见么？我是说出叫你放心的。那天的事情真是突然！我万没有料到，在报纸上刚看见的被捕失踪的老友丁玲，竟出现在我的身边，那位同志扔给我一个纸团，真把我吓了一跳。第二天我在写给夏丏尊先生的信中提到在南京偶尔看见了你。事实上，大家都已经知道你被捕而且被带到南京去了。……昨晚同小潘谈了三个钟头的过去历史，非常痛快，希望什么时候有机会，我们也可以谈谈。

韦丛芜所说"报上已登出蔡先生他们营救丁玲"，是指5月23日蔡元培

419

等38人联名向南京国民政府发出营救丁、潘的电报。信中说到的潘应人，1908年生，潘漠华的弟弟，上海左翼文学青年，原名潘恺霖，因仰慕同敌人搏斗牺牲的应修人，改名潘应人。此信至丁玲后，丁玲无回信。韦丛芜未见回信，又听小潘说丁玲对他有误会，便于1952年5月1日再次写信解释说：

> 我对你只抱歉我没有力量帮你忙，你也只托我把你被捕消息告知蔡子民先生，我当时在草坪上已经侧面转告（在草坪另一头）你，蔡先生已经知道，并已经在营救了。你写的那一小块纸，抒情的成分多，与政治毫无关系，那是不必让任何人看的东西。我保存了七年，（我可以凭着一切发誓）最后我经商由重庆到上海时才留交给重庆家人辗转遗失了。[①]

丁玲仍然没有回信，但是韦丛芜的两封信她却一直保存着，那里边有一些涉及她的历史的重要资料。

从韦丛芜致丁玲的两封信涉及的重要史料可以看出他与丁玲的交往与友情，对此可作出诸多史实的考释。

一、丁玲被捕事件的由来

丁玲1932年加入中国共产党，时任中国左翼作家联盟党团书记，当时的上海白色恐怖浓重，左翼作家、进步人士常遭到绑架、囚禁、杀害，"由于上海的白色恐怖和工作安全的需要，我们东住几天，西住几天，经常搬家，最后搬到昆山花园路"[②]，她和冯达住在这里。

1933年5月14日中午，潘梓年来到丁玲家，适时，国民党中统特务马

---

①李向东王增如：《丁玲传》第96页，中国大百科全书出版社2015年版。韦丛芜致丁玲的两封信由陈明捐赠中国现代文学馆，现藏于中国现代文学馆。
②丁玲：《魍魉世界·风雪人间——丁玲的回忆》第10页，人民文学出版社1989年版。

绍武（原名史济美）带着几个特务闯进寓所绑走了丁玲、潘梓年。冯达此前被拘讯，此时回家，自称被跟踪，同时被拘。而据丁玲回忆，是冯达供出了他们的住址，并随着特务前来，绑架了她和潘梓年。丁、潘被绑走后，时任中共江苏省委宣传部长，主编《大中报》的应修人像往常一样径直前往丁玲住所。他对已发生在那里的绑架案毫不知情，眼见房中有异，却已抽身不得，只得与便衣特务赤手相博，终因寡不敌众，越窗从高楼跳下而牺牲。丁玲于5月14日在上海被绑架后，又被潜送到南京首薝园软禁。丁玲被捕后，一时间，各种媒体纷纷加以报道，对丁玲失踪的报道，最早见于5月24日上海《大美晚报》，继之，上海《晶报》、天津《大公报》、上海《庸报》《中国论坛》《时事新报》《微言》等报刊均作了报道；而作为作家个人对丁玲被捕一事关注的像沈从文，他于5月25日写下第一篇关于丁玲被捕一事的文章《丁玲女士被捕》，此文6月4日发表在北京由胡适主编的《独立评论》上。6月4日，他又写了一篇《丁玲女士失踪》一文，发表在6月12日的《大公报》上；以丁玲被捕为起点，丁玲失踪、丁玲已死、丁玲未死等"新闻"按时间顺序依次出现在1933年的舆论场域中，这一年可谓"丁玲被捕事件的舆论年"。这一年最值得重视的事即是5月23日蔡元培等38人联名向南京国民政府发出营救丁、潘的电报。韦丛芜致丁玲的信中所说"报上已登出蔡先生他们营救丁玲"，即指5月23日蔡元培等38人联名向南京国民政府发出营救丁、潘的电报。虽然他没有参加蔡元培等38人联名营救丁玲的电文，但是他一直关心丁玲被捕一事，并作出营救丁玲的行动，以营救丁玲的行动为核心，辐射出他对丁玲的深情厚谊。

二、韦丛芜营救丁玲

从韦丛芜以及丁玲的回忆中，可以看出韦丛芜与丁玲在丁玲被囚禁的南京首薝园相遇，不是有意为之，而是偶然巧合，但偶然巧合中，却带有必然的因果关系。据韦丛芜信中所说他在首薝园见到丁玲全属突然，正是这次突然相见，他完成了丁玲托他的一件大事：即将丁玲被捕事转告蔡元培，"你托我的事情是要把你被捕的消息报告给蔡子民先生，这，我当时在草坪上这一头（你同另一位同志在那一头）向我后来的老婆（天津女师学院学生）大声说，'报上已登出蔡先生他们营救丁玲'，就是说给你们听的，难道你没有听见么？我是说出叫你放心的。那天的事情真是突然！我万没有料到，在报纸上刚看见的被捕失踪的老友丁玲，竟出现在我的身边，那位同志扔给我一个纸团，真把我吓了一跳。"丁玲的回忆与韦丛芜回忆相吻合，她说：

> 有一天，我从窗户里忽然看见一个我认识的人走过来，走过我住过的房子，到隔壁的隔壁的屋子里住下了。和他一起的还有一个年轻的女人，大约是他的妻子，这个人叫韦丛芜。过去我同他虽不太熟，但我听说他是"未名社"的，属于"语丝派"的，是属于鲁迅一派的。他的哥哥韦漱园同鲁迅关系非常好。我没有多加思索，没有想到这里是不可能有什么旅客的，以为有了一点希望。我便写了一封给蔡元培的短信，请他转去。我先问他能不能办到，如能，就贴一块手绢在玻璃窗上。这信是在冯达上厕所时，路过他的房门口扔进去的。当晚我果然看见他们贴在窗户上的一块手绢，真高兴极了。我以为只要这封信能到蔡元培先生手里，总会起一点作用的。而韦丛芜我认为应该是一个有良心的诗人。

> 五月三十一号的晚上，天气很热，我要求到屋外透透气。看守恩准了。出屋后才知道，原来房子旁边，有一块很大的草坪，并且种得一些树。我坐了一小会儿，韦丛芜也从他的屋子走到草坪上来。我请看守替我买汽水，他们去了，只剩下那个年轻人。我慢慢散步到韦丛芜的身边，悄悄问道："送到了吗？"他说："蔡先生不在南京。"我说："中央研究院可以转交。"他说："对。"……后来，韦丛芜回屋，看守人退汽水瓶去了。[①]

从韦丁的回忆可以看出他们的交往与友情具有历史的渊源和现实的基

---

① 丁玲：《魍魉世界·风雪人间——丁玲的回忆》第19页，人民文学出版社1989年版。

础：1.韦丛芜称丁玲为"老友"，与老友相见感到既"突然"又非常亲切。何谓"老友"，这可以追溯至丁韦的初识：1924年，丁玲来到北京，在北京时她曾去北京大学旁听文学课程，而韦素园、韦丛芜也常去旁听鲁迅的中国小说史课，这大致是他们初识的时间机遇。韦素园、韦丛芜是鲁迅领导下的"未名社"重要成员，常在《语丝》《莽原》《未名》等刊物发表译作，引起丁玲对"语丝社"和"未名社"关注，也了解了韦丛芜的一些译作；而丁玲的处女作《梦珂》于1923年底发表于《小说月报》上，韦丛芜经鲁迅推荐其短篇小说《校长》于1925年3月也发表于《小说月报》上，彼此之间的创作都在同一刊物上发表，也促进了韦丁的交往、了解，结成了"老友"式的亲切关系。凭着"老友"的关系，韦丛芜当尽力为丁玲传递信息，为营救被囚禁的丁玲助力也是情理之中的事。2.丁玲将韦丛芜视为"鲁迅一派"，其实她本人也是"鲁迅一派"，她钦佩、崇敬鲁迅，视鲁迅为中国左翼盟主。鲁迅欣赏丁玲的创作才能，信任她的气节，还特别称赞在中国现代文坛上，"丁玲女士才是惟一的无产阶级作家。"[①]6月下旬，在舆界盛传丁玲已在南京遇害，鲁迅还作了一首《吊丁君》诗以寄托悼念之情。可以说，同为"鲁迅一派"才是韦丛芜为营救丁玲传递信息的基础，同为"鲁迅一派"也是丁玲信任韦丛芜的基础，因此丁玲才把自己写给蔡元培的信交给韦丛芜，由此也给她在"魍魉世界"里带来了"一点希望"。3.丁玲给蔡元培的信，韦丛芜没有交出去，因为他已经告诉丁玲，"蔡先生已经知道，并已经在营救了"。并且将那封"抒情的成分多"的信，一直保存了七年，"四边磨破，变成四块"，后因40年代韦丛芜经商将信"留交给重庆家人辗转遗失了"，可见韦丛芜对他和丁玲南京见面一事特别关注重视，50年代初期还和潘应人长谈此事，而且丁玲在40年代的延安也曾和潘应人谈过此事，可见他俩都把此事作为历史的记忆永存心间。4.韦丛芜因何到南京也住在苜蓿园呢？这还要从他于30年代满腔热情地搞"全国合作化"同盟说起。1933年1月，韦丛芜赴南京向陈果夫、陈立夫谈了自己的"全国合作化"的设想，得到两陈的赏识。4月，两陈布置他编制实施方案。6月，韦丛芜将"全国合作化"

---

①丁玲：《魍魉世界·风雪人间——丁玲的回忆》第137页，人民文学出版社1989年版。

的设想编成《合作同盟》一书,自费印刷 1000 册,并将自己的名字改为"立人",以表达实现这一理想的雄心。接着,回霍邱实地考察。7 月,写出了"开发霍邱东西两湖实验农村合作化计划书",并呈交国民党中央组织委员会审查。经审查,认为韦立人的这个方案是"溶共限共的良策",决定先在鄂豫皖实验。8 月,陈立夫以国民党中央组织委员会名义,任命韦立人为"皖豫鄂社会事业考察员"[①],让他在霍邱按上述计划做筹备工作。可见,韦丛芜从 1933 年 1 月至 8 月间,为"合作同盟"事一直往返于南京霍邱之间,而到南京正好也住在丁玲被软禁的首荶园,这才会有韦丛芜为营救丁玲传递信息之事。

三、丁玲对韦丛芜的误会

当韦丛芜 1951 年 12 月 3 日致丁玲的信未见回音后,他又于 1952 年 5 月 1 日再致丁玲信,但丁玲仍未回信。这是何原因呢?韦丛芜听潘应人说丁玲对他有误会。那么丁玲对韦丛芜误会的内涵是什么呢?

1. 由作家不同的身份带来的"误会"。从丁玲与韦丛芜初识到结为或曰"老友"或曰"鲁迅派"再到三十年代韦丛芜为营救自己助力,丁玲是心怀感念之情的,曾在四十年代提及韦丛芜营救之事,1989 年又在《魍魉世界·风雪人间——丁玲的回忆》中把此事生动地记载下来。但另一方面,她对韦丛芜又心怀疑虑,早在 1935 年她问过姚蓬子,"韦丛芜这个人怎么样。姚说韦在一九三三年来南京,是找陈立夫的,后来当了县长。一九八三年我又问冯至同志,他告诉我,韦丛芜早就投奔了国民党,解放初期他还翻译书,后来被清查出来了。"[②]韦丛芜于 1934 年被任命为霍邱县代理县长,丁玲对韦丛芜当国民党的官是心怀不满的。丁玲被关押期间,沈从文看到她在一场大病后"身体没有复元,劝我做点事,弄点钱,养息身体。他说,如果我愿意的话,他可以向王世杰去说,请他帮忙。王世杰是国民党政府的教育

---

①高璐:《韦丛芜和霍邱的乡村建设运动》,《安徽史学》1983 年第 1 期。
②丁玲:《魍魉世界·风雪人间——丁玲的回忆》第 20 页,人民文学出版社 1989 年版。

部长，我自然不会同意去国民党的教育部做事，我谢绝了这番好意"①。丁玲本身不愿为国民党做事，对为国民党做事的官员是蔑视的。她从无产阶级作家的阶级视域出发，对做过国民党县长的韦丛芜自然不愿与他再深交下去，所以没有回复韦丛芜的两封来信。这是由两位作家身份不同而带来的所谓"误会"，其实这又是在五十年代初期以来的政治文化环境中产生的"误会"。

2.在五十年代初期以来的政治文化环境中产生的"误会"。丁玲被捕后，就有"丁玲变节自首"的流言，这流言一直跟随着丁玲，1936年丁玲去延安，丁玲到延安后，"一九三九年康生就散布'丁玲曾在南京自首'的流言。一九五五年的秋天，又有人拾起这个流言来作为所谓'丁、陈反党集团'的武器，上报中央，下传全国。到了一九五七年进行文艺战线上的一场'大辩论'的时候，丁玲遭到再批判，'南京自首'问题又被再一次提出来。"②1942年在延安文艺整风中，丁玲的《三八节有感》《在医院中》等作品受到批判。在1943年延安发动的"抢救失足者"运动中，丁玲补充交代在南京软禁期间曾经写过不再参加政治活动的"申明书"。这三番五次的丁玲"自首"的流言以及由此对丁玲的审查、批判乃至形成"运动"，无不给丁玲造成长久的心理压力和心理戒备，形成她不轻易也不愿在别人面前谈及三十年代的"魍魉世界"的情形，而韦丛芜的两封信恰恰就是谈"魍魉世界"的事，为戒备自保，她不复韦丛芜的信也就在情理之中了。

3.丁玲对韦丛芜的误会其中也包括不了解韦丛芜做县长期间的真实情况。韦丛芜任霍邱县长后，发动群众开发东西两湖，建闸疏河，放出湖水，涸出湖地，垦出几十万亩湖田，并将它分为"社会主义""半社会主义"和"国家资本主义"几种经济形式，进行试验全民所有制经济。当地民众称其为"廉洁的清官"。他曾向安徽省财政厅申请贷款10万元，在西湖入淮处建了两座水闸，分别命名为"万民闸"和"万户闸"。湖水基本排干后，又在闸口和霍邱西门之间挖了一条10余公里的运河，还挖了两大片船塘和养鱼

---

① 丁玲:《魍魉世界·风雪人间——丁玲的回忆》第83页,人民文学出版社1989年版。
② 丁玲:《魍魉世界·风雪人间——丁玲的回忆》第3页,人民文学出版社1989年版。

池，以便行船和养鱼。韦丛芜的开发改造取得成效，当地农民喜获丰收。但由此也得罪了当地土豪劣绅，他们联名向上控告韦丛芜罪行，将韦丛芜实验"合作同盟"计划定为"赤化""通共"，是"共产复活"，这就为国民党安徽省政府逮捕关押韦丛芜找到了理由，但也以此照见韦丛芜推行"合作同盟"的进步性，他的一系列做法损害了地主豪绅利益，而有利于广大平民百姓。这一为民办事的"清官"，又被定为"赤化""通共""共产复活"的县长，如果丁玲知道这些真实情况，从她忠于人民忠于共产党的情感性格出发，她也不会对韦丛芜心怀芥蒂的。

4. 丁玲从1983年6月至1984年8月写完《魍魉世界》，其中真实生动地记述了她与韦丛芜在南京首藟园相遇，韦丛芜为营救丁玲传递信息的事。《魍魉世界》1989年出版，而韦丛芜1978年业已逝世，如果韦还在世，他看到此书中关于首藟园记述的事，他也会感到欣慰，了却丁玲无回信的安慰。丁玲虽然未复韦信，但她将韦丛芜的两封信一直珍藏起来，后来陈明将韦丛芜致丁玲的两封信捐送中国现代文学馆，这实际上也解除了丁玲对韦丛芜的误会。

［原载《淮北师范大学学报》（哲学社会科学版）2022年第1期，
收入本书时有改动］

韦丛芜与鲁迅关系考论

谢昭新

20世纪20年代中期，由鲁迅领导、扶植下的文学团体未名社，主要成员是韦素园、韦丛芜、李霁野、台静农，对这四位时称"安徽帮"的"未名四杰"，鲁迅始终予以关爱、培养，精心扶植他们在文学创作和文学翻译上的成长，韦丛芜是鲁迅关爱、培养的四人中最小的一个，称其为"丛芜小弟弟"。韦丛芜初识鲁迅即得到他的提携和关怀，他把鲁迅的关怀和培养化为自己的思想行为指南，在重大历史事件与"论争"中，坚定地站在鲁迅立场上，维护正义与真理；在未名社后期的整顿社务中，由"欠债"问题引起鲁迅对他的先有误解、而后消解误解，并认同韦丛芜勉力支撑后期未名社的精神；由"神驰宦海"及《合作同盟》引起鲁迅对他的批评与惋惜，对此他深深感恩于鲁迅；韦丛芜与鲁迅都非常崇尚俄国大作家陀思妥耶夫斯基，他牢记鲁迅先生对他的嘱托和希望，专注陀思妥耶夫斯基作品的翻译传播，凭着平生的执着努力，完成了陀思妥耶夫斯基全集的翻译，"以慰鲁迅先生和素园的英灵"①。

一、鲁迅对韦丛芜的关怀扶植

早在1920年，韦丛芜在安徽阜阳省立第三师范学校读书期间，第一次读到了鲁迅发表在1918年5月号《新青年》上的《狂人日记》，鲁迅以"吃人"两个字概括了两千多年的封建社会本质，让韦丛芜感动不已，产生了对

---

① 韦丛芜:《读〈鲁迅日记〉和〈鲁迅书简〉——未名社始末记》,《鲁迅研究月刊》1987年第2期。

鲁迅的崇尚情感。那时只是在书本上与鲁迅相识，而真正地与鲁迅本人会晤、相识是在1925年。1925年春，韦丛芜和韦素园常到北京大学旁听鲁迅讲授《中国小说史》课，下课后他们还围着向先生求教，和先生亲切交谈，接触较多。也就在这一年，鲁迅的学生张目寒曾多次带领韦素园、李霁野、台静农、韦丛芜去拜访鲁迅先生，随着与鲁迅先生的交往，韦丛芜对鲁迅的尊崇情感逐渐加深。

据韦丛芜自述，他和鲁迅最初的关系即是在1925年3月。"一九二四年九月二十日的日记记了张目寒把李霁野译的《往星中》送去给先生看，这是最初的关系。目寒和素园、青君、霁野、我都是安徽省霍邱县叶家集明强小学校第一班同班生，这时目寒在北京世界语专门学校读书，是鲁迅先生的学生。一九二五年三月二十二日目寒带霁野去见鲁迅先生，二十六日霁野把我署名蓼南的短篇小说《校长》寄给先生，二十八日先生即转寄郑振铎先生，后来刊登在《小说月报》上，这就是我同鲁迅先生最初的关系。"①这"最初的关系"即体现了鲁迅对韦丛芜的关怀和培养，此后鲁迅也多次推荐韦丛芜的创作与翻译在报刊上发表。

韦丛芜于1924年秋即开始翻译俄国陀思妥耶夫斯基长篇小说《穷人》，鲁迅看了《穷人》译本后，非常高兴，迅即写了《〈穷人〉小引》，称陀氏是"人的灵魂的伟大的审问者"，是"在高的意义上的写实主义者"。"他写人物，几乎无须描写外貌，只要以语气，声音，就不独将他们的思想和感情，便是面目和身体也表示着，又因为显示着灵魂的深，所以一读那作品，便令人发生精神的变化。"他盛赞当时还未见陀氏作品译本的情况下，"这回丛芜才将他的最初的作品，最初绍介到中国来，我觉得似乎很弥补了些缺憾"。丛芜是用康斯坦斯·迦内特的英译本为主，参考了美国现代丛书出版社的《现代丛书》，对于书中的"歧异之处"，鲁迅还"比较了原白光的日文译本以定从违，又经素园用原文加以校定"②。可见鲁迅对丛芜《穷人》译

①韦丛芜：《读〈鲁迅日记〉和〈鲁迅书简〉——未名社始末记》，《鲁迅研究月刊》1987年第2期。

②鲁迅：《〈穷人〉小引》，《鲁迅全集》第7卷第103—105页，人民文学出版社1998年版。

本的精心制作。在鲁迅的关怀支持下，韦丛芜的《穷人》译本于1926年6月由未名社列为《未名丛刊》之一出版。

韦丛芜于1925年秋进入燕京大学西语系读书，受到鲁迅的鼓励，他在校园里创作了爱情长诗《君山》，鲁迅读后十分赞赏，特地请画家林风眠为此书设计封面，又请版画家司徒乔作插图10幅，并将《君山》列为《未名新集》之一出版。《君山》分成40部，150节，共606行，可能是现代新诗中最长的情诗，作为中国最为杰出的抒情诗人冯至就十分推崇《君山》，可见《君山》在中国现代新诗史上的重要地位。①它的问世，既是创作者的功劳，又是鲁迅对青年作者的关心爱护和对现代抒情长诗的精心打造与维护。

二、韦丛芜对鲁迅的坚守与维护

在"莽原""未名"时期，曾发生鲁迅与高长虹、与陈西滢的论争。在这两次的论争中，高长虹称助力于鲁迅一方的韦素园、韦丛芜、李霁野、台静农等为"安徽帮"②，陈西滢则将"安徽帮"视为鲁迅的"喽啰"③，充分体现出韦素园、韦丛芜等所坚守的鲁迅立场和真理原则。

鲁迅与高长虹的论争是由"压稿"问题引起，进而触发"思想界的权威者"问题以及"月亮"问题而形成的一场论争。论争起因于"莽原社"内，进而扩展至整个文坛。"莽原社于1925年4月成立至1927年12月结束，以《莽原》周刊和《莽原》半月刊为主要阵地开展文学活动。《莽原》周刊由鲁迅编辑，"其内容大概是思想及文艺之类"，"但总期率性而言，凭心立论，忠于现世，望彼将来"④，从事"文明批评"和"社会批评"。"莽原社"的

---

①马悦然在《冯至发现的一位诗人》中写道："被遗忘的诗人韦丛芜所写的长诗《君山》在中文文学历史上应该占很重要的地位。一共包括140页的《君山》可能是中国现代文学里最长的情诗，诗分成40部、150节。……1981年以前我没有听说过韦丛芜的名字。是我的友人冯至先生建议我把《君山》收入我那时正在编的《中国文学指南1900—1949》(A Selective Guide to Chinese Literature1900—1949)一书的。"《中国文学指南1900—1949》于1988年正式出版。

②高长虹：《通讯》，上海《狂飙》周刊1926年10月7日第5期。

③陈西滢：《西滢致志摩》，《晨报副刊》1926年1月30日。

④鲁迅：《〈莽原〉出版预告》，《鲁迅全集》(第8卷)第424页，人民文学出版社1998年版。

成员有高长虹、向培良、尚钺、黄鹏基，这四人又为"狂飙社"成员；据朱金顺论证，韦素园、韦丛芜、李霁野和台静农"既是未名社成员，也是莽原社成员"①；这样就形成了"莽原"内部的两大派："狂飙"派和"安徽帮"。《莽原》周刊由鲁迅主编，至1926年改为半月刊，由韦素园接任主编。韦素园主编《莽原》半月刊后，曾压下了向培良的独幕剧《冬天》，退了高歌（高长虹的弟弟）的小说《剃刀》，韦素园的压稿和退稿，并不存在个人恩怨或"安徽帮"对"狂飙"派的施压刁难问题。"压稿"事件后，首先是北京的向培良对韦素园大骂起来，并写信告诉上海的高长虹，于是高长虹在《狂飙周刊》上发表《通讯》二则，除攻击韦素园外，还要在厦门的鲁迅对此表态。鲁迅则表示沉默，他说："这是只要有一点常识，就知道无从说起的，我并非千里眼，怎能见得这么远。"②又说："素园在北京压下了培良的稿子，却由上海的高长虹来抱不平，要在厦门的我去下判断，我觉得是出色滑稽"③。鲁迅未表明态度，高长虹极端不满，于是对鲁迅加以攻击，说鲁迅有"派别感情"，言下之意是在维护"安徽帮"。由此论争可见鲁迅在维护"安徽帮"，"安徽帮"又是护卫鲁迅的"鲁迅派"，若干年后，丁玲还称韦丛芜属"鲁迅一派"④。

随着"压稿"问题对鲁迅的攻击，高长虹又在"思想界的权威者"问题上大肆攻击鲁迅。《莽原》同人力推鲁迅为"思想界权威者"。高长虹本来是推崇鲁迅为"思想界的权威者"的，可在1926年底与鲁迅公开决裂，发表了《走到出版界》的一系列文章，一方面指责韦素园和"安徽帮""以权威献人"；另一方面批评鲁迅是一个好名的"世故老人"，是新的时代"最大的阻碍物"⑤，彻底否定了鲁迅是"思想界的权威"。针对高长虹对鲁迅的攻

---

① 朱金顺：《莽原社—未名社》，《中国现代文学社团流派》（上卷）第381页，江苏教育出版社1989年版。

② 鲁迅：《新的世故》，《鲁迅全集》（第8卷）第153页，人民文学出版社1998年版。

③ 鲁迅：《忆韦素园君》，《鲁迅全集》（第6卷）第65页，人民文学出版社1998年版。

④ 1933年5月丁玲被国民党特务绑架后，潜送南京首菑园软禁，曾遇见韦丛芜，请韦传递信息加以营救，丁玲对韦丛芜充满信任，在回忆这件事时说："我听说他是'未名社'的，属于'语丝派'的，是属于鲁迅一派的"。

⑤ 高长虹：《走到出版界——1925年，北京出版界形势指掌图》，上海《狂飙》周刊1926年10月7日第5期。

击，鲁迅是"我还要仔细的看看"，一再忍耐之后，才决定"拳来拳对，刀来刀当"①。鲁迅发表《所谓"思想界先驱者"鲁迅启事》（发表在1926年12月10日《莽原》上），全用事实说明高长虹利用"思想界的权威者"的说法来大做文章，是自欺欺人，居心不良的。鲁迅还在《〈走到出版界〉的"战略"》《新的事故》等文中，指出高长虹攻击他的"战略"，并反驳了高的其它论调。

关于论争中的"月亮"问题，其实又是高长虹挑起的。高长虹于1926年11月21日在《狂飙》第7期发表了《给——》一首诗，同年12月，韦素园致信鲁迅，告诉鲁迅"长虹的拼命攻击我是为了一个女性，《狂飙》上有一首诗，太阳是自比，我是夜，月是她"②。鲁迅在给韦素园的信中，认为高长虹作此诗的原因不外三种："一，是别人神经过敏的推测，因为长虹的痛哭流涕的做《给——》的诗，似乎已很久了；二，《狂飙》社中人故意附会宣传，作为攻击我的别一法；三，是他真疑心我破坏了他的梦。""其实是我虽然也许是'黑夜'，但并没有吞没这'月儿'"，"如果真属于末一说，则太可恶，使我愤怒……只要我敢于捣乱，什么'太阳'之类都不行的"③。同时，他在给许广平的信中，进而披露高"从背后骂我一个莫名其妙，真是卑怯得可以。我是夜，则当然要有月亮的，还要做什么诗，也低能得很。"④为此，鲁迅还作了小说《奔月》，借小说人物影射高长虹是一个忘恩负义者。

由鲁迅与高长虹的论争可以看出，无论是"压稿"还是"思想界的权威者"乃至"月亮"问题，都涉及"安徽帮"对鲁迅的倾心助力，韦丛芜是"安徽帮"一员。"安徽帮"的领头人是韦素园，韦素园和韦丛芜同住一个小屋，且为亲兄弟，所以无论是"压稿"事件或"月亮"问题，韦丛芜自然是站在韦素园的立场上，多衷情于鲁迅，做鲁迅的护卫者。

韦丛芜衷情于鲁迅，在鲁迅与陈西滢的论争中，其态度立场更加激烈鲜明。鲁迅与陈西滢的论争是主要围绕女师大事件（亦称女师大风潮）和"三

①鲁迅：《两地书》《鲁迅全集》（第11卷）第212页，人民文学出版社1998年版。
②鲁迅：《两地书》《鲁迅全集》（第11卷）第275页，人民文学出版社1998年版。
③鲁迅：《致韦素园》，《鲁迅全集》（第11卷）第519页，人民文学出版社1998年版。
④鲁迅：《两地书》《鲁迅全集》（第11卷）第275页，人民文学出版社1998年版。

一八"惨案这两大历史事件而展开的论争。女师大风潮即指1925年北京女子师范大学学生为反对封建迫害而同学校当局展开的斗争。1924年5月，北京女子师范大学新任校长杨荫榆与政府勾结，压制学生的革命活动，滥用经费，违章收费，等等，引起学生公愤。1925年初，学生派代表要求教育部撤换校长。5月，杨借故开除刘和珍、许广平等6名学生自治会代表；7月，出布告解散学生自治会，并以修理校舍为由，逼令学生搬出学校。学生群起反抗，向教师和各界求援。8月1日，杨又宣布解散4个班的学生，并锁门，断电，关闭伙房，警方指挥军警毒打学生。8月2日，北京各大学代表与政府交涉，声援女师大学生。女师大以鲁迅等人为首，成立校务维持会，并撰写《对于北京女子师范大学风潮宣言》，邀请其他教授签名后在报上发表。8月中旬，教育总长章士钊以"不受检制"、"蔑视长上"为借口，下令解散女师大，改设"国立女子大学"。女师大师生被迫自租校舍，坚持开学，继续进行斗争。12月，北洋政府不得不下令继续兴办女师大，并撤销杨荫榆的校长职务。鲁迅始终站在学生和群众一边，维护学生利益，支持学生与反动当局的斗争，而作为现代评论派的主将陈西滢则站在爱国学生和群众的对立面，维护杨荫榆、章士钊和军阀政府的统治，并攻击鲁迅。鲁迅针对陈西滢对自己的攻击、诬蔑，发表《并非闲谈》《我的"籍"和"系"》《"公理"的把戏》等文，驳斥陈的攻击诬蔑，揭露他伪装公允，实则偏袒杨荫榆的嘴脸。在鲁迅与陈西滢论争中，韦丛芜化名霉江发表《通信》，痛斥现代评论派则成了"与反动派朋比为奸的""本阶级的恶势力的代表"①。据韦丛芜之子韦德亮、韦德丰在《怀念父亲韦丛芜》文中所述："鲁迅先生对父亲悉心培养，父亲则敬尊先生如师。在鲁迅与现代评论派干将陈西滢的论战中，父亲像忠诚的战士护卫着主帅一样，挥笔助战，有一次以'东滢'（意即与'西滢'相反的方向）的笔名，在《莽原》周刊上发表了一篇杂文，辛辣的讽刺入木三分。"②韦丛芜以"东滢"痛斥"西滢"一文，鲁迅曾谈及此文引

---

①霉江（韦丛芜）：《通信》，《莽原》发明家刊1925年9月4日第20期。
②韦德亮、韦德丰：《怀念父亲韦丛芜》，《韦丛芜选集》第572页，安徽文艺出版社1985年版。

起的反响而开怀大笑。

韦丛芜不仅是鲁迅的坚守者、维护者，而且还在重大的历史事件中，和鲁迅成为并肩作战的战友。1926年3月18日，北京民众数千人抗议日本帝国主义侵犯中国主权，遭反动政府枪杀，死40人、伤150人。韦丛芜参加了这次请愿、集会活动，在执政府大门口受到轻微枪伤，压在死人堆中。几小时后始挣脱出险。"三一八"惨案后，鲁迅建议韦丛芜将亲身经历的情况写出来，丛芜写了《我披着血衣爬过寥阔的街心——记三月十八日国务院前的大屠杀》《我踟蹰，踟蹰，有如幽魂》两诗，分别载《莽原》半月刊第6期，1926年3月25日；《莽原》半月刊第2卷第1期，1927年1月10日。这两首诗收入他的第二本诗集《冰块》。鲁迅在惨案的当天就撰文告诫天下："墨写的谎言，决掩不住血写的事实。血债必须用同物偿还。拖欠得愈久，就要付出更大的利息！"①他还冒着生命危险，于3月25日参加遇难烈士的追悼会，于4月1日，写下了《记念刘和珍君》一文，以纪念在惨案中牺牲的"真的猛士"。可见，鲁迅和韦丛芜在对待"三一八"惨案的立场态度中，又成了并肩战斗的战友！

三、书信日记中的深情交往

在鲁迅的书信日记中，记载了他和韦丛芜的深情交往，若干年后，韦丛芜在《读〈鲁迅日记〉和〈鲁迅书简〉——未名社始末记》一文中，抒写了他对鲁迅的感恩、感激之情。

上文已述，韦丛芜的第一篇小说《校长》即得到鲁迅的亲切关怀和培养，鲁迅将《校长》文稿转寄给郑振铎先生，后来刊登在《小说月报》上，这在《鲁迅日记》中均有记载。韦丛芜写完《君山》后，送鲁迅阅，鲁迅很是赞赏，推《未名新集》刊登，对此事，鲁迅日记未记。还有"目寒曾把我译的并经过素园对照俄文修改的《穷人》送给鲁迅先生看，蒙修改若干处，

---

①鲁迅:《无花的蔷薇之二》,《鲁迅全集》(第3卷)第263页,人民文学出版社1998年版。

但日记上竟未记"①。对此，韦丛芜铭记在心，感恩于鲁迅，这在韦丛芜回忆录中均有记载。在1925年的鲁迅日记（8则）和书信中，记载了鲁迅与韦素园、韦丛芜等筹措有关未名社成立的事宜。

查1926年的《鲁迅日记》，记有韦丛芜有关的日记共10则，尤其是6月11日和8月1日的日记，因内容涉及韦丛芜陪外国学者拜访鲁迅和鲁迅对丛芜生活与身体的关心，最令韦丛芜感动不已。韦丛芜回忆录这样记述："六月十一日晚，我曾陪燕大教授巴特列特去访鲁迅先生，以后他曾在美国报纸上发表文章，推崇先生。八月一日日记记着'下午访小峰、访丛芜，分以泉百'。日记上面没写印费，我现在也丝毫记不得这件事了。只记得在这个时期有一天，素园、常维钧、王野秋和我同游中央公园，在吃茶时，我偶然吐了几小口血，以后到协和医院照爱克斯光证明是肺病。也许鲁迅先生知道了这件事，担心我缺钱给了我一百元，口头可能说是给未名社作印费，而实是让我便于向未名社借用的，也就是想暗助我的，我看了这天的日记，沉思很久，非常感动。"②

1927年至1929年，鲁迅日记和书信多有关心韦素园、韦丛芜的病情的记载，适时韦氏兄弟俩都因咯血住进西山疗养，鲁迅在致韦素园的信中，同时关心丛芜也要好好"静养"。韦丛芜对鲁迅的关心，心怀感激，曾致信鲁迅，担心鲁迅事务繁重影响身体，劝他也到西山休养。鲁迅复信说："到西山原也很好，但我想还是不能休养的"，并将他正在与"革命文学"论争的事告诉了韦丛芜。③从1928年10月至1929年8月为止，这11个月未名社共出书10余种，是未名社出书较多的时期。这期间，5月22日晚，韦丛芜曾陪同鲁迅至燕京大学讲演，演讲的题目《现今的新文学的概观》，受到广大学生的热烈欢迎，震动了整个校园；5月29日，韦丛芜、目寒、台静农、李霁野四人请鲁迅先生在东安市场森隆馆吃晚饭，饭后陪先生去北京大学二院

---

①韦丛芜：《读〈鲁迅日记〉和〈鲁迅书简〉——未名社始末记》，《鲁迅研究月刊》1987年第2期。

②韦丛芜：《读〈鲁迅日记〉和〈鲁迅书简〉——未名社始末记》，《鲁迅研究月刊》1987年第2期。

③鲁迅：《致韦丛芜》，《鲁迅书信集》（上卷）第235页，人民文学出版社1976年版。

讲演。从1929年9月到1930年4月，"据日记看来，在这八个月内，未名社只在十月里出了一本《蠢货》。前四个月仍然是由霁野负责的，后四个月是由我负责的"。而从鲁迅书信看来，未名社出书已很困难了，针对困难，鲁迅先生于1930年1月19日致信李霁野："未名社既然如此为难，据我想，还是停止的好"①。在这种情况下，未名社同人商议，推举韦丛芜负责整顿社务。从1930年1月起，韦丛芜主持未名社经营出版业务。这一年再版了鲁迅创作的《坟》和译著《出了象牙之塔》，出版了台静农的短篇小说集《建塔者》，出版了韦丛芜自己的译著《罪与罚》《近代英国文学史》《拜伦时代》等。韦丛芜勉强支撑到年底。1931年初，他便到上海谒见鲁迅先生，汇报社务，请示办法。决定将存书和版权转给上海的开明书店。据1931年5月1日鲁迅日记记载："下午得韦丛芜信即复，声明退出未名社。"②1931年6月13日，鲁迅在致曹靖华信中说："未名社竟弄得烟消云散，可叹。上月丛芜来此，谓社事无人管理……同人既不自管，我可以即刻退出的。"③至此，未名社已实质解体了。若干年后，韦丛芜在《读〈鲁迅日记〉和〈鲁迅书简〉——未名社始末记》中说："未名社的结束是可惜的，而最表示惋惜的是鲁迅先生和素园。"④在他们共同"惋惜"的感慨中，可以照见韦丛芜整顿社务，支持后期未名社之价值。

当然，韦丛芜也深感他"唱独角戏"的艰难，也为由"债务"问题引起别人误解而深感悲哀。当时由于未名社经济困难，帐目一时难以结清，涉及未名社"欠债"问题，鲁迅开始对韦丛芜很有意见，但后来也就消解了。有的研究者对韦丛芜整顿社务及"欠债"问题，也颇多指责。其实，事实本身是清楚的。当时因韦素园患病欠社款约1668元，维持社内出版透支社款约854元，造成一度拖欠鲁迅、曹靖华版税的情况。这些，韦丛芜一概认帐，并做出了还款安排。韦丛芜1932年9月给鲁迅一信，就专门讲了帐款问题：

①鲁迅：《致李霁野》，《鲁迅书信集》（上卷）第245页，人民文学出版社1976年版。
②鲁迅：《鲁迅日记》（下卷）第738页，人民文学出版社1976年版。
③鲁迅：《致曹靖华》，《鲁迅书信集》（上卷）第276页，人民文学出版社1976年版。
④韦丛芜：《读〈鲁迅日记〉和〈鲁迅书简〉——未名社始末记》，《鲁迅研究月刊》1987年第2期。

"旧借百元，至今不能奉还，万分不安！年内倘能周转过来，定当奉上不误。外透支版税，结欠先生之五百元，去年曾通知由《罪与罚》版税付还，该书再版想已出书，因我4月在上海时已印就一部分了。兹另致开明书店一信，祈派送往开明一询为祷。"后面还叙说了素园因病支款欠曹靖华的版税未还清的问题，并声明由他"尽力设法酌月若干不误"①。未名社解体后，韦丛芜、李霁野、台静农一直在实践自己的诺言，一有收入就逐步还欠。1933年9月7日鲁迅致曹靖华信即有韦丛芜还款200元的记录。鲁迅在1935年11月14日给开明书店老板章锡琛的信证明："韦丛芜的版税，因还未名社旧款，由我收取已久，现因此项欠款，大致已清，所以拟不续收，此后务乞寄与韦君直接收下为祷。"②1970年代中期，陈漱渝在鲁迅博物馆无意中找出一份鲁迅保存的未名社帐目结束清单，证明所欠曹靖华版税也已由开明书店和韦丛芜、李霁野、台静农分别偿还。所以韦丛芜在几十年后仍感念鲁迅先生"归天犹遗洗债字，存殁双感涕泗零。"③

四、鲁迅对韦丛芜"神驰宦海" 及《合作同盟》的批评与惋惜

1933年6月28日，鲁迅致台静农的信中说："立人先生大作，曾以册见惠，读之既哀其梦梦，又觉其凄凄。昔之诗人，本为梦者，今谈世事，遂如狂醒；诗人原宜热中，然神驰宦海，则溺矣。立人已无可救，意者素园若在，或不至于此，然亦难言也。"④立人，即韦丛芜。"立人先生大作"，据韦丛芜回忆，指他在南京自费印行的《合作同盟》，当时只分送了十几册，并未向外发行。《合作同盟》共印1000册，韦丛芜送鲁迅一册。鲁迅先生读到韦丛芜寄赠给他的《合作同盟》一书后，写下了致台静农的信。

鲁迅为何读了韦丛芜的《合作同盟》感到"既哀其梦梦，又觉其凄凄"呢？因为在鲁迅先生看来，在国难当头，民族危机深重的年代，你韦丛芜走

---

①马德悟：《未名社作家韦丛芜的梦与悟》，《人物》1998年第9期。
②鲁迅：《致章锡琛》，《鲁迅书信集》(下卷)第905页，人民文学出版社1976年版。
③马德悟：《未名社作家韦丛芜的梦与悟》，《人物》1998年第9期。
④鲁迅：《致台静农》，《鲁迅书信集》(上卷)第385页，人民文学出版社1976年版。

经济救国的改良主义道路是行不通的，那只是一场"梦想"，这"梦想"必将在现实中碰得"凄凄"血流。事实也正是如此。1933年1月，韦丛芜在胡愈之先生主编的《东方杂志》新年特大号发表《新年的梦想》，表达了他的理想。关于这一"梦想"，韦丛芜有这样的表述："我想，救国必须举国一致，首先就需要国共合作，停止内战，同时也需要各阶级合作，停止斗争，以便一致对外。然而空谈是没有用的，至少是没有基础的，必须有一套新的经济制度，为国内各党派各阶级所接受，这种合作才能持久，才能有效地应付强敌。因此我想出全国合作化的经济政策。不仅全国土地合作化，各行各业合作化，就是一切国营企业与其他国有资产也一律加入合作组织中，成立一个统一的中国合作社股份有限公司。在这个合作社里，全国成年男女都是社员和股东，一方面实行生产资料公共所有制，并规定全体社员生活的最高限制和最低保障，我以为这可以取得共产党的同意，一方面实行按财记股，使资本家享有合作社领导权，使执政党享有最高领导权，我以为这样可以取得资产阶级和国民党的同意。这种'公产私财'的经济组织，我在当时认为是实行民生主义的具体办法，也就是过渡到社会主义的具体办法，同时也是抗日的经济力量和政治力量的源泉。然而这是一个梦想。"①这一"梦想"，现在看起来是比较先进的，可在那个时代是实现不了的。但是韦丛芜却一意推行《合作同盟》计划，他一上任霍邱县代理县长，即发动群众开发东西两湖，建闸疏河，放出湖水，涸出湖地，垦出几十万亩湖田，使当地农民获得了利益。他为民众办实事，维护民众利益，可得罪了当地地主豪绅，并遭到刺杀，结果被免职关押。

韦丛芜后来回忆这段历史时说："我不顾一切地实验三种土地改革制度，结果弄得南京介绍人首先推脱了介绍责任，接着霍邱土豪恶霸派人刺我，最后安庆当局来电把我一押二解，在那腐朽政治的大海里竟未'溺死'，真是万一的侥幸。在这段时间，据许广平先生给霁野的信中说，鲁迅先生每

---

①韦丛芜：《读〈鲁迅日记〉和〈鲁迅书简〉——未名社始末记》，《鲁迅研究月刊》1987年第2期。

逢提到我，总是摇头叹息。"①鲁迅对韦丛芜当国民党的官推行《合作同盟》计划既有批评又含惋惜，在致台静农的信中已有表露："昔之诗人，本为梦者，今谈世事，遂如狂醒；诗人原宜热中，然神驰宦海，则溺矣。"而韦丛芜未在"宦海"中"溺死"，又是鲁迅所期待的。经过这段令鲁迅感到"惋惜"的周折后，到了四十年代，韦丛芜又做起诗人、翻译家的事了，并未辜负鲁迅对他的培养和期望。

五、鲁迅与韦丛芜心心相印于陀思妥耶夫斯基

鲁迅和韦丛芜都非常崇尚俄国作家陀思妥耶夫斯基，在译介陀氏作品上，他们有心心相印的一面。韦丛芜于1924年翻译了陀氏的长篇小说《穷人》，鲁迅阅后非常欣慰，迅即作序《〈穷人〉小引》，并将文中歧义处比较日文译本"以定从违"，经过鲁迅的精心打造，《穷人》译本于1926年未名社出版部出版，弥补了中国翻译陀氏作品之"缺憾"，成就了韦丛芜为中国最早翻译陀思妥耶夫斯基的翻译家。韦译《穷人》流行非常广泛，到1947年已印行12版。解放后，当他回忆起鲁迅对他的培养和倾心打造并推举《穷人》出版时，就禁不住自己内心的激情，盛赞鲁迅是"何等伟大的胸怀！何等坚决的精神！何等严肃！何等热烈"！②

韦丛韦不仅翻译陀思妥耶夫斯基作品最早，而且翻译作品最多，翻译工程浩大。他在翻译出版《穷人》之后，又陆续出版了《罪与罚》（1930，未名社出版部）、《穷人及其他》（1947，正中书局）、《死人之家》（1947，正中书局）、《西伯利亚的囚犯》（1950，文光书店）、《卓拉玛卓夫兄弟》（1953，文光书店）等。他一直牢记着1930年代鲁迅先生对他的嘱托和希望："以后要专译陀思妥也夫斯基，最好能把全集译完。"③他把这当作自己一生中最有

---

① 韦丛芜：《读〈鲁迅日记〉和〈鲁迅书简〉——未名社始末记》，《鲁迅研究月刊》1987年第2期。

② 韦丛芜：《回忆鲁迅先生》，《文艺新地》1951年9月第1卷第8期。

③ 韦德亮、韦德丰：《怀念父亲韦丛芜》，《韦丛芜选集》第580页，安徽文艺出版社1985年版。

意义的一件事情。终于完成了陀思妥耶夫斯基小说全集（共24部，近300万字）这一浩大的翻译工程。

韦丛芜翻译每部作品，均师法鲁迅《〈穷人〉小引》的作法，详细论述作品的思想内容、艺术特色，比如《罪与罚》的译本，有韦素园作的《前言》和韦丛芜作的《序》。《前言》首先肯定了陀氏在俄国文学中的杰出地位："将'新话'带进俄罗斯文坛，这便是所谓的都市文学。假如'俄土的伟大作家'托尔斯泰结束了旧时代贵族生活文学底最后尾声，'那残酷的天才作者'陀思妥也夫斯基却开始了资产社会新兴文学底开场白。他们两位是俄国文坛上无比的对峙的双峰，无匹的并立的巨人。"其次突出了陀氏描绘人物的特色以及那些人物给读者带来的心灵震撼："在陀氏前后伟大著作中，其所描写的人物大抵是穷人、罪犯、醉鬼、乞丐、小偷、圻人、恶汉、恶婆、娼妇、魔鬼、白痴等等。他们在社会重重残酷压迫之下，都成了永久的穷苦无告之徒，以致结果几全成为无可赎救的罪人。他早年的短篇作品《两面人》可以作他全部著作的题辞。他所描写的主人公，几乎无一不是心灵分裂者，永久苦闷，长期怀疑，内心不断地冲突斗争，成为他们一生的无限的惩罚。有人说，陀氏写了一部现代都市生活底伟大的《神曲》，的确不错；只是这里面只有'地狱'，而并没有'净土'和'天堂'。任谁读了他的任何著作之后，都难免要感到一种难言的阴凄的寂寞。它使你的心头发热，发痛，使你流泪，这是举世的不幸者惟一的安慰"。《前言》还强调，陀氏的作品使人"永远会对于现社会发生一种愤愤不平之感，因而养成了一种反抗的精神"，在这个意义上陀氏作品"成为时代生活革新的动力"[①]。韦丛芜在《序》中强调韦素园特别爱陀思妥耶夫斯基，以至在医院的病床上都不忘记挂上陀氏的照片，当知道弟弟的汉译《罪与罚》即将出版时，还是勉支病体，为他写了跋《写在书后》（即正中书局版的《前言》）。正因为有这样的《前言》和《序》，扩大了译作的影响，使这个译本流行较广，到1946年12月文光书店版，已出了6版，1953年出了第8版。

韦丛芜的翻译采取鲁迅的"硬译"法，在1930年为《罪与罚》所写的

[①]陀思妥耶夫斯基著，韦丛芜译：《罪与罚》第3页，浙江人民出版社1980年版。

《序》中自称："全书都是直译的。"①他所有的小说都是直译的。韦丛芜是诗人，也写过小说，颇能体会所译作品的精妙之处，他用直译的方法，有不少地方能很好地传达原作的韵味；他的译作文字简洁流畅，凡读过韦丛芜翻译的陀思妥耶耶斯基小说的读者都有这种感觉。由于他长期专一且全面的翻译陀思妥耶夫斯基小说，有较多的时间对自己的译作精心修订。早年出版的译著重版时，他往往一再进行修改。《罪与罚》1946年出第6版时，他已对之进行了全面修订，而"1960年，他又根据文光书店1953年第8版作了全面修订，译文质量有较大提高"②。这使他翻译的陀思妥耶夫斯基小说达到了比较高的水平。但韦丛芜所译陀思妥耶夫斯基作品，也有一些不足。第一，系从英文转译，且为直译，许多地方的理解不够准确；第二，陀思妥耶夫斯基小说的一大特点是揭示人物内心深处隐秘的情感和思想，因此他常常写幻觉、梦境乃至意识流，思想跳跃颇大，文字也往往相互绞缠，不十分衔接，而韦丛芜所译"文字简洁流畅"，这也与陀思妥耶夫斯基的风格不太谐调。但瑕不掩瑜，韦丛芜的陀氏翻译丛书一直为广大读者所喜爱，他是最早、最多翻译陀思妥耶夫斯基作品的翻译家，他为陀思妥耶夫斯基作品的翻译传播作出了巨大贡献。

六、结　语

综上所述，韦丛芜是在鲁迅关怀扶植下成长起来的，当他成为"鲁迅一派"的一员后，在重大历史事件与"论争"中，坚定地站在鲁迅立场上，维护正义与真理；他忠诚于鲁迅，一直为未名社的创作与翻译作贡献，在未名社后期的整顿社务中，由"欠债"问题一度引起鲁迅对他产生误解、而后误解消除，并认同韦丛芜勉力支撑后期未名社的精神；三十年代由"神驰宦海"及《合作同盟》引起鲁迅对他的批评与惋惜，他把鲁迅的批评当成对自己的鼓励和动力，并未在"宦海"中"溺死"；四十年代末尤其新中国成立

---

①陀思妥耶夫斯基著，韦丛芜译：《罪与罚》第1页，未名社出版部1930年版。
②陀思妥耶夫斯基著，韦丛芜译：《罪与罚》第1页，浙江人民出版社1980版。

后，他焕发了创作与翻译的青春，牢记鲁迅对他的嘱托和希望，专注陀思妥耶夫斯基作品的翻译传播，凭着平生的执着努力，完成了陀思妥耶夫斯基全集的翻译，从而在中国翻译文学史上，留下了富有独特光焰的一页。在新世纪的历史语境中，考论韦丛芜与鲁迅的关系，不仅在于还原与呈现历史面目，更为重要的是，在两者的关系中，我们再次领受到鲁迅精神抑或鲁迅遗产的光芒，这亦是我们今天不断纪念鲁迅的意义所在吧。

［原载《安徽师范大学学报》（人文社会科学版）2022年第4期，

收入本书时有改动］

下篇 附录

韦丛芜生平大事记

谢昭新

1904年3月16日　生于安徽省霍邱县叶集北大街一个小商人家庭

1911年2月　入叶集镇私塾读书，学名韦崇武

1912年秋　与兄素园进霍邱县立小学读书

1914年秋　转入叶集新办的民强小学高级班读书

1918年春　丛芜和素园同到长沙，考入湖南省立法政专门学校读书

1919年　"五四"运动爆发，深受"五四"精神和素园进步思想的感染

1920年　考入阜阳安徽第三师范学校读书，丛芜第一次读到《狂人日记》，产生了对鲁迅先生的崇尚情感。

1921年冬　韦丛芜、李霁野等遭到守旧学生攻击，离开阜阳第三师范学校

1922年春节后　韦丛芜与李霁野同赴安庆。到安庆不久，即与李霁野办《微光周刊》，不久，又办《微光副刊》

1922年5月20日　写《致新生先生的一封信——读〈教育杂感〉（四）后的杂感》，载6月4日《民国日报》副刊《觉悟》

1922年夏　考进湖南岳阳湖滨大学附中二年级读书

1923年春　以火车上结识的两姐妹为题材，创作抒情长诗《君山》

1923年秋　考入北京崇实中学高二年级读书

1924年1月　开始在《晨报副刊》发表译作

1924年夏　大哥凤章病逝，与兄素园决定仍留北京

1924年秋　开始翻译俄国陀思妥耶夫斯基长篇小说《穷人》

445

1925年1月　译陀思妥耶夫斯基短篇小说《阿列依》，载《莽原》周刊第2期

1925年春　结识鲁迅先生

1925年3月　张目寒把韦丛芜翻译并由韦素园修改的《穷人》送鲁迅先生

1925年5月29日　作散文诗《冰块》，载《莽原》周刊第6期

1925年7月10日　以蓼南为笔名发表小说《校长》，载《小说月报》第16卷第7号

1925年7月　作长篇对话体散文诗《我和我的魂》，连载于7月31日、8月7日、8月28日、9月18日《莽原》周刊第15、16、19、22期

1925年夏　于崇实中学毕业，将《君山》组诗抄送鲁迅先生审阅

1925年秋　进燕京大学读书

1925年8月30日　在鲁迅先生建议和领导下，与韦素园、曹靖华、台静农、李霁野等创办了"五四"以来的新文学社团——未名社

1925年9月　未名社出版部成立，出版了鲁迅翻译的厨川白村的《出了象牙之塔》

1925年9月4日　化名霉江与鲁迅发表《通信》，指责现代评论派则成了"与反动派朋比为奸的""本阶级的恶势力的代表"

1925年12月　作小说《忏悔》，载《国民新报》副刊第13期

1925年12月　以白莱为笔名译丹麦作家哈谟生的《奇谈》，载1926年5月25日《莽原》半月刊第10期

1926年1月4日　以白莱为笔名作散文《母亲新年晚上的梦》，载6月10日《莽原》半月刊第11期

1926年1月至8月　抒情长诗《君山》在《莽原》半月刊连载

1926年2月　作诗《绿绿的火》，载3月10日《莽原》半月刊第5期

1926年3月　写《我披着血衣爬过寥阔的街心——记三月十八日国务院前大屠杀》《我踯躅，踯躅，有如幽魂》两诗，分别载1926年3月25日《莽原》半月刊第6期、1927年1月10日《莽原》半月刊第2卷第1期

1926年3月21日　韦素园、韦丛芜、曹靖华、台静农、李霁野拜访鲁迅先生，这是未名社成员的唯——次聚会。

1926年3月25日　发表译文《〈穷人〉译本引言》，载《莽原》周刊第6期

1926年6月　译俄国陀思妥耶夫斯基长篇小说《穷人》，由未名社出版

1926年6月10日　以蓼南为笔名发表小说《在伊尔蒂河岸上》，载《小说月报》第17卷第6号

1926年6月11日　与巴特列在鲁迅寓所会见鲁迅先生，韦丛芜自任翻译

1926年8月25日　作诗《荒坡上的歌者》，载《莽原》半月刊第16期

1926年10月10日　作《诗人的心——为〈兰生弟日记〉主人公作》，载《莽原》半月刊第19期

1927年1月25日　作诗《一颗明星》，载《莽原》半月刊第2卷第2期

1927年2月10日　作诗《燃火的人》，载《莽原》半月刊第2卷第3期

1927年3月　《君山》由未名社初版

1927年5月10日　作《倘若能达底也罢》，载《莽原》半月刊第2卷第9期

1927年5月25日　以W为笔名译诗《从春天到冬天》，载《莽原》半月刊第2卷第10期

1927年6月25日　译惠特曼诗二首：1、《敲！敲！敲！》2、《从田野来呀，父亲》，载《莽原》半月刊第2卷第12期

1927年9月　作《西山随笔·小引》，载1927年10月10日《莽原》半月刊第2卷第18、19期

1927年10月10日　译《一道阳光》，载《莽原》半月刊第2卷第18、19期；作《西山随笔·Sweets penser》，载1927年10月25日《莽原》半月刊第2卷第20期

1927年11月25日　作《西山随笔——〈荒坡上的歌者〉序》，载《莽原》半月刊第2卷第20期

1927年12月25日　作《西山随笔·十四行诗与结婚歌》，载《莽原》半月刊第2卷第20期

1927年　因创作、翻译积劳成疾，于燕京大学休学

1928年1月10日　作《西山随笔·未名》，载《未名》半月刊第1卷第1期

1928年1月10日　译诗《请求》，载《未名》半月刊第1卷第1期

1928年1月25日　译诗《开玛的花园》，载《未名》半月刊第1卷第1期

1928年4月7日　未名社被反动政府查封，韦丛芜、台静农、李霁野被捕

1928年9月1日　译诗《在电车上》，载《未名》半月刊第1卷第6期

1928年9月1日　译《珂克莱派与航特》，载《未名》半月刊第1卷第6期

1928年9月1日　译《忌妒》，载《未名》半月刊第1卷第6期

1928年10月1日　译《十八世纪末叶美国文学略论》，载《未名》半月刊第1卷第7期，期发表译作诗》

1928年11月30日　发表译文《渥兹渥斯与珂莱锐吉》，载《未名》半月刊第1卷第8、9期，同期发表译作《归国》

1928年12月20日　译《祈祷》，载《未名》半月刊第1卷第10、11期

1928年12月31日　译《诗人榜思传》，载《未名》半月刊第1卷第12期

1928年　译英国斯微夫特的长篇小说《格列佛游记》（卷一），未名社出版部1928年出版

1929年1月10日　译英国葛斯的论文《英国十九世纪初叶的小说家》，载《未名》半月刊第2卷第1期；同期发表译诗《阁伯斯的歌——自IndiasLoveLyrics》

1929年1月25日　译诗《星光——自Indias LoveLyrics》，载《未名》半月刊第2卷第2期

1929 年 2 月 10 日　译英国葛斯的论文《英国十九世纪四十年代的诗人》，载《未名》半月刊第 2 卷第 3 期

1929 年 3 月　译诗《到我醒时》《当爱情过去了》《在晴朗的早晨》，分别载 1929 年 3 月 10 日、3 月 25 日《未名》半月刊第 2 卷第 5 期、第 6 期

1929 年 3 月　译《张的梦》，北新书局 1929 年出版

1929 年 4 月　第二本诗集《冰块》由未名社初版

1929 年 5 月 22 日　代表燕京大学邀请鲁迅到校作了《现今的新文学的概观》的讲演

1929 年 7 月　译法国作家贝罗的童话集《睡美人》，上海北新书局初版。自燕京大学毕业

1929 年　主编《燕大月刊》，出版陀思妥耶夫斯基的中篇小说《女房东》，陀思妥耶夫斯基夫人著《回忆陀思妥也夫斯基》，现代出版社 1930 年版

1930 年 1 月　经营未名社出版业务

1930 年 4 月 30 日　译英国葛斯《巴克评传》，载《未名》半月刊第 2 卷第 9、10、11、12 期；译英国葛斯的《英国文学·拜伦时代》，未名社初版

1930 年 6 月　译陀思妥耶夫斯基长篇小说《罪与罚》，未名社出版部 1930 年出版

1930 年 10 月　作论文《关于斯伟夫特与格里佛》，载《北新》半月刊第 4 卷第 18 期

1930 年 11 月　译《近三十年的英国文学》，载《现代文学》月刊第 1 卷第 5 期

1930 年年底　至沪见鲁迅先生，汇报业务，请求办法。走时，把出版业务交给堂兄韦佩弦代理。大约又维持了大半年，未名社终于解体

1930 年　出版对话体散文诗集《我和我的魂》、译著《罪与罚》《近代英国文学史》《拜伦时代》等。未名出版部 1930 年版

1931 年 1 月　继续翻译英国葛斯的《近代英国文学史》第三部分

1931 年 3 月 30 日　译《前期维多利亚时代的英国文学》，载《文艺月

刊》第2卷第3号

1931年4月30日　译《前期维多利亚时代的英国文学》，载《文艺月刊》第2卷第4号

1931年6月30日　译《谭尼孙时代的英国文学》，载《文艺月刊》第2卷第5、6号

1931年6月　将《近代英国文学史》全部译完，由蔡子民先生介绍给上海大东书局出版

1931年6月　结束未名社各项账款，离沪返回北平

1931年7月15日　译《谭尼孙时代的英国文学》（续），载《文艺月刊》第2卷第7号

1931年8月10日　译《文学史作法论》，载《现代文学评论》第1卷第4期、第2卷第2期

1931年8月15日　作《〈开玛尔的花园〉引言》，载《文艺月刊》第2卷第8号

1931年9月30日　与皎云译《撒谎记》，载《文艺月刊》第2卷第9号

1931年10月30日　译《英国代表剧》，载《文艺月刊》第2卷第10号

1931年秋　应邀至天津女子师范学院任英文系教授，讲授英国文学史、英国戏剧和翻译课

1932年1月30日　译《英国主要的戏剧家》，载《文艺月刊》第3卷第1号

1932年8月1日　素园逝世，丛芜料理丧事，暑期赴北京汤山温泉疗养

1932年秋　提出救亡图存的"合作同盟"主张

1933年1月　继续在天津女子师范学院任教，梦想着实现中国合作社股份有限公司的组织

1933年5月14日　设法营救过被捕的丁玲

1933年9月　回到家乡，在孔子庙办私塾，取名"农村合作自卫研究院"

1933年12月　奔父丧，后居家译《格里佛游记》卷三和卷四

1933年　译《英国戏剧家》、萧伯纳的戏剧集《撒谎记》，交上海大东书局出版

1934年4月1日　以白莱笔名发表小说《卖不掉的商品》，载《现代》第4卷第6期

1934年5月1日　发表《中国目前为什么没有伟大的作品产生》（讨论），载《春光》月刊1卷3号

1934年　应曾在燕京大学任教的巴特列之邀，用英语写了《鲁迅传略》，并翻译了《狂人日记》《故乡》及《野草》里的一篇散文诗寄去

1934年　办"兴复农村工作训练班"，招来第一期学生250名

1934年年底　代理霍邱县县长

1935年4月20日　以白莱为笔名发表《关于契诃夫的创作》，载《芒种》半月刊第4期

1935年5月　以白莱为笔名发表散文《血》，载《东流》月刊第1卷第6期

1935年夏　担任县长后，向安徽省财政厅申请贷款10万元，在西湖入淮处建了两座水闸，分别命名为"万民闸"和"万户闸"

1935年夏　在闸口和霍邱西门之间挖了一条10余公里的运河，还挖了两大片船塘和养鱼池，以便行船和养鱼

1936年春　将10万亩中心湖地划给安徽大学农学院作农场，以实验全民所有制经济，由此得罪了当地土豪劣绅

1936年10月　作四首《述怀》诗，表达他接任县长时为民办事的志向，抒发对对丰收的喜悦之情

1937年1月　当地土豪劣绅以"安徽霍邱旅省同乡会"的名义向安徽省政府主席递交了一份近4000言的控告状，对韦丛芜进行恶毒攻击和陷害

1937年2月　安徽省主席刘镇华出面以渎职罪将韦丛芜逮捕关押

1937年7月　抗战爆发后，韦丛芜被释放，至汉口妻子家生活

1937年9月　在汉口《大公报》发表了《国民动员论》，主张以经济为中心全民抗战

1938年　韦丛芜到甘肃省政府秘书处任挂名秘书，无事可做，遂与友人合作经商

1939年　随妻家迁至重庆，此后，奔走于四川、甘肃、西安、上海等地经商，至抗战胜利后，又从事翻译

1940年　翻译法国作家贝罗的《睡美人》（儿童故事集），北新书局1940年出版

1946年9月10日　为译著《罪与罚》写六版《前言》

1947年春　将《近代英国文学史》译稿售与上海正中书局以维持生活

1947年夏　译完陀思妥耶夫斯基的长篇小说《西北利亚的囚犯》

1947年12月　译陀思妥耶夫斯基的长篇小说《死人之家》，由上海正中书局初版

1947年12月　译长篇小说《穷人及其他》，上海正中书局1947年出版

1948年1月15日　评《工党一年》，署名立人，载《文讯》月刊第8卷第1期

1948年　在安徽省民政厅挂几个月秘书职，未到任

1949年10月1日　中华人民共和国成立，韦丛芜获得新生

1950年年初　参加上海市翻译工作者协会，任文艺组组长

1950年6月　翻译了普斯托夫斯基的短篇小说集《卡拉布格海湾及其他》，文化工作社1950年6月版

1950年8月　翻译托尔斯泰的短篇小说集《里吉达的童年》，文化工作社1950年8月版

1950年10月　翻译了格比敦·莫斯达凡的长篇小说《百万富翁》，文化工作社1950年10月版

1950年12月　翻译柴珂夫斯基的长篇小说《库叶岛的早晨》，海燕书店1951年5月版

1950年　翻译陀斯妥也夫斯基长篇小说《西伯利亚的囚犯》，文光书店1950年版

1951年1月　翻译瓦洛辛的长篇小说《库斯尼兹克地方》，文化工作社

1951 年 1 月版

　　1951 年 2 月　发表评介《库斯尼兹克地方》的文章

　　1951 年 3 月　发表译作《萧伯纳特辑》(7 篇)。译完爱伦堡等著的散文集《为和平而战》，文光书店 1951 年版

　　1951 年 4 月　翻译扬金著短篇小说《一个塔哈诺夫工人的手记》，时代出版社 1951 年 4 月版。翻译克巴巴耶夫著《从白金国来的爱素丹》，文化工作社 1951 年 4 月版。发表评介《从白金国来的爱素丹》的文章

　　1951 年 5 月 1 日　发表评介《库叶岛的早晨》的文章，载《小说月刊》第 5 卷第 4 期

　　1951 年 5 月 25 日　译完格林娜·尼古拉叶娃长篇小说《收获》，文化工作社 1951 年版

　　1951 年 6 月 18 日　译完玛米汉利等著短篇小说集《列宁——永远不落的太阳》，文化工作社 1951 年版

　　1951 年 7 月 1 日　译《作家的写作法》，载《小说月刊》第 5 卷第 6 期；又作《作家的写作法》，新文艺出版社 1951 年版

　　1951 年 8 月　发表评介《收获》的文章

　　1951 年 9 月 15 日　发表《回忆鲁迅先生》，载《文艺新地》第 1 卷第 8 期

　　1951 年 11 月　翻译文艺理论著作《文学青年写作论》，春明出版社 1951 年版

　　1952 年 1 月　翻译鲁克尼茨基的长篇小说《妮索》，文化工作社 1952 年 1 月版

　　1952 年 5 月　翻译斐定等著《苏联五作家》，文化工作社 1952 年版；洛姆诺夫等著《六作家论》，文化工作社 1952 年版

　　1952 年　担任了上海新文艺出版社英文编辑

　　1953 年 1 月　翻译巴甫连珂的散文《意大利印象记》，文化工作社 1953 年版

　　1953 年 6 月　翻译陀斯妥耶夫斯基长篇小说《卓拉玛卓夫兄弟》(上、

下卷），文光书店1953年6月版；翻译克巴巴耶夫的《共产主义的进军》，新文艺出版社1953年6月版

1953年　翻译波列伏依著《伟大水道的建筑者》，文光书店1953年版

1954年　翻译杰克·伦敦的短篇小说集《热爱生命》，上海新文艺出版社1954年版

1955年8月9日　被上海公安机关拘留审查历史问题

1956年2月　由上海公安机关转送到安徽霍邱县公安局继续审查

1956年3月3日　写《读〈鲁迅日记〉的〈鲁迅书简〉》一文，后载《鲁迅研究月刊》1987年第2期

1956年9月　霍邱县公安局宣布韦丛芜历史问题已查清，无罪。回上海新文艺出版社，恢复原职

1957年　翻译鲍里斯·波列伏依的短篇小说集《友好的微笑》。译完美国作家德莱赛的长篇小说《巨人》

1958年　翻译德莱赛的长篇小说《巨人》，新文艺出版社1958年版

1958年9月　韦丛芜历史问题又被重新提出，被上海公安机关拘留关押一年零四个月

1959年　在上海被关押

1960年4月　被强令迁居杭州

1961年—1966年　闲居杭州，在浙江省图书馆，有计划地阅读了大量的文、史、哲及有关自然科学书籍

1978年　经浙江省政协介绍到杭州丝绸学院任教（未到任）

1978年12月19日　因心脏病溘然长逝，终年73岁

韦丛芜著译作品

1922年5月20日　写《致新生先生的一封信——读〈教育杂感〉（四）后的杂感》，载6月4日《民国日报》副刊《觉悟》

1923年春　以火车上结识的两姐妹为题材，创作抒情长诗《君山》

1925年1月　译陀思妥耶夫斯基短篇小说《阿列依》，载《莽原》周刊第2期

1925年5月29日　作散文诗《冰块》，载《莽原》周刊第6期

1925年7月10日　以蓼南为笔名发表小说《校长》，载《小说月报》第16卷第7号

1925年7月　作长篇对话体散文诗《我和我的魂》，连载于7月31日、8月7日、8月28日、9月18日《莽原》周刊第15、16、19、22期

1925年9月4日　化名霉江与鲁迅发表《通信》，指责现代评论派则成了"与反动派朋比为奸的""本阶级的恶势力的代表"

1925年12月　作小说《忏悔》，载《国民新报》副刊第13期

1925年12月　以白莱为笔名译丹麦作家哈谟生的《奇谈》，载1926年5月25日《莽原》半月刊第10期

1926年1月4日　以白莱为笔名作散文《母亲新年晚上的梦》，载6月10日《莽原》半月刊第11期

1926年1月至8月　抒情长诗《君山》在《莽原》半月刊连载

1926年2月　作诗《绿绿的火》，载3月10日《莽原》半月刊第5期

1926年3月　写《我披着血衣爬过寥阔的街心——记三月十八日国务院前大屠杀》《我踟蹰，踟蹰，有如幽魂》两诗，分别载1926年3月25日《莽

原》半月刊第6期、1927年1月10日《莽原》半月刊第2卷第1期

1926年3月25日　发表译文《〈穷人〉译本引言》，载《莽原》周刊第6期

1926年6月　译俄国陀思妥耶夫斯基长篇小说《穷人》，由未名社出版

1926年6月10日　以蓼南为笔名发表小说《在伊尔蒂河岸上》，载《小说月报》第17卷第6号

1926年8月25日　作诗《荒坡上的歌者》，载《莽原》半月刊第16期

1926年10月10日　作《诗人的心——为〈兰生弟日记〉主人公作》，载《莽原》半月刊第19期

1927年1月25日　作诗《一颗明星》，载《莽原》半月刊第2卷第2期

1927年2月10日　作诗《燃火的人》，载《莽原》半月刊第2卷第3期

1927年3月　《君山》由未名社初版

1927年5月10日　作《倘若能达底也罢》，载《莽原》半月刊第2卷第9期

1927年5月25日　以W为笔名译诗《从春天到冬天》，载《莽原》半月刊第2卷第10期

1927年6月25日　译惠特曼诗二首：1、《敲！敲！敲》！2、《从田野来呀，父亲》，载《莽原》半月刊第2卷第12期

1927年9月　作《西山随笔·小引》，载1927年10月10日《莽原》半月刊第2卷第18、19期

1927年10月10日　译《一道阳光》，载《莽原》半月刊第2卷第18、19期；作《西山随笔·Sweetspenser》，载1927年10月25日《莽原》半月刊第2卷第20期

1927年11月25日　作《西山随笔——〈荒坡上的歌者〉序》，载《莽原》半月刊第2卷第20期

1927年12月25日　作《西山随笔·十四行诗与结婚歌》，载《莽原》半月刊第2卷第20期

1928年1月10日　作《西山随笔·未名》，载《未名》半月刊第1卷

第1期

1928年1月10日 译诗《请求》，载《未名》半月刊第1卷第1期

1928年1月25日 译诗《开玛的花园》，载《未名》半月刊第1卷第1期

1928年9月1日 译诗《在电车上》，载《未名》半月刊第1卷第6期

1928年9月1日 译《珂克莱派与航特》，载《未名》半月刊第1卷第6期

1928年9月1日 译《忌妒》，载《未名》半月刊第1卷第6期

1928年10月1日 译《十八世纪末叶美国文学略论》，载《未名》半月刊第1卷第7期，期发表译作诗》

1928年11月30日 发表译文《渥兹渥斯与珂莱锐吉》，载《未名》半月刊第1卷第8、9期，同期发表译作《归国》

1928年12月20日 译《祈祷》，载《未名》半月刊第1卷第10、11期

1928年12月31日 译《诗人榜思传》，载《未名》半月刊第1卷第12期

1928年 译英国斯微夫特的长篇小说《格列佛游记》（卷一），未名社出版部1928年出版

1929年1月10日 译英国葛斯的论文《英国十九世纪初叶的小说家》，载《未名》半月刊第2卷第1期；同期发表译诗《阁伯斯的歌——自IndiasLoveLyrics》

1929年1月25日 译诗《星光——自IndiasLoveLyrics》，载《未名》半月刊第2卷第2期

1929年2月10日 译英国葛斯的论文《英国十九世纪四十年代的诗人》，载《未名》半月刊第2卷第3期

1929年3月 译诗《到我醒时》《当爱情过去了》《在晴朗的早晨》，分别载1929年3月10日、3月25日《未名》半月刊第2卷第5期、第6期

1929年3月 译《张的梦》，北新书局1929年出版

1929年4月 第二本诗集《冰块》由未名社初版

1929年7月　译法国作家贝罗的童话集《睡美人》，上海北新书局初版。自燕京大学毕业

1929年　主编《燕大月刊》，出版陀思妥耶夫斯基的中篇小说《女房东》，陀思妥耶夫斯基夫人著《回忆陀思妥也夫斯基》，现代出版社1930年版

1930年4月30日　译英国葛斯《巴克评传》，载《未名》半月刊第2卷第9、10、11、12期；译英国葛斯的《英国文学·拜伦时代》，未名社初版

1930年6月　译陀思妥耶夫斯基长篇小说《罪与罚》，未名社出版部1930年出版

1930年10月　作论文《关于斯伟夫特与格里佛》，载《北新》半月刊第4卷第18期

1930年11月　译《近三十年的英国文学》，载《现代文学》月刊第1卷第5期

1930年　出版对话体散文诗集《我和我的魂》、译著《罪与罚》《近代英国文学史》《拜伦时代》等。未名出版部1930年版

1931年1月　继续翻译英国葛斯的《近代英国文学史》第三部分

1931年3月30日　译《前期维多利亚时代的英国文学》，载《文艺月刊》第2卷第3号

1931年4月30日　译《前期维多利亚时代的英国文学》，载《文艺月刊》第2卷第4号

1931年6月30日　译《谭尼孙时代的英国文学》，载《文艺月刊》第2卷第5、6号

1931年6月　将《近代英国文学史》全部译完，由蔡子民先生介绍给上海大东书局出版

1931年7月15日　译《谭尼孙时代的英国文学》（续），载《文艺月刊》第2卷第7号

1931年8月10日　译《文学史作法论》，载《现代文学评论》第1卷第4期、第2卷第2期

1931年8月15日　作《〈开玛尔的花园〉引言》，载《文艺月刊》第2卷第8号

1931年9月30日　与皎云译《撒谎记》，载《文艺月刊》第2卷第9号

1931年10月30日　译《英国代表剧》，载《文艺月刊》第2卷第10号

1932年1月30日　译《英国主要的戏剧家》，载《文艺月刊》第3卷第1号

1933年12月　居家译《格里佛游记》卷三和卷四

1933年　译《英国戏剧家》、萧伯纳的戏剧集《撒谎记》，交上海大东书局出版

1934年4月1日　以白莱笔名发表小说《卖不掉的商品》，载《现代》第4卷第6期

1934年5月1日　发表《中国目前为什么没有伟大的作品产生》（讨论），载《春光》月刊1卷3号

1934年　应曾在燕京大学任教的巴特列之邀，用英语写了鲁迅传略，并翻译了《狂人日记》《故乡》及《野草》里的一篇散文诗寄去

1935年4月20日　以白莱为笔名发表《关于契诃夫的创作》，载《芒种》半月刊第4期

1935年5月　以白莱为笔名发表散文《血》，载《东流》月刊第1卷第6期

1936年10月　作四首《述怀》诗，表达他接任县长时为民办事的志向，抒发对对丰收的喜悦之情

1937年9月　在汉口《大公报》发表了《国民动员论》，主张以经济为中心全民抗战

1940年　翻译法国作家贝罗的《睡美人》（儿童故事集），北新书局1940年出版

1946年9月10日　为译著《罪与罚》写六版《前言》

1947年春　将《近代英国文学史》译稿售与上海正中书局以维持生活

1947年夏　译完陀思妥耶夫斯基的长篇小说《西北利亚的囚犯》

1947年12月　译陀思妥耶夫斯基的长篇小说《死人之家》，由上海正中

书局初版

1947年12月　译长篇小说《穷人及其他》，上海正中书局1947年出版

1948年1月15日　评《工党一年》，署名立人，载《文讯》月刊第8卷第1期

1950年6月　翻译了普斯托夫斯基的短篇小说集《卡拉布格海湾及其他》，文化工作社1950年6月版

1950年8月　翻译托尔斯泰的短篇小说集《里吉达的童年》，文化工作社1950年8月版

1950年10月　翻译了格比敦·莫斯达凡的长篇小说《百万富翁》，文化工作社1950年10月版

1950年12月　翻译柴珂夫斯基的长篇小说《库叶岛的早晨》，海燕书店1951年5月版

1950年　翻译陀斯妥也夫斯基长篇小说《西伯利亚的囚犯》，文光书店1950年版

1951年1月　翻译瓦洛辛的长篇小说《库斯尼兹克地方》，文化工作社1951年1月版

1951年2月　发表评介《库斯尼兹克地方》的文章

1951年3月　发表译作《萧伯纳特辑》（7篇）。译完爱伦堡等著的散文集《为和平而战》，文光书店1951年版

1951年4月　翻译扬金著短篇小说《一个塔哈诺夫工人的手记》，时代出版社1951年4月版。翻译克巴巴耶夫著《从白金国来的爱素丹》，文化工作社1951年4月版。发表评介《从白金国来的爱素丹》的文章

1951年5月1日　发表评介《库叶岛的早晨》的文章，载《小说月刊》第5卷第4期

1951年5月25日　译完格林娜·尼古拉叶娃长篇小说《收获》，文化工作社1951年版

1951年6月18日　译完玛米汉利等著短篇小说集《列宁——永远不落的太阳》，文化工作社1951年版

1951年7月1日　译《作家的写作法》，载《小说月刊》第5卷第6期；又作《作家的写作法》，新文艺出版社1951年版

1951年8月　发表评介《收获》的文章

1951年9月15日　发表《回忆鲁迅先生》，载《文艺新地》第1卷第8期

1951年11月　翻译文艺理论著作《文学青年写作论》，春明出版社1951年版

1952年1月　翻译鲁克尼茨基的长篇小说《妮索》，文化工作社1952年1月版

1952年5月　翻译斐定等著《苏联五作家》，文化工作社1952年版；洛姆诺夫等著《六作家论》，文化工作社1952年版

1953年1月　翻译巴甫连珂的散文《意大利印象记》，文化工作社1953年版

1953年6月　翻译陀斯妥耶夫斯基长篇小说《卓拉玛卓夫兄弟》（上、下卷），文光书店1953年6月版；翻译克巴巴耶夫的《共产主义的进军》，新文艺出版社1953年6月版

1953年　翻译波列伏依著《伟大水道的建筑者》，文光书店1953年版

1954年　翻译杰克·伦敦的短篇小说集《热爱生命》，上海新文艺出版社1954年版

1956年3月3日　写《读〈鲁迅日记〉的〈鲁迅书简〉》一文，后载《鲁迅研究月刊》1987年第2期

1957年　翻译鲍里斯·波列伏依的短篇小说集《友好的微笑》。译完美国作家德莱赛的长篇小说《巨人》

1958年　翻译德莱赛的长篇小说《巨人》，新文艺出版社1958年版

韦丛芜还创作了大量的诗歌、戏剧、小说。诗歌有：《湖上》《歌吟集》《夜歌》《金桥颂》《大上海幻想曲》《板桥诗抄》等。剧本有：《瑶池盛会》《白蛇游踪》《掮毛竹》等。小说有：《新西游记》《三生恋》《二十年代小故事》等。

韦丛芜研究资料目录

鲁迅：《〈穷人〉小引》，《鲁迅全集》第7卷第97页，人民文学出版社1958年版。

鲁迅：《鲁迅书信集》，人民文学出版社1976年版。

王瑶：《中国新文学史稿》，开明书店1951年版。

李霁野：《记未社》，《天津日报》1952年10月20日。

方今、狄夫：《评韦丛芜先生的译品》，《翻译通报》1952年4月号。

石公、滢伯：《评韦丛芜译的〈里吉达的童年〉》，《翻译通报》1952年6月号。

圣康等：《从〈百万富翁〉四个译本谈起》，上海《大公报》1952年7月14日。

李霁野：《回忆鲁迅先生》，新文艺出版社1956年版。

李立明：《中国现代六百作家小传》，香港波文书局1977年版。

林莽：《中国新文学廿年》，香港世界出版社1957年版。

刘绶松：《中国新文学初稿》，作家出版社1957年版。

李霁野：《鲁迅和青年》，《在公报》1961年9月24日。

林志浩：《中国现代文学史》，中国人民大学出版社1964年版。

于雷：《中国新文学思潮》，香港万源图书公司1974年版。

李霁野：《鲁迅先生对于文艺嫩苗的爱护与培育》，《河北文艺》1976年9月号。

李霁野：《流落安庆一年锁记》，《河北文学》1979年第5期。

包子衍：《〈鲁迅日记〉中的未名社》，《中国现代文艺资料丛刊》1979

年10月第4辑。

中南七院校编：《中国现代文学史》，长江文艺出版社1979年版。

九院校编写组：《中国现代文学史》，江苏人民出版社1979年版。

田仲济、孙昌熙主编：《中国现代文学史》，山东人民出版社1979年版。

唐弢：《中国现代文学史》，人民文学出版社1979年版。

韦顺：《韦素园传略》，《新文学史料》1980年第3期。

唐弢：《〈君山〉和〈冰块〉》，见《晦庵书话》第335页，生活·读书·新知三联书店1980年版。

唐弢：《穷人》，见《晦庵书话》第335页，生活·读书·新知三联书店1980年版。

李霁野：《五四风雷在阜阳县第三师范学校》，《中国现代文学研究丛刊》1980年第1辑。

李霁野：《鲁迅先生与"安徽帮"》，《江淮论坛》1981年第4期。

李霁野：《未名社几个安徽成员》，安徽政协《文史资料》1981年7月第6辑。

胡从经：《〈未名丛刊〉与〈乌合丛刊〉广告》子目考察，《社会科学辑刊》1982年第1期。

李南蓉：《简论安徽霍邱青年作家群》，《阜阳师范学院学报》（社会科学版）1982年第3期。

明宁：《瑕丛芜小传》，《文教资料简报》1982年第9期。

李南蓉：《韦丛芜简论》，《齐鲁学刊》1984年第1期。

谢昭新：《论韦丛芜的诗》，《安徽师范大学学报》（哲学社会科学版）1985年第3期。

高璐：《韦丛芜和霍邱的乡村建设运动》，《安徽史学》1993年第2期。

俞乃蕴：《"未名四杰"的故乡采风录》，《江淮文史》1995年第3期。

韦顺：《苦涩的念忆》，《新文学史料》1998年第4期。

高璐：《介绍韦丛芜的"全国合作化"实验》，《安徽农业大学学报》1999年第3期。

史挥戈：《未名社概述》，《济南教育学院学报》2000年第2期。

史挥戈：《韦丛芜"合作同盟"问题辨析——从新发现的两件韦丛芜的史料谈起》，《山东师大学报》（社会科学版）2000年第4期。

杨克：《韦丛芜及其长诗〈君山〉》，《诗探索》2002年第3期。

李今：《陀思妥耶夫斯基在三四十年代的中国》，《鲁迅研究月刊》2004年第4期。

曾思艺：《韦丛芜与陀思妥耶夫斯基作品的翻译》，见孟昭毅李载道主编《中国翻译文学史》第300—303页，北京大学出版社2005年版。

陈漱渝：《未名社及其文学精神》，《新文学史料》2005年第1期。

刘敬坤：《未名社中的"霍邱帮"》，《江淮文史》2006年第2期。

张堂会：《论韦丛芜的长诗〈君山〉》，《中国现代文学研究丛刊》2007年第8期。

张堂会：《大志未酬含恨死，等身译著亦千秋——简论被遮蔽的皖北现代作家韦丛芜》，《阜阳师范学院学报》（社会科学版）2009年第5期。

江琼：《韦丛芜"神驰宦海"之探究》，《安徽科技学院学报》2010年第5期。

刘柯：《现代皖西作家的地域文化形态探析》，《安徽农业大学学报》（社会科学版）2011年第3期。

陆红颖：《中外潜融的长诗——韦丛芜〈君山〉》，《名作欣赏》2012年第4期。

韦德锐：《鲁迅与韦氏兄弟》，《世纪》2014年第5期。

张登林：《改良主义的穷途与末路——也谈未名社作家韦丛芜及其"合作同盟"实验》，《社会纵横》2014年第1期。

王锡荣：《李霁野与未名社》，《上海鲁迅研究》2014年7月31日。

卢志宏：《周氏兄弟与韦丛芜译〈格里佛游记〉》，《东方翻译》2019年第1期。

卢志宏：《周氏兄弟与未名社的文学译介》，《东方翻译》2020年第2期。

柳冬妩：《韦丛芜的〈君山〉与中国现代新诗的发生》，《文艺争鸣》

2020 年第 5 期。

陈福季：《鲁迅与未名社里的安徽人》，《江淮文史》2021 年第 2 期。

吴泰松：《小镇青年与新文学——"未名四杰"早期经历考察》，《现代中国文化与文学》2021 年第 35 辑。

后 记

在春天的百花园里，人们习惯于欣赏艳丽的名花，而忽视了那开在不太显眼的地方的白色小花。韦氏兄弟作为未名社成员，也如同两朵小白花，尽管有其独特的风韵，但并没引起观赏者注目。文人的悲哀是在他死后遭到冷遇。厄于短年的素园，经历坎坷复杂的丛芜，都有这种遭冷遇的历史。对前者，还可以见到零星评论、介绍文章，对后者，则无人进行专门研究。为了给读者、现代文学教学和研究工作者提供一些方便，从一九八二年下半年开始，我着手编辑《韦素园韦丛芜研究资料》，经过近两年时间，这本研究资料终于编著完备，圆满完成中国社会科学院文学研究所下达至安徽师范大学中文系的《未名社研究资料》之一种的编著任务。

由于是两人合集，故照片、手迹和书影等，经精选后，合放在书前。本书生平资料辑、研究论文选编辑，收集的有关研究和回忆文章，力求比较全面准确地反映韦素园、韦丛芜各个阶段、各个方面的生活及创作情况。创作自述辑，收集了韦氏兄弟为自己的译著撰写的前言、后记以及谈自己的创作思想、体会、经验的文章，从中可以看出他们的思想状貌、文学道路。其余所收文章绝大部分与原刊核对过，其中有作家署名写作时间者，也一并录入。生平年表和著译年表均按首次发表和初版时间排列。编者尽管作了最大努力，然而遗漏也在所难免。

在此书编写过程中，得到了韦顺先生的热情指教，他不仅为我修订了《韦素园传略》，且提供了一些珍贵资料。同时，也得到了韦德亮、韦德丰同志的帮助。在此谨向他们表示衷心的感谢！

此外，霍邱县文化馆、安徽师范大学图书馆、复旦大学图书馆、上海市图书馆、徐家汇藏书楼、浙江省图书馆、重庆市图书馆、北京市图书馆等，均为本书的编写提供了查找资料的方便，在此一并致谢！

欢迎读者对本书提出宝贵的批评意见。

谢昭新

记于 1984 年 9 月 15 日